Hans Helfritz

Neugier trieb mich um die Welt

Hans Helfritz

Neugier trieb mich um die Welt

Niedergeschrieben unter Mitarbeit
von Jean-Claude Kuner

DuMont Buchverlag Köln

Umschlagvorderseite: Unterwegs mit der Karawane
Umschlagrückseite: Portal eines jemenitischen Hauses, das aus alt-sabäischen Steinblöcken errichtet ist

Alle Schwarzweiß-Abbildungen (außer Abb. auf Seite 2, 8, 191, 237) stammen vom Autor oder aus seinem Archiv.

Dr. Dieter Matthes, Berlin: Schwarzweiß-Abb. Seite 2, 8, 191
Margret Dworak, München: Schwarzweiß-Abb. Seite 237

Im Gedenken an meine Eltern

CIP-Titelaufnahme der Deutschen Bibliothek

Helfritz, Hans:
Neugier trieb mich um die Welt/Hans Helfritz.
Niedergeschrieben unter Mitarb. von Jean-Claude Kuner. –
Köln: DuMont, 1990
   (DuMont-Dokumente: Reiseberichte)
   ISBN 3-7701-2640-8
NE: Kuner, Jean-Claude [Bearb.]

© 1990 DuMont Buchverlag, Köln
Alle Rechte vorbehalten
Satz und Druck: Rasch, Bramsche
Buchbinderische Verarbeitung: Boss Druck, Kleve

Printed in Germany   ISBN 3-7701-2640-8

Inhaltsverzeichnis

Vorwort 7

Die Jahre des Aufbruchs
Erste Reiseerfahrungen im Ausland: Konstantinopel und Griechenland 9
Studium bei Prof. von Hornbostel und erste Orientreise (1930) 11
Vorbereitungen zur ersten Jemen-Reise 15
Endlich im Jemen (1931–1932) 16
Wieder im Jemen (1933) 23
Erinnerungen eines Gefangenen 28
Endlich in Shabwa (1935) 39
Von der Wüste in den Urwald: Reisen nach Indien, China und Japan (1935) 45
Rückkehr mit der ›Scharnhorst‹ ins Deutschland von 1935 57
Auf Vortragsreise in den USA (1937) 62
Zweite Reise in die USA, nach Mexiko und Guatemala (1938) 67

Freiheit im Exil
Berlin – Chile (1938) 79
In Bolivien – der Zweite Weltkrieg bricht aus 81
Aufbruch nach Chile 91
Chile 96
Zu den Guanofelsen im nördlichen Chile – und Anbetung einer Salpetermumie 98
Kanonendonner in den Kordilleren 102
Dreharbeiten unter Lebensgefahr 104
Ein Film für den ›Avocado-König‹ 104
Emigrantenleben in Chile 106
Expedition auf eigene Faust ins Araukaner-Gebiet 111
Archäologische Expedition ins Gebiet der Atacameños 114
Mit einer Expedition im Kampf gegen die Malaria und die Chagas-Krankheit 117
Expedition nach Feuerland und Begegnung mit den letzten Indianern (1946) 118
Die Osterinsel, und wie Heyerdahl irrt (1947) 127
Wettrennen in der Antarktis – Chiles erste Expedition (1947) 134
Die englische Station ›Lockroy‹ 141
Die ›Casa Antártida‹ der Chilenen 144

Fischfang in der Antarktis 146
›Kiki‹, der blauäugige Kormoran 147
Wir bauen einen Leuchtturm 149
Abschied von der Eiswelt des Südens 151
Musik im Exil 161
Chile nach dem Krieg 174

Rückkehr nach Europa
Nach Ibiza, der Malerinsel, mit 15 Kisten Gepäck 182
Und sonst nichts? 191

Neugier ohne Ende
Zu den Westküstenländern Afrikas 215
Liberia und seine schwarzen Herren 218
Die Stelzentänze der Toma 221
Auf einsamem Posten im Urwald von Guinea oder der weiße ›Dju-Dju‹-Mann 224
Der König mit der Nasenklappe 226
Ein Erlebnis mit dem ›Wüstenkreuzer‹ 231
Wieder in Westafrika auf der Suche nach Musik 232
Vorträge, und wie man umsonst reisen kann 238

Anhang: Werke von Hans Helfritz
Kompositionen 251
Bücher 252
Übersetzungen seiner Bücher 254

Register 256

Vorwort

Im März 1989 hatte ich Hans Helfritz wieder einmal auf Ibiza besucht, wo er seit 1959 wohnt. Seit einigen Jahren pflegten wir zusammen zu ›pianieren‹ – wie Helfritz so gerne das vierhändige Klavierspielen nennt. Das taten wir auch diesmal wieder, sofort nach meiner Ankunft gegen 20 Uhr.

Als ich nach einigen Stunden auf die Uhr guckte, war es inzwischen zwei Uhr morgens geworden. Von Müdigkeit war bei Hans Helfritz mit seinen 87 Jahren nichts zu spüren.

»Was spielen wir als nächstes?« fragte er munter.

Am liebsten spielt er Satie, ich Händel. Wir konnten uns nicht einigen. Vor allem war ich auch müde von der Reise. Wir hörten also auf und setzten uns noch zu einem Glas Wein hin. Inzwischen war es halb drei in der Frühe.

Helfritz fing an zu erzählen! Und wer ihn je hat erzählen hören, weiß, wie amüsant das ist, aber auch wie lange es dauern kann ...

Die angenehme Erzählstimme lullte mich allmählich ein, und als ich fast am Einnicken war – inzwischen war es vier Uhr geworden, – schreckte mich eine Frage auf: »Wie wäre es denn, wenn Sie mir helfen würden, meine Lebenserinnerungen aufzuzeichnen? Sie könnten mich interviewen und alles auf Tonband aufnehmen. Das wäre doch zu machen, oder?«

Ich war todmüde und unfähig, nein zu sagen. – Im Juni 1989 machten wir es tatsächlich.

Was mich, der ich eigentlich mehr mit Theater zu tun habe, an dieser Arbeit reizte, war zu erfahren, mit welcher Vielfältigkeit und unglaublichen Neugier an dieser Welt Hans Helfritz sein Leben gestaltet hat – ohne auf eine Karriere Rücksicht zu nehmen –, und auf welch nachahmenswerte Weise er alt geworden ist.

Joseph Conrad gehört zu den Lieblingsschriftstellern von Hans Helfritz. In ›Herz der Finsternis‹ steht ein Satz, der mich an ihn erinnerte:

»Arbeit mag ich nicht – kein Mensch mag sie, – doch ich mag, was in der Arbeit steckt – die Möglichkeit, zu sich selbst zu finden, zur eigenen Wirklichkeit, der Wirklichkeit, wie man sie selbst sieht, nicht wie andere sie sehen – zu dem, was kein anderer je erfahren kann.«

So kann auch diese Autobiographie nur ein Versuch sein, das vielfältige und reiche Leben von Hans Helfritz dem Leser erfahrbar zu machen.

Jean-Claude Kuner

7

Der Autor mit seinem Mitarbeiter Jean-Claude Kuner während der Tonbandaufzeichnungen

Die Jahre
des Aufbruchs

Erste Reiseerfahrungen im Ausland:
Konstantinopel und Griechenland

Ich war schon immer ein leidenschaftlich Reisender gewesen. Wenn ich Pessimist gewesen wäre, dann hätte ich vielleicht gedacht wie der französische Ethnologe Claude Lévi-Strauss, der das Reisen verabscheut hat, weil es zuallererst den Schmutz zeige, ›mit dem wir das Antlitz der Erde besudelt haben‹. In einer gewissen Weise stimmte das leider.

Aber die Freude am Reisen konnte mir diese fundamentale Kritik unserer Zeit nicht nehmen. Ich reiste trotzdem gerne. Denn ich hoffte immer, irgend etwas Neues zu finden, was ich noch nicht kannte. Ich war immer schon neugierig gewesen, Neues zu sehen, und es wurmt micht sogar heute noch, daß ich manches nicht gesehen habe, wie zum Beispiel Nepal oder den Himalaya.

Es ist die Neugier. Wer nicht neugierig bleibt, der versagt viel früher und wird dann auch keine Lust mehr am Leben haben. Neugier muß man bis zum Schluß haben.

Das sagten sogar die alten Chinesen: Auch wenn man noch so alt sei und wisse, daß es bald zu Ende gehe, solle man immer noch ein Haus bauen oder einen Baum pflanzen.

Nun, das Reisen fällt mir heute natürlich viel schwerer als früher. Aber geblieben sind meine Erinnerungen, in denen ich die vergangenen Zeiten noch einmal erleben kann. Und während ich sie erzähle, fühle ich mich eigentlich genau so wie damals.

Vorausschickend muß ich den Leser dieses Buches aber darauf aufmerksam machen – was ihn vielleicht hindern wird, mit der Lektüre über diese ersten Zeilen hinaus fortzufahren –, daß ich zum einen mein Privatleben nicht ausbreiten werde; ich habe schon immer Autobiographien verabscheut, die nur aus privatem Klatsch und Tratsch bestanden.

Zum anderen werde ich in der zeitlichen Reihenfolge der Geschehnisse einige Unordnung verursachen. Mein Mitarbeiter ermahnte mich zwar immer wieder, eine chronologische Ordnung in mein Leben zu bringen, aber das fiel mir äußerst schwer. Wenn ich von einer Sache erzähle, dann fallen mir so viele andere Geschichten ein; hinzu kommt, daß mir die Gegenwart immer wichtiger erschien, als die Vergangenheit. Ich bin nicht einer, der wehmütig zurückblickt und sich nach vergangenen Zeiten sehnt. Es gibt jederzeit Neues zu entdecken, und das hat mich schon immer mehr interessiert als das, was gewesen ist. Während der Arbeit an diesem Buch sind so viele Dinge passiert, daß ich mir erlauben werde, ab und an meinen Lebensbericht zu unterbrechen, um Ihnen auch davon zu erzählen.

Falls mir einige Leser bis hierher gefolgt sind, sollte ich diese nicht länger als nötig mit meinen Warnungen langweilen und nun endlich anfangen.

Wie gesagt reiste ich schon immer gerne, und zwar leidenschaftlich gerne. Bereits während meines Studiums wollte ich in ein fremdes Land. Etwas, was damals durchaus noch keine Selbstverständlichkeit war. Als ich 1927 in Wien studierte, konnte ich dieses Vorhaben endlich einrichten. Es war eine wirtschaftlich sehr schwere Zeit, in der sich jeder einschränken mußte und auch das Leben in Wien nicht gerade einfach war.

Ich wohnte in einem Studentenheim und wurde in der Mensa mit nur ganz spärlicher Kost verpflegt. Im Studentenheim war es so fürchterlich, daß ich mir dann später ein billiges Zimmer mietete. Das war ja nun ganz schön. Mitbewohner waren da auch, zwar nicht so viele wie im Studentenheim, aber dafür war mein Zimmer voller Wanzen.

Während des Studiums hatte ich Kollegs bei Egon Wellesz und bei Hans Gal belegt. Beides waren Komponisten, die in der damaligen Zeit verhältnismäßig viel aufgeführt wurden. Von Wellesz wurden mehrere Ballette in der Staatsoper in Berlin aufgeführt, von Gal die Oper ›Die heilige Ente‹, die großen Anklang gefunden hatte und auch in Berlin aufgeführt worden war. Natürlich besuchte ich auch die Wiener Staatsoper, auch wenn es dort nicht so viele neue Werke wie in Berlin zu feiern gab.

Die Kollegs an der Universität waren viel schlaffer und viel ungezwungener als in Deutschland. Ein Kolleg fing um viertel zehn morgens an. Aber der Professor war noch lange nicht da. Man wartete eine Viertelstunde oder gar eine halbe Stunde. Wenn er dann noch immer nicht erschienen war, dann kam er überhaupt nicht mehr, und man ging wieder fort. Vielleicht kam er ja am nächsten Tag. Das war eben die Wiener Gemütlichkeit.

Als dann die Ferien anfingen, tat ich mich mit einigen Studenten zusammen. Wir machten mit dem spärlichen Taschengeld, das wir hatten, eine Orientreise. Als Deckpassagiere fuhren wir auf einem Donaudampfer von Wien bis nach Ruschuk (Ruse), einem bulgarischen Hafen gegenüber von Giurgiu. Von dort ging es mit der Eisenbahn weiter über Sophia nach Warna, und dann auf dem Schwarzen Meer mit einem bulgarischen Frachtdampfer, auf dem man als Passagier mitfahren konnte, nach Konstantinopel.

Diese Fahrt war ein kleines Abenteuer für sich. Der Dampfer lag irgendwo am Hafen, wir wußten gar nicht wo. Wir sollten uns abends im Dunkeln dort einschiffen. Es hat lange gedauert, bis wir überhaupt das Schiff gefunden haben, denn Beleuchtung gab es nirgends. Wir haben uns auf das Schiff getastet und fanden schließlich jemanden.

»Nun legt euch irgendwohin, wo ihr Platz habt. In der Nacht werden wir dann abfahren«, sagte einer der Besatzung.

Auf einer Ladeluke breiteten wir unsere Schlafsäcke aus und schliefen auch bald ein. Aber als ich in der Nacht einmal aufwachte, stieß ich mit den Füßen immer gegen etwas Weiches, um dann, als ich morgens die Augen öffnete, festzustellen, daß es eine Kuh war.

Am nächsten Tag waren wir auf See und legten gegen Abend in Burgas an, wo wir eine lebendige Ladung auf das Schiff bekamen. Über tausend Hammel wurden an Bord in die Laderäume und auf das Deck getrieben und standen nun eng zusammengepfercht herum. Und wir, die wir uns auf dem Deck nun häuslich niedergelassen und unser Gepäck und unsere Schlafsäcke auf den Ladeluken hatten, wurden an den Schornstein gedrängt. Es gab keinen anderen Platz mehr.

Verpflegen mußten wir uns auf dem Schiff selber. Vorsorglich hatten wir uns bulgarisches Trockenfleisch mitgenommen, das fürchterlich schmeckte, wie ein alter Waschlappen. Wir mußten uns das Wasser selbst aus einem Behälter vom Bug holen. Aber wie sollte man dahinkommen? Da wurden in einem Meter Höhe über den Hammeln, vom Mittelschiff aus bis zum Mast und vom Mast wieder bis zum Bug, schmale Bretter gelegt, auf denen man balancieren mußte. Wenn das Schiff nun in Fahrt war, stolperten die Hammel durcheinander. Es waren vielfältige Bewegungen, mit denen man rechnen und vor denen man sich vorsehen mußte, damit man nicht mitten in die Horde fiel. Wenn es aber doch passierte, dann war es nicht ganz leicht, über die Hammel hinweg wieder auf das Brett zurückzuklettern.

Auf diese Weise kamen wir nach Konstantinopel, wo der Dampfer vor Anker ging. Von dort ging die Reise weiter über die Prinzeninseln zu verschiedenen kleinen griechischen Inseln, nach Samos, nach Lesbos und schließlich nach Piräus.

Wenn junge Leute damals unterwegs waren, dann wurden sie in den Mittelmeerländern eigentlich immer freundlich aufgenommen, und man kam auch gleich in Kontakt mit irgendwelchen Leuten. Die Verständigung war auch gar nicht so schwierig. Jemand sprach ein paar Brocken Deutsch, und andere wieder ein bißchen Englisch oder Französisch, und wir selber hatten ja auch die eine oder andere Fremdsprache auf der Schule gelernt.

Die Länder waren damals vom Tourismus noch nicht überlaufen. Es gab ihn zwar schon, aber das war ein Tourismus von Leuten aus gehobenen Kreisen, mit denen wir gar nicht in Berührung kamen.

Wenn man auf eigene Faust in diese Länder ging, so war das Reisen immer noch ein kleines Abenteuer. Es gab eben nicht viele Leute, die das machten. Es hatten nur wenige den Mut und vor allen Dingen auch das Geld. Die wirtschaftliche Lage in den orientalischen Ländern wiederum war ganz anders. Das eine Land war etwas teurer, das andere wieder etwas billiger. Und dann mußte man für all diese Länder ein Visum haben, das zu besorgen eine umständliche Sache war. Man benötigte alle möglichen Nachweise, manchmal auch Empfehlungen.

Vor dieser Reise hatte ich schon hin und wieder Photographien und Artikel an eine Zeitschrift einer Buchgemeinschaft verkauft, die es in Berlin gab. Eines Tages meinte man dort zu mir: »Machen Sie weiter. Können Sie für uns nicht auch einmal ein Buch schreiben?« – »Ja, das weiß ich nicht. Ich hab ja noch nie ein Buch geschrieben. Aber versuchen kann ich es«, erwiderte ich. »Also, wenn Sie jetzt diese Reise nach Palästina, Syrien und Mesopotamien machen, dann schreiben Sie für uns ein Buch.«

Dieses Buch mit meinen Bildern und meinem Reisebericht wurde das erste, das ich herausgebracht habe.

Das Interesse für Reisebücher war damals außerordentlich groß. Vor allen Dingen deshalb, weil die Mehrheit damals noch nicht in fremde Länder reisen konnte. Viele Länder waren auch so gut wie ›verschlossen‹, und wenn dann jemand einen Bericht darüber brachte, war man neugierig und kaufte ihn sofort.

Studium bei Prof. von Hornbostel und erste Orientreise (1930)

Wieder in Berlin, hatte ich bei Prof. Erich von Hornbostel im Institut für Vergleichende Musikwissenschaft einen Kursus belegt. Er war der Begründer dieses Instituts und als Musikethnologe einer der herausragenden Persönlichkeiten in der Musikwissenschaft des 20. Jahrhunderts. Sein Institut hatte inzwischen Musik von fremden Völkern aus der ganzen Welt gesammelt. Besonders interessant waren nun die Vergleiche, die Prof. von Hornbostel mit der Musik der primitiven Völker anstellte. Dies war eine Bereicherung für die Ethnologie fremder Völker, denn die Musik aller Primitiven steht in engem Zusammenhang mit ihrem Leben und ihrer Beschäftigung. Die Musik der Naturvölker, die sich oft über Jahrtausende hin erhalten hatte, blieb meist

unmittelbar im Verständnisbereich eines Stammes, zum Beispiel bei den Beduinen. Und gerade über ihre Musik war noch wenig bekannt.

Da ich nun für die Semesterferien eine Reise nach Ägypten, Palästina, Syrien und Mesopotamien vorbereitete und bereits einen Buchvertrag hatte, kam mir dieses Unternehmen auch für meine musikethnologischen Studien zustatten.

Prof. von Hornbostel gab jedem, der es wünschte und der interessante Forschungsreisen in fremde Länder unternahm, einen Apparat und Material mit, um Tonbandaufnahmen zu machen. Auf diese Weise kam er zu seinem Material. So bekam auch Gusinde, der berühmte Feuerlandforscher, der die letzten Feuerland-Indianer noch im Urzustand erleben und erforschen konnte, einen solchen Apparat mit, so daß sich die Gesänge dieser Indianer, die inzwischen ausgestorben sind, erhalten haben.

Ich bekam also auch für meine Reise von Prof. von Hornbostel ein Phonogrammgerät mit Wachswalzen. Der Apparat war noch ein altes Edison-Modell, bei dem die Wachswalze auf einen Kern gesteckt war, der durch ein Federwerk in Rotation versetzt wurde. Durch eine Nadel, die mit einer Membran und einem großen Trichter verbunden war, entstand dann die Gravierung.

Den Apparat hatte ich nun, jetzt kam es darauf an, die richtigen Musikanten zu finden und sie zu bewegen, in diesen merkwürdigen Trichter hineinzusingen. Und das war gar nicht so leicht.

Ghasale war gekommen. Sie war eine in ihrem Dorf besonders beliebte Sängerin, die sich bereit erklärt hatte, für mich zu singen, natürlich im Beisein ihrer Verwandten und Freunde. Wir saßen alle im Kreis um den Apparat herum und – Ghasale wollte nicht singen. Das heißt, sie wollte schon, aber Ahmed stand plötzlich auf und sprach aufgeregt auf sie ein: »Du Törichte! Weißt du denn nicht, daß in dem Ding dort ein Geist verborgen ist, der, wenn du singst, sich deiner Stimme bemächtigen wird, so daß du keinen Ton mehr herausbringen wirst?«

Ich flehte sie an, doch diesem dummen Kerl nicht zu glauben, und sang selbst ein paar Töne in den Apparat, die ich sogleich wiedergegeben hatte. Das gefiel ihr. Ich versprach ihr einen anständigen Lohn, wenn sie nun singen würde. Das gefiel ihr noch mehr.

Jetzt waren wir soweit, nachdem zwei Stunden mit den Vorbereitungen vergangen waren. Der Bann war gebrochen. Ghasale sang, und alle waren begeistert, als ich ihnen den eben aufgenommenen Gesang vorspielen konnte. Jetzt wollten andere sich auch auf dem Band hören, und so bekam ich Hirtengesänge, Brautlieder, Hochzeitsgesänge sowie auf der Flöte, der Doppel-Klarinette und der *Rabab,* der arabischen Geige, gespielte Melodien.

Außerdem filmte ich auch. Es gab schon Ende der 20er Jahre eine Handfilmkamera für 35-Millimeter-Filme, die man im Kino zeigen konnte. Die Kassette faßte 30 Meter Filmlänge und wurde durch ein Federwerk bewegt, das man mit einer Kurbel aufzog. Farbfilm gab es damals noch nicht, nur Schwarzweißfilme. Ich lernte eines Tages den Direktor des Christlich-Archäologischen Instituts in Jerusalem kennen, der auf einer Reise in Berlin war. Er sagte zu mir: »Wir möchten gerne einen Film haben über unsere Ausgrabungen in Palästina. Wenn Sie sowieso dorthin reisen, machen Sie doch für uns einen Film. Wir geben Ihnen einen Zeiss-Kinamoapparat und das Material mit und dann filmen Sie.«

»Ja, ich habe aber noch nie gefilmt!« erwiderte ich. Ich hatte keine Ahnung vom Film.

»Das werden wir Ihnen schon zeigen, das wird schon irgendwie gehen.«

So entstand mein erster Film, den ich für das Christlich-Archäologische Institut anfertigte.

◁ Tonaufnahme mit dem alten Edison-Apparat vom Gesang eines Beduinen in Hadramaut

Vorbereitungen zur ersten Jemen-Reise

Nach meiner Rückkehr ging das Studium erst einmal weiter, in der Hochschule und an der Universität. Aber die Lust zu reisen, die blieb. Und das Interesse Prof. von Hornbostels wurde immer größer, von mir weitere Aufnahmen zu bekommen. Die Aufnahmen aus Palästina waren geglückt und brachten ganz interessantes Material für sein Institut. Eines Tages sagte Prof. von Hornbostel: »Versuchen Sie doch einmal, nach Süd-Arabien zu reisen. Wir wissen überhaupt nicht, was es dort für Musik gibt. Auch wenn Süd-Arabien eines der verschlossensten Länder der Welt ist, vielleicht wird Ihnen die Einreise dennoch gelingen.«

Ich mußte nun sehen, wie ich die Erlaubnis dazu bekommen konnte. Ein Zufall kam mir dabei zustatten. Ich kannte einen Herrn des Außenministeriums in Berlin, der als Botschafter in Äthiopien gewesen war und von dort aus eine kurze Reise nach San'a im Jemen unternommen hatte. Er wußte also über die dortigen Verhältnisse Bescheid.

»Schreiben Sie einfach an den König von Jemen einen Brief in französischer Sprache, Sie möchten ihn gerne besuchen. Sie werden sicher eine Antwort bekommen.«

Der König Imâm Jahja vom Königreich Jemen, der heutigen Republik Jemen, hatte einen Außenminister, der ein Türke war und Französisch sprach. Wenn ich nun einen französischen Brief schrieb, käme dieser an den Außenminister, und der würde ihn dann schon dem Imâm übersetzen.

Ich habe diesen Brief geschrieben und bekam tatsächlich auch eine Antwort. Aber nicht vom Außenminister, sondern von einem Deutschen, der der einzige Deutsche war, der in der damaligen Zeit überhaupt die Einreise in den Jemen bekommen hatte. Er lebte am Hofe des Imâm. Er hieß Dr. Rathjen.

Dr. Rathjen aus Hamburg war Archäologe und Geschäftsmann und hatte es fertiggebracht, die wirtschaftliche Verbindung mit Deutschland herzustellen. Er war beauftragt, Briefmarken für den Jemen in Deutschland drucken zu lassen. Außerdem erlaubte ihm der Imâm, in der Nähe von San'a Ausgrabungen zu machen und Altertümer zu sammeln. An den kam nun mein Brief, und er schrieb mir, es wäre leider nicht möglich, mir die Erlaubnis für die Einreise zu beschaffen, denn die Verhältnisse wären außerordentlich schwierig. Der Imâm wäre dauernd im Krieg mit irgendwelchen Grenzbezirken, und ich sollte lieber zu Hause bleiben.

Jetzt wo die Absage aus Süd-Arabien kam, die mich natürlich sehr deprimierte, hätte ich mich eigentlich wieder ganz dem Studium der Musik widmen können, dem Klavierspiel, dem Komponieren und dem Kontrabaßspielen. Aber die Aufforderung von Prof. von Hornbostel in dieses verschlossene Land zu gehen, und die Versuchung, diese Aufgabe durchzuführen, waren dann doch zu groß.

Ich dachte immer wieder daran, wie ich es doch schaffen könnte, in den Jemen vorzudringen. Mein Studium ging weiter, und ich war natürlich auch Feuer und Flamme, wieder Konzerte zu hören und selbst Musik zu machen.

Eines Tages besuchte ich wieder den Gesandten Prüfer im Auswärtigen Amt und zeigte ihm die Absage. Da sagte er: »Ach, das ist ja nicht so schlimm. Warten Sie ab, es wird sich schon eine Gelegenheit finden, daß Sie doch noch in den Jemen kommen.«

Ein paar Monate später rief mich der Gesandte Prüfer tatsächlich an und sagte: »Gehen Sie sofort ins Hotel ›Adlon‹. Dort ist der Sultan von Makalla, der seine erste Auslandsreise macht. Er ist nur ein paar Tage in Berlin. Wir geben Ihnen noch einen Empfehlungsbrief an ihn mit, und Sie sagen ihm, Sie möchten ihn gerne in Hadramaut besuchen. Vielleicht klappt es dann.«

Das habe ich getan. Ich kam in das Hotel ›Adlon‹, das vornehmste Absteigequartier Berlins.

Der Sultan von Makalla war mit großem Gefolge gekommen, mit Verwandtschaft, Ministern und einer großen Dienerschaft. Er führte ja ein fürstliches Leben. Er empfing mich sehr freundlich, und dank der Hilfe eines Dolmetschers konnte ich mich eingehend mit ihm unterhalten; natürlich nicht über Politik, denn das war ein heikles Thema. Nicht nur die Engländer, die damals noch in Aden saßen, sondern auch die süd-arabischen Sultane vermuteten zunächst einmal in jedem Reisenden einen Spion. Ich sagte also dem Sultan von Makalla, ich würde sehr gerne sein wunderschönes Land besuchen und interessiere mich besonders für die Musik seines Landes. Der Sultan fand das sehr komisch.

»Nun gut«, sagte er, »in einem Monat bin ich wieder in Aden. Wenn Sie auch dort sein werden, können wir zusammen mit dem Dampfer nach Makalla fahren. Ich lade Sie ein.«

Endlich im Jemen (1931–1932)

Nachdem ich nun die Gewißheit hatte, daß ich wirklich nach Süd-Arabien reisen konnte, bereitete ich mich nicht nur auf meine musikethnologischen Forschungen vor, sondern informierte mich auch über die dortigen Verhältnisse und vor allen Dingen über die Geschichte. Es glückte mir, mit verschiedenen Spezialisten, die damals in Berlin lebten, in Verbindung zu kommen und von ihnen wertvolle Hinweise und Aufklärung zu erhalten. Prof. Mittwoch zum Beispiel war einer der wenigen, die die sogenannte *Hymjaritische Schrift* entziffern konnten, die im alten sabäischen Reich benutzt wurde. Er selbst sammelte diese Schriften.

In Süd-Arabien wurden Steine mit solchen hymjaritischen Inschriften immer wieder von handeltreibenden Beduinen an die Küsten gebracht und gelangten dann über Zwischenhändler in den Besitz von Museen und Kunsthandel. Außerdem existierten diverse Nachahmungen von Inschriften süd-arabischer Ruinen, so zum Beispiel die von Eduard Glaser, einem der frühen Süd-Arabien-Reisenden, der zwischen 1882 und 1888 drei Reisen in das ehemalige Königreich Jemen unternahm.

Einheimische Quellen über die Geschichte Süd-Arabiens gibt es nur wenige, obwohl im Altertum Hadramaut, das Hazamareth der Bibel, als Kulturzentrum sicherlich ebenso bedeutend war wie das römische oder ägyptische Reich. Rom, Athen und Babylon sind in ihrer weltgeschichtlichen Bedeutung jedermann bekannt, wenigen jedoch die Städte Hadramauts, die in ihrem Wirkungskreis weit über das eigene Land hinausreichten. Plinius und Ptolemäus haben darüber berichtet. Vor allem über die Weihrauchstraße. Hadramaut und Somaliland waren die Länder des Weihrauchs, der im Altertum ein bedeutendes Handelsobjekt war, ebenso kostbar wie Gold. Riesige Mengen dieser wertvollen Ware, wurden in den Metropolen des Altertums gebraucht. Der Weihrauch gelangte mit Karawanen über die berühmte Weihrauchstraße von Süd-Arabien in die Mittelmeerländer.

In Süd-Arabien existierten damals nacheinander mehrere Königreiche, deren Herrscher auf den Weihrauch Zoll erhoben. All diese Karawanen mußten Shabwa, die Hauptstadt des alten Reiches Hadramaut, passieren und die üblichen Abgaben bezahlen.

Die Ruinen dieser Stadt waren noch nie von einem Europäer betreten worden. Alle Versuche, in die Stadt zu gelangen, waren bisher vergeblich geblieben.

Einmal wollte ein englischer Offizier mit einer großen Karawane und vielen Geschenken die Stadt betreten. Er gelangte bis fast vor die Tore der Stadt, mußte aber zurück, weil er von den Beduinen, die sich über den Ruinen angesiedelt hatten, zurückgeschlagen wurde.

Dann versuchten es zwei englische Flieger. Sie landeten in der Nähe der Stadt in der Wüste, wurden aber von den Beduinen umgebracht, und ihr Flugzeug wurde in Brand gesteckt.

Da war etwas Geheimnisvolles, das mir besonders interessant erschien. Irgendwie müßte es einem doch gelingen, in diese Stadt einzudringen. Vielleicht konnte ich das während meiner Reise bewältigen, dachte ich.

Zu meiner Leidenschaft für Musik und Ethnologie, kam auch das Interesse für die Archäologie in Süd-Arabien.

Eine Berliner Kapazität für Archäologie war damals der Baron von Oppenheim, der vor dem Ersten Weltkrieg Diplomat in Ägypten war und sich ausgesprochen für archäologische Themen interessierte. Er war nicht unbemittelt. Auf eigene Kosten gelang es ihm, Ausgrabungen in Syrien zu machen, das damals französisches Gebiet war. Er fand unter einem Hügel die Ruinen einer bedeutenden Stadt aus dem Altertum; Tel Halaf nannte er die Stelle. Es gelang ihm, diesen Hügel auszugraben und einen Teil der Stadt freizulegen.

Da brach der Erste Weltkrieg aus, und Deutschland kam in den Krieg mit Frankreich. Er hat, bevor er das Land verlassen mußte, sofort alles wieder zuschütten lassen.

Als der Krieg zu Ende war, kam er wieder zurück, und nun gelang es ihm, die ganze Stadt auszugraben. Es glückte ihm aber nicht, in Deutschland irgendein Museum für seine wertvollen

Hans Helfritz bei einer Rast im Wadi Hadramaut

Der Führer meiner Karawane in Hadramaut und seine Frau

Beduine des Stammes der Homumi in Hadramaut ▷

Ausgrabungen zu interessieren. Er war kein Facharchäologe, und deshalb hat man ihn auch ziemlich kühl behandelt.

Er hatte so bedeutende Funde gemacht, daß er damit einen ganzen Tempel aufbauen konnte, den er außer Landes bringen durfte. Die Franzosen erlaubten ihm, die Hälfte seiner Funde zu behalten. In Berlin bekam er von Siemens eine alte Maschinenhalle in Siemensstadt, die nicht mehr gebraucht wurde, zur Verfügung gestellt, und in dieser Halle konnte er sein eigenes Museum einrichten. Das war das ›Museum von Tel Halaf‹.

Baron von Oppenheim wohnte damals in Berlin. Er besaß eine der bedeutendsten Bibliotheken zu seinem Fachgebiet, dem Orient, darunter befand sich auch sehr interessante Literatur über Süd-Arabien.

Die Reise nach Hadramaut im Süd-Jemen, der heute zur Republik Jemen gehört, war nun gesichert. Ich hatte ja die Einladung vom Sultan von Makalla. Aber der Nord-Jemen, das damalige Königreich des Imâm, blieb mir verschlossen. Eine jemenitische diplomatische Vertretung gab es in Europa überhaupt nicht. Eine Hoffnung, die Einreise in den Nord-Jemen doch noch zu erwirken, blieb mir: die jemenitische Botschaft in Kairo. Das Auswärtige Amt in Berlin wurde wieder eingespannt. Auf das Empfehlungsschreiben des Herrn Prüfer wurde ich dort zwar sehr freundlich empfangen, doch ein Visum wollte man mir auch nicht ausstellen. Ich bekam allerdings ein Empfehlungsschreiben und dieses Mal an den Imâm persönlich.

Begegnung mit einem Eseltreiber in Hadramaut

Daraufhin mußten mich die Engländer mit dem kleinen Dampfer von Aden nach Hodeida fahren lassen. Der Brief mit der jemenitischen Empfehlung kam auch wirklich in die Hände des Imâm, der mir nach einer Wartezeit von zwei Wochen schließlich die Einreise in sein Land bewilligte.

Dr. Rathjen war inzwischen abgereist, und ich bin mir bis heute nicht sicher, ob er damals wirklich mein erstes Gesuch an den Imâm weitergeleitet hatte.

Doch jetzt war ich erst einmal in Aden. Der Sultan von Makalla war auch schon eingetroffen, und ich fuhr nun als sein Gast auf dem kleinen Küstendampfer ›Velho‹ nach Makalla, wo zum Empfang des Sultans bereits die Herrscher verschiedener Kleinstaaten des Landes Hadramaut eingetroffen waren. In dem gerade neu erbauten Sultanspalast fanden eine ganze Woche lang große Feierlichkeiten statt. Den alten Palast hatte der Sultan als Gästehaus herrichten lassen. Dort wohnte ich, betreut von Dienern, aber auch bewacht von Soldaten. Ein Fest folgte dem anderen, und die Besuche bei mir nahmen kein Ende. Sie kamen oft schon am frühen Morgen, als ich noch im Bett lag. So lernte ich in Makalla die wichtigsten Persönlichkeiten kennen. Ich wurde von ihnen eingeladen. Nur auf Einladung der Potentaten war es damals überhaupt möglich, in das Innere des Landes zu gelangen. Ich kam zu den großen Städten Terim, Saiwun und Schibam. Ich

◁ Palast des Sultans von Saiwun

wollte nun aber auch weiter durch die Wüste in das alte sabäische Gebiet, was mir jedoch nicht gelang. Feindliche Beduinenstämme lebten zwischen diesen beiden Gebieten, und ich bekam keinen Beduinen, der mich dahin führen wollte.

Ich reiste wieder zurück nach Makalla, diesmal auf einer anderen Route durch sehr interessantes Gebiet, in dem wieder andere Stämme lebten, und ich interessante Musikaufnahmen machen konnte.

Diese Tonaufnahmen wurden dann von Prof. von Hornbostel und Dr. Lachmann, seinem Assistenten, sowohl gesichtet als auch bearbeitet und die Ergebnisse in der Zeitschrift für Vergleichende Musikwissenschaft, die der Institutsleiter selbst herausgab, veröffentlicht.

Das Archiv, die Walzen, die sogenannte *Tönende Bibliothek,* befand sich im Berliner Schloß. Als der Zweite Weltkrieg kam und das Schloß bombardiert wurde, ist der größte Teil dieser Sammlung verlorengegangen. Meine Walzen waren auch verschollen. Aber vor einigen Jahren entdeckte ein Musikwissenschaftler in Ost-Berlin, wo es ein ähnliches Institut gibt, zufällig Kisten mit der Aufschrift ›Phonogramm-Archiv Prof. von Hornbostel‹. Diese Kisten hatte man während des Krieges noch retten können. Da waren meine gesamten Walzen aus Süd-Arabien drin. Von diesen Walzen wurden in Ost-Berlin Tonbandkopien gemacht und dem Institut in Dahlem geschenkt.

Da ich diesmal Shabwa nicht erreichen konnte, dachte ich, ich käme im nächsten Jahr wieder. Nach Hadramaut hatte man mich ja erneut eingeladen. Dann würde ich versuchen, einfach ›durch die Hintertür‹ in diese Gebiete zu kommen.

Dummerweise lag Shabwa nicht direkt innerhalb der Grenzen des Königreichs Jemen, sondern in einem Niemandsland zwischen den Sultanaten von Hadramaut und dem Königreich. Dieses Gebiet war von einem Beduinenstamm besetzt, der sich über den Ruinen der Stadt Shabwa angesiedelt hatte und keinen Fremden, auch keinen arabischen Fremden, eindringen lassen wollte. Sie glaubten, unter den Ruinen wären noch große Schätze vergraben, und die Fremden seien nur darauf aus, sich diese Schätze zu holen.

Wieder im Jemen (1933)

Im nächsten Jahr kam ich wieder nach Süd-Arabien. Von meinen arabischen Freunden wurde ich in Terim und Schibam auf die gleiche herzliche Weise empfangen. Jetzt wollte ich aber weiter ins Innere der Halbinsel reisen und möglichst auch Shabwa erreichen. Ich fand diesmal einen Beduinen, der mich weiter in das Landesinnere führen wollte. Er war mit einer großen Karawane aus dem Grenzgebiet von dem nördlichen Teil Süd-Arabiens nach Hadramaut gekommen. Dieser Karawane konnte ich mich anschließen. Sie zog durch das Gebiet, in dem Shabwa liegt.

Die Beduinen haben aber eine Route, von der sie niemals abweichen. Shabwa liegt zwar gar nicht weit von dieser Route entfernt. Dennoch kam ich auch bei meiner zweiten Reise nach Süd-Arabien nicht zu dieser Ruinenstätte. Wir zogen daran vorbei.

Ich gelangte aber direkt an die Grenze des Königreichs Jemen nach Harib und dachte, naja, nun sei ich einmal da, jetzt könnte ich weiter in die Hauptstadt San'a reisen. Ich war immerhin in einem Gebiet, das noch nie vorher von einem Fremden betreten worden war.

Aber als ich in dieser kleinen Grenzstadt ankam, wurde ich zunächst einmal verhaftet. Ich kam ins Gefängnis, während mein Paß an den König geschickt wurde. So mußte ich mich also auf unbestimmte Zeit in meinem Gefängnis in Harib einrichten, denn es konnte Wochen dauern, bis der Bote aus San'a zurück war. Man hatte dort aber Mitleid mit mir, und ich brauchte nicht weiter in dem schrecklichen Gefängnis zu hausen, in dem die Gefangenen zum Teil in Ketten lagen. Man erlaubte mir, oben auf dem Turm des Gerichtsgebäudes auf einer nicht allzu großen Plattform zu schlafen. Dort versammelten sich über Nacht auch an die dreißig Soldaten, die nicht gerade für Ruhe sorgten. Dieser Turm war einer von vielen Wachtürmen, die es rings um die Stadt gab. Hinter der hohen Brüstung des Turmes hockte ein wachhabender Soldat, der alle fünf Minuten einen gellenden Schrei ausstieß. Vom Posten auf dem nächstgelegenen Turm wurde der Schrei erwidert. So ging die ganze Nacht über ein Schrei rund um die Stadt, ein Zeichen dafür, daß keiner der Posten eingeschlafen war. Mit einem Angriff feindlicher Beduinen mußte immer gerechnet werden.

Manchmal stimmten die Soldaten, die sich auf meinem Turm befanden, in das Geschrei mit ein, dann artete das Ganze zu einem ohrenbetäubenden Gebrüll aus. Zu bestimmten Stunden der Nacht stiegen Musikanten mit Metalltrommeln und Trompeten auf die Brüstung. Erst rasselten die Trommeln, dann setzten die Trompeten im höchsten Diskant ein. Diese kriegerische Musik sollte die Bewohner der Stadt beruhigen. Sie zeigte ihnen an, daß sie unter der wachsamen Obhut der Soldaten des Königs ruhig und ungestört schlafen konnten.

Rastplatz der Eselkarawane in einem jemenitischen Dorf

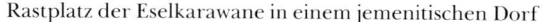

Der Kommandant der Festung von Harib mit seinen Offizieren

Das Gerichtsgebäude war zugleich Gefängnis, Krankenhaus und Vergnügungsstätte. Im Innenhof des Gebäudes versammelten sich dann die Honoratioren der Stadt, die Offiziere der Garnison und die Gefangenen, die aus ihren Zellen herausgeholt wurden, damit auch sie an dem Vergnügen des Kat-Genusses teilnehmen konnten. *Kat*, ein ›sanftes‹ Rauschgift, ist das Lebenselexier des Jemeniten. Man sagt, der Jemenit kann wohl mehrere Tage hungern, aber nicht einen Tag ohne Kat sein. Die Blätter des Kat-Strauches werden gekaut, der Saft geschluckt und die Blätter wieder ausgespuckt.

Drei Wochen waren inzwischen verstrichen. Allmählich hatte ich mich an das durchaus nicht eintönige Leben in der Gefangenschaft gewöhnt. Am Tage durfte ich spazierengehen, natürlich unter Bewachung eines Soldaten. Das Essen war auch nicht so schlecht. Mittags gab es Musik, die Trommler und Flötenspieler spielten und die Soldaten sangen den *Samel*, das jemenitische Kriegslied, die einzige Musik, die der Imâm erlaubte.

Tag und Nacht ging hier das Leben an diesem Außenposten in der Wüste im gleichen Rhythmus weiter, wobei sich allmählich alle Unterschiede verwischten und alle Grenzen verflossen. Dort kannte man nicht die geregelte Ordnung zwischen Tätigkeit und Ruhe, zwischen Wachen und Schlafen. So ging es auch mir.

Es war um die Mittagszeit. Ich lag auf meinem Feldbett hoch oben auf der Plattform meines turmartigen Gefängnisses in einem dämmrigen Zustand zwischen Wachen und Schlafen in der Gluthitze des Tages. Unruhig schweiften meine Gedanken umher, und immer wieder tauchten Bilder aus meinem früheren Leben, aus meiner Kindheit in Greifswald auf, und ich fragte mich, was ich früher alles erlebt hatte und wie ich überhaupt zu dieser abenteuerlichen Reise gekommen war ...

Meine katsüchtigen Gefängnisaufseher in Harib   An den Füßen gefesselter Sträfling in Harib ▷

Jemenitische Soldaten singen den Samel, das jemenitische Kriegslied

Harib an der jemenitischen Grenze. In diesem Festungsturm wurde ich drei Wochen gefangengehalten

Erinnerungen eines Gefangenen

Ursprünglich stamme ich aus einer alten Greifswalder Familie. Mein Großvater väterlicherseits war Bürgermeister des Ortes, und der Großvater mütterlicherseits war Gymnasialdirektor in Greifswald. Geboren aber bin ich in Hilbersdorf in Sachsen, einem Vorort von Chemnitz. Nach meinem siebten Lebensjahr kam ich nach Greifswald. Damit hatte das Reisen schon angefangen.

In Greifswald wohnte ich nicht bei den Eltern, die inzwischen von Chemnitz nach Berlin gezogen waren, sondern bei meinen Großeltern. Ich war da in strenger Obhut, denn als Enkel des Schuldirektors wurde ich nun nicht etwa an der Schule verhätschelt, sondern genauso streng oder vielleicht noch strenger drangenommen als die anderen Schüler.

Mein Großvater sorgte dafür, daß ich neben dem Schulbetrieb auch gesundheitlich auf dem laufenden gehalten wurde. Jeden Tag mußte ich nachmittags mit ihm einen Spaziergang von drei Kilometern machen, von Greifswald nach Wiek oder Eldena an die Ostsee. Ob es kalt war, ob es warm war, ob es regnete oder schneite, das war ganz egal. Besonders die Winter waren damals außerordentlich streng. Wir hatten oft 20 Grad Kälte, so daß der Greifswalder Bodden zugefroren war, und man auf dem Eis den Weg von dem Hafenort bis nach Rügen zu Fuß gehen oder mit Schlittschuhen laufen konnte.

Damals hatte man komische Ansichten. Meine Eltern dachten, da ich etwas schwächlich war und sie befürchteten, daß das Klima in Berlin mir nicht bekommen würde, wäre es besser, mich zu den Großeltern an die Ostsee zu schicken. Die Zeit in Greifswald war nicht so ganz leicht für mich, hat mir aber dennoch viel Gutes gebracht, denn gerade durch die Spaziergänge wurde ich frühzeitig abgehärtet, und das kam mir sicherlich auf meinen späteren Reisen zugute.

Mit Reisen war damals noch nicht viel los. Aber ich hörte immer wieder von den Großeltern und deren Freunden von all den Schönheiten in der fremden Welt. Meine Großeltern machten immer weite Reisen, entweder nach Italien oder nach Griechenland, jedenfalls in den sonnigen Süden. Aber wir Kinder kamen damals noch nicht mit, auch die Enkel nicht, die mußten eben zu Hause bleiben.

Ich kam dann in den kleinen Ferien zu meinen Eltern nach Berlin, und in den großen Ferien haben wir alle zusammen mit den Eltern, den Großeltern, den Geschwistern meiner Eltern und deren Kindern in Lubmin die Ferien verbracht. Das war ein großes Gaudium.

In Greifswald wurde ein sogenannter ›Kremser‹ gemietet, ein Pferdewagen mit Seitenbänken. Da wurde alles eingeladen, die ganze Familie mit Kind und Kegel, alle möglichen Gegenstände, Eßwaren und vor allen Dingen die Betten. In Lubmin wurde ein Haus gemietet, und da zog dann die ganze Gesellschaft ein.

Lubmin hatte einen sehr schönen Strand. Aber das Badeleben war natürlich ganz anders als heute. Um Gottes willen durfte man nicht einfach so am Strand ins Wasser gehen und baden. Man mußte einen Badeanzug haben und in die Badeanstalt gehen.

In Lubmin befanden sich zwei Badeanstalten mit riesigen hölzernen Stegen auf Stelzen, die weit hinaus in das Meer ragten, wo dann die Badeanstalt mit den Kabinen gewöhnlich

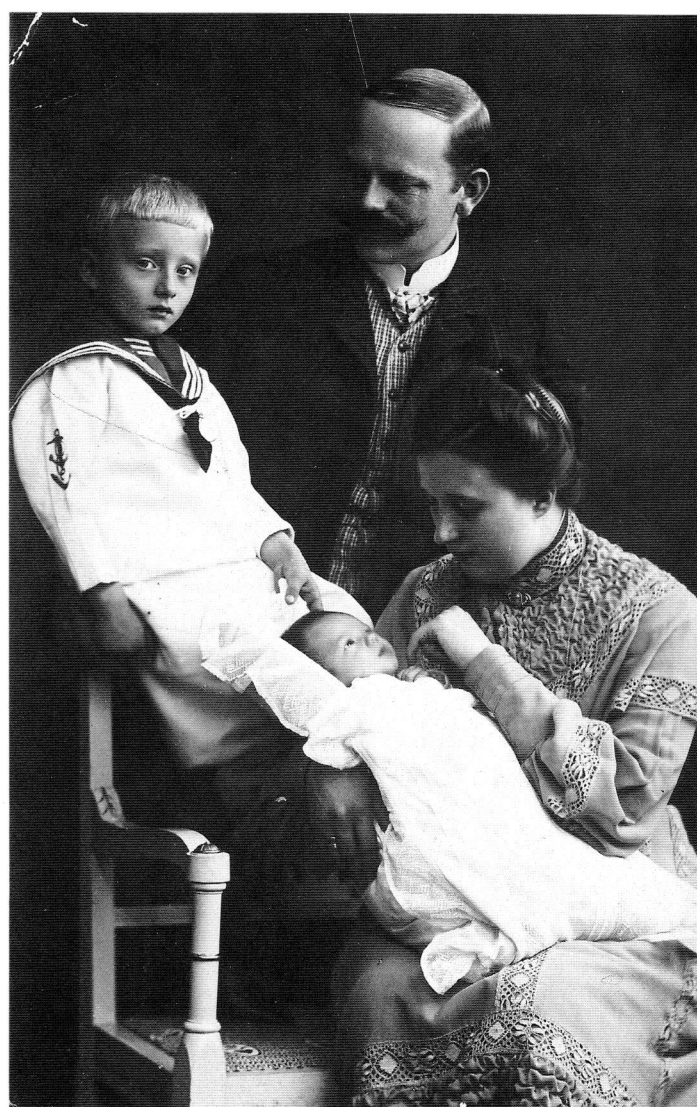

Hans Helfritz als Fünfjähriger mit seinen Eltern und Schwester Magdalene

Magdalene und Hans Helfritz

hufeisenförmig angeordnet war. Es gab eine Badeanstalt für die Herren und eine für die Damen. Einmal in der Woche war Familienbad. Dann durften Männlein und Weiblein zusammen im Herrenbad baden.

Es gab in Greifswald auch manchmal Konzerte, zu denen ich mitgenommen wurde. Am meisten beeindruckt hat mich immer das Orgelspiel in der Kirche. Jeden Sonntag mußte ich mit meinen Großeltern in die Kirche gehen, denn das gehörte sich so, daß die Honoratioren der Stadt am Sonntag dem Gottesdienst beiwohnten. Im Winter war das für mich ein ziemliches Opfer, das ich bringen mußte, wenn ich morgens in diese kalte Kirche ging, denn es gab dort keine Heizung. Aber belohnt wurde ich dann mit dem schönen Orgelspiel. Die Predigt, und was sonst alles dazu gehörte, hatte mir weniger imponiert.

In diesen Jahren interessierte ich mich schon für Musik. Ich hatte Unterricht bei den Schwestern Schlösser, damals die einzigen Klavierlehrer in Greifswald. Halbjährlich gab es einen Vorspielabend, zu dem Eltern, Bekannte und Freunde eingeladen wurden. Das war dann ein großes Ereignis, vor Publikum spielen zu dürfen.

Meinem Interesse für Tiere und für Pflanzen konnte ich in den Ferien nachgehen. Mein Vater war ein großer Tierfreund und hatte eine Schmetterlings- und Käfersammlung. In Lubmin gingen wir in den Wald und fingen diese Tierchen, die wir betäubten und, auf Nadeln gesetzt, in Kästen aufbewahrten.

Außerdem hatte der Vater damals schon einen Photoapparat (man muß bedenken, das war in den Jahren um 1910 herum, als dies noch eine große Seltenheit war), wodurch ich auch Interesse am Photographieren bekam.

Als 1916 mein Großvater starb, zog ich von Greifswald nach Berlin. Es war für mich natürlich ein großer Einschnitt in meinem Leben. Auf der einen Seite lebte ich ja sehr gerne in Greifswald und hatte mich in den Jahren an das Leben an der Ostsee gewöhnt, andererseits aber war ich auch froh und glücklich, wieder bei den Eltern sein zu können.

Die Umsiedlung in eine andere Schule war allerdings nicht so leicht. Das Luisengymnasium galt als eine der strengsten und schwersten Schulen Berlins. Besonderes Interesse für die humanistischen Sprachen war bei mir nicht vorhanden. Aber an diesem Gymnasium gab es einen Professor, der großes Interesse für die Musik hegte und selbst komponierte. Er arrangierte Aufführungen mit Schülern, die Musikinstrumente spielen konnten. Zu einem alten klassischen Drama hatte er eine Musik geschrieben, die von Schülern der höheren Klassen aufgeführt wurde. Ich durfte damals in dem kleinen Orchester den Klavierpart übernehmen.

Das Ende meiner Schulzeit fällt in eine sehr schwere Zeit. Es war Inflation, die Revolution kam, der Krieg ging zu Ende. Das Essen in dieser Zeit war außerordentlich einförmig. Es gab eigentlich nur Dörrgemüse, Kohlrüben und eine Suppe, die von der Stadtküche in großen Bottichen verteilt und in die verschiedenen Stadtteile Berlins geschickt wurde. Dann konnte man sich zu bestimmten Zeiten an irgendeiner Straßenecke aus einem großen Kessel diese Suppe holen, eine sogenannte ›Sago-Suppe‹.

Sago ist das Mark einer Palme, das damals sehr viel gegessen wurde. Sago wurde zusammen mit irgendwelchem Obst zu einer Obstsuppe verkocht. Ich erinnere mich noch, wie wir sie in Eimern von der Verteilungsstelle holen mußten. Sie reichte meist für mehrere Tage.

An Fleisch war so gut wie überhaupt nicht zu denken. In den großen Ferien, zum Ende meiner Schulzeit etwa, reiste ich immer in das Riesengebirge und besuchte meinen Onkel und meine Tante, die ein Haus in Querseifen hatten. Der Onkel war Universitätsprofessor in Breslau. Eines Tages kam Onkel Kroll in Krummhübel an, natürlich in einem Wagen der vierten Klasse. Selbst der Universitätsprofessor konnte es sich nicht leisten, dritter Klasse zu fahren.

Er kam also in die vierte Klasse mit einem großen gefüllten Rucksack. Und was war in dem Rucksack? Elefantenfleisch! Im Breslauer Zoo hatte sich ein Elefant das Bein gebrochen, und man mußte ihn erschießen. Es wurde sofort in der Zeitung bekanntgegeben, man könne sich am nächsten Tag im Zoo Elefantenfleisch holen. Onkel Kroll kaufte also ein großes Stück Elefantenfleisch und stieg mit seinem fleischgefüllten Rucksack an einem heißen Sommertag in den Zug. Kaum war er eingestiegen, da gab es schon einen Tumult. Unter lautem Protest rückten die Mitreisenden immer weiter von dem stinkenden Rucksack meines Onkels ab, denn das Fleisch war ja nun nicht mehr ganz frisch, und eine Eisbox kannte man damals noch nicht.

In Querseifen, wo der Onkel sein Sommerhaus hatte, wurde er von der zahlreichen Familie mit großer Freude empfangen, denn man hatte drei Wochen nichts anderes als Dörrgemüse zu essen bekommen. Endlich wieder Fleisch! Sofort landete der Elefant in dem größten Kochtopf des Hauses und kochte eine Stunde, zwei Stunden, drei Stunden, die ganze Nacht und wurde nicht weich. Das ganze Haus roch nach Elefant. Am nächsten Morgen versuchten wir, das Fleisch zu zerschneiden, aber es war immer noch so hart wie Leder.

Dann blieb uns nur noch übrig, den Elefanten durch den Wolf zu drehen und Hackfleisch daraus zu machen. Aus diesem Hackfleisch haben wir dann Klopse geformt. Und diese Klopse wurden mittags serviert, aber keiner von der ganzen Gesellschaft hatte Lust, von diesen Elefantenklopsen zu essen, weil sie den Gestank nun schon nicht mehr ertragen konnten. Ich war der einzige, der dann den Elefanten gegessen hat. So war ich wahrscheinlich schon vorbereitet auf alle möglichen ›Genüsse‹, die ich später auf meinen Reisen in die Tropen, nach Afrika, Süd-Arabien, und wo ich sonst hingekommen bin, haben sollte.

Die Geldentwertung war damals besonders für die Familien ein großer Schlag. Man mußte sich sehr, sehr einschränken. Ich bekam damals ein kleines Taschengeld. Als die Inflationszeit kam, hatte ich mit einem Mal, wenn ich mir sofort mit meinem Gesparten etwas kaufte, einen besonderen Vorteil. Ich fand ein Musikgeschäft in der Goethestraße in Berlin, das ein großes Antiquariat hatte.

Die Noten waren alle ausgezeichnet. Angenommen, ich käme zum Zeitpunkt der Geldentwertung in dieses Antiquariat und kaufte die Noten noch zu den alten Preisen, dann hätte ich einen guten Kauf gemacht – bevor der Händler sie neu auszeichnen konnte.

Das war natürlich für den Musikalienhändler kein großes Geschäft, aber es ging damals einfach nicht anders. Auf diese Weise kam ich schon beizeiten zu einer ganz schönen Notensammlung, und ich verschaffte mir schon früh, ohne von anderen darauf hingewiesen werden zu müssen, einen Überblick von den verschiedenen Musikrichtungen.

Mein Interesse für die Musik wurde nun so stark, daß ich den Wunsch hatte, Musik zu meinem Beruf zu machen. Nachdem ich das Abitur gemacht hatte, wurde ich aber zunächst in eine Bank gesteckt. Musik sei ein brotloser Beruf, hieß es damals allgemein. Deshalb schickte man mich zur Bank. Und da ich großes Interesse für das Reisen und für fremde Länder hatte, brachte man mich in die Deutsche-Übersee-Bank. Dort hatte man die Aussicht, später irgendwohin ins Ausland versetzt zu werden.

Für mich war das eine Katastrophe; die Lehrzeit in der Bank eine Tortur. Ich arbeitete zunächst im Tresorraum. Der Tresor war natürlich im Keller, es gab kein Tageslicht, keine Fenster. Im Winter mußte man im Dunkeln, noch bei Straßenbeleuchtung, in die Bank gehen, wurde in den Tresorraum gesperrt und kam erst abends wieder heraus, nachdem es bereits wieder dunkel war.

Die ganze Woche über – sonnabends wurde damals auch gearbeitet – bekam ich überhaupt kein Tageslicht zu sehen. Und was mußte ich nun in dem Tresorraum tun? Ich mußte Kupons zählen! In der Inflationszeit! Wo Mil-

Der sechsjährige Rodler mit seinem Vater

Hans Helfritz mit einer Freundin bei den Großeltern in Greifswald (1914)

lionen und Milliarden von Mark auf den Papieren waren und ich nichts weiter tun mußte, als Nummern schreiben, so daß ich vor lauter Nummern überhaupt an nichts anderes mehr denken konnte. Ich träumte nur noch von Nummern.

Daran bin ich fast zugrunde gegangen. Meine Eltern merkten dann schließlich, daß das so nicht weiterging. Da wurde mir endlich mein Wunsch erfüllt, und ich durfte Musik studieren.

Zunächst bekam ich Privatunterricht bei Paul Höffer, der Schüler von Franz Schreker war, dem damaligen Direktor der Hochschule für Musik. Bei Höffer nahm ich Klavierunterricht. Ich fing jetzt auch an zu komponieren. Höffer, der ein bedeutender Komponist war, gab mir die richtigen Anleitungen. Er zwang mir nicht einen Stil auf, sondern gab mir Richtlinien vor. Schon damals schrieb ich atonale Musik. Ich hatte inzwischen Musik von Hindemith, Krenek und von Schreker kennengelernt und versuchte nun selbst in dieser Weise zu komponieren. Es entstanden ein Klaviertrio, eine Suite für Klavier, Lieder und verschiedene andere Stücke.

Als ich dann später tatsächlich von der Hochschule für Musik in Charlottenburg aufgenommen wurde, bekam ich Klavierunterricht bei Egon Petri, studierte Komposition bei Heinz Thiessen und bei Max Butting und nahm an einem Kurs über Filmmusik von Paul Hindemith teil. Außerdem studierte ich Musikwissenschaft bei Wolf und Abert und bei Prof. von Hornbostel eben Vergleichende Musikwissenschaft.

Als Nebenfach an der Hochschule für Musik belegte ich Kontrabaß. Dadurch spielte ich im Hochschulorchester unter Schrekers Leitung mit, der damals nicht nur der interessanteste und meist gespielte Komponist in Deutschland war, sondern auch ein sehr guter und beliebter Dirigent. Damals spielte ich eines seiner eigenen Werke, ›Der Geburtstag der Infantin‹.

Auszug eines Programmheftes. Am 18. Juli 1930 wird das *Konzert für Cembalo mit kleinem Orchester* in Bad Pyrmont uraufgeführt

    Während der Zeit, als ich in Berlin an der Musikhochschule studierte, komponierte ich ein *Konzert für Cembalo mit kleinem Orchester*. Es wurde auf besondere Empfehlung von Heinz Thiessen und Max Butting beim internationalen Musikfest in Bad Pyrmont uraufgeführt, und zwar von den Dresdner Philharmonikern und der Solistin Julia Menz, damals eine der berühmtesten Cembalistinnen Deutschlands.

    Die Zwanziger Jahre, die sogenannten ›goldenen Zwanziger‹, die waren nicht für alle Menschen in Berlin die ›goldenen‹ Jahre. Da mußte man dann schon das Geld haben, um die Annehmlichkeiten dieser goldenen Zeit zu genießen, die sich ja in den phantastischen Theateraufführungen abspielten, in den Cabarets und den Tanzveranstaltungen. Das kostete alles Geld. Und wer das Geld dazu nicht hatte, hatte eben nichts davon. Von der Oper und der Musik konnte ich alles mögliche mitbekommen, aber zum Schauspiel hatte ich nur selten einmal Zugang. Die Preise waren damals kaum erschwinglich.

    Ich hätte mir Opernkarten gewöhnlich gar nicht leisten können. Aber ich habe als Statist mitgewirkt und mir sogar dabei noch ein bißchen Geld verdient. Als Statist konnte ich abends einfach in die Staatsoper gehen und mich bei dem Komparserie-Inspektor melden und nachfragen, ob es für mich dort eine Beschäftigung gäbe.

    »Du kannst heute Soldat spielen in Palestrina«, konnte die Antwort lauten.

    »Und was habe ich da zu tun?« fragte ich.

    »Die Zigeuner in der Szene des Konzils gefangenzunehmen!«

    »Ohne Probe?«

    »Gewiß doch, die kommen schon auf euch zu.«

    Und so war es auch. Es gab einen fürchterlichen Tumult auf der Bühne, das Orchester spielte Fortissimo, und schon kamen die Zigeuner uns direkt in die Arme gelaufen und riefen: »Nehmen Sie mich doch gefangen, nun nehmen Sie mich doch endlich gefangen!«

Auch bei der ›Salome‹ kam ich als Soldat auf die Bühne, obwohl in dieser Oper sonst kaum Statisten gebraucht wurden. Ich war einer von vier Soldaten, der die Salome zum Schluß erschlagen mußte. Das wurde kurz vor Beginn der Oper noch geprobt. Das Publikum saß schon erwartungsvoll im Zuschauerraum, aus dem Orchester hörte man das Stimmen der Instrumente. Zusammen mit der Salome – es war Barbara Kemp, die Frau des Dirigenten Max von Schilling – und dem Regisseur wurde nun schnell noch die Szene geprobt. Die Salome stürzte auf die Bühne, und wir Soldaten mußten sie nun mit unseren Schildern erschlagen. Wir waren wohl etwas zu stürmisch, denn unter unseren Schildern schrie die arme Salome: »Nicht so doll Jungs!«

Bei der Aufführung nahmen wir uns dann allerdings zusammen, so daß sie die Prozedur glimpflich überstand.

Wenn kein Statist gebraucht wurde, war es mir dennoch erlaubt, hinter den Kulissen der Oper dem Geschehen beizuwohnen. Und so lernte ich natürlich sehr viele schöne und interessante Werke kennen.

An eine Aufführung, in der ich mitwirken mußte, erinnere ich mich besonders. Es war eine Nachmittagsvorstellung im Nollendorf-Theater. Dort fanden damals auch gelegentlich Opernaufführungen mit Orchester und Sängern der Staatsoper statt. Gespielt wurde ›Der Fliegende Holländer‹. Aber ich war nun kein Seemann, sondern mußte für die Wellen sorgen.

Auf dem gesamten Bühnenboden lag eine riesenhafte Leinwand ausgebreitet. Eine ganze Anzahl von Statisten, zu denen ich auch gehörte, mußte nun unter diese Leinwand kriechen und dort auf allen Vieren hockenbleiben. Nach einem bestimmten Rhythmus sollten sich die einen erheben und wieder in die Hocke gehen, dann mußten sich die anderen erheben und wieder runtergehen. Auf diese Weise kamen die Wellen auf der Bühne zustande. Unter dieser furchtbaren Leinwand in der Hitze zu hocken und die ganze Zeit über den Staub zu schlucken, der bei dieser Gelegenheit aufgewirbelt wurde, war natürlich nicht die angenehmste Tätigkeit. Aber die Musik hat einen dann immer wieder entschädigt.

Da ich damals mein Studium zum größten Teil selbst finanzieren mußte, mußte ich die Gelegenheit nutzen, auf Liederabenden und bei Kammermusikkonzerten den Klavierkünstlern die Notenblätter umzublättern. So war ich eine Zeitlang der ständige Umblätterer von Michael Raucheisen. Ich habe bei Arthur Schnabel und sogar bei Richard Strauß umgeblättert. Das war bei einem Galakonzert bei Kerzenbeleuchtung im Charlottenburger Schloß. Richard Strauß begleitete eigene Lieder. Das war für mich ein großes Erlebnis, diesem Mann gegenüberzustehen. Besonders aufgefallen sind mir damals seine phantastischen klaren Augen, sein Blick und diese Offenheit, die er ausstrahlte. Im gleichen Konzert dirigierte Erich Kleiber ein Kammerorchester. Ich glaube ›Die kleine Nachtmusik‹ von Mozart. Aber der Höhepunkt des ganzen Abends war eben die Anwesenheit und das Klavierspiel von Richard Strauß.

Außerdem habe ich mir auch noch Geld verdient durch Korrepetieren in einer Tanzschule, und zwar in der damals sehr bekannten und beliebten Tanzschule von Berthe Trümpy und Vera Skoronel. Für Berthe Trümpy und ihre Schule habe ich auch Musik geschrieben, mehrere Stücke, die gedruckt wurden und die ich *Musik für den tänzerischen Unterricht* genannt habe.

Innerhalb dieser Tanzschule existierte eine Schülergruppe, die bei speziellen Anlässen der Tanzschule auftrat. Eine dieser Aufführungen war ein Tanzspiel, das von Vera Skoronel entworfen wurde und in dem sie auch selber mittanzte, mit dem Titel *Der Kreuzzug der Maschinen*. Es wurde auf der damaligen Volksbühne am Bülowplatz aufgeführt. Zu diesem Tanzspiel hatte ich die Musik für ein Ensemble von mehreren Instrumenten geschrieben.

Eine Zeitlang war ich dann auch der ›Mann am Klavier‹ in einem Kino. Es war das Zeitalter des Stummfilmes, und der mußte mit Musik begleitet werden. Die großen Theater, so auch die Ufa-

Paläste, hatten ein eigenes Orchester, aber die kleinen Kinos, die konnten sich nur einen Klavierspieler und vielleicht noch einen Geiger leisten. Von einem solchen Theater wurde ich zusammen mit einem Geiger engagiert.

Es war ein Kinotheater in der Turmstraße in Moabit, das am Tage drei Vorführungen präsentierte. Die erste um drei Uhr nachmittags, eine um fünf Uhr und dann noch einmal abends um acht Uhr.

Dabei saß ich so an die Wand gedrückt, daß ich nichts mehr von dem Film sehen konnte. Der Geiger dagegen stand, hatte den Blick immer auf den Film gerichtet und sah, was da passierte.

Nun mußte unsere Musik dem Film angepaßt werden. Der Geiger suchte verschiedene Sachen aus, die er spielen konnte, zum Beispiel eine Mozart-Sonate, einen Schlager wie ›Glühwürmchen, Glühwürmchen...‹ oder die Sonatine von Schubert, die er besonders gerne hörte und die mir dann später entsetzlich zum Halse heraushing, weil ich sie so oft gespielt hatte.

Aber dann nahmen wir auch Stücke aus der sogenannten Kinothek. Das waren gedruckte Hefte in Leporello-Form, die man auseinanderfalten konnte und in denen Musik war, die zu jeder Szene im Film paßte.

Titelseite eines Notenheftes zur Komposition *Musik für den tänzerischen Unterricht*

Im Repertoire gab es Stücke für Liebesszenen, für Stürme, für Meeresrauschen und Gewitter sowie für einen Räuberüberfall. All diese Stücke hatten Nummern und ein Namensverzeichnis. Der Geiger hatte natürlich auch ein solches Leporello-Buch, und jedesmal wenn die Filmszene wechselte, sagen wir, es ging von der Liebesszene plötzlich zu einer Räuberszene über, dann tippte er mit dem Geigenbogen auf Nummer sechs, und ich mußte schnell transponieren und jetzt diese Partie spielen. Dann folgte irgendeine sanftere Szene, und wir spielten etwas anderes. Zwischendurch kam dann wieder die Sonatine von Schubert, die in dem Leporello-Buch verzeichnet war. Die war für alles gut.

Das war natürlich, wenn man dreimal täglich so ein zweistündiges Programm spielte, doch eine ganz schöne Strapaze. Man bekam etwas Geld, aber es waren verhältnismäßig bescheidene Honorare.

Oft kam es auch zu dramatischen Szenen. Dann wurde die Lage sehr ungemütlich. Das Publikum dieser Kinos war nicht das beste. Es wurden meistens Räuber- und Cowboyfilme gegeben. Das Publikum war oft so begeistert, daß sich Parteien bildeten, die sich gegenseitig beschimpften. Dann gab es eine Keilerei, und uns wurde es mulmig. Der Geiger packte sofort seine Geige in den Geigenkasten, und wir verließen fluchtartig das Kino, gingen auf die Straße und warteten, bis die Lage sich beruhigt hatte. Dann kamen wir wieder zurück ins Kino, der Film ging ruhig weiter, und wir spielten unsere Schubert-Sonatine. Dieses aufregende Klavierspielen im Kino, einen ganzen Nachmittag und eine halbe Nacht lang, war gewiß keine leichte Arbeit.

Eine einfache Aufgabe war es aber auch nicht, Kinomusik zu instrumentieren. Das mußte ich auch manchmal machen, und zwar Musik für einen abendfüllenden Film, bei dem ein großes Orchester verlangt wurde, so zum Beispiel für den damals berühmten Filmmusikkomponisten Gronestay.

Gronestay war ein routinierter, schnell arbeitender Komponist, der aber weder Geduld noch Zeit und Lust hatte, seine Musik auch selbst zu instrumentieren. Deshalb engagierte er sich dafür irgendeinen Musikstudenten und bezahlte ihm dafür ein Butterbrot. Aber man war ja schon für die Bezahlung eines Butterbrotes zufrieden, damals jedenfalls. Und so nahm ich eine Zeitlang diese Arbeit an. Ich weiß noch, ich habe manchmal stundenlang gesessen. Eine Filmmusik, die gewöhnlich zwei Stunden dauerte, erforderte natürlich einen ganz schönen Arbeitsaufwand, wenn man sie für ein großes Orchester instrumentieren sollte.

Gronestay machte nur Skizzen, die ich dann ausarbeiten mußte. Gewöhnlich fing ich am Nachmittag an. Ich bekam ein solches Skizzenheft, und das mußte am Abend fertig sein. Natürlich hatte ich keine Lust, bis abends sieben oder acht Uhr durchzuarbeiten, sondern wollte es erst am nächsten Tag abgeben.

»Nein«, hieß es, »die Musik muß heute fertig sein, Sie bleiben hier« – ich mußte in seiner Wohnung arbeiten – »Sie bleiben hier, bis die Musik fertig ist«.

Dann wurde ich eingeschlossen, Gronestay ging weg, und wenn er dann wieder kam, sah er nach, ob ich die Musik fertig hatte. Wenn nicht, wurde ich wieder eingeschlossen und mußte die halbe Nacht dableiben, bis die Musik schließlich instrumentiert war. Das war noch schwerer als Klavierspielen im Kino.

Aber ein Leben als approbierter Musiklehrer hätte ich mir auch nie gewünscht. Das war natürlich der Wunsch der Eltern, und es lag an der damaligen Zeit, daß man möglichst einen Beruf ergreifen sollte, der einem auch sichere Aussichten auf einen festen Lebensunterhalt garantierte.

Offensichtlich kamen mir jetzt meine vielfältigen Interessen zugute: Ich konnte plötzlich Reisen in Verbindung mit Musik unternehmen. Durch das Klavierspielen im Kino und vor allen Dingen durch das Instrumentieren von Filmmusik hatte ich inzwischen Routine bekommen, die mir bei meinen eigenen Kompositionen von Nutzen sein sollte. Mit dem Reisen verband sich das Interesse an der Musik, der Kultur und der Natur fremder Länder, was mir dann später immer wieder die Anregung gab, Neues zu schaffen. Sei es ein Buch, einen Aufsatz oder ein neues Musikstück ...

Doch jetzt verloren sich meine Gedanken. Ich war wohl wirklich eingeschlafen. Plötzlich wachte ich von einem furchtbaren Getöse auf. Mein Wachtposten, der an der Brüstung des Turmes neben mir hockte, stieß einen gellenden, raubtierartigen Schrei aus, die Posten auf den anderen Türmen der Stadt stimmten mit ein, was bald zu einem ohrenbetäubenden Gebrüll ausartete. Was war geschen?

Der Bote, der in Begleitung eines Soldatentrupps mit meinem Paß zum König in die Hauptstadt geschickt worden war, kam zurück, mit der Nachricht, er erwarte mich in San'a.

Begleitet von einer Eskorte, verließ ich nun Harib, auf einer vom Imâm vorgeschriebenen Route, durch ein Gebiet, das vorher noch nie von einem Fremden betreten worden war. Zwei Wochen dauerte es, bis wir San'a erreichten. Voller freudiger Erwartung, als freier Mensch wieder in mein altes Quartier bei Israel Soberi, im jüdischen Ghetto, zu ziehen, marschierten wir in die Stadt ein – jedoch nicht in das Ghetto, sondern geradewegs in das Gefängnis. Man führte mich in einen kleinen düsteren Raum mit einem winzigen Fenster. Die Zelle strotzte geradezu von Schmutz und Ungeziefer. Ich weigerte mich, sie zu betreten, setzte mich mitten auf mein Gepäck, was man mir inzwischen gebracht hatte, und streikte. Nun war die Verlegenheit groß. Nach längerem Palaver holte man den Polizeihauptmann. Er hieß El Hanniṣh, ›die Schlange‹, war aber ein freundlicher, gutmütiger Mann, der Mitleid mit mir hatte und mich in seinem Amtszimmer aufnahm. Hier konnte ich während meiner Gefangenschaft bleiben, und meine Langeweile wurde unterbrochen von Leuten die hier ihre Beschwerden vorbrachten und, wenn es gar zu schlimm zuging, sich sogar stritten.

Es waren Wochen vergangen, und ich war noch immer der Gefangene des Königs, der ›durch die Hintertür‹ in sein Land eingedrungen war. Ihn selbst bekam ich nicht zu sehen.

Doch endlich war es soweit. Unter Bewachung von vier Soldaten konnte ich San'a verlassen und wurde ausgewiesen.

Wieder ging es in der heißesten Zeit in achttägigem Ritt über die zerklüfteten Berge nach Hodeida, wo mir, als ich den Dampfer nach Aden bestieg, auch mein Paß wieder ausgehändigt wurde.

Jemenitischer Jude

Endlich in Shabwa (1935)

Nach Deutschland zurückgekehrt, beschäftigte ich mich mit der Auswertung meines reichen Photomaterials, und es entstand *Chicago der Wüste*, mein erstes Buch über Süd-Arabien. Ich hielt Vorträge und bereitete meine dritte Reise in den Jemen vor.

Obwohl ich wieder mit einem überaus herzlichen Empfang bei meinen Freunden in Hadramaut und bei dem Sultan von Makalla rechnen konnte, gab es dennoch Probleme. Das Visum für Aden erhielt ich, aber um nach Makalla weiterreisen zu können, benötigte ich eine schriftliche Einladung des Sultans, der aber um diese Zeit in Indien verweilte und nicht zu erreichen war. Das bedeutete für mich erneut eine endlose Wartezeit in Aden.

Als eines Tages wiederum ein Dampfer Aden verlassen sollte, sagte ich den Engländern, daß es doch sicherlich in Makalla einen Stellvertreter des Sultans gäbe, der mir ebensogut die Einreiseerlaubnis erstatten könnte. Wenn ich die Erlaubnis nicht erhalten sollte, dann würde ich eben mit dem nächsten Schiff nach Aden zurückfahren.

Ich fuhr also nach Makalla und wollte aussteigen, aber die Hafenbehörden wollten mich nicht an Land lassen. Der Dampfer fuhr daraufhin ab, aber nicht nach Aden, sondern weiter an der Küste entlang zu dem Sultanat Schechr. Dort wurden große Ballen und Kisten ausgeladen. Mit einem *Zambuks* fuhr ich an Land. Kein Mensch kümmerte sich zunächst um mich. Als ich dann aber den Sultan begrüßt hatte, wurde ich mit offenen Armen empfangen. Der Dampfer fuhr ohne mich ab, und ich war desertiert. Die Reise ins Ungewisse konnte beginnen.

Begegnung in der Wüste auf der Reise nach Shabwa

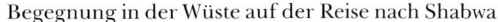

Von Schechr aus gelangte ich nun mit einer Karawane in das Wadi Hadramaut und war in Terim, Saiwun und Schibam Gast bei den *Sayed al Kaf.* Das war eine der reichen Familien, die große Besitztümer in Singapur, Java und Sumatra hatte. Mit ihrem Geld unterstützte sie die Bevölkerung ihres Machtbereiches und die ihnen ergebenen Beduinenstämme. Als Gegenleistung erhielt sie von den Beduinen freien Durchzug durch ihr Gebiet. Die Sayed waren direkte Nachkommen des Propheten Mohammed und standen deshalb bei der strengen mohammedanischen Bevölkerung in sehr hoher Achtung.

Als ich die Sayed bat, mir bei meinem Plan, Shabwa zu erreichen, behilflich zu sein, waren sie strikt dagegen. Auf die Beduinen, die sich über den Ruinen von Shabwa angesiedelt hatten, konnten sie keinerlei Einfluß ausüben. Aber mir ließ es keine Ruhe. Ich mußte dieses Mal unbedingt die ›verbotene‹ Stadt erreichen.

Zufällig fand ich eines Tages auf dem Markt in Saiwun einen Beduinen, der aus der Gegend von Shabwa stammte und mit einer großen Karawane nach Hadramaut gekommen war. Dieser Beduine sollte allein mit seinem Diener wieder zurückreisen, denn die Karawane war schon vorausgezogen. Mit ihm konnte ich einen Vertrag ausmachen, daß er mich nach Shabwa führen sollte.

Der Vertrag war so abgemacht, daß ich die Hälfte des ausgemachten Geldes im voraus bezahlte, die andere Hälfte sollte er bekommen, wenn er mich lebend wieder zurück nach Hadramaut gebracht hatte.

Für ihn war das natürlich auch ein sehr gewagtes Unternehmen. Wenn ein Beduine einen Reisenden mitnimmt und einen Vertrag macht, dann bürgt er selber mit seinem Leben für das des Fremden. Andererseits steht man selbst dann unter dem Schutz des Beduinen, der alles tut, um einen zu bewachen und zu verteidigen.

Salim, so hieß er, hatte nun einen Plan. Wir sollten nicht am Tage in die Stadt kommen, sondern uns der Stadt soweit nähern, daß man am Horizont die Silhouette der Beduinenzelte sehen konnte. Dort wollten wir lagern und die Nacht abwarten.

Als es dunkel wurde, schlichen wir uns zum Rathaus, wo durchfahrende Beduinen sonst übernachteten. Dort hielten wir uns bis zum nächsten Morgen auf. Sowie es hell wurde, begab ich mich mit meinem Zeiss-Kinamoapparat und meiner Leica in die Stadt und fand tatsächlich eine ganze Anzahl von Ruinen, die ich photographieren konnte.

Aber plötzlich wurde die Stadt mobil, denn die Leute waren aufgewacht und hatten festgestellt, daß ein Fremder eingedrungen war. Mein Beduine hatte seine Freunde in der Nacht schon benachrichtigt, daß er einen Fremden bei sich hätte und daß seine Freunde ihm helfen sollten, mich und ihn zu verteidigen, wenn es zu irgendwelchen Streitigkeiten käme.

Am meisten Furcht hatte der Negersklave, der im Rasthaus saß und jammernd um sein Leben bat. Er drängte, wir sollten bloß so schnell wie möglich die Stadt verlassen. Aber ich wollte immer weiter photographieren und auch die Kamera in aller Ruhe herumstreifen lassen, um meine Aufnahmen zu machen.

Mein Diener Salim, der Negersklave des Beduinen, der mich nach Shabwa begleitete

Hans Helfritz bei einer Rast im Hochland von Nord-Jemen auf der Reise von Shabwa nach San'a

Dann kam es zu einer ernsthaften Schießerei. Überall auf den Zinnen und Dächern verschanzten sich Beduinen, doch Salim und seine Freunde verstanden es gut, das Schlimmste von uns abzuhalten, während Ali und ich schnellstens unsere Kamele bepackten. Fluchtartig verließen wir die Stadt, die Kamele als Deckung benutzend. Immer wieder fielen Schüsse. Von den Dächern der Stadt sausten sie nieder, bis wir außer Reichweite der Geschosse waren.

Bald gab es wieder einen Zwischenfall. Wir waren auf dem Weg zum Heimatdorf meines Beduinen, das eine Tagesreise von Shabwa entfernt lag. Lässig trabten unsere Kamele über die Hochebene dahin. Vor uns lagen zwei kegelförmige Bergkuppen. Durch sie mußten wir hindurch; der Weg wurde immer steiler und enger. An beiden Seiten türmten sich dunkle Geröllhalden auf. Wir hatten die Mitte des Passes erreicht, da krachten plötzlich hintereinander drei Schüsse, deren Echo mehrmals von den Bergen zurückgeworfen wurde. Aber wir konnten keine Schützen sehen. Salim rief: »Kommt doch herunter, was wollt ihr denn von uns? Ich bin Salim vom Stamm der Al Burêk.«

Als Antwort fielen wieder Schüsse. Jetzt wurde es ungemütlich. Dicht neben uns prasselten Kugeln auf das Gestein nieder. Wir blieben stehen – Stille, kein Schuß, keine Antwort. Wir gingen wieder einige Schritte voran und waren jetzt auf der höchsten Erhebung des Passes angelangt. Da erlebten wir eine Überraschung! Hier hatte man uns also aufgelauert! Dreißig Mann stürzten wild schreiend auf uns zu, ein Anblick, der einem nicht gerade ein beruhigendes Gefühl gab.

Shabwa. Nur ein Teil des Mauerwerkes hymjaritischer Bauwerke ragt aus den Schutthalden heraus

Doch das Wichtigste war, Ruhe zu bewahren. Ich blieb einfach stehen, nahm meine Feldflasche vom Sattel, öffnete sie, setzte sie an den Mund und nahm ein paar lange Züge – es war ja auch entsetzlich heiß hier. Ein junger Beduine, der vor Wut am ganzen Körper zitterte, kniete vor mir nieder, entsicherte sein Gewehr und legte auf mich an. Ein anderer, weniger temperamentvoller, entriß ihm das Gewehr. Ich ließ mich durch all die wilden Kerle nicht stören und trank weiter. Mit einem Mal fingen alle an, furchtbar zu lachen, denn daß sich ein Gegner in einer solchen Situation beim Trinken nicht stören läßt, war ihnen noch nicht untergekommen. Jetzt reichte ich einem Beduinen meine Flasche, und die Lage schien gerettet zu sein. Nach langem Palaver wurden wir die besten Freunde. Nun wurde erst einmal gerastet, Kaffee gekocht und Versöhnung gefeiert. Daß ich unbewaffnet war, hatte mich gerettet. Auf all meinen Reisen in Süd-Arabien hatte ich auch nie eine Waffe mit mir geführt. Was hätte ich auch gegen dreißig bewaffnete Beduinen ausrichten können!

Kurz nachdem ich in Shabwa gewesen war, gelangte ein anderer Fremder in die Stadt, Herr St. John Bridger Philby. Der gebürtige Engländer lebte nun als Vertrauter beim alten König Abdul Aziz Ibn Abdul Rachachman Ibn Sa'ud in Riad. Er wurde Mohammedaner und nannte sich Hadschi Abdulla.

Ibn Sa'ud öffnete ihm in seinem Land alle Türen und Tore. Er konnte reisen, wohin er wollte, bekam die tollste Unterstützung, Karawanen und alles, was er wollte. Ihm gelang es, vom Norden Saudiarabiens nach Shabwa zu gelangen. Er wußte jedoch nicht, daß ich schon dort gewesen war. In einem großen Artikel in der Londoner Times schrieb er, daß er der erste gewesen wäre, der

◁ Verhandlung mit den räuberischen Beduinen auf der Reise nach Shabwa

Shabwa betreten hätte. Als er dann erfuhr, daß ich vor ihm dort gewesen war, schrieb er wieder in der Times, er müsse diese Behauptung zurücknehmen, denn ich wäre der erste gewesen, dem das Betreten Shabwas gelungen wäre. Nach dieser Reise kam er auch nach Hadramaut und erfuhr, daß zur selben Zeit, als ich in Süd-Arabien war, eine Engländerin namens Freya Stark sich in Hadramaut eingefunden und sich in den Kopf gesetzt hatte, ebenfalls Shabwa zu erreichen. So kam es gewissermaßen zu einem Wettrennen zwischen ihr und mir, wovon ich jedoch nichts wußte, als ich dort war. Die Araber hatten sogar gewettet, wem es zuerst gelingen würde, nach Shabwa zu kommen. Doch dann wurde sie schwer krank und mußte mit einer englischen Militärmaschine zurück nach Aden geflogen werden.

In ihrem Buch über ihre Reise berichtete sie, sie hätte alles versucht, die Beduinen zu bewegen, meine Reise zu verhindern. Und sie hätte gewünscht, daß ich entweder krank werde oder umkäme.

Von der Wüste in den Urwald: Reisen nach Indien, China und Japan (1935)

Es wurde für Deutsche immer schwieriger, ins Ausland zu reisen. Es gab nicht nur die Visa-schwierigkeiten, sondern vor allen Dingen auch finanzielle Probleme. Zuletzt durfte man ja nur noch mit zehn Reichsmark ausreisen. Man konnte aber das Schiffsbillet mit deutschem Geld kaufen, auch für ausländische Schiffe.

Ich hatte bei meiner ersten Reise in Aden einen Deutschen kennengelernt, der Fellhandel betrieb. Er war ein Jude, der noch Familie in Deutschland besaß. Wenn ich das nächste Mal käme, so verabredeten wir uns, dann würde er mich als Gast aufnehmen und mir finanziell weiterhelfen. Ich sollte seiner Familie in Deutschland das Geld zurückzahlen.

Als ich von der ersten Reise zurückkam, hatte ich die Buchveröffentlichung in Deutschland, dann kamen die Vorträge, für die ich auch Honorare bekam. Mit diesem Geld konnte ich immer wieder meine nächste Reise finanzieren, denn finanzielle Unterstützung habe ich niemals von irgendeiner Seite bekommen. Ich habe alles auf eigene Rechnung gemacht.

Bevor ich nun meine letzte Jemen-Reise antrat, besorgte ich mir eine Passage auf einem italienischen Dampfer, der ›Victoria‹ von Genua nach Aden. Auf der Agentur stellte ich fest, daß das Billet nach Aden fast genauso teuer war wie ein Billet über Aden, Bombay, Colombo und Schanghai nach Japan. Da habe ich mir vorgenommen, das Billet gleich bis nach Japan zu lösen. Die Hinfahrt nach Japan hatte ich also gebucht.

Nun bot sich noch eine andere, sehr günstige Gelegenheit. Durch irgendwelche Bekannte kam ich in Verbindung mit dem Norddeutschen Lloyd, der damals, im Jahr 1935 gerade das erste Schiff einer Reihe von drei Schiffen fertiggestellt hatte, nämlich die ›Scharnhorst‹. Es war ein Passagierdampfer, der in den Ostasiendienst gestellt werden sollte. Die Jungfernfahrt war unge-fähr zu der Zeit geplant, zu der ich meine Reise nach Süd-Arabien beenden wollte.
Es gelang mir, mit Lloyd auszumachen, daß ich, da mein Billet auf der ›Victoria‹ ja doch bis Japan galt, die Rückfahrt mit der ›Scharnhorst‹ machen konnte. Dafür sollte ich dann einen Film über diese Jungfernfahrt drehen. Auf diese Weise bekam ich eine Passage erster Klasse auf dem Schiff von Japan nach Bremerhaven.

Die Wüsten Arabiens hatte ich nun verlassen. Als ich in Aden auf das Schiff kam, da kam ich wieder in eine ganz andere Welt, nämlich in die europäische Welt. Ich kam aus einem Land, in dem ich mich ganz den Gewohnheiten der Beduinen angepaßt hatte. Mit Entbehrungen, die nicht immer ganz leicht waren. Manchmal verlor man überhaupt das Zeitgefühl, man wußte gar nicht mehr, wann und wo man lebte. Man war einfach in der Welt, in dieser sonderbaren Wüstenwelt, in der jeder Tag gleich war, morgens die Sonne aufging, brennend heiß wurde, und man sich jeden Moment überlegte, wie lange es noch dauern würde bis die Sonne unterging. Dann hatte man endlich wieder ein bißchen Ruhe, und am nächsten Tag ging es genauso wieder weiter. Und dann kam die große Sorge um das Wasser.

Es hieß also, wir nähmen das Wasser in Wassersäcken mit, es solle rationiert werden, man dürfe am Tag nur so und soviel Wasser trinken, und in so und soviel Tagen kämen wir dann an eine Wasserstelle. Und kamen wir wirklich an die Wasserstelle, dann war das Wasser aber so fürchterlich schmutzig, daß ein Europäer niemals davon getrunken hätte. Ich hatte zwar auf meinen Reisen immer einen sogenannten ›Berkefeld-Filter‹ dabei, mit dem man das Wasser durch einen porösen Stein pumpte. Aber wenn das Wasser verschlammt war, war der Stein sofort verschmiert, und das Wasser ging nicht mehr durch. Dann gab es nur die Möglichkeit, das Wasser zu kochen, was wir auch getan haben. Manchmal kam es dazu, daß ich so ausgedurstet war, daß ich kaum mehr existieren konnte, ohne sofort einen Schluck Wasser zu trinken. Erreichte man dann die Wasserstelle, wurden alle Vorsichtsmaßnahmen einfach in den Wind geblasen, und man stürzte sich nur noch auf das lang ersehnte Naß.

Doch nun erschloß sich mir eine ganz neue Welt, in der ich Wasser in Unmengen sehen würde, in den Urwäldern zum Beispiel. Und vor allen Dingen kam ich wieder zu anderen Menschen. Auf dem Schiff gab es ein Sammelsurium von Menschen aus aller Herren Länder: Europäer, Inder, Malaien und Chinesen.

Unter den Passagieren, mit denen ich reiste, war auch ein australisches Ehepaar. Der Mann war Besitzer einer großen Schaffarm und unternahm eine Urlaubsreise nach Europa, um seine Verwandten in England zu besuchen. Dieser Mann kam mir so sonderbar vor. Die Gesichter waren ganz anders als die, an die ich mich nun seit Monaten gewöhnt hatte. Die feinen arabischen Züge der Beduinen waren mir noch tief im Gedächtnis.

Dieser Australier, Gott, er war eigentlich ein netter Mensch, sah aber genauso aus wie seine Schafe. Das kommt ja oft vor, daß ein Mensch sich in seiner Physiognomie den Tieren anpaßt, mit denen er zusammenlebt, und die er liebt. Es gibt Hundebesitzer, denen man die Ähnlichkeit mit ihrem Boxer oder Windhund ansieht, und so fiel mir immer wieder auf, daß dieser Mann unbedingt eine Schafzucht haben mußte.

Ich wußte nun genau, wo der Dampfer anlegen würde und hatte mir schon vorher einen Plan gemacht, wo ich aussteigen wollte und wo ich das Schiff dann wieder betreten würde, um die Reise fortzusetzen.

Meine erste Station war Bombay in Süd-Indien. Indien war damals noch englische Kolonie und Bombay ›Gateway to India‹, also das Tor Indiens.

Da kam ich zum ersten Mal mit dieser ganz anderen und für mich neuen Kultur in Verbindung. Als ich in Bombay war, da passierte folgendes:

Die Cholera brach aus, und keiner durfte Bombay auf dem Seeweg verlassen. Als ich schon an Land war, durfte keiner vom Schiff an Land oder vom Land auf ein Schiff gehen. Aber mit der Eisenbahn konnte man von Bombay aus reisen, wohin man wollte. Da nahm ich einen Zug und fuhr zunächst nach Haiderabad, dann nach Meisur und nach Kalikut an der Malabarküste. Von dort aus benutzte ich einen Omnibus und wieder die Eisenbahn, mit der man über die sogenannte Adamsbrücke von Süd-Indien nach Ceylon hinüberfahren konnte und beendete schließlich meine Reise in Colombo, wo ich wieder das Schiff nach Singapur bestieg.

Auf der Indien-Reise fiel mir in Kalikut etwas Besonderes auf. Schon der Hafen hatte große Ähnlichkeit mit dem Hafen von Hodeida im Königreich Jemen am Roten Meer. Es lagen viele *Dhaus*, also arabische Schiffe, vor Anker. An Land begegnete man den Besatzungen der Dhaus, die fast immer aus dem Persischen Golf stammten. Die Dhaus vermittelten aber schon im Altertum den Verkehr nicht nur zwischen den arabischen Ländern, sondern auch nach Indien. Auch heute noch ist Kalikut einer der Häfen Indiens, der ständig von den Dhaus angelaufen wird. Ich war nicht wenig erstaunt, als ich im Hafen von Kalikut bei den Arbeitern ähnliche Gesänge hörte wie bei den Hafenarbeitern im Jemen. Aber das war nicht das einzige. Auch die Gebrauchsgegenstände wie Strohmatten und Tonwaren hatten Ornamente, die vollkommen identisch waren mit denen, die ich im Jemen gesehen hatte.

Es ist bekannt, daß schon im Altertum enge Beziehungen zwischen Süd-Indien und dem Jemen bestanden haben. Die ältesten Bewohner dieses Landstriches, nämlich der Malabarküste in Süd-Indien, sind die *Drawiden*. Es wurde nachgewiesen, daß die Drawiden früher in befestigten Burgen gewohnt haben, die den Hochbauten in Süd-Arabien ähnelten. Man hat auch versucht, Gemeinsamkeiten sowohl in Sprachen und Sprachstämmen als auch in Mythen, Spielen und Lebensgewohnheiten der Süd-Inder festzustellen, so daß man annahm, daß sie irgendwie miteinander verwandt sein mußten.

Singapur war damals noch im Besitz der Engländer. Es galt aus militärischen Gesichtspunkten als das ›Gibraltar des Ostens‹. Die Engländer hatten die Stadt außerordentlich befestigt. Ein großer Teil der Bevölkerung Singapurs waren Chinesen, nahezu eine halbe Million. Die zweitgrößte Bevölkerungsklasse waren die Malaien, dann kamen die Araber und schließlich die Engländer, die die Verwaltung dieses Stadtstaates hatten. Für mich war natürlich die arabische Bevölkerung am interessantesten. Damals gehörte ein Drittel von ganz Singapur den *Sayed* aus Hadramaut. Es waren hauptsächlich die großen Familien *Sayed al Kaf, Sayed Saqqaf* und *Sayed al Atass.*

Diese Familien hatten große Wirtschaftsunternehmen in der Stadt und besaßen enorme Ländereien: Teeplantagen in Java, Ananaskulturen in Sumatra; auch auf anderen Inseln hatten sie große Besitzungen. Hadramaut selbst hatte ja keinen Reichtum, keine Bodenschätze, und so mußte man sehen, wie die Bevölkerung ernährt werden konnte. Deshalb sind schon in frühen Zeiten viele Einwohner Hadramauts in den fernen Osten, nach Singapur und auf die Indonesischen Inseln ausgewandert. Sie haben es durch ihren Fleiß und ihre Ausdauer sehr bald zu großem Reichtum gebracht. Die Sayed-Familien besaßen ein solches Vermögen, daß sie mit ihrem Geld fast ganz Hadramaut unterhalten konnten.

Sie charterten zum Beispiel jedes Jahr einen Dampfer in Singapur, ließen ihn mit allen möglichen Gütern beladen und schickten diesen Dampfer nach Makalla. Von Makalla wurden dann diese Waren mit Karawanen in die Städte Hadramauts, nach Schibam, Saiwun und Terim hinaufgebracht, dorthin, wo die Sayed residierten, und hier wurden sie an die Bevölkerung dieser Städte verschenkt.

Als ich noch in Hadramaut war, wurde schon verabredet, daß ich in Singapur Verwandte der Sayed besuchen sollte. Ich bekam Empfehlungsbriefe und Einladungen und war vier Wochen in Singapur Gast bei der Familie al Kaf.

Während dieser Zeit bin ich natürlich nicht nur in Singapur geblieben, sondern reiste auch in die sogenannten ›Malayan-States‹, wie die Engländer das heutige Malaysia nannten. Da bekam ich – das war auch wiederum ein Glücksfall – plötzlich die Einladung, den Sultan von Pahang in einem dieser Staaten zu besuchen. Ihn hatte ich über die al Kaf kennengelernt.

Als ich auf der Malaiischen Halbinsel war, kam ich auch in die Hauptstadt Kualalumpur und in die Cameron Highlands. Dort stellte ich fest, daß in den Malayan-States fast zwei Millionen Chinesen lebten, und daß die Engländer diesen Chinesen ein Privileg im Verbrauch von Opium gegeben hatten. Sonst war im Lande das Rauschgift Opium strengstens verboten. Die Malaien, die Araber und die Engländer durften kein Opium rauchen. Aber den Chinesen erlaubte man es, denn die Chinesen waren ja seit Urzeiten an den Genuß von Opium gewöhnt. Was machten also die Engländer?

Sie hatten ein besonderes Gesetz erlassen, daß Chinesen Opium in beschränkten Mengen rauchen durften. Jeder Chinese in den Malayan-States bekam einen sogenannten ›Opium-Paß‹. Mit diesem Paß konnte er jeden Montag in ein kleines Office gehen und dort sein Quantum an Opium kaufen, das er für die Woche brauchte.

Auf diese Weise hatten die Engländer keine Schwierigkeiten mit den Chinesen und verdienten noch an dem Opium, das die Chinesen einzig und allein bei den Engländern kaufen konnten. Die englische Verwaltung in den Malayan-States war außerordentlich gut organisiert. Überall, an den verschiedensten Plätzen, gab es einen *District-Officer,* der ein kleines Reich für sich hatte und alles wußte, was um ihn herum geschah.

In jeder kleinen Stadt gab es ein *Gouvernment Resthouse.* Dieses Rasthaus war für reisende englische Beamte bestimmt, aber auch für Fremde, die die Malayan-States bereisten. Genauso, wie das auch in Indien früher der Fall war, konnte man in einem solchen Rasthaus sehr billig in einem ordentlichen, sauber gehaltenen Zimmer übernachten.

Diese Boote verkehren auf den Urwaldflüssen in Malaya ▷

Chinesischer Opiumraucher auf einem alten Raddampfer

Sakai mit Blasrohr im
Urwald von Malaya

Wo man auch hinkam, man mußte sich sofort beim Bezirksbeamten melden. Das mußte ich auch, als ich eine Reise in die Cameron Highlands unternahm, einem Gebirgszug der Malaiischen Halbinsel, der zum größten Teil bewaldet war und wo es noch ›primitive‹ Stämme gab. Früher war dieses Hochland nur auf Saumpfaden zugängig, entweder zu Fuß oder mit Maultieren.

Vor kurzem hatte man eine Autostraße in die Berge gebaut, bis zu einer kleinen chinesischen Siedlung mit einem englischen District-Officer. Diese Siedlung lag in einer Gegend, in der der Urwald urbar gemacht wurde, es englische Förster gab, und man jetzt auch mit den *Sakai*, den Ureinwohnern, in Berührung kommen konnte.

50

Ich kam also an in diesen Ort, wurde gleich in das Rathaus geführt und meldete mich beim District-Officer.

»Jawohl, wir wissen schon, Sie waren in Süd-Arabien«, sagte der Officer, »Sie waren dann in Singapur und möchten gerne etwas von unserem interessanten Land zu sehen bekommen. Das ist eine gute Gelegenheit. Heute ist gerade der Gouverneur der Malayan-States hier, und wir wollen ihn etwas herumfahren, um ihm alles mögliche in der Umgebung zu zeigen.«

So wurde ich eingeladen, mit dem District-Officer und dem Gouverneur im Rolls-Royce eine kleine Rundfahrt zu machen. Das war sehr freundlich, aber auch geschickt von dem Engländer. Denn dadurch, daß sie mich jetzt in das Auto neben den Gouverneur setzten, konnte ich nicht auf eigene Faust herumschnüffeln und zusehen, ob ich irgendetwas mitbekäme, was die Engländer nicht an die Öffentlichkeit dringen lassen wollten.

Später machte mich dann dieser District-Officer mit einem englisch-australischen Forstmeister bekannt, der ein ganzes Gebiet für Plantagen urbar machen wollte. Dieses Gebiet lag am Rande einer Sakai-Siedlung, die mich ganz besonders interessierte. Die Sakai gehören zur ältesten Urbevölkerung Asiens. Es gab damals noch drei verschiedene Stämme: die *Semang*, die *Jakuten* und eben die Sakai.

Die Sakai waren am zahlreichsten, hatten sich aber teilweise schon sehr mit der malaiischen Bevölkerung vermischt.

Ein Forscher namens Rudolf Martin hält die Sakai für Verwandte der *Wedda* auf Ceylon, die heute ausgestorben sind. Andere Wissenschaftler, wie Rickards und Sarah Siehn, vergrößern den Kreis. Sie beziehen die Urbevölkerung des ganzen malaiischen Archipels in diesen Kreis ein, so daß auch die *Toala* auf Celebes, bis hin zu den australischen Urstämmen, zu dieser Völkergruppe zählen.

Es war für mich schon ein großes Erlebnis, nun plötzlich Menschen gegenüberzustehen, die noch gewissermaßen in einem Urzustand lebten, so wie sie vielleicht vor tausend Jahren gelebt hatten – diese natürlichen kleinen, schönen und freundlichen Menschen, mit denen ich mich in Worten zwar nicht verständigen konnte, bei denen man aber sofort das Gefühl bekam, man stehe ihnen in gegenseitiger Freundschaft gegenüber.

Sie ließen uns in ihre Hütte und zeigten uns ihre Gebrauchsgegenstände. Sie führten uns ihre Blasrohre vor, mit denen sie kleine Affen und Vögel jagten. Sie ernährten sich noch genauso wie ihre Vorfahren. Sie sammelten Samen und Früchte und schossen ab und zu ein Tier. Sie ernährten sich auch von Reptilien. Es gelang mir, sie in mehreren Situationen zu photographieren.

Aufgefallen war mir, daß ich Menschen begegnete, die in einer vollkommen anderen Welt lebten, andere Bewegungen und andere Lebensgewohnheiten als die Beduinen hatten. Es waren Urwaldmenschen, Menschen, die in Laubhütten wohnten, Menschen, die mit ganz anderen Tieren in Berührung kamen. Sie ernährten sich von wilden Tieren, die sie erst erlegen mußten, und nicht von gehüteten Schafen oder Ziegen wie die Beduinen, die dann einfach ein Schaf schlachten und wiederum zu wilden Tieren überhaupt keine Beziehung hatten.

Über China und Japan gab es in Deutschland eine ganze Menge Literatur. Die Deutschen erfuhren am meisten über die Länder durch belletristische Lektüre. Damals waren zwei Autoren besonders beliebt. Der eine war Max Dauthenday, der eine ganze Menge Bücher über Ostasien geschrieben hat. Von Geburt aus Deutscher lebte er lange Jahre in Japan, das er als seine zweite Heimat angesehen hat. Er hat nicht nur über Japan geschrieben, sondern auch über Indonesien und über andere ostasiatische Länder. Immer irgendwelche Geschichten, die sich auf wirkliche Ereignisse bezogen. Diese Bücher ähnelten denen der Pearl S. Buck, die damals über China geschrieben hat. Ein Buch, das ich besonders liebte, hieß ›Die acht Gesichter am Biwasee‹.

Als ich nun nach Japan kam, hatte ich die Idee, ich müßte unbedingt den Biwasee sehen, der sich nicht weit von Kioto entfernt befindet.

Da ich zu einer Zeit in Japan war, in der es überhaupt nicht eine einzige Aufschrift in lateinischen Buchstaben gab, und nur wenige Japaner eine fremde Sprache sprechen konnten, mußte man sich auf einen kleinen Zettel in Japanisch aufschreiben lassen, wohin man wollte.

Man empfahl mir, ich solle abends mit einem Taxi zu einem bestimmten Restaurant an den Biwasee fahren. Da hätte man einen Blick über den ganzen See und die richtige Stimmung für diese schöne Landschaft. Ich nahm also am späten Nachmittag ein Taxi, zeigte meinen Zettel und kam zu diesem Restaurant, einem großen, mehrstöckigen Gebäude, das ziemlich einsam am Biwasee stand. Vor dem Eingang dieses Restaurants stand eine ganze Reihe Schuhe. Um ein japanisches Restaurant betreten zu dürfen, mußte man sich vorher die Schuhe ausziehen, was ich natürlich auch tat, auch wenn ich glaubte, sie niemals wiederzufinden.

Ich war also jetzt in diesem Restaurant am Biwasee und dachte, ich käme in eine schöne Restauranthalle und könne das japanische Leben um mich herum genießen.

Von wegen! Ich wurde von dem Besitzer dieses Restaurants in ein kleines Zimmerchen geführt. Man hatte mir aufgeschrieben, was man da essen konnte; hauptsächlich Fisch sollte ich essen, und so bekam ich dann einen Fisch nach dem anderen serviert. Aber ich sah keinen anderen Menschen außer dem Mädchen, das mich bediente, und das war eine Geisha.

Japan war fremdartig für mich. Die Mentalität der Japaner, die konnte unsereins nicht begreifen. Vor allen Dingen, wenn man Schwierigkeiten mit der Sprache hatte und nur selten jemanden fand, der einem auch irgendwie Erklärungen geben konnte über all die seltsamen Umgangsformen, die man dort erlebte. Japan blieb für mich viel fremdartiger als alle Länder, die ich vorher gesehen hatte.

Da ging ich eines Tages in Kobe auf einer großen Straße entlang. Auf der Straßenmitte war ein erhöhter Grünstreifen und auf diesem Grünstreifen befanden sich die Schienen der Straßenbahn. Ein Taxi kam an eine Kreuzung, fuhr auf die Schienen herauf, würgte den Motor ab und blieb stehen. Der Fahrer versuchte, den Motor wieder in Gang zu bringen, aber es gelang ihm nicht. Jetzt kam die Straßenbahn. Die Straßenbahn war noch weit. Der Chauffeur stellte sich auf die Schienen und winkte mit beiden Armen, damit die Straßenbahn anhalten möge, er konnte ja das Auto nicht weiterbewegen. Was machte der Schaffner der Straßenbahn? – Er fuhr mit Volldampf auf das Auto los, die Straßenbahn gab dem Auto einen Stoß, das Auto wurde beiseite gedrückt. Die Straßenbahn hielt an, der Schaffner stieg aus, ging lächelnd und dienernd mit gekreuzten Armen auf den Chauffeur zu, der ihm dienernd und lächelnd entgegenkam. Dann unterhielten sie sich ganz ruhig und angemessen, immer dienernd, immer lächelnd. Die Sache schien erledigt zu sein, und die Straßenbahn fuhr weiter. – Konnte unsereiner das begreifen?

Ein anderes Beispiel für die seltsame Mentalität der Japaner:

In Kobe war ich zu Gast bei dem Manager eines großen deutschen Pharmakonzerns. Er erzählte mir, er hätte einen japanischen Angestellten gehabt, der eigentlich die Seele des ganzen Geschäftes gewesen war und sehr gut über alles Bescheid wußte. Dieser Japaner bat ihn eines Tages, er möge seinen Neffen als Lehrling einstellen. Der Neffe kam, benahm sich auch sehr gut und lernte alles. Aber dann plötzlich veruntreute er etwas in der Firma. Daraufhin entließ ihn der Deutsche. Was machte der Neffe? – Er rächte sich. Aber nicht an dem Deutschen, der ihn aus der Firma rausgeworfen hatte, sondern an seinem Onkel. Er vergiftete ihn, und der Onkel starb. – So kann Japan auch sein.

Dann ein weiteres Beispiel, um zu zeigen, wie schwierig es damals für einen Europäer in Japan war zurechtzukommen:

Derselbe Manager baute sich ein Haus auf einem großen schönen Grundstück. Als die Arbeiter mitten in den Bauarbeiten waren, hörten sie plötzlich auf und verschwanden. Was geschehen war, warum sie alle weggingen, keiner wußte es. Dann fand der Manager schließlich jemanden, der ihn aufklärte. Die Arbeiter hätten beim Bau des Hauses die Füchse gestört. Die Füchse sind heilig, und da kann man nicht weiterarbeiten. Deshalb wären sie weggegangen.

»Was soll ich denn nun machen?« fragte der Manager. »Ich kann doch nicht die Ruine da stehen lassen?«

»Ja, Sie können nur eines machen. Sie müssen auf Ihrem Grundstück einen kleinen Tempel für die Füchse bauen.«

Das hatte er befolgt, und schon waren die Handwerker wieder da, und die Arbeit ging weiter.

Erklären konnte man sich das als Europäer eigentlich überhaupt nicht. Die Sache mit den Füchsen, die kann man ja noch verstehen, aber diese Mentalität, jemanden zu töten, der einem einen Job vermittelt hat, die bleibt für unsere Begriffe unverständlich.

Japan kam mir damals wie ein Museum vor, in dem alles herrlich aufgestellt und wunderschön ordentlich ist. Als ich dagegen dann in China war, bekam ich einen ganz anderen Eindruck. Da war in allem eine ursprüngliche Genialität zu fühlen. Es war zwar nicht so ordentlich, aber es stimmte alles und sprach mich mehr an als Japan.

Durch einen Zufall konnte ich dort meine Reisekasse aufbessern. Ich hatte eine Empfehlung an einen deutschen Kaufmann, der mich einmal zum Abendessen einlud und sagte, heute abend wären die *Jai-Alai-Spiele*. Da würde gewettet, und das wäre doch ganz interessant.

Jai-Alai ist eigentlich ein baskisches Spiel. Da wird ein Ball mit einem Korb, der an den Arm geschnallt wird, gegen die Wand geschleudert. Man sitzt in einem großen Saal vor einer riesigen Wand, an der dieses Spiel stattfindet.

Als wir da saßen, liefen ein paar kleine Jungs durch den Raum, die einem rieten, welche Nummer gewinnen würde. Dafür wollten sie natürlich irgend etwas haben.

Wir haben also auf eine Nummer gewettet, die uns ein Junge genannt hatte, und tatsächlich habe ich an diesem Abend 20 Dollar gewonnen. Das war damals eine Menge Geld. Damit konnte ich mir die Reise nach Hangtschou leisten.

Schanghai war damals schon weitgehend westlich orientiert. Es gab Hochhäuser, moderne Handelshäuser, Aufschriften in englischer Sprache, und es gab Straßenbahnen. Aber die Rikscha war noch immer das Hauptverkehrsmittel.

Die *Rikscha,* die von einem *Kuli* gezogen wurde, war ein zweirädriger Wagen, in dem zwei Personen Platz fanden. Das war Schwerstarbeit, bei dem heißen Klima immer im Laufschritt einen solchen Wagen hinter sich herzuziehen. Das ermüdete natürlich sehr und machte enorm durstig. Da hat die Stadt dafür gesorgt, daß in bestimmten Abständen an den Straßenkreuzungen riesige Kessel mit heißem Wasser aufgestellt wurden, aus denen die Kulis trinken konnten. Bei großer Hitze erfrischt ja ein heißes Getränk viel mehr als ein kaltes.

Im Hafen waren damals nur Kräne, um die großen Lasten auszuladen. Der Rest wurde von den vielen Kulis aus dem Schiff herausgeholt und weitertransportiert. Diese Kulis sind so geschickt, daß sie bei einer schweren Last genau wissen, wo sie zupacken müssen. Es wurde damals gesagt, wenn man zum Beispiel einem Kuli vierzehn hölzerne Stühle gibt und sagt, er solle sie nach Hause bringen, dann würde ein europäischer Lastträger sagen: »Da muß ich einen Wagen haben, diese aufladen und sie mit dem Wagen abtransportieren, anders geht das nicht!« Der Kuli aber nahm eine lange Bambusstange, stapelte die Stühle sehr kunstvoll zusammen, ganz schnell. Er steckte die Bambusstange dazwischen, nahm sie über die Schulter und zog mit sämtlichen Stühlen von dannen. – So ging es in China zu!

Die Japaner hingegen waren lange nicht so aufgeweckt, daß sie darauf gekommen wären, Lasten auf diese Weise zu balancieren. Allerdings war Japan ein Volk von Kopisten. Sie kopierten ganz genau das, was sie gesehen hatten. In Japan wurde mir damals gesagt, wenn man einem japanischen Schneider einen Stoff brächte und ihm sagte, er solle eine Hose daraus machen, und zwar genau so eine wie die, die man anhabe, so sähe sich der Japaner die Hose nur genau an. Man brauchte sie nicht einmal auszuziehen. Der Kunde erhielt dann eine absolut gleich aussehende Hose.

In der alten Hose befand sich nun aber ein kleines Loch, das war geflickt. Auch das hatte er ganz genau kopiert. – Das war eben Japan!

In Schanghai bewohnte ich ein einfaches chinesisches Hotel und verpflegte mich auf den Straßen, an denen es einen Imbißstand neben dem anderen gab. Dort wurden die köstlichsten Sachen zubereitet, zum Beispiel erhielt man überall Ente. Die Ente spielt im Leben der Chinesen ungefähr dieselbe Rolle wie die Hühner bei den Bauern in Europa. Man konnte die herrlichsten Entengerichte essen. Ganz billig. Jeder, auch der ärmste Chinese, war in der Lage, an diesen Ständen etwas zu finden.

Die reichen Chinesen dagegen hatten natürlich immer großartige Festessen, die schon am Nachmittag begannen und in den späten Nachtstunden endeten. Hatte man zuviel gegessen, so daß man nicht mehr weiter konnte, da ging man hinaus – so wird erzählt – und übergab sich, um Platz für die nächsten Gänge zu schaffen.

In Peking erzählte man sich folgende Geschichte:

Chinesische Garküche auf den Straßen von Schanghai

54

Ruhepause der Sargträger in Hangtschou

Straßenszene vor der Hauptpost von Schanghai

In der deutschen Botschaft – vor dem Ersten Weltkrieg mußte das wohl gewesen sein – fand eine große Einladung für Diplomaten statt. Der Botschafter war gerade in Deutschland gewesen und hatte ›Danziger Goldwasser‹ mitgebracht. Er servierte gleich zu Anfang jedem Gast ein Gläschen mit Goldwasser. Es wurde eingeschenkt, die Chinesen sahen das, standen schweigend auf, verließen alle den Saal und gingen nach Hause. Denn das war für sie eine große Beleidigung. Wenn man Gold in eine Flüssigkeit tat, dann bedeutete das, daß man mit diesem Gold vergiftet würde. Das hatte der Botschafter nicht vorhergesehen, und so mußte man sich immer möglichst im voraus genau orientieren, welche Sitten und Gebräuche in einem Land zu beachten sind.

Geflügelstand an einer Straßenecke in Schanghai

Rückkehr mit der ›Scharnhorst‹ ins Deutschland von 1935

Die Rückfahrt mit der ›Scharnhorst‹ sollte von Japan aus gehen. Es war ein bestimmter Termin festgesetzt, wann ich das Schiff in Japan erreichen mußte.

Kurz vor diesem Termin bekam ich die Nachricht von der Agentur, daß das Schiff einen Maschinenschaden gehabt und damit beträchtliche Verspätung hatte.

Dieses Schiff war wie alle Passagierdampfer damals im Linienverkehr. Es mußte also ungefähr so pünktlich wie die Eisenbahn sein. Hatte der Dampfer acht oder vierzehn Tage Verspätung, dann mußte die Agentur den Passagieren die Anschlußpassagen bezahlen. Um wenigstens die Rückfahrt einigermaßen einhalten zu können, hatte die Schiffsagentur die ›Scharnhorst‹ nur bis Schanghai fahren lassen. Ich erhielt nun eine Fahrt erster Klasse von Kobe zurück nach Schanghai. Ich reiste 1935 – in einem Jahr, als man aus Deutschland nur mit zehn Reichsmark ausreisen konnte. Also war ich nicht gerade gut bei Kasse. Ich hatte jetzt jedenfalls meine Rückfahrt erster Klasse auf dem Schiff! Alles klappte wunderbar!

Nun kam ich mit diesem Dampfer in Schanghai an und war ja eigentlich nur ein gewöhnlicher Passagier. Damals war es üblich, daß die Passagiere der ersten Klasse, entsprechend der Höhe des Fahrpreises, horrende Trinkgelder zahlten. Das verlangte natürlich auch die Besatzung von dem japanischen Dampfer, als ich aussteigen wollte.

Das Geld hatte ich nicht. Ich hatte es einfach nicht! Und was machte der Steward? Er schloß mich in die Kabine ein und wartete. Nach einer halben Stunde machte er wieder auf.

»Wollen Sie nun bezahlen?«

»Ich habe das Geld nicht«, antwortete ich schon etwas ungeduldig.

»Gut«, sagte der Steward und schloß mich wieder ein. Nach einer halben Stunde kam er wieder zurück.

»Wollen Sie nun bezahlen?«

»Nein! Ich habe kein Geld«, wiederholte ich.

Dann habe ich noch eine halbe Stunde gewartet. Ewig konnten sie mich ja nicht mit dem Schiff herumfahren lassen. Schließlich sahen sie ein, daß da nichts zu holen war und gaben mich frei.

Die ›Scharnhorst‹ hatte Pech auf der Hinfahrt. Das laut Werbung rauchlose Motorschiff hatte schon den ersten Hafen mit Rauch und Dreck vollkommen verschmutzt und erhielt eine Strafanzeige.

Dann fuhr das Schiff weiter, kam notdürftig bis nach Barcelona, wo wieder alles mögliche ausgebessert werden mußte. Die geplante Rundfahrt mit den Honoratioren der Stadt wurde abgesagt.

Mit Verspätung fuhr das Schiff wieder von Barcelona ab und kam bis Port Said. Dort ging es überhaupt nicht mehr weiter. Da waren die Röhren der Kühlung für die Motoren völlig verkrustet. Man hatte nämlich eine neue Kühlung mit Salzwasser konstruiert. Die funktionierte aber nicht.

Man ließ aus Deutschland Ingenieure mit Flugzeugen nach Port Said kommen. Der Kapitän wollte die Reise abbrechen, wurde aber gezwungen weiterzureisen. Man hatte die Motoren wieder in Gang gebracht, und das Schiff fuhr weiter durch den Suez-Kanal ins Rote Meer. Da versagte die Kühlung. Die Maschinen setzten aus, es gab kein Licht und keine Ventilation mehr. Drei Tage lang schwamm es hilflos im Roten Meer. Und das während der heißesten Zeit im Juli! Notdürftig geflickt schaffte das Schiff gerade noch den Weg bis nach Suez.

Aus Deutschland mußten wieder Ingenieure kommen. Es wurde erneut an dem Schiff herumgemurkst und etwas ausgebessert. Dann ging es weiter.

Die ›Scharnhorst‹ im Hafen von Schanghai

Kurz vor Aden ereignete sich eine Explosion an Bord, einige Kabinen wurden mit Seewasser überschwemmt, aber schließlich schaffte man es doch bis Schanghai.

Aber wie sah das Schiff aus, als ich an Bord kam? Wie ein alter, verschmutzter Dampfer. Und es sollte doch nun ein schönes, neues Schiff photographiert und gefilmt werden, das auf der Jungfernfahrt war!

Ich wagte schon kaum, meine Photo- und Filmkameras auszupacken, habe aber dennoch Aufnahmen von der Reise gemacht. Es wurden ja auch noch weitere Häfen angelaufen, die immer irgend etwas Interessantes boten – auf den Philippinen, in Indonesien und in Indien. Als wir in Manila waren, wurde das Herannahen eines Taifuns gemeldet, dem wir gerade noch ausweichen konnten.

Schließlich legten wir in Barcelona an, wo ich nun eine besonders schöne Aufnahme von der ›Scharnhorst‹ machen wollte. Von der Schwebebahn aus konnte ich bei langsamer Fahrt drehen. Als ich die ›Scharnhorst‹ gerade filmen wollte, fing das Schiff plötzlich an zu rauchen und zu qualmen. Das ›rauchlose‹ Motorschiff ›Scharnhorst‹! Diese Aufnahmen waren dann unbrauch-

Zu Gast bei dem Kapitän der ›Scharnhorst‹

Helfritz als Passagier der ersten Klasse am Schwimmbassin der ›Scharnhorst‹

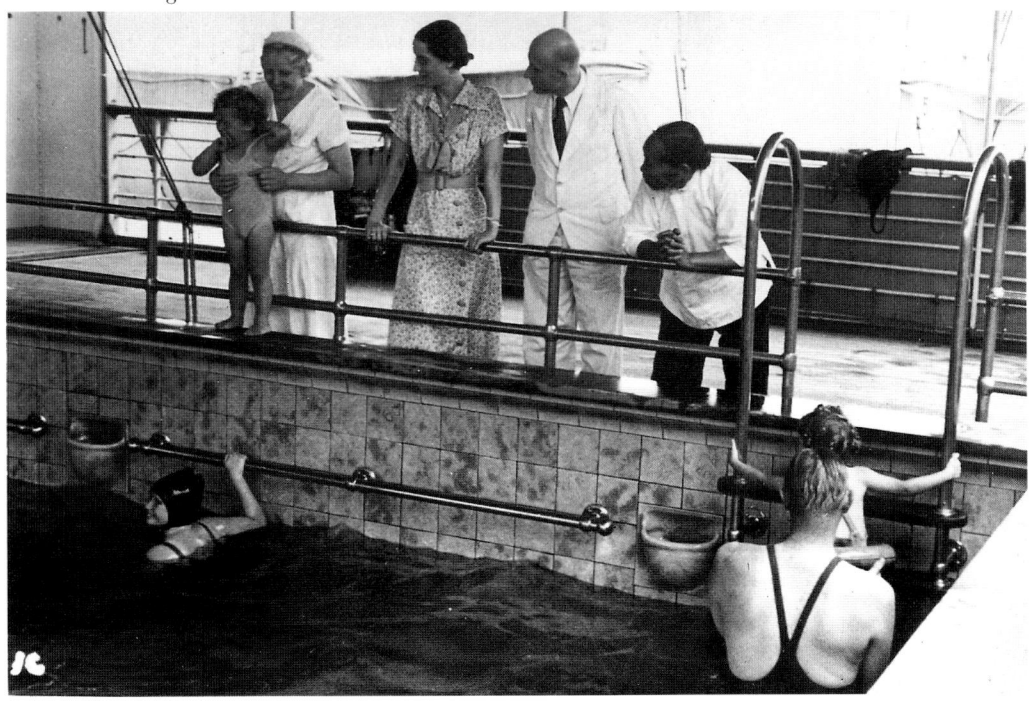

bar. Überhaupt war der ganze Film nicht zu gebrauchen, aber ich hatte jedenfalls meine Rück-reise auf der ›Scharnhorst‹ von Asien nach Deutschland gratis.

Man lebte nun in dieser Zeit ständig in Angst, wenn man nicht mit den damaligen Maßnahmen der Hitler-Regierung einverstanden war und nicht alles mitgemacht hat, wie zum Beispiel den Eintritt in die Reichsschrifttumskammer. Und wenn man so oft wie ich ins Ausland fuhr, war man auch verdächtig.

Jedesmal, wenn ich wieder zurückkam, dachte ich, was passiert nun. Werden sie einen viel-leicht gleich verhaften, weil man irgendwas unterwegs verkehrt gemacht hat?

Da passierte folgendes auf dieser Reise im Jahr 1935:

Als wir in Barcelona waren, gingen natürlich die Passagiere alle an Land. Einer von ihnen kaufte an einem Kiosk eine deutsche Zeitung, die jüdische Emigranten damals in Spanien heraus-gaben, und die natürlich gegen die Naziregierung gerichtet war. Dieser Passagier kam mit der Zeitung an Bord. Abends, nach dem Abendessen im Salon, breitete er die Zeitung aus und sagte: »Es ist doch unglaublich, was in dieser Zeitung steht, daß so etwas überhaupt möglich ist.«

Dieser Mann hatte den Beginn der Nazizeit im Ausland erlebt und wußte nun überhaupt nicht, wie es in Deutschland in Wirklichkeit aussah.

»Um Gottes willen, packen Sie bloß diese Zeitung ein!« flüsterten wir verängstigt.

»Lesen Sie sie in Ihrer Kabine, aber doch nicht hier an Bord, wo jeder Steward ein Spitzel ist.«

Nun waren wir in großer Sorge, weil ein Passagier diese Zeitung gekauft und an unserem Tisch ausgebreitet und gelesen hat. Wer wußte schon, wer nun verdächtigt und womöglich bei unserer Ankunft verhaftet werden würde.

Aber vor allen Dingen war es für uns ein großer Schock, gleich als wir nach Bremerhaven kamen, den Lastautos zu begegnen, auf denen zusammengedrängt Juden in Konzentrationsla-ger geschafft wurden. Der von der Regierung geschürte Haß gegen die Juden wurde immer größer. Aber das hatten wir vorher selbst noch nicht erlebt, daß man auf offener Straße Juden in Lastwagen abtransportierte.

Ich wußte schon früh eine ganze Menge von den Greueltaten der Nazis. Ein früherer Unter-seeboot-Kommandant aus dem Ersten Weltkrieg, der ein sehr guter Bekannter von uns war, bekannte sich ganz offen gegen die Hitler-Regierung. Er wurde ins Konzentrationslager gesperrt und hat mehrere Monate dort gesessen. Wir haben ihn nach der Freilassung gesehen. Er war vollkommen verändert. Was man mit ihm gemacht hatte, wollte er nicht erzählen. Aber er hat erzählt, was er gesehen hatte. Und da wußten wir dann Bescheid.

Nach 1935 wohnte ich in Lichterfelde, und zwar in der Zehlendorfer Straße, ganz dicht bei der Kadettenanstalt. Mitten in der Nacht kamen plötzlich mit furchtbarem Getöse Lastautos an unserem Haus vorbeigefahren. Diese Lastautos fuhren zur Kadettenanstalt. Nach einer Weile, vielleicht nach zehn Minuten, einer Viertelstunde, hörten wir Gewehrsalven. Nach einigen Augenblicken gab es erneut Getöse. Dann kamen die Lastwagen zurück. Wir wußten, in den Lastautos waren Gefangene, die in die Kadettenanstalt gefahren und dort erschossen wurden. Die Leichen hat man dann in denselben Fahrzeugen wieder weggefahren.

Das hatte sich herumgesprochen. Man durfte natürlich so etwas nicht offen sagen. Aber keineswegs war es nun so, als hätten die Deutschen überhaupt nichts gewußt. Nach alldem, was ich erfahren hatte und was um einen herum so passierte, lebte ich damals in einer permanenten Spannung; man wußte einfach nie, was der morgige Tag bringen würde.

Ich habe mich, wie schon gesagt, geweigert, in die Reichsschrifttumskammer einzutreten, was ich hätte tun müssen. Ich war ja nun auch kein Parteimitglied. Da blieben dann natürlich die Schwierigkeiten nicht aus.

Eines Tages sollte ich beim Berliner Rundfunk einen Vortrag über Süd-Arabien halten. Angeschlossen waren die Sender Stuttgart, Leipzig und Hamburg. Ich hatte einen schriftlichen Vertrag, und das Honorar war ausgemacht.

Am Tag vor dem Vortrag wurde ich vom Rundfunk angerufen, und man teilte mir mit, daß man mir nur die Hälfte des Honorars zahlen würde, denn die anderen Sender hätten abgesagt. Ich sagte, daß ich doch einen schriftlichen Vertrag hätte. Ich besprach mich mit Freunden, und die meinten, juristisch würde ich jeden Prozeß gewinnen, sollte es aber bloß nicht versuchen. Ich rief am nächsten Morgen trotzdem an und sagte, ich bestünde auf meinem Vertrag.

»Wenn Sie darauf bestehen, dann benachrichtigen wir Goebbels, und Sie werden nie wieder einen Vortrag in Deutschland halten können«, wurde mir daraufhin angedroht.

Mit der Ufa hingegen gab es keine Schwierigkeiten. Ich hatte ja nur mit der Ufa-Kulturfilmabteilung zu tun. Wie die Stellung der Ufa zur Regierung war und was sich da abspielte, das ging jemanden, der einen Kulturfilm an die Ufa verkauft hatte, überhaupt nichts an. Dann bekam er auch keine Schwierigkeiten. Publizieren konnte ich in diesen Jahren auch mühelos. Nach meiner ersten Jemen-Reise erschien also *Chicago der Wüste*, nach der zweiten Reise *Geheimnis um Shabwa* und schließlich *Land ohne Schatten*, das inzwischen in mehreren Sprachen herausgekommen war, unter anderem in Englisch, einmal in einer englischen Ausgabe in London und dann in einer amerikanischen Ausgabe in Nordamerika.

Gerade bin ich mit meinem Wagen von der Post zurückgekommen. Ich fahre noch immer selbst, nachts allerdings nicht mehr. Das Auto ist auch schon ein bißchen alt, aber fährt noch ganz wunderbar, und das schon seit 20 Jahren. Vor allem, wenn es gilt, den steilen Berg bis zu meinem Haus hinaufzufahren, leistet es mir noch gute Dienste.

Und was fand ich in der Post? Einen Brief vom österreichischen Rundfunk mit einer Kritik meines Buches über den Jemen. Auch wenn es immer wieder aufgelegt wird, hat mich diese späte Rezension doch etwas verblüfft.

»Der Musikologe Hans Helfritz hat Süd-Arabien Anfang der 30er Jahre als einer der ersten Europäer auf dem Kamelrücken durchquert. Sein Bericht gehört inzwischen zu den Klassikern der Reiseliteratur.«

Ich zu den Klassikern der Reiseliteratur? Nun ja . . ., das hätte ich mir nie träumen lassen, wo mir früher in der Schule das Schreiben jedes Aufsatzes schon ein Greuel gewesen ist! Dennoch habe ich bis heute 25 Bücher verfaßt, und dieses wird mein 26stes sein.

Die meisten von ihnen sind heute vergriffen. Ich selbst mußte sie mir nach dem Krieg – da alles, was ich in Deutschland zurückgelassen hatte, verlorengegangen ist – in Antiquariaten wieder zusammensuchen. Und da ist mir eine eigentümliche Geschichte in Zürich passiert:

Ich ging wie immer, wenn ich dort war, in ein bestimmtes Antiquariat. Der Verkäufer meinte, da sei ein Buch über die Balearen, das mich sicherlich interessieren würde. Während ich in der Kiste herumkramte, entdeckte ich plötzlich eine ganze Reihe meiner eigenen Bücher, die ich sogar jemandem gewidmet hatte.

Vor dem Krieg hatte ich durch Dr. Nikolas Kaufmann von der Ufa-Kulturfilmabteilung Herrn Stüssi kennengelernt, der Direktor einer Kulturfilmgesellschaft war. Diesem hatte ich damals einige meiner Reisebücher zum Geschenk gemacht und sie auch signiert. Nun kam ich nicht nur wieder in den Besitz meiner eigenen Bücher, sondern erfuhr auf diesem Wege auch vom Ableben dieses Mannes.

Im übrigen gibt es diese Reisebücher, meine und auch andere, die früher auf den Markt kamen, in dieser Form heute nicht mehr. Inzwischen sind fast alle Länder dem Tourismus erschlossen, und jeder kann reisen, wohin er will. Jetzt muß man eben Reiseführer schreiben. In dieser Sparte besteht heute großer Bedarf.

Und so, wie ich damals gereist bin, kann man es heute bestimmt auch nicht mehr. Das ist klar. Es gehörte auch ein gewisser Mut dazu, denn so, wie ich es gemacht habe, ging ich ja ins Ungewisse. Ich wußte nie, wie die Reise ausgehen würde.

Aber wenn man erst einmal den Anfang gemacht hatte, dann kam man auch weiter.

Ich hatte den Anfang mit meiner Süd-Arabien-Reise gemacht, und nun kamen unzählige Erlebnisse auf mich zu.

Auf Vortragsreise in den USA (1937)

Nachdem das Buch in Nordamerika erschienen war, bekam ich eine Anfrage von einer Vortragsagentur in New York, ob ich in den Staaten Vorträge halten wollte. Die Agentur könnte mir durch ganz Amerika Vorträge arrangieren, würde aber erst mit dem Aufbau dieser Vortragsreise beginnen, wenn ich wirklich in New York einträfe. Das war natürlich ein Angebot, das ich nicht abschlagen konnte.

Wie sollte ich nun aber nach New York kommen und dort solange leben, bis ich die ersten Honorare erhalten würde? Ich hatte Bekannte in Berlin, die ihrerseits Verwandte in New York hatten. So wurde ich dorthin eingeladen und riskierte auf gut Glück diese Reise.

Außerdem besprach ich mit der Ufa, welche Themen sie interessieren könnten. Die Ufa wollte Aufnahmen von den verschiedenen Nationalparks: von dem Bryce Canyon, dem Yosemite National Park und vor allem vom Grand Canyon. Danach interessierte sie ein Film über den Großfischfang in Florida.

Ich besorgte mir also eine Fahrkarte auf dem damals größten Passagierschiff, das nach Nordamerika fuhr, der ›Bremen‹. Aber erst ab Southampton, denn vorher sollte ich noch einen Vortrag in London vor der ›Royal Ancient Society‹ halten. Dieser Vortrag kam durch die Empfehlung von Philby zustande. Er selbst war damals in Arabien und konnte nicht kommen. Aber er hat seiner Frau geschrieben, sie solle unbedingt in diesen Vortrag gehen.

Dann nahm ich die ›Bremen‹, die inzwischen in Southampton angekommen war, und fuhr nach New York. In dieser Zeit war es für Deutsche nicht so leicht, nach Nordamerika einzureisen. Man mußte sich Tage vorher das Visum beschaffen, alle möglichen Referenzen angeben und, wenn man aus Deutschland kam, eine Einladung vorweisen.

Ich konnte den Vertrag mit der Agentur vorweisen. Und so kam ich in New York an. Aber das Visum, das einem in Deutschland vom amerikanischen Konsulat ausgestellt wurde, ermöglichte noch nicht unbedingt die Einreise nach Nordamerika. Das wurde dann erst von den Paßstellen in Amerika entschieden, und es konnte passieren, daß man zurückgeschickt wurde, was auch verschiedentlich vorgekommen ist.

Ich kam also in New York mit großem Gepäck an, denn ich hatte Filmmaterial für meine Vorträge dabei. Und das war ein umfangreiches Material: 35-Millimeter-Filmrollen, die sehr sperrig sind, und die man nicht einfach so im Gepäck durchschmuggeln konnte.

Nun konnte der Agent die Vorträge arrangieren. Er hatte schon vorgearbeitet und verschiedene geographische Vereine und Klubs gefunden, die sich für meine Vorträge interessierten.

Es gab viele Klubs in Nordamerika, die jede Woche ihre Zusammenkünfte hatten, bei denen irgend jemand einen Vortrag über ein interessantes Thema hielt. Das waren für den Vortragen-

Kommentare zu einem der vielen Lichtbildervorträge, die der Autor über die ›Wolkenkratzer in den arabischen Wüstengebieten‹ in den USA gehalten hat

den verhältnismäßig bequeme Vorträge, denn sie durften nie länger als 20 Minuten oder eine halbe Stunde dauern. Erst gab es ein Abendessen, und nach dem Abendessen kam dann der Vortrag. Das Honorar für einen solchen Vortrag war genau dasselbe wie für einen Vortrag von anderthalb Stunden.

Einer der wichtigsten Vorträge, die ich halten sollte, war der vor der ›National Geographic Society‹ in Washington. Das war damals die größte geographische Gesellschaft der Welt mit der auflagenstärksten Zeitschrift, die überall bekannt ist. Diese Gesellschaft veranstaltete im Jahr nur drei oder vier Vorträge, aber dann vor großem Publikum, in dem allergrößten Saal von Washington, der extra dafür gemietet wurde.

Natürlich entschloß sich die National Geographic Society nicht gleich, meinen Vortrag aufzunehmen. Sie prüften erst genau, wie der Film, die Bilder und mein Vortrag waren. Von Washington kam eine Abordnung von der geographischen Gesellschaft nach New York. Sie mieteten einen Vorführraum, und ich hielt vor diesem Komitee einen privaten Vortrag.

Sie willigten schließlich ein, daß ich im kommenden Herbst einen Vortrag vor zweitausend Zuhörern in Washington halten sollte. Sie verlangten von mir, den Vortrag unbedingt im Frack zu halten. Einen Frack besaß ich nicht, den mußte ich mir natürlich borgen, aber es ist ja alles möglich, und so fand dieser Vortrag statt.

Ich war erstaunt, eine derart riesige Leinwand zu sehen, wie ich sie nie zuvor gesehen hatte, weder in Amerika noch in Deutschland. Für mich sahen die Kamele, die ich zeigte, wie riesige Elefanten aus. Dieser Vortrag hat damals großen Anklang gefunden. Ich war erst der vierte Ausländer, der überhaupt vor der National Geographic Society einen Vortrag halten durfte. Vor mir haben dort nur Sven Hedin, Graf Luckner und Eckner gesprochen.

Einer der komischsten Vorträge, die ich gehalten habe, war der im sogenannten ›Breakfast Club‹ in Los Angeles. Das war ein Klub, dessen Mitglieder Filmschauspieler, Regisseure, Musiker, berühmte Industrielle, Ölmagnaten und wer weiß was für Leute waren. Die Zusammenkünfte fanden alle acht Tage früh morgens um acht Uhr in einem Hotel statt. In einem großen Saal war ein Tisch für fünfhundert Personen gedeckt. Da saßen sie alle, bekamen »ham and eggs, coffee and porridge« und was man so in Amerika zum Frühstück ißt. Für diese Zusammenkunft wurden regelmäßig zur Unterhaltung alle möglichen Leute engagiert, damit dieses Frühstück lustig und amüsant vonstatten gehen sollte.

Zunächst einmal hielt der geladene Pastor eine Ansprache. Nun kam gewöhnlich ein Clown, und dann leitete der Manager eine sportliche Übung. Alle Mitglieder mußten aufstehen, in die Kniebeuge gehen und Freiübungen machen. Danach konnten sie sich wieder setzen und ihre »ham and eggs« weiteressen.

Nun kam ich dran und erzählte in zehn Minuten etwas über Süd-Arabien, das war damals was ganz Neues. Dann kam einer und erzählte von seiner neuesten Erfindung. So brachten die Leute eine Stunde beim Frühstück zu und gingen dann quietschfidel zur Arbeit.

Auf dieser ersten Reise habe ich ungefähr 30 Vorträge gehalten. Als ich nun in Kalifornien war, hielt ich in Los Angeles einen Vortrag, der vom Deutschen Konsulat protegiert war. Nach dem Vortrag war ein Zusammentreffen im Deutschen Konsulat geplant.

Bei dieser Gelegenheit lernte ich den Direktor der TWA kennen, der damals größten amerikanischen Fluggesellschaft. Er fragte mich, ob ich in Amerika schon einmal geflogen sei? Ich sagte, ich wäre mit einem kleinen Wasserflugzeug nach Santa Catalina Island geflogen.

»Das ist ja gar nichts«, sagte er. »Kommen Sie mal morgen in mein Office, ich gebe Ihnen ein Ticket von Los Angeles nach New York.«

Zu dumm! Ich wollte jetzt gar nicht nach New York. Ich wollte doch von Kalifornien nach Mexiko und weiter über Guatemala zurück nach Deutschland.

Ich plante, erst im nächsten Jahr wieder Vorträge in den USA zu halten. Der Agent hatte solchen Gefallen an meiner Vortragsreise gefunden, daß er mich wieder engagiert hatte. Da fragte ich, ob ich das Ticket auch im kommenden Jahr für eine andere Flugroute benutzen könnte? Damit war er einverstanden. So hatte ich für das nächste Jahr bereits einen Freiflug von New York aus an die Westküste.

Bei diesem Empfang lernte ich einen Deutsch-Amerikaner kennen, mit dem ich mich anfreundete. Herr von Bibra war ein Großunternehmer, gewissermaßen ein Ölmagnat. Er hatte eigene Ölquellen, war Präsident einer Helikopter-Firma und einer großen Firma, die Asphalt herstellte. Zum Beispiel hatte er einmal einen Auftrag, in Samoa den Flugplatz zu asphaltieren. Er war also nicht gerade ein armer Mann.

Herr von Bibra hatte sich in Beverly Hills ein Haus gebaut, das eine kleine Kopie von dem Stammschloß seiner Familie in Württemberg war. Und hier war ich nun eingeladen.

Das waren nette Leute, die nicht großprotzig lebten, sondern ganz natürlich waren. Man gehörte dort, wenn man aufgenommen wurde, einfach zur Familie.

Als wir morgens gefrühstückt hatten, sagte er: »Kommen Sie doch mit. Ich habe heute den ganzen Tag im Office zu tun. Ich gebe Ihnen mein Auto und abends holen Sie mich wieder ab. Dann können Sie rumfahren, soviel Sie wollen.«

Da hatte ich nun einen großen ›Lincoln‹ und konnte damit herumfahren.

Als ich bei ihm wohnte, kam plötzlich ein Telegramm aus Palm Springs von einem Mr. Crane. Er mußte meine Adresse durch einen Bericht erfahren haben, der über mich in der Zeitung stand, und in dem auch angegeben war, wo ich lebte. Dieses Telegramm lautete: »Kommen Sie doch nach Palm Springs und besuchen mich, ich habe noch großartigere Dattelpalmplantagen als die, die es in Süd-Arabien gibt. Gezeichnet Mr. Crane.«

Ich zeigte die Nachricht meinem Bekannten.

»Mr. Crane, wer kann das sein? Das ist sicher von irgendeinem Hotel in Palm Springs, das Sie als Hotelgast haben möchte.« – Also habe ich das Telegramm gar nicht weiter beachtet.

Zwei Tage später kam ein Telefonanruf aus Palm Springs, warum ich denn nicht geantwortet hätte und nicht gekommen wäre? Sie würden jederzeit ein Auto schicken, um mich abzuholen und auch wieder zurückzubringen. Also sagte ich, ich kann den oder den Tag. Dann überlegten wir, wer denn dieser Mr. Crane sein könnte.

Endlich fiel meinem Bekannten ein, das es der Crane von ›Crane Company‹ sein mußte. Die Crane Company war damals die größte Firma, die Pipelines herstellte. Aber nicht nur das. Sie stellte alles mögliche her, von der Badewanne bis zu Ölleitungen.

Ich fuhr also nach Palm Springs. Mr. Crane war damals schon ein alter Herr. Er hatte sich in Palm Springs zur Ruhe gesetzt und wohnte in einem netten, bescheidenen Häuschen.

Er hätte zu gerne meinen Film über Süd-Arabien gesehen, meinte er, nachdem er mich sehr freundlich begrüßt hatte, denn er sei früher oft in Saudiarabien gewesen. Er war amerikanischer Botschafter in China, kannte Mesopotamien, aber nicht Süd-Arabien. Los Angeles war für ihn zu weit, ich solle doch einen Vortrag auf halbem Wege halten, an der Stanford University. Da würde er dann hinkommen.

»Wann können Sie reisen?« fragte er.

»Ja also, vielleicht in drei oder vier Tagen.«

»Gut, ich schicke ein Telegramm. In Stanford wird für Sie ein Vortrag arrangiert.«

Und dann fragte er, ob ich denn schon in Richmond, Virginia, gewesen sei.

»Da ist einer meiner Enkel Professor. Der muß Ihren Film sehen«, sagte er.

Nein, da bin ich nicht gewesen. Also ging ein Telegramm nach Richmond.

»Waren Sie denn schon in der Columbia University in New York?«

Nein, da war ich auch noch nicht.

»Da ist mein Sohn Professor. Da müssen Sie auch hin.«

Telegramm aufgesetzt, und der Vortrag war abgeschlossen.

»So, und nun das Honorar. Was wollen Sie für die Vorträge haben?« fragte er so leicht dahin.

»Ich kann das nicht sagen. Wenn Sie das arrangieren, überlasse ich es Ihnen.«

»Was kriegen Sie denn sonst für die Vorträge?«

Ich sagte es ihm.

»Gut«, meinte er nun, ohne weiter darüber zu reden.

Jedes Mal, wenn ich den Vortrag gehalten hatte, bekam ich einen Scheck mit der doppelten Summe, die ich sonst dafür erhielt. Nach Beendigung dieser neuen Vortragsreise kehrte ich nach Kalifornien zurück, denn jetzt kamen die Kulturfilme für die Ufa an die Reihe.

Für die Dreharbeiten bin ich zunächst an den Rand des Grand Canyon gefahren. Inzwischen hatte ich mir schon so viel Geld zusammengespart, daß ich mir ein eigenes kleines Auto kaufen konnte. Es war ein Zweisitzer, ein Sportauto, natürlich ein gebrauchtes, das ich für 50 Dollar gekauft hatte. Mit dem reiste ich dann überall im Lande herum, zunächst also zum Grand Canyon.

Dort konnte man Maultiere mieten und einen Ritt hinunter in den Canyon wagen. Während dieses Rittes habe ich immer wieder gefilmt, auch unten am Colorado River. Vor allen Dingen wollte man damals Landschaftsbilder in diesen Kulturfilmen haben. Ich brauchte nicht nur Standaufnahmen, sondern auch Panoramaaufnahmen vom Verlauf dieses riesigen Flußbettes, und die am besten aus der Luft. Ich charterte ein kleines einmotoriges Flugzeug und filmte nun einmal aus großer Höhe den kilometerlangen Verlauf des Canyon mit seinen Windungen, dann aus der Nähe, nur wenige Meter über dem Fluß, entlang an schroffen Felswänden mit bizarren Formen.

Dann ging es weiter nach Florida. Von Miami aus habe ich mehrere Exkursionen mit den Schnellmotorbooten gemacht, mit denen man den Merlin, den Schwertfisch, angelt.

In diesen Schnellbooten saß der Angler am Heck, mit dem Gesicht nach hinten, und warf die Angel mit einem Köder aus. Das Boot lief auf Hochtouren, und der Köder, gewöhnlich irgendein kleinerer Fisch, der an dem Angelhaken saß, konnte sich nicht mehr im Wasser halten. Der Angelhaken sprang immer wieder heraus und tauchte erneut unter. Der Schwertfisch schnappte zu, wenn der Köder sich schnell bewegte. Und wenn er dann zugebissen und man ihn an der Angel hatte, vollzog sich ein langer Kampf, bis man den Fisch schließlich an Bord hieven konnte. Er kam immer wieder aus dem Wasser heraus und schnellte hoch in die Luft.

Diese Prozedur hatte ich gefilmt. Die Amerikaner angelten damals den Merlin nur zum Sport. Es war ein reiner Sportfischfang. Auch Haifische wurden zum Sport geangelt. Allerdings nicht vom Boot, sondern von einem kleinen Luftschiff aus.

Es gab damals in Miami den sogenannten *Plum,* ein kleines Luftschiff in der Form eines *Parsifal.* Das war damals ein Typ, der in Deutschland gebaut wurde. Mit diesem Luftschiff, das eigentlich Reklame für ›Goodyear Tires‹ flog, konnte man Rundflüge über Miami machen und es auch für den Sportfischfang chartern. Der Plum flog verhältnismäßig dicht und langsam über dem Meer. Die Amerikaner warfen aus der Gondel heraus den Angelhaken. Hatten Sie einen Haifisch daran, dann ging das Luftschiff in die Höhe. Es war eine reine Vergnügungsfahrt, eine sehr grausame, die ich nicht filmen wollte.

Ich fuhr nun weiter nach Mexiko, um in Acapulco noch mehr Material über den Großfischfang aufzunehmen.

Dort lernte ich einen Deutsch-Amerikaner kennen, der ein großer Sportsmann war und mit einem Auto und Chauffeur nach Mexiko kam. Mit ihm fuhr

Der harpunierte Riesenrochen in Acapulco

66

ich nach Acapulco. Er charterte ein Motorfischerboot, und wir gingen wiederum auf Großfischfang aus. Es glückte uns, einen Mantaraya zu fangen. Das war ein Riesenrochen, der harpuniert wurde. Der Mantaraya wog 1600 Pfund. Der Kampf, ihn an Land zu bringen, dauerte ungefähr zwei Stunden. Man mußte immer sehen, daß man dem Fisch selbst nicht zu nahe kam und daß er nicht das Boot umwarf. Diesen ganzen Ablauf hatte ich dann ebenfalls gefilmt.

Zweite Reise in die USA, nach Mexiko und Guatemala (1938)

Meine zweite Reise in die USA verlief ähnlich wie die erste. Zunächst wohnte ich wieder bei meinen Freunden in New York, dem Ehepaar von Mikusch, hielt Vorträge in den Nordstaaten und hatte ja dann meinen Freiflug mit der TWA nach Los Angeles.

Auf diesen Reisen hatte ich leider wenig Gelegenheit, kulturellen Ereignissen beizuwohnen. Aber an eine Theatervorstellung in New York, die ich auf keinen Fall versäumen wollte, erinnere ich mich noch gut.

Es war die Aufführung eines Stückes von Werfel, der damals als Emigrant in Amerika lebte. Das Stück hieß ›The Eternal Road‹, die ewige Straße. Werfel hatte das Buch geschrieben, Max Reinhardt inszenierte, und Kurt Weill schrieb die Musik dazu. Es war die erste große Komposition, die Weill nach seiner Ankunft als Emigrant in Amerika geschrieben hatte. Ich fand die Aufführung sehr beeindruckend, bedauerte allerdings, daß das Orchester unsichtbar hinter der Bühne plaziert war und die Musik deshalb nur schwach und gedämpft zu hören war.

In Los Angeles hatte ich die Gelegenheit zu einem Konzert zu gehen, das in einem der größten Konzertsäle stattfand, der viertausend Leute faßte. Es spielte das ›Philadelphia Orchestra‹, aber nicht unter der Leitung von Stokowski, dem langjährigen Chefdirigenten des Orchesters, sondern unter Iturbi, der damals gerade sein Nachfolger geworden war.

Iturbi erntete großen Beifall. Es war ein sehr schönes Konzert. Zum Schluß winkte er den Beifall ab, kam an die Rampe und hielt eine Ansprache. Er sagte, er wäre jetzt der neue Chefdirigent und danke für die Aufmerksamkeit und für den Zuspruch. Wir hätten das Glück, fuhr er fort, heute unter den Zuhörern Stokowski zu haben. Er hätte mit Stokowski in der Pause gesprochen, der sich bereit erklärt habe, noch ein oder zwei Zugaben selbst zu dirigieren. Dann kam Stokowski tatsächlich auf die Bühne und dirigierte zwei Orchesterwerke von Debussy.

Es war ein Unterschied wie Tag und Nacht. Das Fluidum, das Stokowski ausstrahlte, war faszinierend. Und wie das Orchester mitging! Obwohl Iturbi ein ausgezeichneter Dirigent war und ebenso Anklang gefunden hatte wie Stokowski damals in Philadelphia, habe ich hier doch gesehen, daß die Persönlichkeit in allererster Linie den Erfolg eines Dirigenten ausmacht.

Doch noch einmal zurück nach Deutschland, wo ich zwischen den beiden Amerikareisen bei meinen Eltern war und in der Bibliothek meines Vaters herumstöberte.

Da fand ich ein Buch, schön eingebunden, mit einem silbernen Deckel, das ›Silberne Buch‹. So hieß die Familienchronik, dessen Stammvater den Namen Sachs führte. Dieser Herr Sachs mußte ein sehr reicher Mann gewesen sein. Er lebte vor mehreren Generationen und hatte eine Stiftung eingerichtet, von der seine Nachkommen profitieren sollten. Zu dieser Familie gehörten auch wir.

Diese große Familie mit all den Kindern und Enkelkindern, die sich im Laufe der Jahre über die ganze Welt verbreitet hatte, ließ noch ein gewisses Zusammengehörigkeitsgefühl erkennen.

Das Herrenhaus der Kings-Ranch in Kingsville/Texas

Der Urvater dieser Familie hatte bestimmt, daß das Geld allen männlichen Mitgliedern zugute kommen sollte. Das Kapital dieser Stiftung ging allerdings im Ersten Weltkrieg verloren, so daß nicht mehr, wie früher, jeder männliche Nachkomme ein freies Studium finanziert bekam.

Damit aber diese ganze Familie doch noch zusammengehalten wurde, brachte man alle paar Jahre ein Buch heraus. Das war das sogenannte Silberne Buch, in dem der ganze Stammbaum dieser Familie verzeichnet war.

In diesem Buch fand sich ein Mr. Kleberg, der in Texas lebte. Er besaß die größte Ranch in Amerika. Da habe ich mir gedacht, an Kleberg zu schreiben, ob ich ihn nicht besuchen könne.

Ich bekam einen sehr freundlichen Brief von ihm. Ich solle nur anreisen, und wenn ich eingetroffen sei, von Kingsville aus telefonieren. Das war die Bahnstation in der Nähe der Ranch. Dann wollte man mich abholen.

Ich fuhr also nach Kingsville, in der Nähe von Houston, und rief vom Bahnhof aus an: »Ja Junge, das Auto wird gleich kommen.«

Ich wartete eine Weile, und es kam tatsächlich ein Auto, aus dem ein Cowboy mit einem großen Hut und den typischen Stiefeln ausstieg. Ich dachte, das ist der Chauffeur und sagte, hier seien meine Koffer, dann wollen wir mal losfahren. Es stellte sich aber heraus, daß es Mr. Kleberg selbst war.

Ich hatte einen sehr interessanten Aufenthalt auf dieser Ranch. Sie war derartig groß, daß es noch unerforschte Regionen gab, von denen niemand wußte, was es da eigentlich gab. Es war sogar vorgekommen, daß man Leute, die vom Wege abgekommen waren, nie wieder gefunden hatte.

Von der Farm in Kingsville, Texas, wurde ich an die mexikanische Grenze gebracht, nach Laredo.

Von Nordamerika nach Mexiko wurden die Passagiere eingehend vom Zoll untersucht. Das wußte ich schon von meiner früheren Reise. Apparate, die unter fünf Kilo wogen, wurden frei durchgelassen. Wenn der Apparat mehr als fünf Kilo wog, mußte man Zoll bezahlen. Da habe ich wohlweislich meine Koffer so gepackt, daß die kostbaren Apparate zuunterst in dem Koffer lagen, damit sie erst einmal oben das sahen, was nicht so interessierte. Ich wußte auch, daß die Mexikaner sich sehr für Musik interessierten.

68

Und was machte ich? Ich packte oben auf den Koffer, auf dem die schwere Filmapparatur lag, eine Anzahl von Musiknoten, die ich bei mir hatte. Als der Zollbeamte den ersten Koffer aufmachte, in dem ich keine Noten hatte – darin war die Leica und ein leichter Kinoapparat – stellte er ihn auf die Waage und sagte, ich solle alles wieder einpacken.

Jetzt wurde der zweite Koffer aufgemacht, und da lagen die Noten. Der Zollbeamte sah sie, nahm sie in die Hand und sagte: »Ah, la música!« Dann klappte er den Koffer wieder zu und suchte nicht mehr weiter.

In Laredo endete die mexikanische Autobuslinie, die den Verkehr zwischen der Grenze und Mexiko-City regelte. Das war eine lange Reise, und in der damaligen Zeit wurde diese Strecke vom Militär bewacht. Da gab es alle 50 Kilometer kleine Forts, weil man mit Überfällen rechnen mußte.

Die Reise ging erst über Monterey und dann durch eine sehr schöne Gegend. Ich wollte eigentlich nach Mexiko-City durchfahren, fand aber einen kleinen Ort, in dem der Autobus hielt, so schön, daß ich sagte, ich würde hier aussteigen und am nächsten Tag weiterfahren.

Am anderen Morgen stellte ich mich wieder an die Straße und wartete auf den Autobus. Nach einer Weile kam er auch, war aber so voll, daß er mich nicht mitnehmen konnte.

Dann kam ein Bus von einer anderen Linie, der fast leer war. Ich stieg ein, habe nochmals für die Passage bezahlt, und nach ungefähr zweistündiger Fahrt sahen wir vor uns einen Autobus, der von fünfzehn mexikanischen Reitern mit großen Hüten und Gewehren umzingelt wurde.

Die Passagiere waren alle ausgestiegen. Mein Chauffeur wußte ja nun genau, was los war. Da überfiel die Räuberbande den Autobus. Und das war genau der, der mich nicht mitgenommen hatte. Wäre ich in dem Autobus gewesen, hätte man mich vollständig ausgeplündert.

Und was machte mein Chauffeur? Er fuhr mit Vollgas auf die ganze Bande los, die Reiter guckten auf den Autobus und sahen, daß da kaum ein Passagier drinsaß, zogen die Hüte und grüßten schön. Sie ließen uns vorbeifahren. Denn wir hätten sie ja nur gestört bei dem Überfall auf den anderen Bus. Auf diese Weise kam ich mit Sack und Pack, vor allen Dingen mit meinen Filmapparaten, der Leica und was ich sonst noch alles bei mir hatte, sicher nach Mexiko.

Für meinen Aufenthalt in Mexiko und Guatemala hatte ich zwei Monate vorgesehen. Dieses Mal sollte ein Film über Guatemala für die Ufa entstehen. Meine Rückfahrt von Guatemala war bereits von Deutschland aus gebucht und bezahlt worden, denn auch diesmal durfte ich ja nur mit zehn Reichsmark ausreisen. Ich mußte nun meine Zeit gut einteilen, damit ich pünktlich die ›Kordillere‹, ein Schiff der Hapag, in Guatemala erreichte. Die Verkehrsmittel in Mexiko waren alle nicht sehr zuverlässig, weder Eisenbahn noch Omnibusse, noch Verkehrsflugzeuge.

Es gab damals schon eine kleine Fluglinie mit einmotorigen Flugzeugen, die aber nur wenige Strecken flog. Eine davon war die von Mexiko-City über Oaxaca nach Tuxtla-Gutiérrez.

Ich besorgte mir also eine Flugkarte für einen bestimmten Tag. Schon morgens um sieben Uhr wurde ich von dem Agenten mit dem Auto abgeholt. Aber bevor wir zum Flugplatz fuhren, wollte er noch in die Außenbezirke von Oaxaca, wo die ärmere Bevölkerung lebt, und hielt dann am Haus einer India. Die India reichte einen großen Korb in das Auto, der schön mit einer Serviette zugedeckt war. Und was war in dem Korb drin? Da war das Mittagessen für den Piloten, der aus Mexiko kam. Ein leckeres gekochtes Huhn.

Wir kamen auf dem Flugplatz an. Er bestand nur aus einer Wiese und einer alten Baracke, dem Gebäude der Fluggesellschaft. Neben der Hütte, unter einem vorspringenden Dach, wurde ein kleines Tischchen aufgestellt, die Serviette daraufgelegt und der Korb mit dem Huhn hingestellt. Und nun warteten wir auf das Flugzeug, das aus Mexiko-City kommen sollte.

Wir warteten eine Stunde, wir warteten zwei Stunden. Nach zwei Stunden kam ein Telegramm aus Mexiko-City: das Flugzeug wäre pünktlich abgeflogen, hätte aber den Weg bei dem schlechten Wetter nicht gefunden und wäre gerade zurückgekommen. Heute würde es also nichts mehr mit unserem Flug werden. Vielleicht morgen.

Das Huhn wurde also wieder eingepackt und zur Indianerin zurückgebracht.

Am nächsten Morgen holten wir das Huhn wieder ab, fuhren zum Flugplatz, bauten wieder den Tisch auf und warteten erneut vergeblich. Es regnete und nieselte. Wir guckten immer in den Himmel, kein Flugzeug, kein Geräusch – nichts! Dann kam wieder ein Telegramm: das Flugzeug wäre abgeflogen, hätte sich aber verirrt und eine Notlandung machen müssen, da es nur noch wenig Benzin hatte. Es wäre dann nach Mexiko-City zurückgekehrt. Aber am nächsten Tag sollte es ganz bestimmt kommen.

Am dritten Tag – dasselbe Theater! Wir hatten das Huhn wieder abgeholt und alles aufgebaut. Und tatsächlich, mit viel Verspätung kam das Flugzeug endlich an. Mit großem Trara wurde es empfangen.

Es wurde uns gesagt, die Linie wäre sehr gut. Andere sagten wiederum, sie wagten es gar nicht erst, mit diesen Flugzeugen zu fliegen.

Aber nun kam die Maschine an. Der Pilot, ein etwa 18jähriger junger Mann, mit schönem grauen Hut und feinem Anzug, stieg aus dem Flugzeug.

Nun wurde getankt. Ein Benzinfaß wurde durch den Sand gerollt, aufgebaut, ein Schlauch geholt, das Wasser von dem Tank weggepustet, der Sand von dem Schlauch weggestrichen, dann wurde eingetaucht und aufgetankt. Das sah schon ein bißchen merkwürdig aus. Aber sie haben den Tank voll bekommen.

Inzwischen hatte der Pilot das aufgewärmte Huhn verzehrt und ruhte sich noch etwas aus, während die Passagiere bereits einstiegen. Als ich nun auch das Flugzeug besteigen wollte, sagte man zu mir: »Halt! Das geht nicht. Das Flugzeug ist vollbesetzt.«

»Aber ich habe doch mein Ticket vorbestellt«, entgegnete ich.

»Das Flugzeug ist besetzt. Sie können nicht mitfliegen.«

Da saßen nun sechs Passagiere, alle Mexikaner, und außerdem noch eine dicke Frau, neben dem Piloten. Dann hatten sie noch einen großen Hund mitgenommen, der saß auch dazwischen. Ein kleines Wickelkind lag auf dem Schoß von irgendeiner Mami.

»Ich muß aber dringend fliegen.« Ich ließ mich nicht abwimmeln. »Mein Schiff legt bald in Guatemala ab, und wenn ich das nicht bekomme, dann ist das eine Katastrophe!«

»Na ja, wenn Sie durchaus wollen«, beschwichtigte man mich, »dann müssen wir eben ein bißchen zusammenrücken, und dann geht es vielleicht doch.«

Die Mexikaner rückten zusammen, ich dazwischen, und dann sind wir losgeflogen.

Der Pilot flog ohne Funkgerät oder sonstige elektronische Instrumente. Man flog nur nach Sicht. Er hatte einen Kompaß, also konnte er ungefähr die Richtung halten.

Wir flogen und kamen bald über die Wolken. Die ganze Zeit war es bedeckt. Dann flog die Maschine ein bißchen tiefer in ein Wolkenloch hinein. Bald sah er irgendwo einen Fluß und sagte, das muß wohl etwa da sein, und machte wieder einen Bogen. Der Flug bis nach Tuxtla-Gutiérrez, wo wir zwischenlanden sollten, dauerte zwei Stunden. Es verging eine Stunde, dann zwei Stunden, und die Maschine war immer noch nicht da.

Nach drei Stunden kamen wir tatsächlich in Tuxtla-Gutiérrez an. Das Flugzeug hatte aber nur Benzin für vier Stunden, also es war nun höchste Zeit, daß wir auch landeten.

Unterwegs passierte noch folgendes:

Wir waren ungefähr 2000 Meter über der Wolkendecke, da setzte der Motor aus. Die Leute waren eingeschlafen. Aber als das Fluggeräusch nun mit einem Mal aufhörte, wachten sie alle auf und guckten sich an.

Der Pilot zog einen kleinen Hebel hier, ruckelte da und rückte hier was zurecht, und dann mit einem Mal machte das Flugzeug ›puff, puff, puff‹, und der Motor ging wieder. Die Passagiere machten ›ah‹, setzten sich hin und schliefen wieder ein.

Inzwischen hatte die dicke Frau eine Tüte mit Popcorn hervorgeholt und fütterte den Piloten. Dieser wurde von der Matrone so an die Seite gedrückt, daß er nur mit Not seinen Knüppel bedienen konnte.

Schließlich kamen wir glücklich in Tuxtla-Gutiérrez an. Es war nun so spät geworden, daß der Pilot nicht mehr weiter nach Tapachula fliegen wollte. Benzin hatten wir auch nur noch für etwa eine halbe Stunde. Die Tankfüllung mußte erst aus der Stadt besorgt werden. Aber morgen früh sollte es weitergehen, meinte der Pilot.

Da mußte ich also sehen, wo ich unterkam. Am nächsten Morgen wurde ich wieder abgeholt. Als ich auf dem Flugplatz war, stand das Flugzeug da, der Pilot war da, die Passagiere waren da, und ich stieg in das Flugzeug ein.

Plötzlich kam der Agent angelaufen, riß die Tür auf und sagte zu mir: »Wo wollen Sie eigentlich hin?«

»Ich will nach Tapachula.«

»Aber das Flugzeug fliegt doch heute gar nicht nach Tapachula, wir fliegen nach Merida. Sie sind im verkehrten Flugzeug. Die Pan American streikt heute, und wir haben ihre Passagiere übernommen. Das ist ein besseres Geschäft für uns«, entwischte es ihm, und schnell fügte er hinzu, »Sie kriegen morgen eins, morgen geht dann bestimmt ein Flugzeug nach Tapachula. Aber jetzt steigen Sie bitte aus!«

Da blieb mir nichts anderes übrig, als auszusteigen.

Da saß ich nun in Tuxtla-Gutiérrez und mußte sehen, wie ich weiterkam. Aber ich hatte keine Lust, bis zum nächsten Tag zu warten. Wer weiß, ob da überhaupt ein Flugzeug gekommen wäre?

Mit einem Omnibus nach Tapachula zu reisen, dauerte damals von Tuxtla-Gutiérrez aus mehr als einen ganzen Tag. Auf einer Straße durch Urwälder mußte man erst nach Ariaga fahren, einer kleinen Ortschaft an der Pazifikküste, von wo aus es nur mit der pazifisch-mexikanischen Eisenbahn weiterging bis an die Grenze von Guatemala. Aber es fuhr kein Omnibus mehr nach Ariaga! Sie waren schon alle am frühen Morgen weggefahren; nun gab es keinen mehr. Doch durch Zufall war noch ein Lastauto da, und das nahm mich mit. So saß ich dann in dem Führerkasten neben dem Chauffeur, und wir schuckerten den ganzen Tag bis zum späten Abend nach Ariaga.

Nun mußte ich wieder übernachten. Am nächsten Tag kam dann der Eisenbahnzug, eine Schmalspurbahn, die nicht sehr schnell fuhr. Wollte man in der damaligen Zeit lange Eisenbahnreisen machen, mußte man auch entsprechende Wartezeiten in Kauf nehmen.

Es dauerte also wieder einen ganzen Tag, mit diesem Zug von Ariaga bis zur Grenze zu fahren.

Als wir an die Grenze kamen, war es schon so spät, daß die Zollstation geschlossen war. Ich mußte also wieder übernachten.

Die Grenze lag an einem Fluß. Auf der einen Seite des Flusses war die mexikanische und auf der anderen Seite die guatemaltekische Grenzstation. Der Zug von der guatemaltekischen Grenzstation nach Guatemala fuhr frühmorgens um sieben ab. Aber die Grenzstation machte erst um neun Uhr auf! Also hatte ich Zeit genug.

Ich meldete mich ab, wurde also aus Mexiko ausgebucht und ausgestempelt! Dann wurde ich mit einem Kanu über den Fluß gefahren – eine Brücke gab es damals noch nicht – und kam gemütlich auf der anderen Seite an. Aber da war mein Zug bereits weg. Ich mußte also wieder in ein einfaches Hotel gehen und einen ganzen Tag bis zum nächsten Morgen warten.

Die Sonnenpyramide von Teotihuacán

Das war natürlich ein sehr kluges Abkommen zwischen den Bahnlinien und den Hotels. Denn die Hotels müssen ja auch existieren. So mußte man auf der einen Seite der Grenze und auf der anderen eine Nacht zubringen.

Wie schon erwähnt, war Eile mit Weile geboten. Es war, könnte man sagen, so wie Carsten Niebuhr, der erste Europäer, der schon 1763 im Jemen war, gesagt hatte: »Wer im Jemen reist, verlange nicht so geschwinde zu reisen als in seinem Vaterlande mit der Postkutsche.« Und das konnte man damals auch von Mexiko und Guatemala sagen.

In Mexiko habe ich das aufgenommen, was die Ufa vor allen Dingen wünschte, Aufnahmen von den inzwischen bekannten Ruinenstätten Teotihuacán, Tula und natürlich auch die Maya-Ruinen von Chichén-Itzá.

Aber ich konnte auch etwas ganz Besonderes filmen, wovon es überhaupt noch keine Aufnahmen gab: die ›fliegenden Tänzer‹ von Pahuatlán.

Ich hatte im ›National Geographic Magazin‹ einen Artikel von zwei norwegischen Damen gelesen, die in Mexiko lebten. Es war ihnen geglückt, in einem ganz entlegenen Dorf, das man nur mit Maultieren über Gebirgspfade erreichen konnte, diese aus der aztekischen Zeit überlieferten Tänze der *Otomi* zu beobachten und zu beschreiben.

Die Tänze der *Voladores* fanden nur am Fest Corpus Christi statt. Da ich mich zufällig gerade um diese Zeit in Mexiko aufhielt, konnte ich meine Freunde überreden, eine kleine Exkursion in diese Gegend zu machen, um die Voladores zu filmen.

Ich verabredete mich zunächst mit einem deutschen Schriftsteller, der damals in Mexiko lebte, und der die Geschichte des Deutschtums in Mexiko in einem Buch beschrieben hatte. Das war Wilhelm Pferdekamp. Hinzu kam noch Herr von Humboldt, ein Nachkomme der Familie von Humboldt, der damals einen wichtigen Posten für Bayer in Mexiko-City innehatte.

Um nach Pahuatlán zu kommen, mußten wir zunächst einmal eine kleine Bahn nehmen, eine Schmalspurbahn, die von Mexiko bis zu dem Ort Honei führte. Dort mieteten wir Maultiere und ritten einen ganzen Tag durch die Sierra Madre, um am späten Abend in Pahuatlán anzukommen. In Pahuatlán gab es nur ein kleines Rasthaus, in dem wir Unterkunft fanden. Wir waren ein paar Tage vor dem Fest da und konnten die ganzen Vorbereitungen miterleben und filmen.

Pahuatlán war eine einladende kleine Ortschaft. Obwohl sie mit ihren Torbögen, Patios und Laubengängen spanischen Charakter hatte, war sie eine Indio-Stadt, denn die Spanier hatten sich bald nach der Eroberung Mexikos aus diesem entlegenen Teil der Sierra in das für sie günstigere Hochland zurückgezogen. So blieben dann die Indios bis in unsere Zeit hier unbehelligt und konnten an ihren altüberlieferten Bräuchen, zu dem das Fest der Voladores gehörte, festhalten.

Unser Hotel war eigentlich eine Karawanserei für Eseltreiber. Im Patio wurden die Tiere untergestellt und im Säulengang schliefen die *Arrieros*, die Eseltreiber, eingewickelt in ihre *Sera-*

Mit Herrn Pferdekamp, Herrn von Humboldt und dem Bürgermeister (von links nach rechts) in Pahuatlán

pes. Im Obergeschoß hatte der Wirt zwei Zimmer reserviert, in denen wir uns niederlassen konnten.

Schon lange vor dem Fest Corpus Christi hatten die Otomi mit den Vorbereitungen zum Tanz der Voladores begonnen. In den nahen Kiefernwäldern wurde ein riesiger Baum geschlagen, nachdem ihn der *Brujo,* der Zauberer, geweiht hatte.

Etwa 100 Leute schleppten den Mast auf beschwerlichen Wald- und Bergpfaden zum Marktplatz des Ortes. In eine tiefe Grube, in die er gepflanzt wurde, versenkte der Brujo vorher einige Opfergaben, um die Voladores vor Unglück zu bewahren: einen lebenden Truthahn, Kerzen, Zigaretten und Schokolade, die die Indios selbst zubereiteten. Man hatte auch Schlingpflanzen geschlagen, mit denen der Mast, den sie nun aufgerichtet und eingepflanzt hatten, umwunden wurde. Sie dienten den Voladores als Strickleitern beim Besteigen des Mastes.

Dicht unter seiner Spitze wurden Seile aufgewickelt, die so lang waren, daß sie vom Ende des 28 Meter hohen Mastes bis zum Erdboden reichten. Über die Spitze wurde eine große, hölzerne Kappe gelegt, mit einer tiefen Aushöhlung, gleichsam als Plattform für die Voladores. An der Kappe befestigte man dann noch mit Seilen ein sechseckiges Holzgestell.

Diese Vorbereitungen dauerten einen ganzen Tag. Doch jetzt, am Tage des Festes, war alles fertig. Das ganze Dorf versammelte sich auf dem Marktplatz, und nun erschienen die Voladores.

Nacheinander erstiegen die sechs Mann den Mast und setzten sich, das Gesicht der Holzkappe zugewandt, die Füße gegen den Stamm gestemmt, auf den hölzernen Rahmen. Ein Mann mit einer kleinen Trommel in der Hand begann zu spielen. Ein anderer bestieg die Kappe und tanzte zehn Minuten lang auf der winzigen Plattform – so hoch über dem Boden. Dann setzte er sich wieder auf den Rahmen und befestigte, ebenso wie die anderen, das Ende eines der Seile um seinen Leib.

Auf ein Kommando sprangen plötzlich alle sechs Tänzer gleichzeitig in die Luft. Sie hingen mit dem Kopf nach unten an den Seilen, die sie zwischen den Füßen hielten. Sie gaben sich einen Schwung und flogen in einem durch das Abrollen immer größer werdenden Stern 23mal um den Mast herum, wobei sie dem Erdboden allmählich immer näher kamen und zuletzt, nach einer schnellen Umdrehung ihres Körpers, auf die Füße sprangen.

Während des Fliegens führte jeder Volador bestimmte Tanzfiguren mit den Armen aus. Sie gebrauchten dabei ihre Rasseln. Der Mann mit den Instrumenten schlug die Trommel und spielte Flöte.

Zur Zeit der spanischen Eroberung waren diese ›Fliegertänze‹ verboten. Die Zeremonie ist jedoch im geheimen nie aufgegeben worden.

Den Grund des Verbotes erfahren wir von einem spanischen Chronisten, bei dem es heißt: »Ich denke, es ist eine Erfindung des Teufels, damit seinen Dienern ein ständiges Andenken an den Dienst des Teufels bleibt. Denn es war die Erinnerung an die 52 Jahre, zu welchen sie das Jahrhundert rechneten. Am Ende eines jeden Zyklus erneuerten sie ihren Pakt mit dem Teufel, um ihm wieder viele Jahre zu dienen.«

Heute hat man die Tänze der Voladores an verschiedenen Touristenplätzen in Mexiko eingerichtet und dort Otomi-Indios verdingt, die das gewissermaßen als Show machen. Da werden den Touristen jetzt diese Tänze vorgeführt, so daß sie heute eigentlich nichts Neues und Besonderes mehr sind.

Aber damals war der Film, den ich aus Pahuatlán mitbrachte, der erste, der überhaupt von den Otomi und ihrem traditionellen Tanz existierte.

In dem Film, den ich in Guatemala gedreht hatte, mußte vor allen Dingen die Landschaft gezeigt werden. Die Vulkane, die schönen Hochlandseen, die phantastische Vegetation und das

Leben und Treiben der indianischen Bevölkerung in Guatemala. Das konnte ich am besten in Chichicastenango filmen.

Der Ort liegt im Hochland von Guatemala, wo die Hochland-*Maya* leben. Das sind reinrassige Indios, die wohl mit den Maya des Tieflandes verwandt sind, die jene enormen Tempel und Städte gebaut haben. Diese Hochland-Maya hatten eine eigene Städtebaukultur. Sie haben kleinere Wohnstätten gebaut und auch einen anderen Dialekt gesprochen. Die Maya im Urwald sind völlig verschwunden, aber im Hochland haben sie sich erhalten. Diese Maya glaubten an viele verschiedene Götter, obwohl sie alle zum Christentum bekehrt worden sind.

In Chichicastenango lebte ein Stamm, der Stamm der *Quiché*. Diese Quiché beteten zu verschiedenen Göttern, zum Regengott oder zum Sonnengott.

Als ich nach Guatemala kam, lebte dort ein katholischer Geistlicher, der ein Freund der Indios war. Er hatte die Indianersprache gelernt. Er predigte in der Sprache der Quiché und duldete, daß die Indios auch weiterhin zu ihren alten Gottheiten beteten.

Zu dieser Kirche führte eine große Freitreppe hinauf. Auf der Treppe opferten die Indios ihren Göttern, das heißt sie verbrannten Copal-Weihrauch, den sie aus dem Harz bestimmter Bäume des Waldes von Guatemala gewannen. Mit dem Rauch, so glaubten sie, würden die Gebete zu ihren Gottheiten hinauffliegen. Sie beteten also, gingen in die Kirche, kauften eine Kerze, beteten zur Jungfrau Maria oder zu den anderen Heiligen und setzten so gewissermaßen die Heiligen ihren alten Gottheiten gleich.

Pastor Rossbach, so hieß der aus Deutschland stammende Pfarrer, hat dafür gesorgt, daß dies beibehalten wurde. Die Katholische Kirche sah es allerdings nicht gerne, daß die Indios noch zu ihren alten Gottheiten beteten.

Als ich nun nach Chichicastenango in die Kirche kam, predigte Pastor Rossbach gerade in Quiché. Er sah mich und sagte: »Ach, Sie sind wohl Deutscher? Gehen Sie mal in mein Haus. Rechts neben der Tür ist ein Schrank und darin steht Whisky. Schenken Sie sich schon ein, ich komme gleich nach.« Er fuhr mit seiner Predigt in Quiché fort. Die anderen haben natürlich nichts verstanden.

Den Umgang der Indios mit dem christlichen Glauben konnte ich an einem anderen Ort, in Izapa, noch einmal beobachten. Es gab dort eine sehr schöne Kirche. Aber das Heiligenbild, das die Indios besonders liebten, war eine scheußliche alte Holzfigur, die gar nicht mehr ansehnlich war.

In der Nähe wohnte ein reicher *Estanciero*, der ein großes Gut hatte. Dieser Estanciero, ein sehr frommer Katholik, fuhr eines Tages nach Europa und brachte eine wunderschöne Heiligenfigur mit, die er der Kirche schenkte. Der Pfarrer stellte sie auf, nahm die alte Figur von ihrem Platze und brachte sie in einen Abstellraum. Als die Indios kamen, sagte er stolz: »Hier habt ihr einen schönen neuen Heiligen.«

Die Indios sagten erst einmal gar nichts, beteten aber nicht mehr, waren traurig und gingen nach Hause.

»Was ist denn los, warum betet ihr denn nun nicht mehr?« fragte der Pfarrer.

»Dieser Heilige, der versteht ja unsere Sprache nicht, das hat ja keinen Zweck. Der kann ja kein Quiché.«

»Ja, ich kann doch den neuen Heiligen jetzt nicht wieder wegnehmen und den alten dort plazieren, da beleidige ich doch den Estanciero«, antwortete der Pfarrer. Aber da kam er auf die Idee, den alten Heiligen hervorzuholen und hinter den neuen zu stellen. Daraufhin sagte er: »Ihr betet jetzt zu eurem alten Heiligen. Der ist dahinter versteckt und hört ja dann, was ihr sagt. Der wird dann schon eure Gebete zum Himmel bringen. Aber den neuen, den lassen wir ruhig an seinem Platz stehen.« Und das haben sie dann getan und waren nun zufrieden. Wahrscheinlich steht noch heute der alte Heilige hinter dem neuen.

In Guatemala fanden regelmäßig in den Dörfern, die nach den Heiligen benannt waren, Festtage zu Ehren des Schutzheiligen statt. An diesen Festen wurden ganz bestimmte Tanzspiele aufgeführt, die sogenannten *Tänze der Conquistadores,* die Tänze der Eroberer.

Schon früher duldeten die katholischen Priester, die die Indios zu bekehren versuchten, auf sehr geschickte Weise erst einmal ihre Tänze und Spiele. Später dann, als sie die Indianersprache konnten, haben die spanischen Priester Tanzspiele gedichtet und sie mit den Indios eingeübt. So gelangten Elemente der Geschichte der Eroberung in die alten indianischen Tänze.

Die Hauptperson in diesen Tänzen war Pedro del Alvarado, der Eroberer Guatemalas, der mit einer besonders schönen Maske dargestellt wurde. Pedro del Alvarado soll ein gutaussehender, blonder Mann gewesen sein, der damals von den Indios bewundert und *Tonatillo,* der Sonnenmann, genannt wurde, weil er so schön blond war. Diese Tanzspiele haben sich bis auf den heutigen Tag erhalten.

Die Musik, die zu diesen Tänzen erklingt, ist für gewöhnlich *Marimba-Musik.* Die *Marimba* ist das Hauptinstrument im Hochland von Guatemala und in Teilen Mexikos. Sie ist ursprünglich kein indianisches Instrument gewesen. Negersklaven, die früher aus Afrika in die Karibik verschleppt wurden, führten ihr afrikanisches *Ballaphon* in Zentralamerika ein. Die Indianer übernahmen dieses Instrument und bauten es nach. So entstand die heutige Marimba.

Nun wollte ich natürlich zu meinem Kulturfilm Originalmusik haben, hatte aber keine Möglichkeit, diese Musik aufzunehmen. Brauchbare Platten und Tonbandgeräte gab es damals auch noch nicht. So notierte ich eben die verschiedensten Melodien, Themen und Rhythmen der Marimba-Musik, um sie später für meine Filmmusik zu verwenden.

Als ich dann mit dem Schiff von Guatemala nach Deutschland zurückfuhr, reiste ich zufällig mit einer Gruppe Marimba-Spieler. Ich freundete mich mit ihnen an, und wir verabredeten, wenn sie ihre Tournee durch Deutschland machten, meine Musik in der Ufa mit ihren Marimbas aufzunehmen. Inzwischen hatte ich eine Musik komponiert mit Originalthemen, die ich in Guatemala gehört hatte.

Die Marimba-Musikanten konnten aber keine Noten lesen. Sie spielten alles auswendig und nach Gehör. Doch es war gar nicht schwierig, ihnen die Musik beizubringen. Ich spielte sie einfach auf dem Klavier vor, sie hörten sie an, lernten sie und spielten sie sofort nach. So gelang es mir mit Leichtigkeit, echte Marimba-Musik in meinem Film zu verwenden.

Ich denke da eben noch an ein Ereignis zurück, das sich auf dem schönen Passagierdampfer der Hapag auf meiner Heimreise von Guatemala nach Europa zutrug.

Wir hatten nach Anlaufen unseres letzten amerikanischen Hafens schon eine lange Strecke des Seeweges hinter uns. Als wir uns allmählich wieder in gemäßigteren Zonen befanden, saßen die meisten Passagiere während der Abendstunden gemeinsam in der großen Halle.

Plötzlich ertönte wie aus heiterem Himmel ein lauter Schrei. Alles blickte sich entsetzt um, sprang auf Stühle und Tische oder versuchte schleunigst, den Ausgang der Halle zu erreichen, um sich in Sicherheit zu bringen.

Den Anlaß zu diesem Entsetzen gab eine dicke Anakonda, eine Riesenschlange, die da ganz behaglich am Boden entlangkroch. Sie hatte dabei gar nichts Böses im Sinn. Was hatten doch die dummen Menschen vor ihr Angst!

Die Schlange wollte ihnen doch gar nichts zuleide tun, sie wollte nur einmal wieder ihren langen Schlangenkörper richtig recken und strecken, nachdem sie tagelang in einem Sack – ohne

Ballaphon-Spieler in Westafrika. Das Ballaphon gleicht dem Xylophon; unter seinen Klanghölzern befinden sich hohe Kürbisschalen, die den Klang verstärken

daß ich es wußte – unter meinem Bett in der Kabine, die ich mit einem Schlangenbändiger teilte, versteckt war.

Letzterer hatte das Tier für seine Schaustellungen in Mittelamerika erworben und bezahlte nun schon für andere Tiere, die in Käfigen irgendwo auf dem Schiff untergebracht waren, die Transportkosten. Die große Anakonda, seinen Liebling, hoffte er jedoch, als blinden Passagier durchbringen zu können.

Die Schlange benahm sich in ihrem Sack unter meinem Bett zuerst auch ganz friedlich; sie hatte kurz vor der Reise gut gespeist und verdaute nun in aller Ruhe, was ja bei Schlangen bekanntlich eine geraume Zeit dauert. Aber dann behagte es ihr nicht mehr länger in dem dunklen Sack. Die Schlange fing an zu zappeln, was ich jedoch gar nicht bemerkt hatte, und benahm sich schließlich so schlecht, daß ihr Besitzer ihr Vorhandensein nicht mehr länger verheimlichen konnte. Wohl oder übel sollte sie nun zu den anderen Tieren in einen Käfig gesperrt werden. Aber dafür mußte ihr ihr ›Herrchen‹ auch eine Schiffsfahrkarte kaufen, wie sich das für ›anständige Tiere‹ eben gehörte.

Das sollte nun auch geschehen, doch vorher wollte der Schlangenbändiger seinen Ärger darüber, daß er noch einmal kräftig in die Tasche greifen mußte, Luft machen, indem er sich den Spaß erlaubte, seinen Mitreisenden einen kleinen Schrecken einzujagen, was ihm auch hinreichend gelungen war.

Freiheit im Exil

Berlin – Chile (1938)

Obwohl ich schon vorher allerhand Erfahrungen und Schwierigkeiten mit den Nazis gehabt hatte, stand für mich zunächst mein neues Buch, das eines meiner Hauptbücher werden sollte, vollkommen im Vordergrund. Dann mußte ich die aufgenommenen Filme bearbeiten und die Musik dazu schreiben. Diese Arbeit nahm mich also ganz und gar in Beschlag.

Aber hin und wieder merkte ich dann doch, daß meine Situation als Reiseschriftsteller in Deutschland immer schwieriger wurde. Da nahm ich mir vor, so schnell wie möglich meine Arbeiten zu beenden und eine neue Reise vorzubereiten. Immer mit dem Gedanken, wenn es mal ganz schlimm wird, wenigstens im Ausland zu sein und dann auch dort zu bleiben. Und so kam es auch.

Die Lage in Deutschland wurde immer kritischer. Es war jetzt Anfang 1939, und ich hatte auch persönlich manchmal Bedenken und ziemliche Angst, daß mir irgendwas passieren könnte. Bald hatte ich alles vorbereitet für eine neue Reise nach Südamerika – gewissermaßen im letzten Moment.

Ich hatte einen Vertrag mit meinem damaligen Verlag, dem Safari-Verlag, ein Buch über Südamerika herauszubringen. Bereisen wollte ich die Länder Bolivien, Peru, Ecuador und Kolumbien.

Um nach Bolivien zu gelangen, nahm ich einen deutschen Dampfer von Bremerhaven nach Rio de Janeiro, und zwar ausgerechnet am 20. April, dem Geburtstag Hitlers. An diesem Tage war es eine geheime Pflicht, daß jeder Deutsche zu Hause blieb und die Rede Adolf Hitlers über den Rundfunk anhörte. Das habe ich natürlich nicht getan, ich war ja unterwegs nach Bremerhaven. Ich kam zwar schon am Vormittag dort an, habe mich aber auch dann nicht um die Hitler-Rede gekümmert. Ich kam aufs Schiff, und als wir dann tatsächlich am selben Abend noch auslaufen konnten, waren wir alle froh, daß es soweit war, denn der Krieg lag in der Luft, wir wußten bloß nicht, wann er ausbrechen würde.

Diesmal war ich nicht mit einem Passagierdamper gefahren, sondern mit einem Frachtdampfer der Hamburg-Südamerika-Linie, der auch Passagiere mitnahm. Wir waren acht Mitreisende. Unsere Route ging von Bremerhaven direkt nach Recife und dann nach Rio de Janeiro.

Das Schiff brauchte für diese Reise ungefähr vier Wochen, da die Frachtdampfer nicht so schnell wie die Passagierdampfer fuhren. Auf dem Schiff verfolgten wir immer gespannt, was jetzt in Deutschland und in der Welt passieren würde. Denn wir rechneten alle damit, daß es in nächster Zeit zum Krieg kommen würde. Wir hofften, dann so weit von Deutschland weg zu sein, daß wir irgendwo interniert würden.

Was ich damals nicht gewußt und erst später nach dem Krieg erfahren habe, war, daß jeder Kapitän auf einem deutschen Schiff einen offiziellen Brief in seinem Safe hatte, der versiegelt war und der erst geöffnet werden sollte, wenn Krieg ausgebrochen war. Darin standen dann Anweisungen für das Verhalten im Notfall. Auch der Kapitän wußte nicht, was in dem Brief stand. Wie ich später erfuhr, konnte es passieren, daß Emigranten, die nach Chile unterwegs waren, umkehren mußten. Der Kapitän hatte den Brief geöffnet, und was stand darin? – Sofort umkehren und nach Deutschland zurückfahren!

Unter den Passagieren erinnere ich mich vor allen Dingen an einen Fabrikunternehmer, der Besitzer einer Waffenmanufaktur war. Was ihn nach Südamerika trieb, weiß ich nicht. Aber er war gegen das Hitler-Regime und hoffte – ebenso wie ich – bei Kriegsausbruch im Ausland bleiben zu können.

Ein anderer Mitreisender war Claudio Arrau, der mit seiner Frau auf das Schiff kam. Claudio Arrau war ja damals noch in Deutschland ansässig und befand sich auf einer Konzertreise nach Brasilien und weiteren südamerikanischen Ländern. Mit Claudio Arrau konnte ich mich natürlich bestens unterhalten. Er hatte auf dem Schiff keine Gelegenheit, Klavier zu üben. Es gab einfach kein Klavier. Aber das brauchte er auch nicht. Claudio Arrau kam in Recife mit mehreren Tagen Verspätung an, so daß sein ganzes Programm umgeändert werden mußte. Er brauchte überhaupt nicht vorher zu üben. Er kam ins Konzert und spielte einfach.

Als Claudio Arrau später in Chile ein Konzert geben sollte und im letzten Moment aus Buenos Aires in Santiago eintraf, hatte er keine Gelegenheit mehr, mit dem Orchester vorher zu proben. Er sollte ein Klavierkonzert von Beethoven spielen.

Auf dem Programm stand das Klavierkonzert Nr. 4 von Beethoven, das mit dem Solisten anfängt. Claudio Arrau saß am Flügel, der Dirigent gab ihm das Zeichen, anzufangen. Claudio Arrau reagierte ganz komisch. Der Dirigent schüttelte nur den Kopf und gab ihm erneut das Einsatzzeichen, und so ging es hin und her, bis dann schließlich Claudio aufstand und in die Partitur sah.

»Ach, das ist ja das Konzert, das mit dem Klaviersolo beginnt. Nun, dann spielen wir eben das«, sagte Arrau ganz selbstverständlich.

Er begann mit seinem Solo, als wenn er von Anfang an darauf vorbereitet gewesen wäre, und das Konzert verlief dann ohne Zwischenfall. Das war eben Routine! Sein Repertoire war so umfangreich wie bei kaum einem anderen Pianisten.

Mit Claudio Arrau und seiner Gattin entwickelte sich ein richtig persönliches Verhältnis. Man frühstückte morgens zusammen, man ging dann an Deck. Wir hatten unsere Liegestühle, wir freuten uns über das immer schöne Wetter, und Gesprächsstoff hatten wir genug.

Claudio reiste sehr gerne, so sprachen wir auch viel über fremde Länder. Er erzählte mir, daß er besonders beeindruckt wäre von dem außerordentlich großen Umfang der brasilianischen Volksmusik. Er mochte auch Villa-Lobos, den bedeutendsten brasilianischen Komponisten sehr gerne, von dem ich später in Chile viel zu hören bekam und dessen Musik auch mir sehr zusagte. Und so gab es immer wieder genügend Gesprächsthemen, so daß uns die lange Reise nach Südamerika nicht langweilig wurde.

Claudio Arrau kam später während des Krieges nach Santiago. Da haben wir uns wiedergesehen. Ich habe ihm auch meine Kompositionen gezeigt: mein *Concertino für Klavier und Orchester*. Fast wäre es dazu gekommen, daß er es dort aufgeführt hätte. Aber dann kam irgendeine andere Konzertreise dazwischen, und er konnte nicht kommen, als das Konzert in Chile Premiere hatte.

In Bolivien – der Zweite Weltkrieg bricht aus

Für mich war der Aufenthalt in Brasilien eigentlich nur eine Art Zwischenstation. Dort hatte ich Empfehlungen an eine deutsche Familie, von der ich zunächst einmal aufgenommen wurde, so daß ich mich einige Zeit in São Paulo aufhalten konnte.

Außerdem hatte ich mit der Ufa ein Abkommen gemacht, daß ich – wohl gemerkt immer allein und ohne irgendwelche Hilfskräfte – so viel wie möglich filmen sollte. Sie hatten mir mehrere Kisten mit 35-Millimeter-Negativmaterial zur Verfügung gestellt und diese Kisten vorausgeschickt. Und zwar nach Arica in Chile, der wichtigsten Hafenstadt für den Seehandel Boliviens.

Von dort gab es eine Eisenbahn nach La Paz, wohin mir das Material geliefert werden sollte. Eine andere Kiste wurde nach Lima geschickt. Die Apparatur nahm ich selber mit.

Nun brauchte ich natürlich irgendwie Verbindungen und Möglichkeiten, wie ich von einem Land ins andere gelangen sollte, wiederum nur mit zehn Reichsmark in der Tasche. Da bot sich eine günstige Gelegenheit.

Ich lernte den damaligen Direktor der Lufthansa kennen, einen Herrn von Gablenz, der mir Freiflüge für alle Linien und Strecken von südamerikanischen Fluggesellschaften, die deutsche Flugzeuge gekauft hatten, gab. Das war zum einen die ›Lloyd-Aereo-Boliviano‹, dann die brasilianische, die peruanische und die kolumbianische Fluglinie. Nun konnte ich von einem Land in das andere reisen.

Bald war es soweit, daß ich den ersten Teilabschnitt meiner großen Luftreise durch die verschiedensten Länder Südamerikas antreten konnte. Ich bekam eine Passage mit der brasilianischen Fluglinie von Rio de Janeiro bis nach La Paz in Bolivien. Und zwar in einem deutschen Flugzeug, der Ju 52, eine Propeller-Maschine, die nicht so schnell fliegen konnte, aber damals die meist geflogene Maschine Südamerikas war. Eine verhältnismäßig langwierige Reise war es, denn sie dauerte zwei volle Tage.

Am ersten Morgen flogen wir in Rio ab, machten dann sieben oder acht Zwischenlandungen in Brasilien und kamen gegen Abend an der bolivianischen Grenze in Corumbá an.

Die Stadt liegt an einem Fluß, der die Grenze zwischen Brasilien und Bolivien bildet. Aber die beiden Länder hatten keine gemeinsame Zoll- und Paßabfertigung, da die brasilianische Zollstation auf der einen Seite des Flusses in Corumbá lag und sich die bolivianische Grenzabfertigung auf der anderen Seite des Flusses befand. Diese machte aber abends um sechs zu. Wir mußten also in Corumbá übernachten.

Am nächsten Morgen bestiegen wir wieder unser Flugzeug, machten eine Kurve über dem Fluß und landeten auf der anderen Seite bei den Bolivianern. Und dann ging es wieder los: Paßkontrolle, Zollkontrolle, bis wir endlich weiterfliegen konnten.

Ich mußte in Bolivien erst einmal herausfinden, wie und auf welche Weise ich in die verschiedenen Gegenden kommen sollte, um mein Buch darüber zu schreiben. Mit dem karg bemessenen Ausreisegeld mußte ich sehen, wie ich das alles bewerkstelligen konnte, das Wohnen und das Reisen. Die erste Zeit in Bolivien war eigentlich nur ein Herumtasten und Forschen.

Dann lernte ich die richtigen Leute kennen, die mir weiterhelfen konnten. Es gab in Bolivien eine Deutsche Gesellschaft, bei der ich Vorträge halten konnte. Ich hatte natürlich mein Material von Süd-Arabien mitgenommen, das immer ein interessanter Anziehungspunkt für die Fremden im Ausland war. So wurde ich herumgereicht und konnte auf diese Weise etwas verdienen.

Aber nun mußte ich zuerst einmal in La Paz ein Hotel finden. Es gab ein Hotel, das man vielleicht als Luxushotel bezeichnen konnte. Das konnte ich mir natürlich nicht leisten. Dann war da nur noch ein einfaches Hotel, das ein Fremder besuchen konnte. Dieses lag direkt an dem

Interne Koka-Zollstation am Wege von den Yungas nach La Paz

Hauptplatz von La Paz und befand sich in einem schönen großen Kolonialbau. Aber das Hotel war überfüllt. Es gab nur wenige Zimmer, die allerdings sehr groß waren, und so hatte der Hotelwirt in jedem Zimmer zwölf Betten aufgestellt. Man mietete also nicht ein Zimmer, sondern ein Bett. Das war natürlich auf die Dauer nicht sehr angenehm, mit elf Leuten zusammen in einem Zimmer zu hausen, die alle verschiedene Lebensgewohnheiten hatten, die zu verschiedenen Zeiten aufstanden und zu Bett gingen. Das habe ich nur die erste Zeit ertragen, bis ich schließlich ein kleines Privatzimmer finden konnte.

Ich lernte damals einen Geologen kennen, der ziemlich bekannt war. Das war Dr. Alfred Alfeld, der auch ein sehr interessantes Buch über Bolivien geschrieben hatte und der von der Regierung beauftragt war, in den Bergen Boliviens Bodenschätze zu suchen.

Die Kordilleren sind ja reich an Mineralien. Dr. Ahlfeld war es möglich, in entferntere Gegenden zu reisen und kleine Exkursionen zu organisieren, an denen ich dann teilnehmen konnte. Auf diese Weise kam ich eines Tages nach Sajama, das ist ein kleines Indianerdorf an der Grenze zwischen Chile und Bolivien. Es liegt am Fuß von zwei wunderschönen erloschenen Vulkanen der Nevada de Payachata. Das Dorf liegt 4000 Meter hoch.

Ich habe mich in Sajama aufgehalten und das höchst interessante Leben und Treiben der dort ansässigen Indios beobachtet, photographiert und auch gefilmt und später in meinem Buch über Bolivien ausführlich beschrieben.

Dadurch, daß ich die Freiflüge auf den verschiedensten Linien hatte, meldete ich mich natürlich sofort bei dem damaligen Leiter der ›Lloyd-Aereo-Boliviano‹, einem Herrn Schroth. Er war nicht nur Direktor dieser Linie, sondern selber auch Pilot, der alle Erkundigungsflüge zur

Errichtung der neuen Linie selbst vorgenommen hatte. Noch immer unternahm er Flugexkursionen, um weitere Gebiete zu erkunden. Mit ihm konnte ich mich anfreunden, und ich durfte, wenn er solche Flüge unternahm, mit ihm zu ganz entlegenen Gebieten über die Anden und in den Urwald fliegen. Meistens benutzten wir die große Ju 52, die dreimotorige Maschine.

Der Flugplatz war auf dem *Altiplano*, oberhalb von La Paz.

Die übrigen Flugplätze bestanden damals noch aus holprigen Graspisten und verfügten weder über Hallen noch Unterkünfte. Ersatzteile mußten oft auf Maultieren in wochenlangen Märschen an die entlegensten Orte geschafft werden. Reparaturen wurden im Hochland bei schneidender Kälte und im tropischen Tiefland bei unsäglicher Hitze immer im Freien vorgenommen.

Wenn wir nun fliegen wollten, mußten jeden Morgen ein paar Stunden vor dem Abflug die Motoren erst angeheizt werden. Dann wurden kleine Öfchen vor jeden Motor gestellt und die heiße Luft mit dicken Schläuchen zum Motor geleitet, der auf diese Weise erwärmt wurde.

Die alte Ju, dieses schwere Flugzeug, konnte gerade noch einige hundert Meter über 4000 Meter fliegen und mußte deshalb, wenn es die Anden überqueren wollte, zwischen den Bergen hindurchfliegen. Das war immer eine riskante Angelegenheit.

Indianerfriedhof am Illampu in 5000 Meter Höhe

Die altbewährte Ju 52, in der ich Herrn Schroth auf seinen Erkundigungsflügen über den bolivianischen Urwald begleitete

Bevor wie abflogen, wurde erst mit den verschiedenen Orten Funkverbindung aufgenommen und erkundet, wie das Wetter in den Kordilleren aussah. Wenn es dann hieß, daß die Berge wolkenfrei wären, starteten wir. Waren wir dann tatsächlich durchgekommen, kam es aber oft vor, daß die Bergkette nachmittags beim Rückflug wieder voller Wolken hing. Wir mußten manchmal ein oder zwei Tage warten, bis sich die Wetterlage gebessert hatte und wir zurückfliegen konnten.

Als ich eines Nachmittags bei Herrn Schroth gemütlich beim Tee saß und wir uns besprachen, wo wir den nächsten Tag hinfliegen wollten, da kam plötzlich die Nachricht, daß der Krieg ausgebrochen war. Das hat uns natürlich schockiert, so daß wir an neue Unternehmungen nicht mehr denken wollten.

Aber allmählich dachte man sich, wir seien ja fern von Europa, und bis es nun wirklich zu ›kriegerischen Auseinandersetzun-

Herr Schroth, der Initiator und Gründer der Lloyd-Aereo-Boliviano

84

gen‹ käme, das dauere ja auch wieder eine Weile. Damals hatte auch
bei den Bolivianern kaum jemand
geglaubt, daß der Krieg so lange
dauern würde.

Wir setzten also unsere Unternehmungen fort. Es wurden weitere Erkundigungsflüge und Exkursionen in die Kordilleren gemacht.
Man hatte ja nun Zeit. Denn zurück
nach Deutschland konnte man
nicht. Die Verbindungen wurden
sofort unterbrochen, und man
wollte auch gar nicht zurück.

Nun, da die Zeit nicht drängte,
hoffte ich, mir einen sehnlichen
Wunsch erfüllen zu können: eine
Reise über Land in das Quellgebiet
des Amazonas, in den Beni. Der
Plan zu dieser Reise entstand auf
dem Titicacasee, dem höchst gelegenen Binnensee der Welt.

Ich traf auf dem kleinen Dampfer, mit dem ich eine mehrtägige
Rundreise auf dem See machte,
zwei junge Deutsche, Walter Sielfeld und Walter Kahler, die schon

eine abenteuerliche Reise hinter sich hatten. Sie waren mit Maultieren von Chile über die Anden
nach Argentinien geritten und dort zunächst eingesperrt worden, da sie Waffen mit sich führten.
Dann aber ließ man sie frei, und sie waren nun gerade aus dem Chaco in das Hochland Boliviens
gekommen.

Unser Plan war jetzt folgender: wir wollten von Sorata aus mit Maultieren über einen 5000
Meter hoch gelegenen Anden-Paß nach Mapiri reiten und von dort auf dem Río Yacuma und
dem Río Beni weiter bis nach Trinidad gelangen.

Später in La Paz begannen wir dann mit den Reisevorbereitungen. Es gesellte sich noch ein
dritter Deutscher namens Kühm hinzu, der ebenso wie wir durch den Krieg in Bolivien ›hängengeblieben‹ war, der schon in Ecuador als Bergsteiger den Chimborazo bestiegen hatte und später
von seiner zweiten Besteigung des Illimani, des höchsten Berges Boliviens, nie zurückgekehrt ist.

Schon die Überquerung der Gebirgskette war außerordentlich schwierig und anstrengend, da
wir ja in den extremen Höhenlagen mit eisiger Kälte und furchtbaren Stürmen zu rechnen
hatten. Doch Menschen und Tiere scheinen in den Anden so mit der Natur verwachsen zu sein,
daß es ihnen gar nichts ausmacht, sich auf schmalen Wegen, in schwindelnder Höhe, an unge-
heuren Felswänden entlangzubewegen, die uns Europäern oft unpassierbar erscheinen.

Urwaldindias vom Stamm der Chama im Beni

Zwei Nächte hatten wir schon in einem primitiven *Tambo*, einer Unterkunftshütte, verbracht. Die dritte Nacht mußten wir bei eisiger Kälte im Freien übernachten. Doch dann kamen wir nach Mapiri. *Pachamama*, die indianische Erdgöttin, hat es gut mit uns gemeint. Wir hatten das riesige Bergmassiv der Kordilleren überwunden und standen vor den Toren des Beni, in einer dem Menschen freundlich gesinnten, bewaldeten Landschaft; und wirklich ... wir bemerkten auch wieder die lebendige Natur und vernahmen die herrliche Symphonie unzähliger Vogelstimmen, denn in den Höhen der Anden-Bergwelt herrscht ja eine unheimliche Stille.

Die Flüsse am Vorgebirge des Beni sind noch ziemlich reißend. Sie können deshalb mit Kanus nicht befahren werden. Aber Flöße kann man benutzen, sogenannte *Callapos*.

Die Leute, die die Flößerei hier betreiben, sind halbzivilisierte *Leco-Indios*. Mit ihren Callapos kommen sie auch über die Stromschnellen hinweg. Diese Flöße, auch *Balsas*, ähneln dem Floß, das Heyerdahl bei seiner berühmten Fahrt von Peru in die Südsee benutzt hatte.

Wir verhandelten also mehrere Tage lang mit den Flößern, die uns nach Rurrenabaque bringen sollten. Die Reise dorthin dauert flußabwärts fünf Tage, eine schwierige Fahrt, denn es sind dabei gefährliche Stromschnellen zu passieren. Und zurück muß dann das Floß vom Ufer aus geschleppt werden, und das dauert zwölf Tage. Solch eine Reise machen die Leco-Indios nicht gern, und wenn sie sie machen, dann nur gegen gute Bezahlung. Aber dann war es schließlich soweit.

◁ Ein Schilfboot der Aymará auf dem Titicacasee

All unser umfangreiches Gepäck, denn wir mußten ja auch Lebensmittel mitnehmen, wurde in Gummisäcken fest verschnürt und auf die Bambuspritschen geschnallt, die uns auch als Sitze dienten. Zwölf Stromschnellen hatten wir zu passieren.

Unser Floß schwamm mitten im Strom, einer sprudelnden, braunen Brühe entgegen. Und dann ging es los.

Riesige Wasserkaskaden stürzten über unser Floß. Gewaltige Felsblöcke tauchten links und rechts von uns auf. Ein Stoß gegen eins dieser Hindernisse hätte genügt, die leichten Balken unseres Fahrzeuges wie Streichhölzer zu zerknicken. Dann wären wir alle verloren gewesen. Aber unsere eingeborenen Ruderer waren wahre Künstler im Lenken unseres vollbeladenen Fahrzeuges. So schafften wir es, alle Stromschnellen ohne Zwischenfall zu passieren.

Sechs Tage hatten wir gebraucht und die Nächte im Freien verbracht, geplagt von Millionen Mosquitos. Aber als wir nach Rurrenabaque kamen, hörte plötzlich die Plage auf, kein einziges Insekt belästigte uns mehr. Wieso? Kein Mensch konnte uns das erklären.

Wir fuhren nach einigen Tagen Aufenthalt mit einem Kanu den Fluß abwärts, der jetzt Río Kaka heißt, mußten dann aber den Strom verlassen und mit einem zweirädrigen Karren, vor den vier Ochsen gespannt waren, durch das sumpfige Tiefland in fünftägiger Reise bis zu einem

Mein Floß in einer Stromschnelle auf dem Río Beni

Der Autor (rechts) beim Fang eines Kaimans mit der Angel

anderen Fluß, dem Río Yacuma fahren, um zu einer *Estancia* zu gelangen, die an einer großen Lagune lag.

»Kaimane wollen Sie sehen?« fragte uns der Besitzer der Estancia, in der wir gastlich aufgenommen wurden, »das können Sie hier leicht haben. Von unserem Eßtisch aus können wir sie jeden Abend beobachten, wen sie über den See geschwommen kommen. Sehen Sie dort hinten den schwarzen Strich? Das ist der Kopf eines Kaimans, wie hier die Krokodile genannt werden.«

Also sollte es jetzt wirklich wahr sein, daß wir mitten unter Krokodilen lebten? »Ich gebe Ihnen morgen mein *Canoa*, Sie können dann auf der Lagune herumfahren; dort hinten an der Mündung eines kleines Wasserlaufes liegen sie zu Dutzenden herum. Aber Vorsicht, schießen Sie lieber nicht vom Boot aus! Ein getroffenes Krokodil könnte leicht das Canoa umwerfen.«

Am nächsten Morgen ging es also los. Die Leica und den Kinamo ließ ich lieber zu Hause, denn der Gedanke wäre nicht schön gewesen, die Apparate später auf dem Grund der Lagune zu wissen. Kahler hing sich seine Winchester um, und Sielfeld verstaute unser schönes großes Lasso. Das Kanu war eigentlich zu klein für vier Personen, es ragte dann auch nur ein paar Zentimeter aus dem Wasser, aber wenn wir vorsichtig fuhren, dann ging es schon.

Wir paddelten also in der Sonnenglut auf der spiegelglatten Lagune dahin, aber Kaimane waren weit und breit nicht zu sehen. Doch plötzlich sahen wir ganz weit vor uns den Kopf eines Kaimans aus dem Wasser ragen. Er rührte sich nicht. Voller Aufregung machte Kahler seine Winchester schußbereit.

»Schieß lieber nicht«, rief ihm Sielfeld zu, »du weißt nicht, wie sich die Viecher benehmen, wenn sie angeschossen sind.«

Aber Kahler ließ sich nicht davon abhalten. Schon krachte ein Schuß, ein Wasserstrahl spritzte dicht neben dem Kopf des Kaimans auf, doch das Tier bewegte sich nicht, tauchte nicht einmal unter. Kahler feuerte einen zweiten Schuß ab, aber auch der ging daneben, der Kaiman rührte sich nicht. Gleich darauf schoß Kahler ein drittes Mal, jetzt saß der Schuß. Mitten aufs Auge hatte er gezielt. Der Kopf des Ungeheuers sank unter, ein paar Schwanzschläge folgten, das Wasser spritzte auf – dann wurde alles ruhig. Es dauerte jedoch nicht lange, bis der Kaiman wieder an die Oberfläche kam, den hellen Bauch nach oben und alle vier Pfoten steif von sich gestreckt.

»Das hast du gut gemacht«, rief Kühm, »Kopfschuß, der ist hinüber.«

Wir fuhren schnell hinüber zu unserer Jagdbeute, machten das Lasso los. Ein ganz schöner Bursche war das, mit einem anständigen Gebiß. Wir zogen ihm jetzt die Schlinge des Lassos über den Kopf, zwängten seine Beinchen hindurch, damit das Lasso nicht abrutschte, und als ich das Tier nicht an der Schnauze packen wollte, rief Kahler: »Nur keine Angst, der tut nichts mehr«.

Aber von wegen! Kaum hatten wir den Brocken in das Schlepptau genommen, da gab es einen Ruck, so daß wir fast ins Wasser gefallen wären. Das Lasso hatte sich in einer Ritze verfangen, wir machten es frei und ließen immer mehr Leine locker, denn nun fing das angeschossene Tier wieder wieder an lebendig zu werden und zu toben. Der Schuß hatte es nur betäubt.

Allmächlich wurde es müde, das Lasso war lang genug und mühsam konnten wir es dann an Land ziehen, denn aufgeben wollten wir die Beute nicht. Was für ein Gewicht das Tier hatte, kann man sich überhaupt nicht vorstellen! So sehr wir uns auch anstrengten, wir kamen kaum vorwärts, und das in der glühenden Mittagshitze!

Jetzt, als wir es an Land hatten, gab Kahler ihm noch mehrere Schüsse und brachte es endlich zur Strecke.

Kaimane gab es damals in dieser Gegend noch so zahlreich, daß sie fast schon zu einer Plage geworden waren, denn in der Nacht kamen sie an Land und fraßen Schweine, Hühner und Hunde.

Auf der Estancia des Señor Bravo hielten wir uns eine Zeitlang auf, denn es gab hier noch viel

zu erleben, worüber ich später in meinem Buch *Im Quellgebiet des Amazonas* eingehend berichtet habe.

Es war aber auch schwierig weiterzukommen, denn wir mußten jetzt einen anderen Fluß, den Río Yacuma benutzen, um unser Ziel, Trinidad, zu erreichen.

Auf dem Río Yacuma gab es keinen Bootsverkehr. Wir mußten auf ihm also 500 Kilometer durch die Wildnis fahren, ohne auch nur eine Siedlung oder einen Menschen zu Gesicht zu bekommen und – selbst paddeln, denn es ließ sich niemand dazu bewegen, mit uns zu fahren und uns zu begleiten. Wir hätten aber auch gar keine Möglichkeit gehabt, in dem kleinen gebrechlichen Kanu, das wir nach langem Suchen ausfindig machen konnten, noch jemanden mitzunehmen.

Hans Helfritz im Kanu auf dem Río Yacuma im Beni

90

So ist gerade diese Benireise, vielleicht die schwierigste und anstrengendste Fahrt, die es in Bolivien gibt, für uns zur erlebnisreichsten in diesem Lande geworden, und nicht zuletzt deshalb, weil wir hier voll und ganz auf uns selbst angewiesen waren.

Bald war ich aber wieder in La Paz. Ein halbes Jahr war inzwischen verstrichen.

Helfritz und Kühm nach der Beni-Reise

Aufbruch nach Chile

Dann setzte ich mich mit weitläufigen Verwandten in Verbindung, die ich in Chile hatte, und erzählte, ich sei jetzt hier in Bolivien, hätte Zeit und könnte sie auch besuchen. Sie schrieben, daß sie mich gerne aufnehmen würden, und besorgten mir ein Einreisevisum nach Chile. Die Visabeschaffung war eine schwierige Angelegenheit. Man mußte, wenn man in das Land einreisen wollte, irgendwelche Empfehlungen bringen oder eine Einladung vorweisen. Die Einladung bekam ich und auch die Zusicherung, daß man mir in Bolivien ein Visum für Chile ausstellen werde, allerdings nur ein gewöhnliches Touristenvisum für drei Monate. Ich fuhr also mit der Eisenbahn von La Paz nach Chile.

Die Eisenbahn von La Paz über Uyuni runter nach Arica ist eine gewöhnliche Bahn. Dann folgt eine Schmalspurbahn, aber erst von Antofagasta bis nach Santiago. Ich mußte also von Arica nach Antofagasta 400 Kilometer mit dem Omnibus fahren. Danach stieg ich wieder in den Zug, eine Schmalspurbahn, die aber auch Schlafwagen hat.

Man muß sich das vorstellen, eine Schmalspurbahn! Es gab schon Schlafwagen, uralte Wagen, und man fuhr in zwei Tagen und einer Nacht eine Strecke von 1600 Kilometern in diesem Zug. Was war das für ein Gestucker, und dann noch die qualmende Lokomotive! Und die lieben Mitreisenden, mit Kind und Kegel waren sie unterwegs. Sie wuschen ihre Wäsche im Abteil und hängten sie dann vor meiner Koje auf, so daß ich durch die nassen Windeln, Hemden und Strümpfe in mein Bett klettern mußte. Das war so der erste Eindruck, den ich von Chile bekam.

Dann die chilenische Sprache! Die Chilenen sprechen Spanisch, aber in einem Dialekt, den ich zuerst überhaupt nicht verstanden habe.

Ich war erst ein paar Tage in Santiago und ging eines Abends an einem großen Park entlang. Es war dort viel Verkehr. Plötzlich standen drei Leute neben mir und fragten, wie spät es sei. Ich guckte auf die Uhr, und da waren mit einem Mal zwei vor und einer hinter mir, jeder hatte ein Messer in der Hand. Hinten kitzelte mich einer mit dem Messer und vorne zwei, und ich wehrte mich. Ich wollte doch nichts hergeben!

Passanten gingen einfach vorbei. Mit einem Mal bekam ich einen Schlag auf die Nase und blutete, dann bekam ich einen über den Kopf. Und jetzt wollten sie noch meinen Mantel haben, die Uhr hatten sie schon. Sie zogen mir den Mantel aus, ich wehrte mich immer noch. Die Passanten nahmen überhaupt keine Notiz davon. Dann wollte mir einer das Messer in den Bauch stoßen, ich nahm die Hand und drückte das Messer nach der Seite ab, griff aber in die Klinge rein und schnitt mir die ganze Hand auf. Ich habe heute noch eine Narbe davon. Und es blutete überall. Wie sie dann den Mantel hatten, liefen sie weg. Ich wollte ihnen noch hinterher, aber da kamen schon die Leute und sagten: »Um Gottes willen, rennen Sie nicht hinterher, die stechen Sie noch tot. Gehen Sie mal lieber zur Polizei und melden das.«

Ich kam also zur Polizei, die Beamten fingen an zu lachen und sagten: »Ach, Sie sind wohl überfallen worden! Wie lange sind Sie denn schon in Chile?«

»Na ja«, sagte ich, »ich bin jetzt acht Tage da.«

»Gut, dann wissen Sie das noch nicht. Überfälle sind hier an der Tagesordnung. Wissen Sie, vor einer Stunde kam ein Detektiv, den haben sie auch überfallen, sie haben ihm sogar seinen Revolver weggenommen. Was haben sie Ihnen denn nun abgenommen?«

Also das und das und das. Und das wurde dann alles aufgeschrieben, und ich blutete hier und hier. Und sie haben aufgeschrieben und aufgeschrieben.

»So, jetzt gehen Sie mal in die *Assistencia Pública* und lassen sich verarzten. Wissen Sie, wo die ist?«

»Weiß ich doch nicht, ich bin doch ganz neu hier!« antwortete ich unwirsch.

»Ja, die ist ein bißchen weit, da müssen Sie 20 Minuten zu Fuß laufen. Nehmen Sie sich ein Taxi.«

»Wie soll ich mir denn ein Taxi nehmen, wenn ich gerade ausgeraubt worden bin? Ich habe doch kein Geld.«

»Ach so, na ja, da können Sie natürlich kein Taxi nehmen. Dann geben wir Ihnen einen Polizisten mit, der kann Sie ja hinführen.«

Ich wurde also verarztet und genäht. Dann meinte der Polizist, ich solle doch wieder mit auf die Polizeidienststelle gehen, sie hätten dort Phantombilder und vielleicht könnte ich einen der drei Übeltäter erkennen.

Ich kam also wieder zur Polizei und da fragten sie: »Ja, wie haben die denn ausgesehen?«

»Da war ein Großer und zwei Kleine«, sagte ich.

»Ach so die, die kennen wir schon, die machen das immer. Gehen Sie doch morgen zur Hauptwache, die haben eine Verbrecherkartothek, und sehen Sie sich die Bilder an. Vielleicht haben Sie ja Glück.«

Dann schrieb man mir die Adresse auf einen Zettel und die Zimmernummer, wo ich mich melden sollte. Kaum war ich auf der Straße, kam der Polizist hinter mir her, der mich eben begleitet hatte, und sagte: »Kann ich vielleicht noch mit Ihnen nach Hause kommen? Sie haben doch sicher noch was zu trinken, vielleicht einen kleinen Schnaps?«

Weil ich ja nun kein Geld hatte, konnte ich ihm kein Trinkgeld geben. Da dachte er sicher, bei mir zu Hause bekäme er noch etwas. Aber zum Glück konnte ich ihn dann abwimmeln. – Das war mein zweiter Eindruck von Chile.

Zunächst hatte ich die Aufenthaltsgenehmigung für drei Monate. Zurück nach Deutschland wollte ich aber nicht, und als die drei Monate vorbei waren, blieb ich eben in Chile. Nach einem Jahr war ich immer noch nicht gemeldet, und nun wurde es mir ein bißchen ungemütlich.

Auf irgendeine Weise traf ich dann jemanden, der sagte, er könne mir eine Ausländerkennkarte besorgen. Dafür mußte ich ihm natürlich eine kleine *Ceuma* geben.

Ceuma ist in Chile eine Vergütung für eine Gefälligkeit, die man einem anderen erweist. Von solchen Ceumas leben sogar manche Leute. Ich bezahlte also die Ceuma und bekam meine Kennkarte. Nun war ich glücklich, daß ich die Aufenthaltsgenehmigung für Chile hatte.

Nach einem weiteren Jahr fand ich im Briefkasten einen Brief, vom Polizeipräsidenten persönlich unterschrieben. In diesem Brief stand, daß ich ohne Erlaubnis in Chile lebte und innerhalb eines Monats das Land verlassen müsse. Das war natürlich eine Katastrophe! Was sollte ich nun anfangen?

In jener Zeit gab es keine Möglichkeit zu reisen, weder nach Deutschland, noch in ein anderes Land. Also hätte man mich höchstens ins Meer werfen können. Was sollte ich also machen?

Nach zwei Jahren hatte ich viele Bekannte in Chile. Ich erzählte von dem Brief und man sagte: »Einen ganzen Monat ist noch Zeit, da kann man ja so viel machen! Wir kennen diesen und wir kennen jenen, das wird sich schon alles regeln lassen.«

Und tatsächlich. Ich erhielt eine Empfehlung an den persönlichen Sekretär des Präsidenten und einen Besuchstermin bei ihm.

Mit schlotternden Knien kam ich in den Präsidentenpalast, mußte durch lange Gänge gehen, wurde schließlich zu einer Tür geführt, die Tür öffnete sich und ich stand in einem riesigen, halbdunklen Saal, und ganz hinten, an der anderen Seite, saß hinter einem großen Schreibtisch der Sekretär, der wichtiger zu sein schien als der Präsident selbst.

Ich mußte also durch den ganzen Raum bis zu dem Schreibtisch gehen. Der Sekretär sah erst gar nicht auf und ließ mich eine Weile stehen. Dann bot er mir einen Platz an und ließ mich weiter warten. Alter Theatertrick, dachte ich!

»Was sollen wir nun mit Ihnen machen?« sagte er schließlich. »Sie sind doch ›durch die Hintertür‹ gekommen.«

Die ›Moneda‹, das Regierungsgebäude in Santiago

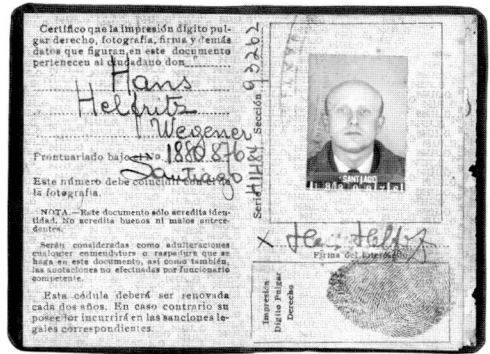

Mein chilienischer Personalausweis von 1947

»Nein, ›durch die Hintertür‹ bin ich nicht gekommen«, wagte ich zu entgegnen. »Ich bin rechtmäßig mit einem Touristenvisum eingereist und nur ein bißchen länger geblieben, als ich durfte.«

»Ja, ja«, sagte er, »wir wissen genau, was los ist. Was sollen wir nun mit Ihnen machen? Da können wir Sie nur noch in die Verrücktenanstalt sperren.« – Ich fragte mich, ob er das ernst meinte.

Nach einer Weile drückte er auf den Klingelknopf, ließ den Boten kommen und sagte, er solle seinen Rechtsberater holen. Zu ihm sagte er: »Wir haben hier einen Deutschen, der ohne Aufenthaltsgenehmigung im Lande ist. Bringen Sie das mal in Ordnung, damit er in Chile bleiben kann.«

Auf diese Weise erhielt ich eine unbefristete Aufenthaltsgenehmigung für Chile. Wahrscheinlich war mein Bekannter ein Freund des Sekretärs, und der hatte ihn gebeten, mir zu helfen. So gemütlich konnte es in Chile auch zugehen.

In Santiago habe ich zuerst sehr bescheiden leben müssen, nämlich in einem Keller einer Pension. Damals kamen die ersten Emigranten nach Chile, und es gab wenig Unterkunftsmöglichkeiten. Die Pensionen waren mit Flüchtlingen überfüllt.

Ich entsinne mich noch, wie ich mir das erste Zimmer gemietet hatte und es nicht alleine bewohnen konnte. Das Zimmer lag also im Keller, und für die halbe Pension gab es nur eine einzige Wasch- und Badegelegenheit. Jeden Morgen mußte man vor dem Bad anstehen und sehen, daß man so früh wie möglich aufstand, um sich als erster oder zweiter an die Tür zu stellen und zu warten, bis man sich waschen konnte.

Ich hatte das Glück, kurz nach meiner Ankunft in Chile ein kleines Häuschen mieten zu können. Es war nur ein Gartenhäuschen in einem größeren Garten, der einer chilenischen Diplomatenwitwe gehörte. Ich war aber selig, dieses kleine Häuschen zu haben und fühlte, daß ich jetzt eine ständige Bleibe hatte, in der ich es aushalten konnte.

In Europa war der Krieg ausgebrochen, und ich war ausgesprochen froh, jetzt wenigstens in einem Land zu leben, in dem man als Deutscher nicht sofort interniert wurde und in dem ich auch bleiben konnte.

Ich habe den Leser zu Beginn dieses Buches gewarnt, daß ich auf Neues viel neugieriger bin als auf die Vergangenheit. Und nun mache ich von meiner Freiheit Gebrauch, um Ihnen von einer Sache zu berichten, die sich soeben ereignet hat.

Das Telefon klingelte, ich antwortete, und es meldete sich jemand, den ich überhaupt nicht kannte.

»Hier spricht Manfred Strastil, Filmproduktion Berlin«, sagte die unbekannte Stimme mit einer Wichtigkeit, die nur Filmleute haben können. »Wir wollen einen Film über Sie drehen.« Pause.

Ich mußte erst einmal tief Luft holen. Wer will über mich alten Mann einen Film drehen?

»Das ist ja alles ganz schön«, sagte ich darauf. »Aber um was soll es sich denn eigentlich handeln?« wollte ich nun etwas genauer wissen.

Was jetzt folgte, war einer jener merkwürdigen Zufälle, wie sie sich in meinem Leben immer wieder ereignet haben.

Ein jordanischer Filmproduzent hatte auf irgendeinem Markt im Jemen einen Schwarzdruck meines Buches auf Arabisch gefunden. Daraufhin hat Strastil erfahren, daß es mich noch gibt. Da entstand die Idee, in einer Gemeinschaftsproduktion mit dem WDR meine Reise in den Jemen zu verfilmen.

Ob ich denn die Erlaubnis dazu erteilen würde, fragte mich die Stimme am Telefon.

Das klang nun recht vielversprechend.

»Natürlich bin ich damit einverstanden«, sagte ich dem Produzenten. »Wann soll es denn losgehen?«

»Wir wollten erstmal grundsätzlich bei Ihnen anfragen und müssen uns jetzt um die Dreherlaubnis im Jemen kümmern. Also das Ganze kann schon noch etwas dauern.«

So ist das eben mit dem Film. Das kannte ich schon aus früheren Zeiten. Und nicht nur aus der Filmbranche. Ich mußte sage und schreibe zwei Jahre auf die Antwort eines Verlages warten, bis sie endlich mein mit ihnen verabredetes Buch über Chile herausbrachten.

Aber auch mit dem Film hatte ich schon meine verschiedenen Erfahrungen gemacht. Zum Beispiel sollte ich einmal einen Film über Alexander von Humboldt machen. Dieser Film wurde zusammen mit dem Direktor der Kulturfilmabteilung der Ufa, Dr. Nikolas Kaufmann, geplant. Ich hatte bereits Recherchen angestellt und noch in Chile,

Hans Helfritz mit Nikolas Kaufmann (Bildmitte) und Thea von Harbou vor dem Schloß in Berlin-Tegel

kurz nach dem Kriege, ein Treatment geschrieben. Das ganze Leben Humboldts und seine Reisen sollten in Form eines Spielfilms nacherzählt werden. Thea von Harbou, die früher die Drehbücher für ›Metropolis‹ und das ›Indische Grabmal‹ geschrieben hatte und mit Fritz Lang verheiratet gewesen war, bekam mein Treatment zu lesen. Sie lebte damals in Berlin.

Wir waren alle zusammen im Humboldt-Schlößchen in Tegel, in dem großen Park, wo sich das Grab von Humboldt befindet, um Details des Ablaufs zu besprechen.

Aber der Film kam nie zustande. Die Ufa trat plötzlich gar nicht mehr in Erscheinung, und das Geld war auch nicht aufzutreiben. Ich habe das damals sehr bedauert.

Ich werde also – bevor ich mich übermäßig freue – erst einmal abwarten, ob die ganze Sache überhaupt zustande kommen wird.

Mit Filmen hatte ich – wie gesagt – eine ganze Menge Erfahrungen während meines Lebens machen können, unter anderem als Kameramann bei einer Reihe von Filmen, die ich selbst gedreht und konzipiert habe. Das begann in Chile kurz nach meiner Ankunft.

Chile

Ich mußte nun als erstes einmal sehen, was ich beruflich in Chile anfangen konnte. Es boten sich verschiedene Gelegenheiten.

Zunächst hatte ich meine Leica dabei, konnte also photographieren, und bekam die Gelegenheit, schöne Photos zu machen, die ich einem Photogeschäft als Postkarten verkaufen konnte. Dann war ich im Besitz meiner Kinoausrüstung und inzwischen war auch mein Filmmaterial, das die Ufa vorausgeschickt hatte, in Arica angekommen.

Es lag eigentlich schon in Arica bereit, als ich in Bolivien war. Es war aber damals unmöglich gewesen, dieses Material nach Bolivien geschickt zu bekommen. Der Hafen von Arica war damals vollkommen mit Waren überfüllt. Die Eisenbahn war Boliviens einzige Verbindung zum Meer, deshalb lagen die Frachten manchmal monatelang in Arica fest, bis sie weitertransportiert werden konnten. Meine Kisten waren glücklicherweise noch dort. Ich konnte sie durch Vermittlung von verschiedenen Leuten ausfindig machen und sie nach Santiago schicken lassen. Jetzt hatte ich also sowohl eine Apparatur als auch 35-Millimeter-Negativmaterial für Kinofilme.

So ergab sich die Möglichkeit, kleine Filme für deutsche Firmen zu drehen, vor allen Dingen für Bayer, die eine Niederlassung und eine eigene Werbeabteilung in Santiago hatten. Ich sollte Kulturfilme mit versteckter Werbung machen.

Wenn also zum Beispiel jemand in einer Szene auf der Straße an einem Schaufenster vorbeiging, dann hing dort ein Plakat mit einer Reklame für ein Bayerprodukt. Das wurde einfach kommentarlos aufgenommen. Oder jemand kam auf einem Bahnhof an, dann hing dort eine Reklametafel mit Produkten von Bayer.

Ein anderes Mal habe ich einen originellen Film gedreht über das Rodeo, einem unblutigen Kampf mit jungen Stieren, wie er auch in Texas üblich ist.

Das ist in Santiago ein großes Volksvergnügen. Dazu hatte ich nun einen typischen *Huasso* engagiert, das ist ein chilenischer Cowboy mit stattlicher Montur und einem großen Hut, Gamaschen, Sporen und hochhackigen Stiefeln.

Diesen Huasso setzte ich mitten in die Zuschauermenge, wo er sich mit anderen Leuten unterhalten mußte. Ich filmte immer abwechselnd, mal das Geschehen in der Arena mit dem Stier, dann wieder die Reaktion des Publikums und den Huasso, der von dem Schauspiel ganz begeistert zu sein schien. Aber bald wurde er immer stiller und stiller, hielt sich den Bauch, stand auf und ging raus. Dann verfolgte ich ihn. Wo ging er bloß hin?

Er ging schnell zu seinem Pferd und ritt weg. Ich hinterher. Er stieg ab und verschwand hinter einem Busch. Nun konnte man sich vorstellen, was da geschah. Kurz danach wurde die Reklame eingeblendet: »Noch besser ist es, das Mittel von Bayer zu nehmen, das einen vor derartigen Zwischenfällen schützt.«

Obwohl Chile Deutschland den Krieg nicht erklärt hatte, wurde in den späten Kriegsjahren die Niederlassung der Bayerwerke geschlossen. Jetzt bestand keine Möglichkeit mehr für mich, Filme für diese und andere deutsche Firmen zu drehen.

Aber ich konnte nun für chilenische Firmen ähnliche Filme machen, zum Beispiel für die ›Farmo-Química‹, die größte pharmazeutische Fabrik in Chile. Dann machte ich einen längeren Kulturfilm über die sogenannten *Covaderas*. Das sind die Guano-Gewinnungsstellen im Norden Chiles.

Chilenen in nordchilenischer Huasso-Tracht beim Würfelspiel

Zu den Guanofelsen im nördlichen Chile –
und Anbetung einer Salpetermumie

Guano ist der Dung von Seevögeln, vor allem der von den Guanays, einer Kormoranart. Der frische Guano wird hauptsächlich auf den Inseln vor der peruanischen Küste gewonnen.

Chile hat aber einen noch wertvolleren Guano, und das ist der sogenannte ›fossile‹ Guano, der bis zu einer Million Jahre alt sein soll. Er ist abgelagert in den Schluchten und Schründen der Klippengebirge, die im Norden in das Meer ragen. In diesen Schründen hat sich dieser unwahrscheinlich alte Guano gehalten und zu einem ganz feinen, braunen Pulver verändert, das noch gehaltvoller als der weiße, frische Guano ist. Es gibt verhältnismäßig wenige Stellen, an denen dieser Guano heute noch abgebaut werden kann, so daß man ihn nicht exportiert, sondern im eigenen Land verbraucht.

Die Guano-Verwertungsstelle hat an verschiedenen Plätzen Camps, wo der Guano abgetragen wird. Diese Camps besuchte ich und filmte den ganzen Prozeß des Abbaus, der an einem Platz besonders interessant ist, nämlich am Pabellón de Pica.

»Kommen Sie nur herüber und geben Sie mir die Hand. Hier fehlen ein paar Planken, aber das macht nichts! Sie sehen ja, wie die Leute mit schweren Säcken voller Guano über die Brücke laufen«, rief mir der Verwalter der ertragreichsten *Covadera* zu. Es war eine kleine Siedlung am Pabellón de Pica, dem mächtigen Vorgebirge der nordchilenischen Küste, wo man den besagten fossilen Guano abbaute.

Tatsächlich kam eine ganze Reihe von Männern im Laufschritt dahergeeilt; sie balancierten einer hinter dem anderen über die freischwebenden Bretter und Balken der Brücke, ohne im mindesten Notiz davon zu nehmen, daß 30 Meter unter ihnen die tosende Brandung mit hoch aufspritzendem Gischt in die Felsen hineindonnerte.

Ich muß sagen, sehr wohl war mir gerade nicht, als man mich über die schwankenden Planken jener Brücke ohne Geländer zerrte. Als ich mir die bescheidene Frage erlaubte, warum man die fehlenden Planken nicht ersetzte, gab man zur Antwort, zum Gehen sei doch genug Platz auf den Balken.

Die Brücke über die tiefe und breite Schlucht des Pabellón de Pica hatten wir glücklich passiert. Wir kamen jetzt zu einem senkrecht zum Meer abfallenden Felsen, von dessen Plattform aus ein Drahtseil schräg hinab zum Meer führte. Dort unten war an einer Boje das Seil verankert. Mittels eines besonderen Rollen-Mechanismus konnte man den Guano direkt in das Boot hieven, das dann die Säcke zu dem weit draußen im Meer liegenden Dampfer brachte.

Das Verladen gestaltete sich oft recht schwierig, besonders dort, wo ständig eine starke Brandung herrschte, die gar nicht immer von

Ein Guanay, der Guanovogel an der nordchilenischen Küste

Der Pabellón der Pica, an dem der fossile Guano abgetragen wird

der sturmbewegten See abhing, sondern von den Strömungen, die hier bei einer Meerestiefe von 7000 bis 8000 Metern niemals zur Ruhe kamen. Das Meer konnte, soweit das Auge reichte, spiegelglatt sein, und doch hoben und senkten sich die Wogen zwischen den zerklüfteten Felspartien meterhoch, um plötzlich mit senkrecht aufspritzendem Gischt am Fels zu zerbersten.

Wir kletterten weiter auf dem zerklüfteten Berg herum. Plötzlich wurde uns von weitem durch Winken zu verstehen gegeben, daß hier eine Sprengung vorgenommen werden sollte. Wir warteten und konnten den ganzen Vorgang deutlich beobachten.

Ein Mann bohrte ein Loch in den Fels, füllte es mit Dynamit, das er aus seiner Tasche zog, und verlegte die Zündschnur, wobei er sich von der Sprengstelle immer mehr entfernte. Dann steckte er die Schnur an. Wir konnten das Glimmen deutlich verfolgen. Jetzt fehlte nur noch ein kleines Stück bis zum Fels, und die Flammen hatten das Loch erreicht.

Doch nichts geschah, kein Schuß, keine Explosion. Der Mann wartete noch ein Weilchen; darauf begab er sich wieder zur Sprengstelle, steckte seinen Arm mit einer Seelenruhe bis zur Schulter in das Loch und zog das Dynamit wieder heraus.

Hierauf machte er einen erneuten Versuch, und dieses Mal funktionierte der Schuß. Mit unglaublicher Gleichgültigkeit gehen die Leute hier im Norden mit Dynamit um. Natürlich ereignen sich auch Unglücksfälle, aber verhältnismäßig selten.

Ich erlebte es einmal in Patache. Ein Arbeiter, der ganz allein in der Gegend von Patillo eine Sprengung vorgenommen hatte, hatte sich dabei die halbe Hand abgerissen. Mit seinem Hemdsärmel hatte er sich die Wunde verbunden und war so drei Stunden durch die Wüste bis nach Patache gelaufen. Nachdem man ihn dort notdürftig verbunden hatte, nahm ich ihn im Auto mit nach Iquique. Ohne sich irgendwelche Schmerzen anmerken zu lassen, saß er im Wagen, rauchte eine Zigarette und bat mich, ich möchte doch noch den kleinen Umweg zu seiner Arbeitsstelle machen, denn er hätte dort seinen Rock liegen lassen. Ich bewunderte seine Geduld, solche Schmerzen ertragen zu können.

Jeden Sonnabendnachmittag hatten die Arbeiter frei, und da machten sie einen kleinen Ausflug an der Küste entlang zu einem bestimmten Punkt.

»Ich werde mal mitkommen«, sagte ich eines Tages, »aber was macht ihr denn da eigentlich?«

»Wir gehen zu unserem Schutzheiligen«, antworteten die Arbeiter.

Da ich ja immer gerne etwas Neues sehen und aufnehmen wollte, ging ich mit, und was fanden wir da?

Eine salpeterhaltige Wüste, ein Gebiet, das regenfrei war und wo sich alle organischen Stoffe über Jahrhunderte erhalten konnten. Da war ein alter Indianerfriedhof, überall lagen Stoffetzen und Scherben herum, es war alles ausgeplündert.

Plötzlich kamen wir an ein großes Kreuz, unter dem halb im Sand ein hölzerner Sarg vollkommen erhalten lag. Wir gingen zu diesem Sarg, die Arbeiter öffneten ihn, und was lag darin?

Da lag in seinem Anzug, schön gekleidet und frisiert, die Leiche eines blonden Mannes. Auf einer Tafel stand ›James, Engländer, gestorben 1881 und hier begraben‹. Da lag er also seit 1881 in seinem Grab und sah genauso aus, als wenn er gerade gestern gestorben wäre.

Und was machten die Arbeiter der Covaderas? Sie kamen jeden Sonnabend dorthin, machten den Deckel auf, puschelten den Anzug wieder in Ordnung, kämmten James den Bart und das Haar, beteten ein bißchen, deckten ihn wieder zu und gingen nach Hause. James war jetzt ihr Schutzheiliger und wurde eben auch entsprechend verehrt.

In derselben Gegend fand ich eines Tages, etwas vom Meer entfernt im Sand, chinesische Münzen und ein Bündel mit salpeterverkrusteten Geldscheinen, aber man konnte noch deutlich lesen, daß es sich um Geld einer peruanischen Bank von 1875 handeln mußte. In dieser Zeit gehörte diese Gegend zu Peru, und die Geldscheine waren vermutlich den Arbeitern der Guano-Verwertungsstellen ausgehändigt worden. Die Peruaner hatten damals einige Tausend chinesische Arbeiter, die sie wie Sklaven behandelten.

Um diesen Film über die Covaderas zu drehen, wollte ich auch gerne Luftaufnahmen machen. Da hatte ich Gelegenheit, von der Luftwaffe ein kleines Flugzeug zu bekommen, denn ich wurde mit dem Kommandanten der ›Aviación‹ bekannt, einem deutschstämmigen Chilenen, der mir jedes Mal, wenn ich ein Flugzeug brauchte, eines zur Verfügung stellte. Die Piloten waren immer ganz froh, wenn sie einen kleinen Auftrag hatten. So bekam ich auch diesmal ein Flugzeug, eine einmotorige Maschine.

Der Pilot holte mich aus meiner Wohnung mit dem Jeep ab und war ziemlich schlecht gelaunt.

»Diesen Flug mache ich heute aber gar nicht gerne«, sagte er murrend. »Ich fühle mich nicht gut. Habe Kopfschmerzen. Seit meinen Sturzflügen neulich, habe ich ständig Kopfschmerzen, und meine Braut ist mir auch durchgegangen...« Das waren ja schöne Aussichten!

Ich mußte einen Fallschirm anziehen, obwohl ich niemals probiert hatte, wie er funktionierte. Aber ich mußte ihn anschnallen. Ich mußte auch unterschreiben, daß ich auf eigenes Risiko fliege, daß man im Ernstfall für nichts aufkommen werde. Aber das war mir dann auch egal.

Bevor ich in die Maschine stieg, fragte mich der Pilot: »Kennen Sie eigentlich die Bahnstrecke von Santiago nach La Serena?«

»Ich bin mit der Nordbahn da mal durchgefahren, aber viel gesehen habe ich nicht.«

»Na ja, ich werde Sie Ihnen mal zeigen,« sagte er.

Diese Bahn schlängelte sich durch die Schluchten des Küstengebirges bis in die Gegend von La Serena.

Er flog nun nicht etwa hoch über den Bergen, sondern direkt durch die Schlucht, so ungefähr 30 bis 40 Meter über dem Boden, immer über den Schienen. Plötzlich machte er eine Wende, und der Berg war vor mir, dann wieder neben mir, da wußte ich nicht mehr, fahre ich eigentlich Eisenbahn, Autobus oder fliege ich? Sehr gemütlich war das jedenfalls nicht! Aber alles ging gut. Diese Piloten von der ›Aviación‹ waren außerordentlich geschickte Flieger.

Wir landeten dann also in Iquique, dem den Covaderas nächst gelegenen Flugplatz. Und dann brauchte ich nur zu sagen, was ich aufnehmen wollte.

Natürlich flogen wir um den Pabellón de Pica herum, zogen Schleifen über den Schründen, flogen über dem Dampfer hinweg, der weit draußen auf dem Meer, wo die Säcke mit dem Guano verladen wurden, vor Anker lag, und flogen so tief über den Arbeitern hinweg, daß nun nicht mehr ich derjenige war, dem es etwas mulmig zumute wurde, sondern den Arbeitern, die schnell ihre Köpfe einzogen, als wir über sie hinwegbrausten.

Ein anderes Mal rief mich der Kommandant an und fragte mich: »Wollen Sie morgen mit mir mitkommen? Ich selbst fliege mit einer zweisitzigen Maschine nach Arica, ich habe dort etwas zu erledigen. Sie haben doch so interessante Diapositive vom Süden Chiles und halten öfters Vorträge. Dann nehmen Sie Ihren Projektor und die Leinwand mit, die wir schon in dem kleinen Flugzeug verstauen können, und Sie halten in unserem Camp einen Vortrag.«

Das ließ ich mir nicht zweimal sagen.

Herr Jansen kam also am nächsten Morgen mit dem Jeep und holte mich ab. Unterwegs zum Flugplatz sagte er: »Ach, nun habe ich doch etwas vergessen. Wissen Sie, wenn meine Leute zu einem solchen Flug in den Norden aufbrechen – es sind immerhin etwa 2000 Kilometer –, dann sage ich ihnen immer, nehmt auch genügend Wasser und einen eisernen Proviant mit. Ihr fliegt dabei immer ganz schön weite Strecken über Wüsten, und man kann nicht wissen, ob es mal zu einer Notlandung kommt ... Und nun habe ich selbst vergessen, eine Reserve mitzunehmen. Na, es wird auch so gehen, wir werden schon Glück haben.«

Jetzt erreichten wir also den Militärflugplatz. Der Monteur kam uns schon entgegengelaufen.

»Nun, ist alles bereit, welches Flugzeug kann ich denn nehmen?«

Der Mechaniker zeigte auf eine Maschine die auf der Piste stand, und bei der noch der halbe Motor ausgebaut worden war.

»Wir machen noch eine kleine Reparatur, aber in zwei Stunden können Sie starten«.

»In zwei Stunden? Das glauben Sie wohl selbst nicht«.

»Na ja, da steht noch die alte ›Voulté‹, an der ist alles in Ordnung, mit der könnten Sie auch gleich starten, sie fliegt aber langsamer«, sagte er.

»Nun, dann nehmen wir eben die. Es ist doch besser, die Zeit in der Luft zuzubringen, als hier herumzusitzen und zu warten.«

Wie stiegen also in das alte Flugzeug ein, der Kommandant versuchte zu starten, aber die Zündung funktionierte nicht.

»Was ist denn los?« rief er dem Monteur zu.

»Ach ja, die Batterie ist ein bißchen schwach, aber wir werden den Motor schon ankriegen, und die Batterie lädt sich dann wieder auf.«

Der Mechaniker versuchte jetzt, den Motor anzuwerfen, indem er den Propeller mit der Hand bewegte. Nach einigen Anstrengungen gelang es ihm dann auch, und wir konnten starten.

Bei herrlichem Wetter flogen wir über dem Delta des Aconcagua, der bei Viña del Mar ins Meer mündet, und genossen den schönen, ruhigen Flug mit der langsamen Maschine.

Jetzt schaltete der Kommandant das Radio ein, denn er mußte ja immer von Zeit zu Zeit seine Position nach Santiago melden. Er bekam aber keine Verbindung, die Batterie war zu schwach. Mit mir konnte er sich dagegen über den Kopfhörer verständigen und sagte, so ginge das nicht weiter, wir könnten ja nicht 2000 Kilometer ohne Funkverbindung mit der Zentrale fliegen. Wir würden in Vallenar zwischenlanden und versuchen, eine neue Batterie zu bekommen.

Als wir ausgestiegen waren, sagte plötzlich der Kommandant: »Was ist denn das? Das Hinterrad hat ja gar keine Luft mehr, wenn ich mir da nicht beim Starten das ganze Heck abreiße!«

Wir brauchten also eine Kompressionspumpe, und die hatten sie in Vallenar nicht. Man telefonierte nach Santiago, man solle uns mit dem nächsten Verkehrsflugzeug eine Kompressionspumpe schicken.

Nun mußten wir also doch warten. Wir warteten eine Stunde, es wurden zwei Stunden, schließlich kam das Flugzeug an, aber ohne Kompressionspumpe.

»Dann muß es eben ohne Pumpe gehen«, sagte der Kommandant.

Wir flogen weiter und hatten auch bald wieder festen Boden unter den Füßen. – Ja, Glück muß man eben haben!

Kanonendonner in den Kordilleren

Eines Tages kam ein Vertreter der Wochenschau, für die ich schon Filme gemacht hatte, vorbei und informierte mich darüber, daß nächstens ein Militärmanöver in den Kordilleren im Norden von Chile stattfände, das ich filmen sollte.

Gut, drehte ich diesen Film! Das wäre sicher sehr schön. Es sollte zu einem großen Erlebnis werden. Ich kam nun wirklich zum Militär und mußte es den Soldaten gleichtun, obwohl ich all das gar nicht gelernt hatte.

In Iquique eingetroffen, erfuhr ich, daß der größte Teil unserer Truppe schon oben in den Kordilleren in 4000 Meter Höhe wäre. Da hätten sie ihr Zeltlager, und dort fände auch das Manöver statt.

Und wie hatten sie die Rekruten dahin befördert? – Die mußten von Iquique aus zu Fuß durch die heiße Atacama-Wüste. Da ging man stundenlang . . . ja einen ganzen Tag lang. Und dann kam man, wenn man Glück hatte, abends in den Andenregionen an.

Aber viele blieben auf der Strecke. Die sind einfach umgefallen. Machte ja nichts, da kamen Jungs hinterhergefahren, die die Erschöpften eingesammelt und zum Fuße des Gebirges gefahren hatten.

Dann bekamen sie Maultiere für die Kanonen und Maschinengewehre. Die meisten mußten wieder zu Fuß gehen. In dieser Höhe zu klettern, noch dazu in tropischem Gebiet, das war ja schließlich keine Kleinigkeit! Ich kam mit dem letzten Schub, mußte aber nicht durch die Pampa marschieren, sondern wurde mit dem Jeep gefahren. Ich gehörte immerhin zum Stab!

Als wir unser Ziel erreichten, standen die Maultiere schon bereit. Ich bekam auch eines. Auf einem Maultier zu sitzen, war kein Vergnügen. Die Esel wollten immer nur das, was die Reiter nicht wollten und gingen genau in die entgegengesetzte Richtung. Und meiner war nun ein ganz besonderes Exemplar. Der wollte immer wieder in sein Heimatdorf zurück, das konnte man ja verstehen. Aber ich wollte in die Anden. Ich hatte einen Soldaten, der mich begleiten mußte. Die anderen waren schon vorausgegangen, aber da mein Maultier immer wieder rückwärts ging, waren wir schließlich nicht mehr in Kontakt mit der Truppe. Dennoch ging es weiter. Meistens stieg ich ab. Als ich wieder auf dem Maultier saß, warf es mich plötzlich ab, machte kehrt und weg war es. Der Soldat ritt ganz schnell hinterher. Er kannte ja das Maultier besser und hat es auch wieder eingefangen.

Also hieß es von neuem: auf das Maultier gestiegen. Schließlich kamen wir mitten in der Nacht oben auf dem Altiplano an. Am nächsten Tag begannen dann die Manöver. Wir hatten Maschinengewehre und kleine Kanonen.

Auf diese Kanonen war der General besonders stolz. Was für eine Leistung! Diese schweren Dinger hatte man unten am Fuße der Kordilleren auseinandergenommen und dann mit den Maultieren auf 4000 Meter Höhe hinaufgeschafft. Und nun sollte gleich am ersten Tag damit geschossen werden.

Sie hatten sechs Kanonen an einen Abhang gestellt. Der General kam mit und leitete alles. Ich baute mein Stativ auf, stellte die Kamera neben die Kanonen, und jetzt sollte es losgehen. Sie hatten ein bestimmtes Ziel, ziemlich weit weg, worauf sie schießen wollten.

Die erste Kanone ging los, ich wollte filmen. Da sagte der General, ich solle warten, bis sie alle zusammen schießen würden, das ergäbe ein viel besseres Bild. Also habe ich gewartet. Die erste Kanone schoß daneben. Die zweite Kanone schoß ebenfalls daneben.

Der General wurde immer unruhiger und sagte: »Also, was macht ihr denn da bloß?«

Die dritte Kanone ging los, auch daneben, und die vierte... Und dann riß dem General der Geduldsfaden.

»So, jetzt habe ich genug! Dann schießen wir heute überhaupt nicht mehr. Wenn ihr euch so anstellt, packen wir ein und gehen nach Hause.« Auf diese Weise entgingen mir die schönen Filmaufnahmen.

Aber eines hat das Manöver doch bewirkt: Sie haben soviel herumgeknallt, daß bei ganz blauem Himmel sich plötzlich Wolken bildeten und es sogar ein paar Tropfen Regen gab, wo es dort sonst nie regnet. Daß man also mit Kanonendonner Regen herbeiholen konnte, hatten wir wenigstens bewiesen.

Ein paar Monate später begegnete ich dem General dieses Manövers in Santiago wieder, und er sagte: »Ach, schön, daß ich Sie treffe. Wissen Sie, ich bin jetzt pensioniert und so glücklich, daß ich nicht mehr in die Kordilleren zu ziehen brauche. Diese Manöver waren ja furchtbar! Also, das kann man mir nicht zumuten. Wissen Sie, was neulich in unserem Regiment passiert ist? – Wir haben aus den Staaten Kanonen bekommen. Die Vereingten Staaten verkaufen uns ja immer ihre alten Kanonen, Kriegsschiffe und Unterseeboote; eben alles, was sie nicht mehr gebrauchen können, und sie machen dabei immer noch ein Geschäft. Es wurden uns also schöne alte Kanonen geliefert. Sie waren furchtbar lang. Jedesmal, wenn wir mit den Kanonen aus dem Kasernenhof rausfuhren, mußten wir um die Ecke biegen, und hier war der Weg so eng, daß das Kanonenrohr immer an den Tormauern aneckte und ein paar Steine rausschlug. Man schrie herum: Was macht ihr denn da, könnt ihr denn nicht anders fahren? – Nein, wir können nicht anders fahren. Die Rohre sind zu lang. – Ach, sagte ein besonders Schlauer, wir haben doch so gute Mechaniker, die werden wir mal holen. – Und was machten wohl diese? Sie haben einfach ein Stück von den

Kanonen abgesägt, und nun kamen sie ohne Schwierigkeiten durch das Tor. Sie fuhren stolz zu den Schießübungen, fingen an zu schießen, und als die erste Kanone losging, explodierte sie, und ein Mann kam dabei ums Leben.«

Der General war sichtlich froh, mit diesen Zuständen in der chilenischen Armee nichts mehr zu tun zu haben.

Dreharbeiten unter Lebensgefahr

Eines Tages wurde ich von einer großen Werbefirma aufgefordert, im nördlichen Chile in Chucecamata – dort ist die zweitgrößte Kupfermine der Welt, die den Amerikanern gehörte – einen Film zu drehen.

Das war ein Riesenauftrag, bei dem die Werbefirma ordentlich kassierte und mich für ein Butterbrot engagiert hatte. Aber ich war froh, als armer Flüchtling während des Krieges wieder beschäftigt worden zu sein, fuhr also nach Chucecamata und habe dort längere Zeit gewohnt.

Diese Mine war ein Übertagebau. In mehreren Etagen über einer ovalen Grube, die schon ausgegraben war, wurde das kupferhaltige Rohmaterial abgetragen und über Frachtzüge abtransportiert.

An verschiedenen Stellen wurden – um das Gestein von der Felswand loszubekommen – Sprengungen unternommen, die ein tolles Schauspiel abgaben, wenn man dann sah, wie diese enormen Schuttberge und Steine in die Luft gingen und riesige Staubwolken aufwirbelten.

Ich hatte damals einen Kinoapparat, eine ›Bell and Howel‹, allerdings ohne großes Teleobjektiv. Ich mußte nun sehen, wie ich alles mit einem gewöhnlichen Objektiv aufnehmen konnte. Ich mußte so nah wie möglich herangehen, und das war gefährlich. Was hat man da gemacht?

Man stellte eine kleine Blechbude mit einem Guckloch ganz in der Nähe der Sprengung auf. In diese Blechkammer hat man mich eingesperrt, und aus dem Guckloch heraus mußte ich nun filmen, sobald die Sprengung losging.

Plötzlich gab es einen furchtbaren Knall. Alles fing an zu wackeln, die Bude schwankte hin und her, die Steine flogen in die Luft und auf mein Dach. Aber ich habe eisern gefilmt. Wunderschöne Aufnahmen, alle waren geglückt!

Jetzt wollte der Regisseur Aufnahmen in freier Fahrt haben, und zwar von dem letzten Waggon der kleinen Eisenbahn aus, denn er wollte die Kameraführung so tief wie möglich über den Gleisen haben.

Da blieb nur eine Möglichkeit. Damit ich so tief wie möglich mit der Kamera heruntergehen konnte, wurden Bretter auf die Achsen montiert, auf denen ich bäuchlings Platz fand. Der Zug setzte sich in Bewegung, und ich filmte unter diesen Umständen, so gut es ging.

Ein Film für den ›Avocado-König‹

Einen anderen Film drehte ich über die Avocado-Plantagen in Chile.

Die Avocado hat ihre Urheimat in Guatemala und Mexiko und wurde von den Spaniern in der Kolonialzeit nach Peru gebracht. Sie wächst hauptsächlich in tropischen oder subtropischen Gebieten, wo es heiß und vor allem feucht ist. In Chile pflanzt man sie auch in Trockengebieten an, so auch in Zentralchile, wo es ja den ganzen Sommer über nicht regnet.

In Chile gibt es dank Magdal, einem deutschen Pflanzer, die besten Avocado-Plantagen der Welt. Im Süden hatte er ein großes Gut, und dort machte er auch seine ersten Experimente mit dieser Frucht. Er pflanzte und züchtete sie und hatte bald so viel Erfahrungen gesammelt, daß er in Chile als sogenannter ›Avocado-König‹ galt.

Die Pflanzungen befanden sich zwischen Santiago und Valparaíso. Er hatte Sorten gezüchtet, die das ganze Jahr über blühten und Früchte trugen. Nachdem Magdal solchen Erfolg hatte, pflanzte er die Frucht auch in Mexiko und später in Spanien an.

Nun wollte er über seine Pflanzungen und über seine gesamten Ernteerzeugnisse einen Film haben. Denn die vielen Früchte konnte er in Chile ja gar nicht alle absetzen. Nord-

Hans Helfritz während der Filmaufnahmen über die Avocado-Frucht in Mexiko

amerika war mit Avocados bestens versorgt durch die kalifornischen Plantagen. Ihm schwebte also vor, Avocados nach Europa zu exportieren. Das ging aber nur mit Flugzeugen, da die Avocado ja sehr schnell verdirbt. Und es lohnte sich für ihn nur, wenn er Abnehmer hatte, die laufend große Mengen kauften, wie zum Beispiel Warenhäuser. Dafür brauchte er jetzt einen Werbefilm.

Ich kannte ihn schon einige Zeit. Wir waren befreundet. Ende der 50er Jahre fragte er mich, ob ich diesen Werbefilm für ihn machen wolle.

Ich filmte ein halbes Jahr lang nur für ihn und bin mit dem Wohnwagen in Mexiko, Guatemala und Kalifornien herumgereist. Allein in Mexiko und in Guatemala bin ich 30 000 Kilometer gefahren. Überall, wo es Avocados gab, haben wir Aufnahmen gemacht. Danach bin ich nach Kalifornien gereist und habe einen Monat lang dort gefilmt. Da gab es besonders interessante Avocado-Pflanzungen, die er zwar nicht besaß, die ihn aber dennoch für den Film interessierten.

Ich flog dann wieder nach Chile zurück und von dort aus nach Brasilien, wo ich weitere Aufnahmen machte. So hatten wir bald ansehnliches Filmmaterial zusammen, das sich aus Aufnahmen aus allen Ländern, in denen es Avocado-Pflanzungen gab, zusammensetzte.

Der Export nach Europa sollte Magdal allerdings nicht glücken. Chile war einfach zu weit vom europäischen Kontinent entfernt. Aber ihm haben wir es zu verdanken, daß es in Israel so große Plantagen gibt, denn er hat die Israelis beraten und ihnen gezeigt, wie man diese Plantagen am besten anlegt. Auch die Samen hat er ihnen geliefert. Sein großes Geschäft wurde dann später nicht die Ernte der Früchte, sondern der Verkauf der kleinen Setzlinge.

Das Filmen im allgemeinen hat mich ganz besonders gereizt, obwohl ich ja überhaupt nicht zur Darstellungskunst begabt war. Ich konnte nicht gut zeichnen, ich konnte auch nicht malen, aber ich hatte stets großes Interesse an der Herstellung eines schönen Bildausschnitts, und das versuchte ich bei der Photographie. Beim Film kam noch die Bewegung hinzu. Gerade die Bewegung, sowohl die der Kamera als auch die des Objektes, das Arrangieren der Aufnahmen sowie das Schneiden, all das hatte für mich eine gewisse Ähnlichkeit mit dem Komponieren von Musik, bei dem es ja auch um das Zusammensetzen von Stimmen, Akkorden und Harmonien geht, nur auf einer anderen Ebene.

Emigrantenleben in Chile

In jedem südamerikanischen Land, in dem sich deutsche Kolonien befanden, gab es natürlich auch deutsche Vereine. Chile besaß die größte deutsche Kolonie. Daher hatte der deutsche Verein auch Zweigstellen in allen Ortschaften.

Die meisten Chile-Deutschen waren zwar chilenische Staatsbürger, haben aber ihr Deutschtum und ihre Sprache beibehalten und bildeten im Süden Chiles eine große Kolonie. Die Botschaft hatte mich bei dem deutschen Verein eingeführt, und so arrangierte man mir ziemlich zu Beginn meines Emigrantenlebens in Chile eine Vortragsreise in den Süden des Landes. Ich hatte ausreichend Photomaterial und außerdem einen Vortragsfilm zu Süd-Arabien. Damit konnte ich immer wieder Vorträge halten.

Es gab natürlich auch dort Nazis, die in der Partei waren. Aber daß die Chile-Deutschen durchaus nicht alle mit dem Hitler-Regime einverstanden waren, zeigt diese kleine Geschichte:

Das Künstlerehepaar Lilo und Jean Spaarwater, eine Geigerin und ein Klavierspieler, war auf einer Konzertreise im Süden Chiles unterwegs. Sie kamen in den kleinen Ort Frutijar.

Badefreuden am Pazifischen Ozean in Chile

Vogelverkäufer in einer Straße in Santiago

Der Saal war voller Menschen, und das Konzert sollte beginnen. Das Ehepaar war bereits im Künstlerzimmer, aber der Pastor, der den Abend organisiert hatte, bat die Künstler noch einen Moment zu warten, er hätte den Vereinsmitgliedern noch etwas zu sagen. Er schloß die Saaltüren wieder. Die Spaarwaters warteten, der Pastor wollte gar nicht wiederkommen. Sie hörten bloß immer ein Gemurmel aus dem Saal, da mußte irgend etwas passiert sein. Plötzlich öffneten sich die Türen, alle Konzertbesucher verließen den Saal und verschwanden. Und was war geschehen?

Der Pastor mußte der deutschen Gemeinde auf Veranlassung der Deutschen Botschaft mitteilen, daß das Tanzvergnügen, das für den nächsten Sonntag angesetzt war, abgesagt werden sollte, wegen der ernsten Kriegslage. Aus Protest gegen diese Entscheidung verließen daraufhin die Leute sofort den Saal.

Daran erkannte man also, daß die dort ansässigen Deutschen durchaus nicht mit allem einverstanden waren, was man ihnen befehlen wollte.

Das Konzert war nun also geplatzt, und das Duo mußte wieder abreisen. Als nächstes stand ein Konzert in der Stadt Concepción auf dem Programm. Sie kamen zur festgesetzten Zeit bei strömendem Regen an und sollten eigentlich abgeholt werden. Aber es kam keiner. Sie wußten gar nicht, wohin. Da setzten sie sich erst einmal in den Wartesaal und warteten.

Nach einer Stunde erschien dann jemand vom deutschen Verein und fragte erstaunt: »Sie sind schon angekommen. Ich hatte gedacht, Sie würden erst mit dem späteren Zug kommen. Na ja, das ist ja schön. Dann wollen wir mal in die Stadt fahren.« Da meinten die Künstler schon etwas besorgt: »Ja, wie sieht es denn mit dem Konzert heute abend aus?«

»Konzert, heute abend? Heute abend?« murmelte der Deutsch-Chilene.

»Doch nicht heute abend, das Konzert können wir vielleicht morgen machen oder übermorgen. So schnell bekomme ich keine Leute zusammen.«

»Aber das war doch abgemacht, daß wir heute das Konzert abhalten sollten. Morgen sind wir schon wieder in einer anderen Stadt!«

»Das geht ja alles viel zu schnell«, sagte der Mann.

»Dann kann das Konzert nicht stattfinden«, entgegneten darauf die Künstler mit Bestimmtheit.

»Dann wollen wir mal sehen, vielleicht kriege ich die Leute doch noch zusammen.«

»Und wie ist es mit dem Klavier?« fragte der Pianist.

»Ein Klavier wollen Sie auch haben?« meinte der andere erstaunt.

Es sollte ja schließlich – laut Programm – ein Klavier-Violin-Abend sein!

»Ja, das ist natürlich ein bißchen schwierig«, überlegte da der Deutsche. »Klavier ... ja, wie machen wir denn das? Wir haben in unserem Gemeindesaal ein Klavier, das können wir ja hinüberschaffen. Aber das ist natürlich sehr alt und auch nicht gestimmt. Ein paar Tasten kleben zusammen. Denn, wissen Sie, da schütten die Leute manchmal Bier rein.«

Und auf diesem Klavier mußte der Pianist dann das Konzert geben. So locker und unbeschwert konnte es damals in Chile zugehen.

Dieser Deutsche hatte inzwischen die chilenische Ruhe und Gemütlichkeit angenommen. Die Deutsch-Chilenen gewöhnten sich überhaupt schnell an die chilenische Mentalität. Aber sie haben ihre deutsche Sprache behalten. Sie klingt oft sehr komisch, denn sie sprechen kein gutes Deutsch, eher ein Mischmasch aus dem Deutschen, dem Spanischen und dem Chilenischen.

In Santiago lernte ich nun also alle möglichen Leute aus der deutschen Kolonie kennen, von denen viele den sogenannten ›Westküsten-Koller‹ bekamen.

Die Deutschen, die jahrelang an der Westküste Südamerikas lebten, waren alle ein bißchen durchgedreht. Sie hatten einen kleinen Knacks weg. Daher dieser Ausdruck!

In Santiago erzählte man, daß einige Damen der deutschen Gesellschaft sich wegen eines schönen Persers gegenseitig Sektgläser ins Gesicht geworfen haben.

In diesen Kreisen verkehrte auch Dr. Abut, der größte Nierenspezialist in ganz Südamerika. Er wurde überall zu Rate gezogen. Er galt als Bester seines Faches.

Dr. Abut hatte ein Hobby, nämlich das Singen. Er sang Lieder von Schubert und Wolf. Ich begleitete ihn zu allen möglichen Abendveranstaltungen.

Dr. Abut spielte regelmäßig in der chilenischen Lotterie, der großen Lotterie zugunsten der Universität von Concepción. Er spielte immer mit derselben Zahlenkombination, hatte aber niemals gewonnen.

Eines Tages starb dieser Dr. Abut und kurz nach seinem Begräbnis kam die Nummer des Toten als das große Los heraus. Die Familie kannte natürlich die Zahl und las nun in der Zeitung, daß sie gewonnen hatte. Sie suchten nach dem Originallos und fanden es absolut nicht. Sie durchsuchten alle Schubladen, Schreibtische sowie Mantel- und Anzugtaschen, aber das Los fanden sie nicht. Und da dachten sie, daß es jetzt nur noch in dem Anzug sein könne, mit dem sie ihn begraben hatten.

Sie baten die Friedhofsgesellschaft, das Grab nochmals öffnen zu dürfen. Das Grab wurde geöffnet, wer lag in dem Sarg? Es war Dr. Abut, aber ohne Anzug. Der mußte gestohlen worden sein.

Das war für Südamerika nichts Ungewöhnliches. Da wurde alles geklaut, und die Totengräber wußten schon, was wertvoll war und was nicht. Nicht nur Anzüge wurden gestohlen, sondern vor allen Dingen auch Gebisse mit goldenen Zähnen.

Die konnte man dann nachher auf dem Flohmarkt kaufen. Da lagen ganze Berge von Gebissen. Besonders schön war es dann, wenn die Kundschaft kam, um sich ein solches Gebiß auszusu-

Der Autor mit seinem zahmen
Papagei in Chile

chen. Die Kunden waren manchmal ein bißchen zaghaft, mochten nicht so gerne beobachtet werden und warteten deshalb, bis sich die Menschenmenge aufgelöst hatte.

Ich habe mich des öfteren auf diesen Märkten aufgehalten und ließ es mir natürlich nicht entgehen, solche Szenerien photographisch festzuhalten. Da kam einer und stocherte in den Gebissen herum. Dann nahm er eines und steckte es schnell in den Mund. Wenn es nicht paßte, wurde ein neues ausprobiert. Hatte man eines gefunden, so wurde der Preis ausgehandelt. – Ja, solche Gebisse wurden in der Tat gebraucht.

Nun, der Anzug von Dr. Abut war hier jedenfalls nicht aufzutreiben. Aber den Verwandten war es tatsächlich gelungen herauszubekommen, an wen der Anzug verkauft worden war. Nämlich an einen Trödelhändler in der Calle San Diego, im Armenviertel Santiagos.

Die Familie ging dorthin, fand auch den Laden, sah ins Schaufenster, und was hing dort? Schön auf dem Bügel? – Der Anzug von Dr. Abut! – Sie gingen rein und fragten, ob sie den Anzug sehen dürften, und was er denn kosten würde. Sie faßten in die Innentaschen, und was holten sie hervor? Das Los! Den Anzug haben sie dort hängenlassen, denn den konnten sie nicht mehr gebrauchen. Den Lotterieschein haben sie mitgenommen und eingelöst.

Viele Emigranten, die vor dem letzten Krieg nach Chile kamen, wußten erst nicht, wo sie Arbeit bekommen sollten, und dachten daran, von jetzt an nur noch Steine zu klopfen.

Aber was passierte? Nach gar nicht allzulanger Zeit wohnten sie schon in Los Leones, einem vornehmen Viertel Santiagos, und hatten schöne Villen. Daraus ergab sich dann der Name ›Steinklopfer-Kolonie‹, denn hier hatten sich besagte ›Steinklopfer‹ niedergelassen.

Einer von diesen Steinklopfern, der aber nun nicht gerade aus ärmlichen Verhältnissen kam, war ein Freund von mir. Mein Klassenkamerad – unser Klassenprimus – wurde Rechtsanwalt, ging zur Ufa und war gerade noch rechtzeitig in der Kristallnacht entkommen, da er irgendwie davon Wind bekommen hatte. Er hatte sich ins Auto gesetzt und war mit seiner Frau die ganze Nacht auf Landstraßen herumgefahren, und so konnte er entkommen. Am nächsten Tag hatte ihn vorläufig keiner mehr gesucht.

Über London ist er nach Chile gekommen. Er wollte erst einen Holzhandel aufmachen. Dann hat er aber ein ärmliches kleines Vorstadtkino gepachtet, wo das schlimmste Publikum hinging. Aber es war ein Goldgrube. Voll zur Nachmittagsvorstellung, voll am Spätnachmittag und am Abend. Dann mietete er ein zweites, ein drittes und ein viertes. Schließlich konnte er dann fünfzehn Kinos sein eigen nennen.

Außerdem hatte er ein großes altes Theater gepachtet, in dem Revuen stattfanden. Ich lebte schon zwei Jahre in Chile und wußte gar nicht, daß er da war. Eines Tages begegnete ich ihm zufällig auf der Straße, habe dann Kontakt zu ihm aufgenommen und konnte nun immer seine Vorstellungen besuchen. Er engagierte Revue-Girls, auch einmal einen chinesischen Zauberer.

Eines Tages stand ein Damen-Boxkampf auf dem Programm.

Das hatte es in Chile noch nicht gegeben! Das war überhaupt die Neuheit! – Doch die Erlaubnis dafür zu bekommen, das war eine schwierige Angelegenheit. Loewe ist von Pontius zu Pilatus gegangen. »Nein«, sagte man ihm, das könne man doch nicht machen! Damen im Ring und dann noch beim Boxen! Nein, das ginge wohl nicht! Selbst eine ›Ceuma‹ sollte zunächst nicht helfen. Schließlich willigte man dann aber doch ein. Nur die schriftliche Erlaubnis war noch nicht eingetroffen.

Das Theater war bis auf den letzten Platz ausverkauft. – Und nun war es soweit. Die Saaltüren wurden geöffnet, und das Publikum strömte in das riesige Theater. Als Ehrengast durfte ich ganz vorne in der ersten Reihe sitzen. Die Genehmigung war allerdings noch immer nicht da.

Es sollte losgehen, wir warteten, und es ging immer noch nicht los. Loewe schwirrte aufgeregt zwischen dem Bürgermeister und der Bühne hin und her. Nach einer weiteren halben Stunde ging es dann endlich los.

Das Publikum war auch schon ganz unruhig geworden. In Chile ging nicht gerade die feinste Gesellschaft zu diesen Veranstaltungen. Darunter waren auch Krakeler, die man auf chilenisch *Rotos* nennt und die schon Krach machten, weil sich alles verzögerte.

Endlich kam der Manager auf die Bühne: »Wir haben heute die große Ehre, Ihnen etwas ganz Neues zu bieten, nämlich eine Damen-Boxkampf.«

Und prompt erschienen die Damen und machten einen Rundgang auf der Bühne. Jede hatte eine große Schärpe um. Auf beiden Schärpen konnte man jeweils den Namen eines Viertels von Santiago lesen, wo das einfache Volk lebte. Da hieß die eine Miß Mapucho, die andere Miß Rigoletta, und so stolzierten sie aneinander vorbei. Dann sagte der Manager, daß die Ladies eigentlich an den heimischen Herd gehörten und somit die heutige Vorstellung ein einmaliges Erlebnis wäre. »Aber wir bieten Ihnen heute . . .«

»Buh«, schrieen die Rotos vom Balkon herab. »Buh, wir wollen Blut sehen, Blut sehen!« – Und dann schien es zur Sache zu gehen.

An beiden Seiten hatten sie ein Abteil mit Tüchern abgehängt, wo die Boxkämpferinnen erfrischt und befächelt wurden, damit sie wieder zu Kräften kamen, genau wie beim Herren-Boxkampf.

Die Damen gingen nun aufeinander zu, aber es passierte kaum etwas. Sie fuchtelten nur so in der Luft herum, gaben sich einen kleinen Stoß, und dann verschwand jede in ihrer Ecke und wurde wieder hinter den Vorhängen befächelt. Man konnte nicht sehen, was da passierte. Aber gerade das wollte das Publikum ja sehen. Und schon ertönten die Rufe wieder auf der Galerie: »Wir wollen Fleisch sehen!«

Von wegen! Das ging nicht. Für Loewe war es jedenfalls ein riesiger Erfolg und für das Publikum offensichtlich ein großes Spektakel.

Expedition auf eigene Faust ins Araukaner-Gebiet

Chile zu bereisen und auf eigene Faust zu entdecken reizte mich natürlich außerordentlich. Das ganze Land erstreckt sich über eine Länge von 4000 Kilometern. Seine durchschnittliche Breite beträgt nur 150 Kilometer.

Das chilenische Festland reicht von tropischen bis zu antarktischen Zonen. Santiago befindet sich ungefähr im Zentrum des Landes und liegt etwa 800 Meter hoch. Im Hinterland Santiagos befindet sich dieser riesenhafte Gebirgszug, die Anden, mit Bergen bis zu 6000 Metern Höhe und einer Reihe von Vulkanen, die zum Teil auch noch tätig sind. Chile zeichnet sich durch abwechslungsreiche, interessante Landschaften aus.

Allerdings handelt es sich hier um ein südamerikanisches Land, dem es an Tradition mangelt. Chile kann eben nicht wie Mexiko, Bolivien oder Peru eine alte, präkolumbische Tradition vorweisen. Es gibt dort weder Kirchen noch Klöster aus der Kolonialzeit zu bestaunen. Die wunderschönen Landschaften – so empfindet man manchmal – sind gewissermaßen ›leer‹.

Dennoch besitzt Chile anziehende Gegenden, die zu bereisen und darüber zu berichten es sich lohnt. Das hatte ich anfangs nicht geglaubt. Besonders interessant sind die Grenzbezirke zu Bolivien und Peru und das südliche Chile, wo es noch Nachfahren der indianischen Bevölkerung gibt. Ich meine die *Mapuche* oder die *Araukaner,* so genannt nach der Araukarie, einem urzeitlichen Baum, den es dort in den Kordilleren gibt und von dessen Früchten und Kernen sich die Araukaner zum größten Teil ernährt haben.

Diese Mapuche haben den Spaniern während der Eroberung Chiles den größten Widerstand entgegengesetzt. Pedro de Valdivia, der Eroberer von Chile, hat gegen sie gekämpft. Er hat es aber nicht fertiggebracht, sie zu besiegen. Er selbst wurde gefangengenommen und später von den Araukanern umgebracht.

Es gibt noch einige wenige Araukaner in der Gegend von Temuco. Da ich nun durch meine Vorträge in den Süden Chiles gelangte, waren die Reisen finanziert, und ich konnte es mir leisten, jetzt auf eigene Rechnung Exkursionen in das Araukaner-Gebiet zu machen.

Ich hatte inzwischen einen Deutschen kennengelernt, Herrn Pastor Pfeil, der in Temuco lebte und die deutsche Kolonie im Süden des Landes betreute. Ich wurde sehr freundlich von seiner Familie aufgenommen. Seine Frau interessierte sich besonders für die Mapuche. Und so haben wir gemeinsame Reisen in die Reservate dieses Indianerstammes unternommen.

Eines Tages – wir hatten uns ein sehr altes klappriges Auto mit einem Chauffeur gemietet – fuhren wir wieder in das Araukaner-Gebiet. Die Mapuche betreiben dort Landwirtschaft und leben ganz autonom. Es ist immer etwas schwierig und auch riskant, sich ohne Empfehlung oder Begleitung von Leuten, die mit den Mapuche befreundet sind, in dieses Gebiet zu begeben. Wir sind einfach aufs Geratewohl in ein solches Dorf gefahren. Als wir uns einer ihrer Behausungen näherten, kamen uns einige Mapuche entgegen, hielten sich aber immer mißtrauisch in bestimmter Entfernung auf, viel zu weit, um Aufnahmen zu machen. Doch plötzlich stürmte eine ganze Horde junger Leute auf uns zu, umringte unser Auto und bemächtigte sich meines Photoapparates, der Filmkamera und auch des Statives. Man hatte es kaum bemerkt.

Sowie einer den Apparat genommen hatte, hatte er ihn an den zweiten und dritten und vierten weitergegeben, so daß man nicht mehr sagen konnte, wer ihn denn nun genommen hatte. Weg waren die Apparate. Der Chauffeur drängte darauf, daß wir so schnell wie möglich diese Ortschaft verlassen sollten. Es war natürlich eine Katastrophe, daß ich nun meine Ausrüstung verloren hatte.

Eine Araukarie im Süden Chiles

Einer der letzten Araukaner

Eine Araukanerin

Araukanischer Totempfahl

Am nächsten Tag gingen wir zu dem Bürgermeister von Temuco und meldeten ihm, was geschehen war. Der Bürgermeister hatte Verbindung zu dem Stammeshäuptling, dem *Cacique*, und zitierte ihn her. Es kam zu Verhandlungen. Schließlich gestanden sie, daß sie die Apparate genommen hatten. Nach langen Diskussionen, und nachdem wir ihnen eine bestimmte Summe als Entgelt geboten hatten, bekam ich tatsächlich mein Eigentum wieder zurück.

Archäologische Expedition ins Gebiet der Atacameños

Als Photograph nahm ich an dieser Expedition teil, die unternommen wurde von der Direktorin des naturwissenschaftlichen und archäologischen Museums in Santiago, Dr. Grete Mostny.

An den Indios war die chilenische Regierung kaum interessiert, unterstützte aber dennoch die Ausgrabungen der archäologischen Abteilung des Instituts. Für diese Expedition in das Gebiet der *Atacameños* bekamen wir in Nordchile militärische Unterstützung.

Mein Buch über Chile war schon erschienen und wurde dort viel verkauft. Besonders der deutschen Kolonie hatte es sehr gefallen, auch meinen chilenischen Freunden bei der Luftwaffe und bei der Marine.

Wie wenig man dennoch in Chile daran interessiert war, über die Indios im Norden überhaupt zu sprechen, zeigt folgende Geschichte, die mir viele Jahre später in Mexiko-City widerfahren ist:

Eines Tages hielt ich mich bei Freunden in Mexiko-City auf, die mir rieten, doch mal in die chilenische Botschaft zu gehen, da der Boschafter sich sicher freuen werde, mich zu begrüßen zu können. Bei dieser Gelegenheit könne ich ihm ja auch mein Buch vorführen.

Ich sagte, ich habe eigentlich gar keinen Anlaß, zur Botschaft zu gehen. Schließlich ließ ich mich doch überreden.

Ich meldete mich also bei der Botschaft an, worauf der Konsul mich etwas unwirsch fragte, was ich denn hier wolle.

»Könnte ich vielleicht mal den Herrn Botschafter sprechen?« fragte ich.

»Nein, den können Sie jetzt nicht besuchen. Der alte Herr kommt erst mittags vorbei und bleibt auch nur kurz. Da müssen Sie sich mindestens acht Tage vorher anmelden. Aber was wollen Sie denn eigentlich? Kann ich Ihnen nicht weiterhelfen?«

»Tja«, sagte ich – ich hatte mein Buch unter dem Arm und zeigte es ihm. »Kennen Sie denn dieses Buch?«

»Ja, ein Buch über Chile«, sagte er, »das interessiert uns immer, denn wir wollen ja auch Werbung für unser Land machen. Aber leider kann ich kein Wort Deutsch.«

Da blätterte er so in dem Buch herum. –

»¡Qué lindas, las fotos!« schwärmte er – wie schön seien doch die Photos –, aber plötzlich starrte er auf eine Bildseite und fragte entsetzt: »Was ist das? Eine India? Eine Indianerin in Chile! Das zeigt man doch nicht!«

Dann blätterte er weiter. Auf der nächsten Seite wurden Indios auf einem Fest mit ihren Tanzmasken abgebildet.

»Was sehe ich da? Indios mit Masken? Das ist ja . . .! Ja, und wo ist denn nun das Bild vom Hotel O'Higgins in Viña del Mar? Und wo ist das Bild vom Spielcasino? Die sind nicht dabei?« – Er verstummte.

Dann kam die Sekretärin und blätterte ebenfalls in dem Buch herum. Sie war von den Photos begeistert. Dann entdeckte sie das Bild von der India und rief entsetzt: »Wie scheußlich, eine

Indianerin!« Sie blätterte weiter und entrüstete sich über die Masken. »Das kann man ja nicht mit ansehen!« – Sie klappte das Buch zu und legte es beiseite.

Der Diener zeigte dieselbe Reaktion und holte einen Prospekt hervor mit dem Hotel O'Higgins und dem Spielcasino. So etwas interessiere die Menschheit!

Daraufhin packte ich meine Sachen ein und ging.

Eines Tages bekam Grete Mostny den Auftrag, Ausgrabungen im Norden von Chile zu machen. Diese Region ist archäologisch sehr interessant, da sie an Bolivien, Peru und die alten indianischen Kulturen grenzt. Damals gab es im Norden von Arica und in Iquique eine vorinkaische Kultur, die der Atacameños.

In diese Gegend unternahmen wir unsere Expedition, um vor allen Dingen die bedeutendsten prähistorischen Städte der Atacameños, Turi und Lasana, zu vermessen und auszugraben. An dieser Expedition nahm ich als Photograph teil.

Wir waren nur zu dritt, neben Grete Mostny noch ihr Assistent, ein netter, kleiner Mittdreißiger mit eigenartiger Gestalt. Er war ein besonderer Typ, der, obwohl er jung war, ein ganz altes, verschrumpeltes Gesicht hatte. Er litt an vorzeitiger Vergreisung.

Wir kamen zuerst nach Antofagasta, und von dort ging es nach Calama, der nächstgelegenen größeren Ortschaft. Wir hatten eine Empfehlung an den Kommandanten der Militärstation. Also gab man uns einen Landrover und Soldaten mit, die bei den Ausgrabungen helfen sollten.

Diesem Militärposten war schon allerhand zugestoßen. Er wurde nämlich über einem alten Indianerfriedhof erbaut. Und da spukte es. Und zwar so schlimm, daß sich die Soldaten dort nicht länger aufhalten wollten. Einige wurden krank, und einer ist sogar vor lauter Schreck gestorben – so schaurig mußte es dort zugegangen sein. Und was hat man dagegen unternommen? Man hat einen Priester kommen lassen, der den Platz segnete, die Geister vertrieb und seitdem war alles in Ordnung.

Unsere vier Soldaten hatten jedoch noch immer furchtbare Angst vor den Geistern der alten Atacameños. Wir fuhren also nach Turi, wo es aber keine Übernachtungsmöglichkeiten gab. Es blieb uns nichts anderes übrig, als bei den Ruinen in Zelten zu wohnen.

Grete Mostny hatte ein Zelt, der kleine Assistent hatte seines, ich hatte auch ein Zelt. Nur die Soldaten waren nicht zum Zelten zu bewegen. Sie hatten solche Angst, daß sie keinesfalls bei den Ruinen schlafen wollten. Wir haben aber darauf bestanden, vor Ort zu nächtigen! Es sollte kommen, was wollte; das war uns egal! Und was machten nun die Soldaten? Sie machten es sich im Landrover bequem, verdeckten die Scheiben und zitterten die ganze Nacht lang um ihr Leben.

Und tatsächlich ... mitten in der Nacht hörte man mit einem Mal ein Geschrei aus dem Zelt des kleinen Assistenten! Wahrscheinlich war es nur ein Tier, was da ein bißchen geraschelt hatte. Grete hatte das nicht weiter berührt, und auch ich habe einfach weitergeschlafen. Wir haben mehrere Nächte dort oben zugebracht, ohne geisterhafte Störungen.

Nun aber zu den Ausgrabungen. Wir haben also mehrere Gräber gefunden, die noch unberührt waren. In einem der Gräber wurde eine ganz besonders schöne Mumie eines Kaziken ausgegraben. Die Mumien befanden sich alle in Hock-Stellung, eingewickelt in viele Tücher und versehen mit allen möglichen Beigaben wie Pfeilspitzen, Papageienfedern oder auch Saugröhrchen für den Schnupftabak. Das Gesicht wurde für gewöhnlich freigelassen, nur der Körper war eingewickelt. So blieb der ganze Körper mit Haut und Haar vollständig erhalten.

Es lag immer eine sonderbare Spannung in der Luft, wenn ein solches Grab geöffnet wurde. Irgendein Fluidum ging davon aus, daß einem nur so der kalte Schauer über den Rücken lief – so ist es mir jedenfalls ergangen.

Beim Anblick des Assistenten neben der Mumie wußte ich nicht mehr, wer nun eigentlich die wirkliche Mumie sein sollte. Ja, der Assistent war schon eine lustige Person, wir haben uns sehr über ihn amüsieren können.

Wir waren wieder in Calama und gingen abends in ein chinesisches Restaurant. Es waren auch noch andere Gäste im Lokal. Alles war wunderschön, bis plötzlich der kleine Assistent in sich zusammensackte und unter den Tisch rutschte. Was war geschehen? – Er war schwer herzkrank und vertrug die Höhe nicht. Calama liegt immerhin über 2000 Meter hoch. Von seiner Krankheit wußten wir aber alle nichts. Aber er wußte wohl ganz genau, daß er eigentlich solche Höhen meiden mußte. Als er wieder einigermaßen zu sich kam, stammelte er: »Mein Medikament, wo ist mein Medikament?«

Damit haben wir ihn dann zurück ins Leben gerufen. Grete Mostny verlangte daraufhin, daß er am nächsten Tag zu einem Arzt gehen solle, um feststellen zu lassen, ob er wirklich bleiben könne. Der Arzt empfahl ihm, sofort mit der nächsten Maschine nach Santiago zurückzukehren.

Aber der Assistent sah das nicht ein, denn er fühlte sich wieder auf der Höhe. Man mußte ihn fast dazu zwingen, das Flugzeug zu besteigen. Und was passierte unterwegs? Er bekam wieder einen Anfall und klappte zusammen. Der Pilot mußte extra tief fliegen. Nach einer Woche erhielten wir einen Brief, daß es ihm herrlich ginge und er mit dem nächsten Flugzeug wiederkommen würde. Er kam natürlich nicht wieder, denn das hatten wir wohlweislich zu verhindern gewußt.

Als wir auf der Rückreise in Arica eintrafen, wohnten wir in einem großen, vornehmen Hotel. Grete Mostny hatte natürlich eine große Ausbeute bei sich, unter anderem auch eine wunderschöne Mumie, die sie weder aus den Augen noch aus den Armen ließ.

Mit dieser Mumie kam sie nun ins Hotel und sagte: »Ich möchte ein Zimmer haben und einen Raum, wo ich meine Sammlung aufbewahren kann, vor allem die Mumie.«

»Also Mumien im Hotel, das gibt es nicht«, entrüstete sich der Hoteldirektor. »Das können wir nicht machen, nein, nein, das geht nicht!«

»Aber ich muß meine Mumie bei mir haben!« entgegnete Frau Mostny.

Da sie keinen gesonderten Platz für ihr Prachtstück bekam, nahm sie die Mumie einfach mit in ihr Schlafzimmer.

In Santiago wird Grete Mostny eines Tages von einer unbekannten Dame angerufen.

»Oh, Doktora Mostny, ich bin ja so traurig. Mein Mann ist gerade gestorben, und jetzt bin ich ganz alleine. Wir haben ein so glückliches Leben geführt zu dritt, mit Monsieur Jacques und meinem Mann. Monsieur Jacques ist vor sieben Jahren gestorben. Wir konnten uns aber von ihm nicht trennen. Da haben wir ihn einbalsamiert, um ihn immer bei uns in der Stube zu haben. Nun ist aber mein Mann gestorben, und ich mag nicht alleine mit Monsieur Jacques zusammenwohnen. Kann ich Ihnen Monsieur Jacques nicht für Ihr Museum schicken?«

»Ja ja, natürlich, das können Sie schon.« Die ist doch verrückt, dachte Grete Mostny und beachtete das nicht weiter.

Es vergingen einige Tage, da kam sie morgens ins Museum. Der Museumswärter lief ihr entgegen und sagte: »Monsieur Jacques ist angekommen.«

»Na, wo ist er denn?«

»Ja, er ist in Ihrem Zimmer!«

Da machte sie die Tür auf. Der Museumswärter hatte Monsieur Jacques aufrecht stehend an den Schreibtisch gestellt. Und da er splitternackt war, hatte der Wärter ihm eine Zeitung vorgebunden. Nun stand Monsieur Jacques vor dem Schreibtisch, und der Wärter fragte, was sie mit der Mumie machen sollten. Es war eine prächtige Mumie, und für Mumien interessierte sich Grete eben besonders. Also wurde Monsieur Jacques in einen schönen Glaskasten gepackt und im Magazin des Museums aufbewahrt. Und da ist Monsieur Jacques auch heute noch erhalten.

Mit einer Expedition im Kampf gegen die Malaria und die Chagas-Krankheit

Prof. Noe, ein Italiener, der schon lange Zeit in Chile lebte, beschäftigte sich ausschließlich mit der Bekämpfung der Malaria, die nur im Norden des Landes auftrat.

Der Norden Chiles ist ein Wüstengebiet. Da ist die große Atacama-Wüste und das Vorland, das allmählich ansteigt bis zum Fuße der über 6000 Meter hohen Kordilleren. Im Wüstenland gibt es keine Malaria. Aber durch dieses Gebiet fließen zwei Flüsse, die von den Anden herunterkommen, der Río Lluta und der Río Azapa. Ihre Flußläufe reichen bis ungefähr zehn Kilometer vor die Küste, bilden dort Sümpfe und kleine Tümpel und versiegen dann schließlich im Grund.

In diesen ruhigeren, küstennahen Gewässern kann die *Anopheles*, die Malariamücke, brüten und sich unwahrscheinlich vermehren. Es gab noch bis in meine Zeit sehr viel Malaria, gerade in dem Lluta-Tal ganz in der Nähe von Arica. In der dortigen Militärstation erkrankten ungefähr 60 % der Rekruten an Malaria.

Prof. Noe hat schon 1925 und 1935 Exkursionen dorthin unternommen und weitgehend dafür gesorgt, daß die Malaria eingedämmt werden konnte. Früher gab es ein grünes Pulver, das sich *Vert de Paris* nannte. Das wurde über die Teiche gestreut und damit die Malarialarven abgetötet. Aber es half nur für einige Zeit. Dann mußte die Prozedur wiederholt werden. Es bildeten sich wieder neue Tümpel, und so hatte sich Prof. Noe eine neue Methode ausgedacht, um die Malaria zu bekämpfen.

Wir kamen also nach Arica, erhielten einen Jeep und fuhren in das Malaria-Gebiet. An den Ufern des Lluta wuchs ein ganz eigenartiges Gewächs, ein riesiger Schachtelhalm, so groß wie hohe Bambusstauden.

Und was machte der Professor? Er ließ viele von den Stämmen abschlagen und bedeckte damit kilometerweit den Azapa. Die Malaria-Larven waren im Wasser. Als nun die Mücken ausschlüpften, flogen sie gegen dieses Gitter aus Schachtelhalmen und fielen in den Tümpel zurück. Sie konnten also nicht ausfliegen.

Das war eine leichte und billige Bekämpfung. Außerdem hatte man in den Siedlungen längs des Flusses Abzweigungen und Kanäle gezogen, um die Felder zu bewässern. Es war also unsere Hauptarbeit, dafür zu sorgen, daß überall Schachtelhalme geschlagen und die Tümpel und Kanäle zugedeckt wurden. Das hatte tatsächlich geholfen.

In Arica lernte ich Dr. Bertini, den Leiter einer anderen Station kennen. Er hatte die Aufgabe, die Chagas-Krankheit zu bekämpfen. Sie wurde 1908 von einem brasilianischen Arzt namens Chagas entdeckt.

Diese Krankheit wird durch ein Insekt übertragen, das so ähnlich aussieht wie eine große Wanze, ungefähr zwei bis drei Zentimeter groß. Es kommt nur in Trockengebieten vor und lebt unter Steinen und Geröll. Oft waren ganze Dörfer von Chagas befallen, und nicht nur Menschen, sondern auch Hunde und Katzen fielen ihr zum Opfer.

Als wir überall herumlungernde Hunde und Katzen sahen, wußten wir schon, das hier die Chagas-Krankheit präsent war.

Das Insekt, die sogenannte *Vinchuca,* breitete sich bis ins Zentrum Chiles aus, vor allem in den Trockenregionen der Umgebung Santiagos und in den Armutsvierteln der Stadt.

Das Insekt drang in die Steinhütten der Armen ein und ließ sich von der Decke auf die Betten der Bewohner herunterfallen. Wir haben Häuser besucht, in denen Leute wohnten, die nur schlafen konnten, wenn sie die ganze Nacht über das Licht brennen ließen, denn dann krochen die Vinchucas nicht aus ihren Verstecken hervor.

Chagas äußert sich dadurch, daß die Infizierten furchtbar abmagern, daß sie blind werden können und manchmal sogar sterben müssen. Die Krankheit soll mit der Syphillis verwandt sein. Zu ihrer Bekämpfung muß das Insekt vernichtet werden. Selbst mit Petroleum war ihm nur ganz schwer beizukommen.

Ich habe damals einen Film gedreht über alle möglichen Versuche, die Dr. Bertini angestellt hatte, um diese Insekten zu vernichten. Inzwischen wurde ein Mittel gefunden, mit dem man dieses besonders resistente Insekt bekämpfen kann.

Expedition nach Feuerland und Begegnung mit den letzten Indianern (1946)

Auf Feuerland lebten in den 40er Jahren noch Nachkommen dreier Indianerstämme, der Feuerland-Indianer.

Jahrhundertelang lebten sie, geschützt von riesigen, eisgekrönten Bergen, am äußersten Zipfel Südamerikas in einem unwirtlichen Klima, bis gegen Ende des vorigen Jahrhunderts die weißen Siedler aus Europa entdeckten, daß hinter den Bergen auf der großen Feuerland-Insel fruchtbares Weideland war, so daß sie ihre Schafe herbrachten und die Ureinwohner nach und nach dezimierten.

Bisher hatte die Wissenschaft diese Stämme wenig beachtet und noch viel weniger die Regierungen Argentiniens und Chiles, innerhalb deren Grenzen ja Feuerland liegt.

Buchstäblich ›in letzter Minute‹ besann man sich darauf, daß in Feuerland ja noch Indianer lebten, und so rüstete die chilenische Regierung im Jahre 1946 eine Expedition aus. Man wollte feststellen, welche kulturellen Umwandlungen ›dort unten‹ inzwischen stattgefunden hatten und wieviele Feuerland-Indianer überlebt hatten.

Die Leitung dieser Expedition hatte Prof. Alejandro Lipschütz, ein berühmter Krebsforscher, der in Santiago lebte. Sein Hobby war Indianerkunde. Er war auf diesem Gebiet so bewandert, daß ihm die Smithsonian-Gesellschaft in Nordamerika Geld für seine Expedition gab und einen Bericht erwartete.

Als Charles Darwin mit Kapitän Fitzroy an Bord der ›Beagle‹ seine berühmte Reise unternahm, kam er auch nach Feuerland, wo die Feuerland-Indianer damals noch sozusagen ›im Urzustand‹ lebten. Er berichtete, diese Menschen lebten wie die Tiere, und man könne kaum glauben, daß ihre Laute eine richtige Sprache ergäben.

Als dann aber Ende des Jahrhunderts der englische Geistliche Thomas Bridges mehrere Jahre bei den *Yamana,* einem der drei Stämme, zubrachte, stellte er ein Wörterbuch der Yamana-Sprache zusammen, das über 30 000 Wörter besitzt. Das war ein Wortschatz, der größer war als der Darwins.

Die technische Leitung unserer Expedition hatte General Ramón Cañas Montalva, der dafür sorgte, daß wir in Feuerland die nötigen Verkehrsmittel bekamen. Für die weiten Strecken, also für die Reise nach Punta Arenas, bekamen wir vom Militär ein großes Wasserflugzeug gestellt.

An der Reise nahmen ferner teil: Dr. Grete Mostny vom ›Museo Nacional de Santiago‹, Juan Damianovic, Chefarzt der Gesundheitsbehörde von Punta Arenas, ein ecuadorianischer Arzt, Dr. Antonio Santiana, und ich als Photograph. Später gesellte sich noch der Franzose Dr. Louis Robin dazu, der im Auftrag des Pariser ›Musée de l'Homme‹ reiste.

Alejandro von Lipschütz nahm für diese Expedition seine Frau mit und eine Sekretärin, die – wie er – eine ganze Anzahl von Sprachen sprach. Lipschütz stammte aus Litauen und war Emigrant. Wenn er einen Artikel zum Beispiel für die Smithsonian-Zeitschrift schrieb, dann diktierte er seinen Beitrag in Englisch seiner Sekretärin fix und fertig zum Druck. Lipschütz besaß eine der schönsten und größten Bibliotheken in Santiago. Unwahrscheinlich viele Erstdrucke, über Indianerkunde und die Geschichte der Eroberung Südamerikas durch die Spanier. Außerdem war er eng befreundet mit Pablo Neruda. Er war Kommunist.

Die Expedition sollte im Jahr 1946 aufbrechen, der Krieg war schon zu Ende, aber Prof. Lipschütz sondierte trotzdem ganz streng, ob die Leute, die er mitnahm, auch politisch einwandfrei waren. So hat er mich erst wochenlang geprüft, ob ich nicht doch vielleicht ein Nazi wäre. Er hat mit mir nur Spanisch gesprochen.

Am letzten Tag vor der Abreise war er enorm fröhlich und sagte auf spanisch: »Morgen treffen wir uns am Flugplatz.« Wir flogen mit einem Wasserflugzeug vom Militärflughafen von Quintero ab. Ganz zum Schluß sagte er dann auf deutsch: »Und vergessen Sie nicht die langen Unterhosen!«

Wir flogen mit einem Catalina-Flugzeug, einer uralten ›Motte‹, einem riesigen Flugzeug mit zwei Motoren. Damit gelangten wir zunächst nach Puerto Montt, wo wir übernachteten. Das Wetter verschlechterte sich so, daß wir zunächst einmal gar nicht abfliegen konnten.

Nach drei Tagen ging es dann endlich weiter. Es war zwar immer noch schlechtes Wetter, aber es regnete nicht mehr so stark. Die Wolkendecke war ganz dicht.

Das Catalina-Flugzeug konnte nicht so hoch fliegen wie heute die Düsen-Flugzeuge. Unser Flugzeug mußte unter den Wolken bleiben und dann auch manchmal zwischen Bergen und Klippen hindurchfliegen. Die Fliegerei war damals noch ein richtiges Abenteuer.

Für die nächste Etappe brauchten wir allein neun Stunden. Wir flogen morgens ab und kamen abends, als es schon anfing, dunkel zu werden, in Punta Arenas an. Das Meer war sehr bewegt, mit einem Mal kam auch noch ein Sturm auf, so daß wir nicht wassern konnten.

Ein großer Empfang war in Punta Arenas vorbereitet. Alle möglichen Leute waren mit ihren Autos zu uns unterwegs. Die Obrigkeit kam an den Platz, wo wir wassern sollten. Wir sahen das aus der Luft und kreisten um diesen Platz herum. Unserem Kapitän war das Meer zu aufgewühlt, er wagte nicht zu wassern!

Wir sollten es in der nächsten Bucht versuchen, hieß es von unten. Da sei es nicht so stürmisch. Wir flogen dahin und sahen, wie alle wieder in die Autos stiegen und dorthin fuhren. Wir flogen Kurven, bis sich alle wieder neu in Position gebracht hatten.

Da war es aber inzwischen genauso stürmisch, wir mußten also wieder umkehren. Schließlich legte sich der Wind, und nach einer Stunde konnten wir wassern. Aber nach dem Zeitverlust von drei Tagen wollte der Kapitän das Wasserflugzeug nicht weiterfliegen, er mußte nach Valparaíso zurückkehren. So saßen wir erst einmal in Punta Arenas fest.

Nun wurde unsere Expedition nicht nur von der Smithsonian-Gesellschaft, sondern auch von der Regierung, der Geographischen Gesellschaft, dem Militär und der Luftwaffe unterstützt. So bekamen wir in Punta Arenas vier kleine einmotorige, aber schnelle Flugzeuge für je zwei Personen zur Verfügung gestellt. In jedem Flugzeug saß einer von unserer Expedition hinter dem Piloten.

Als wir abfliegen wollten, war bei klarstem Wetter ein solcher Wind, daß das Flugzeug, kaum gestartet, schon in der Luft war. Eines nach dem anderen flog ab, und sobald wir an Höhe gewannen, sammelten sich die kleinen Flugzeuge und flogen nun in Formation.

Das war eine amüsante Angelegenheit. Sie flogen nämlich nicht sehr weit auseinander, und bei dem stürmischen Wetter war mal das eine Flugzeug oben und das andere unten und das zweite wieder oben und das dritte..., man sah immer nur, daß sich die Flügel so gegeneinanderbewegten, und ich dachte: »Um Gottes willen, gleich stoßen wir zusammen, und dann ist es um uns geschehen!«

Kaum hatten wir die richtige Höhe erreicht, da befanden wir uns auch schon über der berühmten Magellanstraße, an deren Klippen seit ihrer Entdeckung so viele Schiffe zerschellt und untergegangen sind, und jetzt erschien das Silberband der Brandung einer Küste, der Küste der großen Feuerland-Insel, unter uns. Wolken zogen vor uns und über uns vorbei – und jetzt saßen wir mitten drin.

Als wir wieder Sicht bekamen, erschien seitlich vor uns der Zug der Darwin-Kordillere. Von der kleinen ›Voulté‹ aus genoß ich den Anblick dieses herrlichen Gebirges, überflutet vom goldenen Licht der tiefstehenden Sonne. Immer näher kamen wir den Bergen, und jetzt erinnerte ich mich an die Worten von Günther Plüschow, dem deutschen Flugpionier, der in den 20er Jahren mit seinem einmotorigen Flugzeug nach Südamerika kam und mit begeisterten Worten seinen ersten Flug über Feuerland wie folgt beschreibt: »Eis, Eis und wieder Eis ragt in steilen Firnen zum Himmel, von allen Seiten rinnt es silberhell und leuchtend zu Tal, rinnt und leuchtet immer noch, als diese Eisströme die Grenze des ewigen Eises durchbrochen haben, Wälder durchbrausend, um dann mit hohem Fall ins Meer zu stürzen.«

Unter uns breitete sich jetzt dichter Urwald aus. Wir folgten dem Lauf eines Flusses, der nicht weit von uns in eine Bucht mündete. Unsere Formation löste sich jetzt auf, wir zogen über einer Schneise im Wald mehrere Kurven, und eine Maschine nach der anderen landete jetzt auf dem provisorisch hergerichteten Flugplatz.

Nach zweistündigem Flug hatten wir Yendegaia am Beagle-Kanal erreicht. Hier wurden wir gastfreundlich von der jugoslawischen Familie Serka aufgenommen und fuhren ein paar Tage später mit ihrem Motorkutter in den Beagle-Kanal.

Wir kamen zur Insel Navarino, der letzten Zufluchtsstätte der Yamana oder *Yahgan*, die ihnen die chilenische Regierung als Reservat zur Verfügung gestellt hatte.

Wir erreichten auch noch andere Inseln, aber dann, als wir nicht weit von Ushuaia, der größten Ortschaft auf der argentinischen Seite Feuerlands waren, verlor unsere ›Goleta‹ die Schiffsschraube. Jetzt waren wir einzig und allein auf das Segeln angewiesen, aber Segeln ohne die Hilfe eines Motors ist in diesen Gewässern mit den Strömungen, Fallwinden und plötzlich auftretenden Stürmen zu riskant.

Notdürftig gelangten wir nach Ushuaia, und wir hatten Glück. Zufällig ankerte dort das argentinische Küstenwachschiff ›Zurubi‹, das uns die Argentinier großzügig zur Verfügung stellten, das heißt, sie nahmen uns ins Schlepptau und fuhren mit uns, wohin wir wollten. Auf diese Weise konnten sie uns gleichzeitig kontrollieren und sehen, was wir auf der Reise anstellten.

Doch nun etwas zu den Feuerland-Indianern und zur eigentlichen Aufgabe unserer Expedition.

Die Feuerländer waren die südlichsten Bewohner unserer Erde. Fest steht, daß sie einer uralten Bevölkerung angehörten. Ihre Herkunft ist jedoch umstritten. Gusinde, der große Feuerlandforscher, der die *Ona* und die Yamana noch in ihrem Urzustand erfassen und beschreiben konnte, und andere Wissenschaftler halten sie für die letzten Nachkommen der mongolischen Einwanderung. Andere wiederum behaupten, sie wären zurückgebliebene Stämme einer australischen Einwanderung.

Die Feuerland-Indianer zerfielen in drei Gruppen oder Stämme: die Ona, Yamana und die *Alakaluf*. Alle drei unterschieden sich in ihrem Aussehen, ihren Sprachen und ihren Gewohnheiten.

Die Ona lebten auf dem riesigen, flachen Weideland der Insel. Die Yamana dagegen bewohnten die bewaldeten und bergigen Küsten am Beagle-Kanal und die verschiedenen Inseln beiderseitig des Kanals. Die Alakaluf fand man hauptsächlich in der zerrissenen Inselwelt Feuerlands und Süd-Patagoniens. Die Ona oder *Selk-nam* waren ein ausgesprochenes Jägervolk. Sie waren groß und kräftig, während die Yamana und Alakaluf, beides Fischervölker, klein und gedrungen aussahen.

Wir hatten bei unserem Flug zwei veraltete Maschinen, die ein feststehendes Fahrgestell hatten, die anderen beiden Flieger konnten ihre Räder während des Fluges einziehen.

Da die Piloten abwechselnd mal das eine Flugzeug mit feststehendem Fahrgestell flogen, mal das andere mit den einziehbaren Rädern, war es vorgekommen, daß der Pilot sich beim Landen geirrt hatte. Er hatte vergessen, die Räder auszufahren und machte eine Bauchlandung. Aber viel konnte dabei nicht passieren. Das Flugzeug war zwar dann ein bißchen angeschrammt, wurde aber bald wieder eingesetzt. – In einem dieser Flugzeuge saß ich und dachte nur daran, daß der Pilot bloß nicht bei der Landung vergessen sollte, sein Fahrgestell auszufahren.

Ein Yamana-Indio auf Feuerland

Eine Ona-India

Der letzte Häuptling der Yamana mit seiner Familie vor seiner Wellblechhütte

Und nun hatten wir die letzten Indianer erfaßt, die selbst auch gewußt haben, daß ihre Zeit abgelaufen war. Die Chilenen hatten den Yamana die Insel Navarino zur Verfügung gestellt, wo sie ihre letzten Tage verbringen konnten. Da fanden wir welche, die wohnten noch in *Toldos,* in Zelten. Der Häuptling der Yamana wohnte in einer Wellblechhütte.

Als um die Mitte des vorigen Jahrhunderts die Engländer, vor allem schottische Siedler, nach Feuerland kamen, nahmen sie große Gebiete für ihre Schafzucht in Anspruch.

Die Ona, die auf der Insel lebten, kleideten sich mit Guanacofellen. Guanacos sind lamaähnliche Tiere, die auf der großen Feuerland-Insel wild lebten. Die Engländer spannten nun um ihre Gebiete Drahtzäune. Die Indianer schossen die englischen Schafe, weil sie dachten, das seien ja nur kleine Guanacos, und hier sei ja sowieso ihr Revier. Das paßte wiederum den Engländern nicht. Sie haben daraufhin regelrechte Indianerjagden veranstaltet und setzten Preise aus für jeden getöteten Indianer. Als Beweisstück mußten die Indianerjäger ein abgeschnittenes Ohr oder eine Nase bringen.

Dies ist ersichtlich durch Photographien aus dieser Zeit, die damals im Museum der sogenannten Salesianer in Punta Arenas zu sehen waren. Und Gusinde berichtete, daß die Farmer »nach einem guten Umtrunk mit Whisky oftmals aufbrachen, um Indianer zu jagen wie Hasen.«

Der Salesianer-Orden, ein katholischer Orden, hat sich für die Indianer eingesetzt und versuchte, die letzten Einheimischen zu retten.

Man brachte 400 Yamana auf eine unbewohnte Insel und errichtete dort Häuser für sie. Diese Indianer gingen früher genau wie die Ona halbnackt. Sie hatten nur ein Fell, mit dem sie sich leicht geschürzt bekleideten. Die Salesianer brachten ihnen gebrauchte Kleider aus Europa mit.

Und mit diesen Kleidern kamen Influenza, Tuberkulose, Masern und Scharlach. In kurzer Zeit waren alle Indianer gestorben. Niemand von ihnen war übriggeblieben, obwohl sie seit Generationen dort lebten, ohne diese Krankheiten zu kennen, gegen die sie eben keine Abwehrstoffe hatten.

Aber nicht nur Zivilisationskrankheiten rafften die Indios dahin:

Die Engländer versuchten sie mit allen Mitteln, auch mit Indianer-Jagden, loszuwerden.

Eines Tages wurde ein toter Walfisch angeschwemmt. In diesem kalten Klima hält sich das Fleisch lange frisch, und die Indios waren es gewöhnt, dieses Fleisch noch zu essen. Das war für sie ein großes Ereignis. Was hatten die Engländer gemacht? Sie haben den Walfisch mit Arsen vergiftet und alle, die davon gegessen hatten, gingen daran zugrunde.

Wir versuchten, einige dieser Indianerjäger ausfindig zu machen. Man konnte ihre Bilder im Museum der Salesianer betrachten. Überall, wo man überhaupt noch etwas von den Indianern wissen konnte, haben wir herumgefragt.

Endlich sagte man uns, in einer Estancia lebe noch ein alter Mann, der an diesen Indianer-Jagden teilgenommen habe. Wir konnten ihn ausfindig machen. Ich habe ihn photographieren können, und er hat auch dann, als wir ihn fragten, zugegeben, er habe persönlich noch an diesen sogenannten *Matanzas*, an den Abschlachtungen der Indianer, teilgenommen. Und das war ein alter Mann von über 80 Jahren, ganz verschüchtert, aber er sagte: »Gewiß, es war eine fürchterliche Zeit, und ich bereue es heute, daß ich diese Taten damals im jugendlichen Alter begangen habe.« –

Für mich war der Besuch im Indianer-Reservat auf der Insel Navarino besonders eindrucksvoll. Die Indios lebten dort mit ihren Kindern und den Haustieren und nährten sich von dem, was die Insel bot. Sie hatten kleine Pflanzungen angelegt, lebten aber hauptsächlich vom Fischfang. Genauso wie in alten Zeiten.

Wir hielten uns eine ganze Zeitlang dort auf. Prof. Lipschütz hat alle möglichen Aufzeichnungen und Vermessungen gemacht. Es wurden von allen Feuerland-Indianern die Schädel ausgemessen, und ich machte Photographien.

Man fragte sie – einige konnten Spanisch – nach ihren Ansichten, wie sie sich dort fühlten und was sie überhaupt vom Leben noch erwarteten. Und da stellte sich heraus, daß sie sich alle mit ihrem Schicksal abgefunden hatten. In kurzer Zeit würde kein einziger von diesen Stämmen mehr am Leben sein. Ihr einziger Wunsch war noch, hier auf Navarino begraben zu werden.

Und so standen wir, eigentlich erschüttert und wehmütig, an den Gräbern dieses kleinen Volkes. Später erfuhr ich dann, daß es tatsächlich keinen einzigen Yamana und keinen einzigen Ona mehr in Feuerland gab.

Mr. Stuart, der letzte Indianerjäger auf Feuerland

Im Jahr 1969 soll der letzte Yamana gestorben sein, die Ona waren bereits früher ausgestorben. Sie gingen unter, überwuchert und erdrückt von einer Welt, die niemals die ihre werden konnte. In Europa hatte man davon noch nicht einmal Kenntnis genommen.

Nach unserer Feuerland-Expedition kamen wir wieder nach Punta Arenas. Es gab damals noch keinen regelmäßigen Schiffsverkehr von dort aus nach Valparaíso, dem Haupthafen von Santiago, oder nach irgendeinem anderen chilenischen Hafen. Wir mußten also zusehen, wie wir weiterkamen.

Da half uns erneut die ›Aviación‹, die uns wiederum vier kleine einmotorige Militärmaschinen gab. Das war ein besonderes Erlebnis. Wir mußten ja jetzt über 2000 Kilometer damit fliegen, bis wir Santiago erreichten.

Ich bekam ein Flugzeug, dessen Pilot vielleicht gerade zwanzig Jahre alt war. Er hatte seine ersten Übungen in Feuerland und in Punta Arenas gemacht und wurde nun wieder nach Santiago versetzt. Er mußte natürlich sein ganzes Gepäck in dem kleinen Flugzeug mitnehmen. Anzüge, die nicht mehr in den Koffer paßten, wurden einfach samt Kleiderbügel irgendwo hineingestopft.

Man muß sich nun vorstellen, daß in diesen kleinen Militärmaschinen nichts verkleidet war, weder Drähte noch Hebel, noch sonstige Armaturen. Alles war offen. Man saß also in einem ganz schmalen Cockpit auf einem Sessel, und links und rechts sah man, wie die Drähte sich bewegten, wie Hebel rauf- und runtergingen. Man wagte überhaupt nicht, sich zu rühren, damit bloß nicht irgend etwas Fürchterliches geschehen würde.

Da mußte ich nun also einsteigen. Eingezwängt zwischen Drähten und Anzügen. Alles wurde vom Piloten ein bißchen zurechtgerückt, damit sich die Drähte nicht verklemmten, und da saß ich nun drin! 2000 Kilometer vor mir! Da kam er plötzlich noch mit einem großen Sack und meinte: »So, den nehmen Sie jetzt zwischen Ihre Beine.«

Hinten hatte ich den Fallschirm am Rücken und vorne diesen riesigen Sack. Ich durfte mich überhaupt nicht regen. Dann sagte er: »Sie müssen mir nachher helfen. Wie, das werde ich Ihnen später sagen.«

Sehr freundlich war er nicht gerade.

Dann hoben wir ab. Gleichzeitig mit uns startete noch ein zweites Flugzeug, das aber nicht bis Santiago flog, sondern nur bis zum nächsten Benzindepot, wo wir auftanken mußten. Der Pilot alleine konnte nicht tanken, deshalb mußte ein zweites kleines Flugzeug bis zu dem Treibstoffdepot in der menschenleeren Pampa mitkommen, um uns zu helfen. Danach konnte es wieder nach Punta Arenas zurückfliegen.

Nach dem Start machte mein Pilot noch eine große Runde um die Kirche von Punta Arenas und bekreuzigte sich als strenger Katholik. Es würde schon alles gutgehen.

Jetzt waren wir unterwegs hoch über den Anden, den Schneebergen und den Gletschern, dem sogenannten patagonischen Inlandeis, einem Rest aus der Eiszeit, dessen Gletscherzungen auf chilenischer Seite ins Meer mündeten. Es ging immer weiter. Acht Stunden brauchten wir von Punta Arenas bis nach Puerto Montt, unserer nächsten Zwischenlandung.

Aber vorher mußten wir noch die Kordilleren überqueren und in die regnerische, wolkenbedeckte Zone eintauchen. Aber wo? Über dieser Gegend hörte ich plötzlich meinen Piloten mit der Bodenstation reden. Ich hatte auch einen Kopfhörer auf und konnte mithören, was er sagte: »Ich kann meine Position nicht genau feststellen. Bitte geben Sie mir noch mal genaue Daten durch. Ja, da muß ich wohl ungefähr sein.«

Wir flogen weiter und kamen bald in Puerto Montt an, wo wieder aufgetankt wurde.

»So, jetzt ist es soweit, Sie müssen mir gleich helfen. Wir werden nicht direkt nach Santiago fliegen, sondern noch einen kleinen Schlenker über den Urwald machen, in die Nähe von Concepción. Da wohnen meine Eltern, ganz im Urwald, sie haben ein kleines Häuschen, und da werden Sie diesen Sack abwerfen.«

Wir flogen also weiter und weiter, immer über den Urwald – nichts wie Urwald. – Und plötzlich, tatsächlich, da, ein kleines Häuschen auf einer Lichtung. Da kamen Leute heraus, nahmen die Hüte ab und winkten.

Mein Pilot, was machte er? Er zeigte erst einmal seinen Eltern, was er alles gelernt hatte. Er machte einen Steilflug senkrecht nach oben. Ich saß zusammengekauert und fiel in mich zusammen. Der Luftdruck war so groß, ich konnte meinen Mund gar nicht zuhalten, von allein ging der Mund auf, der Unterkiefer hing herunter. Schließlich waren wir oben, da konnte ich den Mund wieder zumachen. Dann machte der Pilot eine Drehung, noch eine Drehung und noch eine. Mit einem Mal ging er im Sturzflug hinunter, und ungefähr 50 Meter über dem Boden fing er sich und zog das Flugzeug schnurgerade wieder in die Höhe. Das war ein sehr schönes Schauspiel für die Leute unten. Es wurde geklatscht und die Hüte flogen in die Luft.

Und nun zeigte er etwas anderes. Jetzt kam er wieder im Sturzflug runter und fing an, kleine Kreise zu ziehen. Enge Kreise, immer über das Haus. Ich habe sie gezählt: 15mal ist er im Kreis geflogen. Jetzt ist es aus, dachte ich. Jetzt habe ich irgendwo einen Draht angefaßt, und er kann nur noch im Kreise fliegen! Aber er fing sich wieder.

Wir hatten nun vorher abgemacht, daß ich, wenn wir bei den Eltern waren, die Kopfhörer abnehmen sollte, damit sich der Sack nicht in den Drähten verheddere. Dann sollte ich das Schiebedach der Kanzel öffnen und den Sack auf meine Knie stellen. Wenn er mit den Tragflächen wackle, dann sollte ich den Sack abwerfen.

Jetzt kam der Moment. Ich hatte den Sack an der Bordwand und wollte ihn hinunterwerfen. Aber da war er auch schon weg. Der Luftzug war so stark, und weg war der Sack! Ich war froh, daß das ›olle Ding‹ fort war und setzte die Kopfhörer wieder auf. Da fragte der Pilot: »Haben Sie den Sack abgeworfen?«

»Jawohl, ich habe den Sack abgeworfen.«

»Haben Sie auch gesehen, daß der Sack bei dem großen Baum heruntergefallen ist? Wenn er nicht dort gelandet ist, dann finden ihn meine Eltern nie!«

Ja, denke ich, da sind doch nur große Bäume. – »Ja, ja, bei dem großen Baum, ich habe schon aufgepaßt.«

Nach einer Weile fragte der Pilot wieder: »Sind Sie auch sicher, daß der Sack nicht am Heck des Flugzeuges hängengeblieben ist?«

Der Sack war wirklich unten. Und was war in dem Sack drin? Schmuggelware! Punta Arenas war ein Freihafen, und da hatte der Pilot Whisky und Zigaretten, eben alles, was Zoll kostet, eingekauft. Zusammen mit der schmutzigen Wäsche hatte er alles in den Sack gestopft, den ich abwerfen mußte.

Nun war es inzwischen schon sehr spät geworden, so daß wir es nicht mehr bis nach Santiago schafften. Wir machten also erneut eine Zwischenlandung, diesmal in Concepción, der größten Stadt im Süden, 500 Kilometer von Santiago entfernt.

Der Flugplatz war vollkommen leer. Nicht ein einziger Mensch war dort. Der Pilot plazierte die vollbepackte Maschine und schloß die Kanzel mit einem kleinen Vorhängeschloß ab. Dann stellten wir uns an die Landstraße und warteten. Wir mußten ja irgendwie wegkommen. Nicht einmal ein Telefon war vor Ort. Schließlich kam ein Autobus, voll besetzt mit Arbeitern, die von Talcahuano kamen, dem Hafen von Concepción, wo die großen Werften sind. Er hielt auch an, war

aber so voll, daß wir gerade noch auf dem Trittbrett stehen konnten. Nach diesem langen und eiskalten Flug – denn Heizung gab es in dem kleinen Flugzeug nicht – war das kein großes Vergnügen. Nach einer halben Stunde kamen wir schließlich in Concepción an.

Am nächsten Tag ging es weiter. Bevor wir wieder abflogen, sagte der kühne Flieger: »Wir werden nicht gleich nach Santiago fliegen. Wir machen noch einmal eine Runde bei meinen Eltern, und da werden Sie dieses Päckchen abwerfen.«

Er hatte noch Zeitungen besorgt und sie mit Steinen beschwert. Dann begann dieselbe Prozedur vom Vortag noch einmal.

Wir trafen in Santiago auf dem Militärflughafen ein. Der Mechaniker kam sofort angelaufen. Der Pilot gab ihm folgende Anweisung: »Machen Sie den Motorkasten auf, hinter dem Propeller, da habe ich den Whisky versteckt, den ich mir mitgebracht habe.«

Die Osterinsel, und wie Heyerdahl irrt (1947)

Verloren in der unendlichen Weite des Pazifischen Ozeans, fernab jeder Schiffahrtslinie, liegt die Osterinsel, ein einsamer Punkt im Weltmeer.

2600 Kilometer ist sie von der nächsten Insel, der Insel Pitcairn des Gambier-Archipels, entfernt, und 3600 Kilometer vom chilenischen Festland, dessen einzige Kolonie sie heute ist. Sie wurde 1888 von Chile in Besitz genommen; dann aber für 90 Jahre an eine private englische Landwirtschaftsgesellschaft verpachtet, die auf der Insel Schafzucht betrieb. Während dieser Zeit gab es einen chilenischen Gouverneur auf der Insel. Es gab auch ein Leprosorium, ein kleines Krankenhaus und einen Heilgehilfen, aber keinen Arzt.

Nur einmal im Jahr kam ein Dampfer vom Festland zur Osterinsel, der den Osterinsulanern alles brachte, was sie zum Leben nötig hatten und was sie neben ihren eigenen Erzeugnissen sonst nicht bekamen. Dieser Dampfer war ein chilenisches Schiff und wurde für diese Reise von der englischen Kompanie gechartert. Die Engländer bestimmten, wer und was mit dem Dampfer nach der Osterinsel befördert wurde. Es war also unmöglich, von Chile aus einfach mit dem Dampfer zur Osterinsel zu reisen, wenn es den Engländern nicht paßte – und es paßte ihnen meistens nicht, weil sie nicht durchblicken lassen wollten, was sie auf der Osterinsel trieben.

So waren vor mir nur einige wenige zu der Osterinsel gekommen. Diejenigen, die sich längere Zeit aufhielten, waren Wissenschaftler, Archäologen oder Ethnologen. Berühmt war die Reise von Alfred Métraux im Jahre 1934, der einzig und allein die riesenhaften *Mohai*, die steinernen Bildnisse, studierte und etwas Licht in die Geschichte der Osterinsel bringen wollte, bevor diese von den *Polynesiern* besiedelt worden war.

Ich hatte die Gelegenheit, im Jahre 1947 zur Osterinsel zu fahren, ohne daß die Engländer es mir verweigern konnten, denn in diesem Jahr war der Dampfer, der sonst immer den Engländern zur Verfügung gestellt wurde, nicht fahrtüchtig. Sie bekamen daher von der chilenischen Regierung den Truppentransporter ›Angamos‹, aber nur unter der Bedingung, daß die Chilenen bestimmen könnten, wer zur Osterinsel mitführe. Und da sich herumgesprochen hatte, was auf der Osterinsel geschah, da war es dringend nötig, daß nun einmal Klarheit geschaffen wurde.

In all den früheren Jahren wurden, bevor der Dampfer zur Osterinsel fuhr, Sammlungen veranstaltet, um Lebensmittel, Medikamente, Geld und sonstige Gebrauchsgegenstände zusammenzutragen.

◁ Eine der größten steinernen Ahnenfiguren, ein Mohai, auf der Osterinsel

Die Sammlung wurde in Valparaíso verladen, aber meistens kamen die Waren überhaupt nicht an. Entweder wurden sie vorher schon gestohlen oder waren überhaupt nicht aufs Schiff gekommen, weil man sie schon zuvor verschacherte. Von den Medikamenten kamen oft nur die Hüllen an, die Tabletten und der Inhalt der Pappschachteln waren gestohlen worden.

Damit das diesmal nicht wieder passierte, fuhr der Bürgermeister von Valparaíso persönlich mit. Er sollte dafür sorgen, daß die Hilfs- und Versorgungsgüter auch wirklich ankamen. Außerdem wurden eine Militärkommission sowie ein Ärzteteam mitgeschickt, um festzustellen, wie es mit der Lepra auf der Osterinsel aussähe.

Die Lepra wurde in den 80er Jahren des vorigen Jahrhunderts von Tahiti eingeschleppt und hatte sich dann auf der Osterinsel verbreitet. Wir wußten auch, daß im Leprosorium zu der damaligen Zeit 48 Leprose untergebracht waren. Für diese Kranken hatten die Engländer zu sorgen. Wir wußten aber nicht – und das hatte sich erst später herausgestellt –, daß viele Leprosen in Hangaroa, dem einzigen Dorf der Osterinsel, frei umherliefen.

Ich kam auf dieser Fahrt zur Osterinsel als Kameramann mit. Ich hatte damals schon regelmäßig Aufnahmen gemacht, die für die chilenische Wochenschau verwendet wurden, hatte also Kontakt mit der staatlichen Filmstelle. Man beauftragte mich, eine Art Kulturfilm über die Osterinsel aufzunehmen. Außerdem verlangte man von mir, daß ich für das Ärzteteam Aufnahmen im Leprosorium machen sollte, die aber nur für die Gesundheitsbehörde bestimmt waren.

Wir fuhren von Valparaíso ab, nahmen jedoch nicht direkten Kurs auf die Osterinsel, sondern fuhren erst nach Norden entlang der chilenischen Küste und legten in Iquique an. Dort wurde noch verladen und dabei bereits ein Teil der Teesendung gestohlen, wie wir allerdings erst später feststellten.

Auf dem Schiff waren außer dem Bürgermeister von Valparaíso auch der Direktor der englischen Schafzuchtkompanie. Und dieser Engländer versuchte nun, die verschiedenen Abordnungen, die von der Regierung zur Osterinsel geschickt wurden, zu bestechen, damit sie möglichst günstig über die Tätigkeit, die Verwaltung und Behandlung der Eingeborenen auf der Insel berichteten. Das haben sie natürlich nicht getan, sie haben sich nicht bestechen lassen, und so erfuhr man jetzt in Chile allerhand interessante Ereignisse, die sich im Laufe der Jahre dort abgespielt hatten.

Wir nahmen also von Iquique aus Kurs auf die Osterinsel. Auf diesem Kurs lag, nicht sehr weit von der Osterinsel entfernt, eine kleine unbewohnte Insel, die Sala y Gómez heißt.

Diese Insel hat Adalbert von Chamisso in seinem berühmten Gedicht ›Sala y Gómez‹ besungen, nachdem er von 1815 bis 1818 auf dem Schiff ›Rurik‹ die Welt umsegelt hatte:

Sala y Gómez raget aus den Fluten
des stillen Meers, ein Felsen kahl und bloß,
verbrannt von scheitelrechter Sonne Gluten,
ein Steingestell ohn'alles Gras und Moos,
das sich das Volk der Vögel auserkor
zur Ruhstatt im bewegten Meeresschoß. (...)

So wie sie Chamisso beschrieben hat, sollten wir die Insel auch vorfinden. Tausende und Abertausende von Seevögeln nisteten auf dieser sonst unbewohnten Insel. Wir sollten nun feststellen, ob ausreichend Guano auf der Insel vorhanden sei, um ihn gewinnbringend abzutragen.

Wir waren also auf der Reise zur Osterinsel mitten im Ozean, und eines Tages hieß es, heute nachmittag um fünf Uhr etwa werden wir Sala y Gómez in Sicht haben.

Wir waren alle auf die Insel gespannt. Es war phantastisches Wetter, ganz ruhige See, alle waren wir an Deck und hielten Ausschau. Aber nichts war von Sala y Gómez zu sehen. Es wurde halb fünf, es wurde fünf Uhr, es wurde halb sechs – nichts zu sehen. Auf der Kommandobrücke herrschte reges Treiben. Die Offiziere liefen hin und her, sie überprüften noch einmal die Position, der Kapitän saß bleich auf der Kommandobrücke und sagte nichts. Es wurde sechs, es wurde sieben – nichts zu sehen von Sala y Gómez.

Als es dunkel wurde, meinte der Kapitän, die Insel wäre vielleicht bei einem Seebeben versunken. Sie sei ja nur ein Felsbrocken. Jedenfalls hatten sie sie nicht gefunden. Auf der Rückfahrt würden sie es nochmal versuchen.

Die Insel Sala y Gómez ist natürlich nicht verschwunden. Sie ist heute noch da. Aber die Navigation war, dem Ereignis nach zu schließen, scheinbar nicht die Beste. – Die Osterinsel haben wir aber zum Glück gefunden. Die ist so groß, daß man nicht so ohne weiteres an ihr vorbeifahren kann.

Sie mißt nur 179 Quadratkilometer. Seit Jahrtausenden haben die mächtigen Wogen des Ozeans tiefe Höhlen in den Fels gebohrt und nehmen Jahr für Jahr immer etwas mehr von diesem Felseneiland in Besitz.

Vor einer Bucht haben wir geankert. Einen Hafen gab es nicht. Sofort kamen kleine Ruderboote angefahren, und wie die Affen sprangen die Osterinsulaner an Bord unseres Schiffes, erklommen die Schiffswände, waren hier und dort.

Wir wußten, daß jedesmal, wenn ein Schiff eintraf, was ja selten vorkam, die Osterinsulaner sofort an Bord kletterten und sich das mitnahmen, was sie bekommen konnten. Denn ursprüng-

Der Poike mit der Bucht von Tonga Riki auf der Osterinsel

lich kannten sie keinen Unterschied von mein und dein. Alles gehörte allen, und da war es selbstverständlich, daß man sich das nahm, was man fand.

So schrieb Alfred Métraux noch 1934: »Es herrscht auf der Insel ein derartiges Elend, daß man von einem Übergangsstadium aus dem Primitivzustand in unsere Zivilisation nicht reden kann ... Sie ist inmitten eines auswegslosen Elends verrottet.« (Alfred Métraux: Die Osterinsel, Stuttgart 1957)

Man muß aber auch bedenken, daß die Insulaner bis dahin ein kaum gestörtes Eigenleben nach eigenen, inneren Gesetzen führten, die einem Europäer kaum zugänglich waren.

1935 wurde die Insel zum Nationalpark erklärt. Trotzdem bestand die englische Schaffarm weiter.

Nun, etwas verbessert hatten sich die Lebensbedingungen inzwischen doch, als wir auf der Insel ankamen. Man muß sich aber vor Augen halten, daß nur einmal im Jahr ein von den Engländern gecharterter Dampfer die Osterinsel anlief.

Wir stellten zum Beispiel fest, daß die Osterinsulaner, wenn der Dampfer abgelegt hatte und verschwunden war, wieder in ihr kleines Dorf zurückkehren mußten. Es waren nur ein paar hundert Menschen, die dort lebten, und zwar Polynesier, die die Osterinsel viel später besiedelt hatten als die menschlichen Wesen, die die riesenhaften steinernen Figuren hergestellt hatten. Diese Menschen wurden nun in Hangaroa konzentriert, und ringsherum zogen die Engländer Stacheldraht. Die Insulaner wurden nur zum Schafescheren geholt. Dafür mußten die Engländer die Insulaner bezahlen. Sie bezahlten ihnen damals, ich kann mich erinnern, neun chilenische Pesos, für eine Tagesarbeit von mindestens acht Stunden. Für diese neun Pesos konnte man auf dem Festland nicht das allereinfachste und billigste Mittagessen auf dem Markt kaufen. Aber das war der Tageslohn, den die Engländer bezahlten. Das sollte natürlich auf keinen Fall auf dem Festland bekanntwerden. Wir erfuhren auch, daß die Engländer verhindert hatten, daß die Insulaner die Preise des Festlandes kennenlernten.

Die Engländer, die die Insel gepachtet hatten, sollten für die Leprosen sorgen. Sie sollten ihnen Nahrungsmittel zur Verfügung stellen, vor allen Dingen Fleisch. Aber sie kamen ihren Verpflichtungen nicht nach. Die Leprosen mußten selbst Ackerbau betreiben, sie mußten Kartoffeln und Gemüse pflanzen. Das konnten sie nur mühsam tun, zumal die fortgeschrittenen Kranken nur noch Armstümpfe hatten.

Zum Teil waren die Kranken fürchterlich entstellt, auch deren Gesichter. Man nannte die Lepra damals auch die ›Löwen-Krankheit‹, weil die Gesicher sich deformierten und Ähnlichkeit mit Löwenköpfen bekamen. Viele solcher Beispiele konnte man gerade auf der Osterinsel bemerken.

Das Leprosorium hatte mehrere kleine Gebäude, wo die Leprosen lebten. Es handelte sich um ein größeres Gebiet, das von einer Steinmauer eingefaßt war. Diese Steinmauer war aber nur einen Meter hoch, so daß jeder rübersteigen konnte, wenn er wollte. Also besondere Vorsichtsmaßnahmen wurden da nicht getroffen. Am Eingang hatte man lediglich Lisolmatten ausgebreitet, damit beim Verlassen des Leprosoriums die Stiefel desinfiziert würden.

Pater Sebastian, der auf der Osterinsel lebte, ging regelmäßig in das Leprosorium, hielt Gottesdienste ab, und gab den Leprosen das Abendmahl.

Merkwürdigerweise ist die Lepra in allen Ländern Südamerikas heimisch, einschließlich der chilenischen Kolonie, der Osterinsel, nicht aber in Chile selbst.

Es war vorgekommen, daß Osterinsulaner mit einem einfachen Fischerboot und mit Hilfe einer Strömung, die von der Osterinsel zum südamerikanischen Kontinent geht, zum Festland geflüchtet sind. Diese Flüchtlinge hatten sich in Chile versteckt und waren dort untergetaucht.

Als einmal einer krank wurde und in ein Krankenhaus kam, wurde festgestellt, daß er die Lepra hatte.

Nun meinte man, daß der Hansen-Bazillus, der Lepra-Überträger, einen Zwischenträger haben müsse. Und da keine weiteren Leprafälle auftraten, existiere dieser Zwischenträger in Chile vielleicht gar nicht. Gemutmaßt wurde auch, daß der Zwischenträger eine Pflanze oder ein Insekt sein müsse und auf einer Pflanze lebe, nämlich auf dem *Taro*. Der Taro ist ein kartoffelartiges Gewächs, das in Afrika, auf der Osterinsel und in verschiedenen Gegenden Südamerikas angebaut wird, aber nicht in Chile. Gerade in den Ländern, in denen viel Taro gegessen wird, kommt auch die Lepra häufig vor. Diese Hypothesen wurden aber nie endgültig bewiesen.

Auf der Osterinsel blieben wir zehn Tage. Der Dampfer lag vor Anker, wir konnten entweder an Bord schlafen oder an Land, wenn wir dort eingeladen waren. Ich hatte eine Einladung bekommen.

Mit mir zusammen reisten noch zwei andere Deutsche. Einer der beiden war Herr Felbermeyer, der gewissermaßen der ›ungekrönte König‹ der Osterinsulaner und Direktor einer Tabakfirma in Chile war. Sein Hobby war die Beschäftigung mit der Osterinsel. Er interessierte sich nicht nur für die Archäologie, sondern vor allen Dingen für die Menschen, denen er zu helfen versuchte.

Manchmal kamen – wie gesagt – auch Osterinsulaner auf das Festland. Mit denen wurde er bekannt und sorgte für sie. Er nahm sie auf und half den Verwandten dieser Leute. Die Inselbewohner, die heimlich nach Chile kamen, gelangten dorthin nämlich – wie bereits gesagt – mit Hilfe einer Strömung, die von der Osterinsel zum Kontinent verläuft. Diese Feststellung widerspricht der These Heyerdahls, der bewiesen hatte, daß es von Peru aus eine Strömung zu den Polynesischen Inseln gibt.

Heyerdahl hat sicherlich Phantastisches geleistet, als er die Floßfahrt von Peru aus in die Südsee startete. Aber er behauptete, daß die Osterinsel vom amerikanischen Festland aus besiedelt worden wäre. Er hatte‹ nachdem er die Reise mit der ›Kon-Tiki‹ unternommen hatte, mit seinen Berichten und seinem Buch so viel Geld verdient, daß er auf eigene Kosten im Jahre 1953 eine Expedition zur Osterinsel ausrüsten konnte. Er charterte einen Dampfer und heuerte ungefähr 20 Leute an, darunter auch Wissenschaftler.

Erst hatte er festgestellt, daß man mit einem bloßen Floß zur Insel hinüberfahren konnte. Dann behauptete er, daß man mit einer *Balza* auch die großen Figuren transportieren konnte, oder er hatte sich das zumindest in den Kopf gesetzt. Diese Flöße aus Binsen, die gab es in Peru am Titicacasee. Ähnliche Binsen wachsen am Rande der Kraterseen auf der Osterinsel. Daraus schloß Heyerdahl, daß die Osterinsulaner aus diesen Binsen genausogut Flöße gebaut haben konnten, um die Steinfiguren abzutransportieren.

Ich entsinne mich noch, daß damals eine deutsche Illustrierte die Berichte von Heyerdahl veröffentlichte. Auf der Titelseite waren Binsenboote abgebildet. Und was lag quer darüber? – Die großen Steinfiguren von der Osterinsel. Eine Phantasiezeichnung! Dazu ganz groß die Überschrift ›Heyerdahl: das Rätsel der Osterinsel gelöst‹. – So einfach dachte er sich das. Und er irrte sich doch!

Es gibt genügend Gegenbeweise, daß die Osterinsel nicht vom Festland aus besiedelt worden ist. Völker, die in einem so großen Gebiet lebten, hatten es gar nicht nötig, zur See zu fahren, um unbekanntes Land zu entdecken.

Hätten sie es dennoch gemacht, dann wären sie bestimmt nicht ohne irgendwelche Lebensmittel und Gebrauchsgegenstände von Südamerika aus in See gestochen. Aber südamerikanische

Pflanzen wie Kartoffeln, Tomaten und Mais kommen weder auf der Osterinsel noch auf irgendeiner anderen Polynesischen Insel vor. Auch Töpferwaren aus der Vorzeit sind dort nicht anzutreffen. Die Völker Südamerikas waren alle große Töpfer. Sie hätten bestimmt irgendwelche Töpfe mitgenommen.

Man braucht nur an die *Chimu* im Norden von Peru zu denken, wo man in der Nähe von Trujillo in Chan-Chan Tausende von Töpfen ausgegraben hat. Nicht nur Portraitkeramik, sondern auch Darstellungen von Seen, Häusern, Begräbnis- und Tanzszenen kann man hier bewundern. Es handelt sich um die Tonsammlung der Chimu und *Mochica*.

Was gab es nun auf der Osterinsel? – Weder eine einzige Scherbe noch einen einzigen Tontopf aus der spanischen Vorzeit hat man dort ausfindig machen können!

Andererseits wissen wir, daß die Polynesier, die ja erst verhältnismäßig spät in diese Inselwelt vorgedrungen waren, zu den Völkern gehörten, die von Asien ›abgedrängt‹ wurden und sich auf die Indonesischen Inseln verlagerten. Von dort aus machten sie weitere Erkundigungsfahrten bis in die Südsee.

Es gibt viele Sagen bei den Polynesiern, daß Seefahrer Tausende von Kilometern zu einer Insel innerhalb einer Inselgruppe gefahren waren, dort an Land gingen, die Insel erforschten, sie für gut befanden und zurückgefahren waren, um ihre Landsmänner dorthin zu holen. In diesem Archipel haben sie dann genau wieder die Insel gefunden, auf der sie bereits beim ersten Mal gewesen waren. Das ist erwiesen. Deshalb scheint es plausibel, daß die Polynesier und nicht die südamerikanischen Stämme diese einsamste Insel im Weltmeer besiedelt haben.

Es ist auch möglich, daß mit den Strömungen, die von der Südsee zur Küste verlaufen, Polynesier in Südamerika gelandet sind. Wir hatten nämlich gerade an der südchilenischen Küste eine Menge *Obsidian*-Steinwerkzeuge vorgefunden. Sie waren genauso angefertigt wie die, die es auf der Osterinsel gibt. Ich selbst fand dort noch eine ganze Anzahl Pfeilspitzen.

Der *Curanto*, das steinzeitliche Gericht, auf das ich später noch ausführlicher zu sprechen komme, wird über erhitzten Steinen in einer Mulde zubereitet, die dann mit Erde zugeschüttet wird. Es ist ein polynesisches Gericht, das an der südchilenischen Küste heimisch ist. Haben es vielleicht die Polynesier hier eingeführt? Es ist jedenfalls eine bewiesene Tatsache, daß es Strömungen von Polynesien und von der Osterinsel zum Festland gibt.

Kaum hatte Heyerdahl seine große Reise nach Polynesien beendet, da unternahm ein Franzose namens Bischof eine Reise auf umgekehrter Route, nämlich von einer Südseeinsel zum chilenischen Festland. Er baute auf irgendeiner Südseeinsel ein Floß und gelangte mit Hilfe einer günstigen Strömung zur chilenischen Küste. Ich hielt mich gerade in Chile auf, als das Unglück passierte. Der Franzose hatte die Küste nicht mehr erreichen können, weil ein schwerer Sturm aufkam. Ein chilenisches Kriegsschiff hatte ihn und seine Besatzung an Bord genommen. Aber die Strömung ging dennoch bis zur Küste. In Chile baute Bischof ein neues Floß, und es gelang ihm auch mit einer anderen Strömung wieder zurück nach Polynesien zu fahren, wo er auch gut angekommen war. Auf der Heimfahrt nach Chile geriet er allerdings in einen gewaltigen Sturm, das Floß zerschellte, und alle Mann ertranken.

Die ›Heyerdahl-Story‹ ging aber durch die ganze Weltpresse. Dagegen wurde das französische Unternehmen völlig in den Schatten gestellt. Hiervon wollte die Presse gar nichts mehr wissen. Heyerdahl war das große Geschäft!

Heyerdahl hat auch noch mit einer anderen Geschichte Aufsehen erregt.

Als er nämlich auf der Osterinsel war, wollte er durchaus einen *Rongo-Rongo* besitzen. Das sind die berühmten Schrifttafeln der Osterinsel. Sie sind aus Holz angefertigt worden. Manche glauben, es sei eine Schrift, andere wiederum meinen, es handele sich um Zeichen, die bis jetzt nicht

Ein Osterinsulaner und Pater Englert, der lange Jahre die Einheimischen der Osterinsel betreut hat

entziffert werden konnten. Auf der ganzen Welt findet man vielleicht noch zehn oder zwölf Rongo-Rongo-Tafeln in verschiedenen Museen.

Heyerdahl wandte sich also mit der Bitte an die Insulaner, ihm einen Rongo-Rongo auszuhändigen. Die Einheimischen ließen sich nicht darauf ein.

»Nein, wir haben keinen Rongo-Rongo«, hieß es.

»Ihr kennt doch noch Höhlen, von denen andere nichts wissen. Da wird doch noch irgend etwas zu holen sein. Man findet dort bestimmt auch noch andere Kostbarkeiten«, erwiderte Heyerdahl.

»Nein, wir haben aber nichts dergleichen. Wir kennen alle Höhlen«, riefen die Insulaner.

»Nun denkt doch mal nach. Ihr kennt doch sicher noch die eine oder die andere Höhle, die einen Rongo-Rongo birgt«, sagte Heyerdahl.

Und da haben sie nachgedacht. Sie sagten sich, wenn er durchaus wollte, sollte er eben seinen Rongo-Rongo haben. Sie bereiteten also eine verborgene Höhle vor, in die man nicht so leicht gelangen konnte. Man mußte zu ihr hinaufklettern. Es wurden alle möglichen gefälschten Kunst- und Kultgegenstände hineingetragen und außerdem auch ein Rongo-Rongo angefertigt. Die Osterinsulaner sind nämlich enorm gute Fälscher. Oder kann man hier noch von alter Tradition sprechen? Man konnte ihr Werk auch nicht als regelrechte Fälschung betrachten. Nehmen wir zum Beispiel die Holzfiguren aus dem *Torumiru*, einer Holzart, die es heute auf der Osterinsel nicht mehr gibt. Als ich dort war, existierte nur noch ein einziger Baum. Aus diesem schnitzten die Osterinsulaner kleine, hölzerne Figuren in einem ganz bestimmten Stil, ganz eigenartig, sonderbar und fein. Das können sie heute noch. Deswegen konnten sie auch einen Rongo-Rongo perfekt fälschen. Heyerdahl bekam jedenfalls seine Tafeln.

Er gelangte in die Höhle und ›entdeckte‹ den Rongo-Rongo und die anderen Schätze. Aber die Osterinsulaner hatten nicht dicht gehalten. Sie erzählten Pater Englert, daß sie den Heyerdahl an der Nase herumgeführt hatten. Daraufhin erzählte der Pater diese Geschichte Heyerdahl, und der meinte, das sei ganz egal. Für ihn seien die Funde ›echt‹!

Den Rongo-Rongo gab er aber nicht mehr aus der Hand. Der war für ihn zu kostbar. Er hat ihn photographieren lassen und das Photo an einen Experten für die Entzifferung der Schrift auf der Osterinsel geschickt. Es war Prof. Barthel aus Tübingen, der später auch selbst Expeditionen zur Osterinsel gemacht und sich jahrelang mit der Schrift dieser Region befaßt hatte. Der Wortlaut des Gutachtens von Prof. Barthel an Heyerdahl war folgender:

»Ich bedaure, Ihnen nach meinem genauen Studium der Photos mitteilen zu müssen, daß es sich bei dem von Ihnen erworbenen Stück nicht um ein authentisches *Kohau-Rongo-Rongo* handelt. Der Text ist durch einen Leim von einer älteren Version so mangelhaft kopiert worden, daß selbst von einem Wert als Sekundärquelle kaum noch die Rede sein kann. Mit freundlichen Empfehlungen, Ihr ergebener Prof. Dr. Barthel.« (Brief von Prof. Dr. Thomas S. Barthel, Völkerkundliches Institut der Universität Tübingen)

Auf der Osterinsel gab es einen *Mohai,* der an die 20 Tonnen wiegen mochte. Den größten Mohai, den man kilometerweit bewegt hatte, hatten wir auf 80 Tonnen geschätzt. Die Figur schien einen Gegenstand umgehängt zu haben, der mit einem Schiffsrumpf, mit Mast und Segel wie ein Schilfboot aussah.

Das war natürlich ein ›gefundenes Fressen‹ für Heyerdahl. Er sagte sich: »Da haben wir es! Das Schiff aus Schilf. Also haben die Osterinsulaner ebenso Schilfboote besessen wie die peruanischen Indianer auf dem Titicacasee. Das ist doch wieder ein weiterer Beweis für meine Theorie!«

Aber wenn man sich den dargestellten Schmuck genau betrachtete, erkannte man, daß es sich um eine plumpe Einritzung handelte, die viel später einmal entstanden sein mußte. Ein Teil der Figur war echt und alt, nämlich das ovale Schild, das diese Figur an einer Kette oder an einem Band umgehängt trug. Wahrscheinlich die Darstellung einer *Tahonga,* eines Schmuckes, den die Osterinsulaner auch später in Holz darstellten. Aber das Segel auf diesem Schiff war ganz grob eingeritzt, vermutlich von irgendwelchen Seefahrern, die die Osterinsel einmal angelaufen hatten.

Es war ja vorgekommen, daß Schiffe auf großer Fahrt vor der Osterinsel ankerten, um ihren Wasservorrat zu ergänzen. Die Besatzung kam an Land und erlaubte sich den Spaß, die Tahonga einfach ein bißchen zu ›verschönern‹. So ritzten sie ein Schilfboot in das Holz.

Wir wissen heute wohl, wie und wo die Steinfiguren modelliert wurden. Nämlich an den Wänden des Kraters Rano Raraku. Aber wir wissen bis heute nicht, wie diese vielen tonnenschweren Kolosse transportiert werden konnten. Sie wurden überall rund um die Insel herum aufgestellt. – Es wird weitergeforscht, doch die Mohai bewahren ihr Geheimnis.

Wettrennen in der Antarktis – Chiles erste Expedition (1947)

Im Jahre 1947 trafen sich in der Antarktis die Repräsentanten acht verschiedener Länder, um über ihre dortigen Besitzansprüche zu verhandeln, denn früher oder später sollte dieser Kontinent einmal zum ›internationalen Zankapfel‹ werden.

Auf dem Kongreß waren diejenigen Länder vertreten, die bereits Stützpunkte am Südpol hatten und von daher Anspruch auf antarktisches Territorium erhoben. Man einigte sich nun darauf, daß kein Land bis zu einem gewissen Zeitpunkt Landanspruch erheben dürfe; und später auch nur, wenn es vorher schon eine Station in der Antarktis besessen hatte.

Chile hatte noch keine Station, und da haben die Chilenen Hals über Kopf eine Expedition ausgerüstet, um nun auch ein Basislager in der Antarktis errichten zu können.

Chiles erste Antarktisexpedition war für das Jahr 1947 geplant. Die chilenische Marine hatte zu diesem Zweck zwei Schiffe zur Verfügung gestellt, die Fregatte ›Iquique‹ und das Transportschiff ›Angamos‹, mit dem ich erst vor zwei Wochen von der Osterinsel zurückgekehrt war. Ein einmotoriges Wasserflugzeug, die ›Vough Sikorsky‹, wurde zwecks Erkundigungsflügen auf der ›Angamos‹ verladen. Zwei Catalina-Flugzeuge, die von Punta Arenas aus zu der Expedition stoßen sollten, konnten den Flug vom südamerikanischen Kontinent aus zur Antarktis wegen unsicherer Wetterverhältnisse nicht wagen.

Am 28. Januar 1948 war die Expedition zum Aufbruch bereit. Es war ein herrlicher Sommertag. Im Hafen von Valparaíso herrschte geschäftiges Treiben. Die ›Angamos‹ lag am Pier vertäut, heute sollte es losgehen.

Im Hochsommer, also Anfang Januar bei 30 Grad Wärme, fuhren wir nach Valparaíso und gingen an Bord. An dieser Reise nahmen außer der Marinebesatzung noch 40 Zivilpersonen teil, außerdem Reporter von chilenischen Zeitungen, vom ›Figaro‹ in Paris und von argentinischen Zeitschriften. Hinzu kamen noch ein französischer Zoologe sowie eine militärische Abordnung, zwei Fischereisachverständige und ich als Kameramn für die ›Iquique‹. Aus unserem gemeinsamen Filmmaterial wurde dann später ein abendfüllender Film für die Kinos zusammengeschnitten.

Unser Expeditionsschiff in der Antarktis: die ›Angamos‹

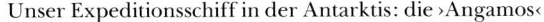

Das Sikorsky-Wasserflugzeug, das wir auf der ›Angamos‹ in die Antarktis transportiert haben

Ein paar Tage vor unserer Abfahrt wurden übrigens alle Teilnehmer noch einmal zu einer allgemeinen Information über die geplante Expedition eingeladen. Der Kapitän, derselbe, mit dem ich auch die Reise zur Osterinsel unternommen hatte, hielt eine Ansprache und sagte unter anderem: »Sie brauchen sich keine Sorgen zu machen und sich um nichts zu kümmern. Für alle Passagiere ist eine Antarktis-Ausrüstung vorhanden. Lebensmittel sind auch genügend an Bord. Wir werden sie in Punta Arenas noch ergänzen, und für Trinkwasser ist auch gesorgt. Es wird eine lange Reise werden. Wir rechnen damit, drei Monate unterwegs zu sein.«

Natürlich fuhren wir nicht pünktlich ab. Es gab ja so viel zu verstauen. Am Kai standen Berge von Kisten, Fässern mit Rohöl für die ›Iquique‹, die uns schon vor zwei Wochen vorausgefahren war, und Brennstoff für unseren braven ›Vogel‹. All dieses Material mußte noch verladen werden.

Da traf ich meinen alten Bekannten, Prof. Mann, wieder, mit dem ich im Jeep zu den Indios an der bolivianischen Grenze gereist war. Er nahm als Zoologe und Biologe an unserer Expedition teil. Jetzt war er um die Verstauung seines umfangreichen Expeditionsgutes besorgt. Er hatte Schleppnetze und eine ganze Laboreinrichtung in Kisten verpackt. Waffen und Tonnen zur Aufbewahrung der Felle wurden an Deck getragen.

Allmählich fanden sich nun auch die anderen Teilnehmer ein.

Weil alles auf dem Schiff sein sollte, unter anderem auch die Antarktis-Ausrüstung, kamen die Leute im Sommeranzug mit Strohhut, Sandalen und kleinen Köfferchen. Ich hatte vorgesorgt, hatte mir Pelzhandschuhe, eine Pelzmütze und reichlich Vitamine mitgenommen, denn wer wußte schon, wie das mit der Verpflegung war, und ob es nachher nicht Engpässe geben würde. Und ich sollte recht behalten.

Wie waren wir nun untergebracht? – Ich kam an Bord, und es wurde mir eine Kabine zugewiesen, in der wir zu neun Mann hausen mußten, und das drei Monate lang! Das muß man sich einmal vorstellen! Ein Schiff, das kein komfortabler Passagierdampfer ist, und auf dem die ganze Mannschaft auf beschränktem Raum auskommen muß. –

Zuerst kam ein kleiner Journalist vom ›Zick-Zack‹, einem Boulevardblättchen, pfeifend und singend mit Strohhut und Sandalen. Und was holte er aus seiner Aktenmappe heraus? – Einige Zeitschriften, aus denen er die Bilder von den schönen kleinen Mädchen herausriß und an seine Kojenwand klebte.

Dann traf ein Meteorologe ein, ein äußerst seriöser Mann, der sehr nett war, aber einen kleinen Tick hatte. Hin und wieder schnitt er ganz unvermittelt Grimassen. Er hatte nur ein kleines Köfferchen bei sich. Und was holte er da heraus? – Ein Heiligenbild! Das klebte er über das Kopfende seiner Koje.

Ein weiterer Journalist betrat die Kajüte. Er war ganz fein angezogen, hatte sich extra eine Seemannsjoppe und eine Seemannsmütze gekauft. Er war noch nie zur See gefahren, wußte also gar nicht, wie das ist. Den Seebären mußte er markieren, war aber der erste der seekrank wurde. Dieser Mann war so fein, daß er sich immer nur die Fusseln von seinem Anzug runterpuschte, damit er sich bloß nicht beschmutzte. Und als er sich nun gerade richtig eingerichtet hatte, erschien eine Gestalt im Türrahmen der Kajüte, ein Koloß. Es war Coloani.

Coloani ist der Autor des Bestsellers ›Kap Hoorn‹. Er war ursprünglich Fleischer in den Gefrierfabriken in Punta Arenas und wuchs in Feuerland und Patagonien auf. Ein Bulle von einem Mann! Als er den kleinen Journalisten erblickte, der immer so eifrig seine Fusseln von der Kleidung entfernte, sagte er seelenruhig zu ihm: »Du bist hier? Du weißt doch genau, daß ich dir alle Knochen brechen werde, sobald wir an Land sind. Hier, auf dem Schiff, werde ich dich noch verschonen. Aber warte nur, bis wir an Land sind...!«

Der kleine Journalist konnte kaum mehr sprechen, ganz verängstigt war er. Und das ging nun

Robin mit einem seiner Tierfreunde

jeden Tag so. Wenn Coloani ihn sah, sagte er: »Heute tue ich dir nichts, aber an Land kannst du was erleben!«

Diesen Coloani, der ja nun nichts mit der Antarktis zu schaffen hatte, hatte man extra eingeladen und ihm diese Reise sozusagen als Geschenk überreicht, damit er auch die Antarktis kennenlernte. Er hatte fast überhaupt nichts vom Südpol gesehen, denn er feierte stets die ganze Nacht durch, und tagsüber schlief er.

Dann kam noch Robin, der Zoologe aus Paris, der sehr ulkig und witzig war und auch schon mit uns nach Feuerland gereist war. Er sammelte alles, was er in die Hände bekam: Steine, Krallen von irgendwelchen Vögeln, Pflanzen und vor allen Dingen lebendige Pinguine!

Als wir dann nachher die Inseln der Pinguine erreichten, brachte er erst zwei, dann drei, dann vier und schließlich zehn Pinguine in unserer Kabine unter. Sie watschelten da überall herum. Aber sie watschelten ja nicht nur, sie gaben ja auch etwas von sich und mußten gefüttert werden, und zwar mit frischem Seehundsfleisch, was ja auch nicht gerade angenehm roch. Aber das mußten wir alles ertragen.

Nun muß man sich aber auch vorstellen, wie das vor sich ging in der Kabine. Jeder der neun Mitreisenden hatte bestimmte Angewohnheiten. Der eine schnarchte, der andere wälzte sich in seiner Koje hin und her, so daß alles knackte. Der eine kam abends um neun Uhr und legte sich schlafen, der andere um zehn Uhr, der nächste um elf, ein anderer kam dann vielleicht nachts um zwei. Und jedes Mal, wenn einer hereinkam und die anderen lagen schon in ihren Kojen und schliefen, knipste er das Licht an und machte Lärm. Dann schrien die anderen: »Licht aus, wir wollen schlafen! Tür zu! Was macht ihr da für einen Krach!?«

Und dann trat gleich zu Beginn unserer Reise ein furchtbares Ereignis ein. Wir waren kaum aus Punta Arenas ausgelaufen, da entdeckten wir – und wir trauten kaum unseren Augen – eines Morgens an Deck überall gespannte Leinen. Und was hing über den Leinen? – Geschlachtete Rinder! Weil die Gefrierkammer nicht funktionierte, fing das Fleisch bereits an zu faulen. So wurde es auf dem Deck zum Trocknen aufgehängt. Aber das war noch das wenigste!

Etwa zwei Tage nach unserem Auslaufen kamen wir in den Waschraum mit einfachen Duschvorrichtungen. Bei einer Dusche tropfte das Wasser ununterbrochen. Das kostbare Süßwasser lief unentwegt und bildete schon einen kleinen See. Wir versuchten, den Wasserhahn zu schließen, aber es ging nicht. Darauf wandten wir uns an den zweiten Offizier, der für eine solche Angelegenheit zuständig war. Er sagte, daß er morgen einmal nachsehen wolle. Nachts lief das Wasser unentwegt weiter, so daß bald der ganze Gang vor unseren Kajüten überschwemmt war. Die Koffer schwammen bereits in den Kabinen durcheinander. Kostbares Trinkwasser ging verloren. Das führte dazu, daß das Trinkwasser später rationiert werden mußte, und man zum Waschen überhaupt nur noch eine halbe Stunde Wasser am Tag erhielt.

Den Golfo de Peñas, in dem gewöhnlich die südwärts fahrenden Schiffe die schützenden Kanäle aufsuchen, ließen wir bald schon hinter uns. Es ging durch den Beagle-Kanal zu dem äußersten Zipfel Südamerikas, nach Kap Hoorn. Das ist eine kleine, dem Feuerland vorgelagerte Insel. Wir erreichten sie gerade noch, als ein Sturm ausbrach; so gingen wir im Schutze der Insel vor Anker und warteten drei Tage lang, bis der Sturm sich gelegt hatte.

Hier draußen in der Einsamkeit des tobenden Meeres hat sich schon so manches Drama abgespielt, von dem kein Zeuge mehr berichten kann. Versunken und verschollen für alle Zeiten blieben Schiffe und Menschen. Früher, bis zu dem Zeitpunkt, als der Panama-Kanal eröffnet

Beim Ausbooten in der Antarktis: Coloani (links oben), Robin (rechts oben) und Dr. Mann (Bildmitte) ▷

wurde, ging ja der gesamte Schiffsverkehr von Europa um die Westküste Amerikas und das Kap Hoorn herum. Kleine und große Schiffe wurden von unbeschreiblich hohen Wellen emporgehoben, um sofort wieder in einem Abgrund zu versinken. Besonders die Segelschiffe, die großen Zwei- und Dreimaster waren den Gefahren der Umsegelung von Kap Hoorn ausgesetzt. Segel gingen über Bord, ein Mast zersplitterte, der Gewalt des Sturmes konnte er nicht mehr standhalten. »Nur derjenige, der einmal Kap Hoorn umsegelt hat, kennt das Meer«, sagte Henry Dana in seinem berühmten Buch ›Two Years before the Mast‹.

Als der Sturm vorbei war, fuhren wir immer noch bei hoher Dünung in das Mar de Drake, die Drakestraße ein, so genannt nach dem berühmten englischen Seehelden. Und da kamen auch schon die ersten Eisberge angeschwommen.

Der Kapitän hielt wieder eine Ansprache: »Wir nähern uns nun dem antarktischen Kontinent, und es kommt immer mehr Eis auf uns zu. Die ersten Eisberge sind bereits in Sichtweite, und es wird jetzt erheblich kühler. Wir sind aber ausgezeichnet darauf vorbereitet. Wir haben eine Antarktis-Ausrüstung im Schiff. Außerdem ist das Schiff gut beheizt. Wir sind hier an Bord 150 Personen. Die Antarktis-Ausrüstung reicht für 75 Leute. Aber mehr Anzüge brauchen wir ja gar nicht, denn Sie werden ja sicherlich nicht alle gleichzeitig an Land gehen. Wer gerade vom Landausflug zurückgekommen ist, der zieht die Ausrüstung aus und gibt sie einem anderen.«

Wenn einmal eine heikle Situation kommen sollte und wir müßten alle an Land gehen – bei einem Schiffbruch zum Beispiel –, dann sollte also die eine Hälfte erfrieren und die andere überleben, dachte ich mir.

Da man sich bei dem Trubel des Verladens in Valparaíso und in Punta Arenas vor Dieben schützen wollte, hatte der Kapitän unsere Antarktis-Ausrüstung besonders sicher untergebracht. Er versiegelte die Tür zu dieser Kammer mit einem großen Vorhängeschloß. Den Schlüssel hatte der Kommodore, der oberste Befehlshaber unserer kleinen Flotte, der sich aber auf der ›Iquique‹ befand, die schon zwei Wochen vor uns in See stach. Nun mußten wir also erst einmal sehen, wo die ›Iquique‹ abgeblieben war.

Wir kamen in die Antarktis und zu den ersten Shetland-Inseln, aber von der ›Iquique‹ war keine Spur zu sehen.

Wir besaßen nun also eine Ausrüstung, aber wir kamen einfach nicht an sie heran. Und die ›Iquique‹ fanden wir immer noch nicht. Wir hielten uns schon zwei Wochen in den Gewässern der Süd-Shetlandinseln auf, da kam endlich der große Augenblick, die Flotte sollte wieder vereint sein!

Am Fuße eines riesigen Gletschers, der ins Meer mündete, lag die ›Iquique‹ vor Anker. Die große Wiedersehensfreude beider Schiffe wurde natürlich festlich begossen. Die Besatzung der ›Iquique‹ hatte ja nun schon einige Erfahrungen und Abenteuer hinter sich. Wir alle waren auf der Suche nach einem geeigneten Platz, an dem wir die erste chilenische Station errichten konnten. Die ›Iquique‹ hatte ihn noch nicht gefunden.

Als wir in die Antarktis kamen, hatten wir zunächst viel Nebel. Unser Schiff hatte kein Radargerät, das besaßen damals nur wenige Schiffe; aber wir hatten ein Echolot. So mußten wir uns regelrecht an die Antarktis herantasten. Der Nebel war oft so dicht, daß wir stundenlang, manchmal sogar einen ganzen Tag lang, an einem Fleck lagen. Auf der Suche nach einem Platz für unsere Station ging es langsam immer weiter nach Süden.

Die Antarktis ist ein vergletscherter Kontinent. Sie besitzt Berge bis zu 4000 Metern Höhe. Es gibt dort noch tätige Vulkane und eine ganze Reihe von vorgelagerten Inseln. Man muß sich vorstellen, das Gletschereis schiebt sich von dem Kontinent über die Berge in das Meer, und es ist so dick, daß der Absturz manchmal 100 Meter hoch ist. Davon splittert nun immerzu das Eis ab und bildet die großen Eisberge. Da kann man keine Station errichten. Man kann nur auf ganz schmalen Halbinseln bauen, die nicht vergletschern, oder auf vorgelagerten kleinen Inseln.

Derartige Plätze waren nicht gerade sehr häufig, und die besten waren schon besetzt, entweder hatten sie die Pinguine in Besitz genommen und dort Tausende von Brutplätzen errichtet, wie zum Beispiel auf einer kleinen Insel, die dem gewaltigen, über 2000 Meter hohen Mount Williams vorgelagert ist, oder es stand schon eine andere Station auf unserem auserwählten Platz.

Die englische Station ›Lockroy‹

Auf einer der Pinguin-Inseln hatten die Engländer eine Station errichtet, die sie ›Lockroy‹ nannten.

Dieser Platz war deshalb so günstig, weil er nach zwei Seiten Ausgänge zum Meer und außerdem zwei kleine Häfen hatte, in denen ein Dampfer ankern konnte, wenn der Hafen nicht gerade vereist war. Die eine Bucht war bei unserer Ankunft besetzt: da lag der argentinische Walfänger ›Don Samuel‹. In der anderen Bucht gingen wir vor Anker.

Die Engländer hatten diesen Platz schon vor ein paar Jahren in Besitz genommen und dort ein Haus gebaut, in dem sie bereits mehrmals überwintert hatten. Dort wehte die englische Fahne. Daneben befand sich ein großes Schild mit der Aufschrift ›British Crownland‹, und neben diesem stand noch ein weiteres Schild mit der Aufschrift ›Post office‹. Man konnte also sogar Sondermarken vom Südpol erstehen. Abgeschickte Briefe erreichten wahrscheinlich erst nach einem Jahr ihren Bestimmungsort.

Daß dieser schöne Platz nun also besetzt war – wir waren ja schon lange vergeblich herumgefahren –, wurmte die Chilenen natürlich, denn sie wollten diese Stelle für sich in Anspruch nehmen.

Und was haben sie gemacht? Sie haben eine Landexpedition ausgerüstet, sind in der Nacht mit einem Motorboot an Land gefahren und haben die chilenische Fahne sowie ein großes Holzschild mit der Aufschrift ›Territorio Chileno‹ mitgenommen. Dann raubten sie das englische Schild und brachten es als Trophäe mit auf unser Schiff. Und dann sind wir abgefahren.

Nach einigen Tagen kamen wir wieder nach Lockroy. Die Engländer hatten inzwischen das chilenische Schild entfernt und wieder ein Schild mit ›British Crownland‹ hingestellt, obwohl es das ja praktisch gar nicht gab. Dann müssen wir es eben anders machen, sagten sich die Chilenen.

So rüstete unsere Militärabordnung eine Bergsteiger-Expedition aus und der Mount Williams wurde in Angriff genommen. Oben angelangt hißten sie die chilenische Fahne und stellten wieder ein Schild mit der Aufschrift ›Territorio Chileno‹ auf.

Der nächste Schnee hatte dieses Werk zwar erneut zugeschüttet, aber die Chilenen hatten wenigstens die Genugtuung, das Schild sei jetzt da oben, und da könne es nicht mehr geraubt werden.

Dann kamen wir an eine argentinische Station, da war ein Schild ›Territorio Argentino‹ mit der argentinischen Fahne angebracht. Doch hier hat man es nicht gewagt, das Schild wegzunehmen. Das Verhältnis zwischen den Nachbarstaaten Argentinien und Chile war sowieso nicht besonders gut.

Die Argentinier hatten Briefmarken gedruckt, auf der die Südspitze Südamerikas dargestellt war, mit einem Pfeil, der von dem argentinischen Territorium bis zum Südpol ging. Das Gebiet, das sich in dem Pfeil befand, wurde von Argentinien beansprucht. Die Chilenen hatten daraufhin genau dasselbe getan und auf ihren Briefmarken ebenfalls einen Pfeil über das chilenische Gebiet hinaus zum Südpol gezogen. Diese beiden Pfeile überlappten sich aber. So kam ein Brief mit der chilenischen Briefmarke von der Antarktis nie in Argentinien an. Ein Brief mit der argentinischen Briefmarke kam allerdings auch nicht in Chile an.

Immer weiter ging es jetzt nach Süden, wir fuhren durch schmale Meeresstraßen zwischen dem Festland und den vielen vorgelagerten Inseln hindurch. Wir passierten mit großer Vorsicht den Bismarck-Kanal, fuhren an steilen Felsenriffen vorüber, an denen die Brandung mit ungeheurer Wucht tobte, und gelangten in die Bellingshausensee, wo wir bei 66° 30′ westlicher Breite den südlichen Polarkreis passierten.

In großer Entfernung fuhren wir an der weit ausgedehnten Insel Adelaída entlang und erreichten die Bahía Margarita. Diese Bucht erstreckt sich hauptsächlich zwischen der Isla Adelaída, Alexander Island und dem Graham Land. Der riesenhafte Golf ist den größten Teil des Jahres mit Packeis bedeckt. Wir hatten großes Glück, daß wir bis in die äußerste Tiefe dieses Golfes vordringen konnten. Dies war allerdings mit dem großen Risiko verbunden, über Nacht plötzlich vom Eis eingeschlossen zu werden.

Wir gingen jetzt weit draußen vor Stonington Island vor Anker. Das war also die berühmte Ostbasis Admiral Byrds, die 1941 unerwartet von den Männern, die Byrd hier zurückgelassen hatte, aufgegeben wurde. Im Jahre 1940 hatte Admiral Byrd diese Station errichtet. Sie war damals die südlichste Basis der Amerikaner.

Das Lager bestand aus zwei großen und drei kleinen Holzhäusern, die auf einer felsigen Landzunge erbaut wurden. Die Häuser waren durch Telefonleitungen miteinander verbunden. Lebensmittel, Medikamente waren reichlich vorhanden, eine Bibliothek, ein Billardzimmer und ein Kino sorgten für Unterhaltung. Hundeschlitten und Traktoren konnten bei Landexpeditionen benutzt werden. Das Lager lag aber bedenklich nahe an einer riesigen Gletscherzunge, die immer näher kam, und die Station zu erdrücken drohte.

So sah sich Byrd gezwungen, noch bevor der lange antarktische Winter hereinbrach, das Lager zu räumen. Aber sein Expeditionsschiff konnte nicht in die Bahía Margarita vor der Insel Stonington einfahren. Die Bucht war vom Packeis völlig blockiert. So wurde die 25 Mann starke Lagerbesatzung in mehrmaligen Flügen mit zwei kleinen Maschinen über eine Entfernung von 185 Meilen zum Expeditionsschiff geflogen und konnte nur das Notdürftigste mitnehmen.

Wir kamen früh am Morgen in der Bahía Margarita an und ankerten in ziemlicher Entfernung von dem verlassenen amerikanischen Lager. An diesem Tag bekam jeder Mann, vom Schiffsjungen bis zum Kommodore, der jetzt mit uns auf der ›Angamos‹ fuhr, Landurlaub.

Als wir noch auf der Osterinsel waren, haben die Seeleute schon davon gesprochen, daß es in der Bahía Margarita etwas zu holen gäbe, da es sich um ein verlassenes Lager handele. Und wir sollten nun dorthin kommen!

Um zu dem verlassenen Lager von der Anlegestelle aus zu gelangen, mußte man mehrere 100 Meter über verschneites und vereistes Gelände gehen. Die Tür zu dem Hauptgebäude war nicht verschlossen, aber ein großes Schild am Eingang verkündete: »Jeder, der in Not ist, kann von diesem Lager nehmen, was er braucht. Er möchte es aber später in Washington den Behörden melden.«

In Not war ja nun keiner von den *Marineros*, aber die Versuchung war groß. Was gab es da nicht alles für schöne Sachen: Pelzstiefel, Jacken, Zigaretten, Schokolade und vieles, was man noch gut gebrauchen konnte.

Was machten da unsere Leute? Was sie fanden, steckten sie in ihre Taschen. Nicht nur das! Die Seeleute legten ihre alten Klamotten ab und zogen die schönen, neuen Antarktis-Ausrüstungen an und trugen säckeweise die Sachen weg. Die Boote gingen immer hin und her, denn jeder wollte einmal dran sein. Aber neben dem Lager, ungefähr 300 Meter entfernt, hatten die Engländer eine Station errichtet.

Gegen Mittag kamen sie von ihrem Camp herüber und sagten, sie hätten die Geschäftigkeit der Chilenen schon eine ganze Weile beobachtet.

Sie hätten ja nichts dagegen einzuwenden, wenn die Chilenen sich ein Andenken mitnähmen, aber das sie gleich das ganze Lager plünderten, das ginge wohl zu weit.

Da bekamen es die Chilenen mit der Angst zu tun. Der Offizier, der das Boot kommandierte, befahl, alles stehen- und liegenzulassen, was die Besatzung auch im wahrsten Sinne des Wortes befolgte. Sie ließen sofort alles fallen. Verstreut lagen die Güter im Schnee.

Als sie alle im Boot waren, kam der Kommodore selber, stieg ein, und was hatte er bei sich? Zigarettenschachteln und Schokolade! Der Offizier im Heck des Schiffes sagte immer wieder: »Alles stehen- und liegenlassen!« – Aber einem Kommodore hatte doch so ein kleiner Offizier nichts zu sagen; das ging doch nicht!

Als wir dann wieder unterwegs waren, 48 Stunden später, kam ein Funkspruch aus Valparaíso. Die Engländer hätten die Chilenen beschuldigt, das Lager der Amerikaner geplündert zu haben. Was wir dazu meinen würden? – Darauf trommelte der Kapitän die ganze Mannschaft und die Gäste zusammen und teilte allen mit, daß dieser Funkspruch angekommen wäre. Das wir das Lager geplündert hätten, das sei doch eine infame Lüge. Wir hätten doch nicht geplündert, oder? Auch die Journalisten wollten dichthalten. Sie hatten ja alle ein schlechtes Gewissen. Über Funk wurde also alles vom Kapitän bestritten.

Wieder 48 Stunden später kam eine Nachricht. Man hätte auch das andere Schiff, die ›Iquique‹ befragt. Dort hätte man zugegeben, daß man sich Andenken mitgenommen hätte. Nun wollte man wieder von uns wissen, ob wir uns denn nicht doch Andenken angeeignet hätten.

»Nein, wir habe nichts mitgehen lassen«, erwiderten wir.

Und nun kam das Schönste! – Wieder 24 Stunden später betraten wir den Speisesaal, und was erblickten wir an den Wänden? – Es waren überall Zettel an die Wände geheftet, und was stand darauf? – Alle diejenigen, die in Bahía Margarita etwas mitgenommen hätten, wären verpflichtet, es innerhalb der nächsten 24 Stunden auf der Kommandobrücke abzugeben. Da gingen die Leute hoch, vor allem die Journalisten.

»Wir haben die Marine verteidigt und behauptet, wir hätten nichts genommen! Und was bedeuten jetzt diese Zettel?« entrüsteten sich die Betroffenen.

Keiner hatte natürlich etwas abgegeben.

Wir fuhren also immer weiter, und die Zettel wurden noch lange nicht von der Wand im Speisesaal abgenommen. Sie sollten niemals abgenommen werden.

Wir kamen also in Punta Arenas an und wurden mit großen Feierlichkeiten empfangen. Eine riesige Menschenmenge stand am Kai, eine Musikkapelle spielte die Nationalhymne, und bald darauf wurde das Schiff, das glücklich die erste chilenische Antarktis-Expedition überstanden hatte, zur Besichtigung frei gegeben.

Schaulustige stürmten das Schiff. Unter ihnen befanden sich auch viele Engländer, die in Punta Arenas lebten. Und was entdeckten sie an den Wänden des Speisesaals und des Salons? – Die Zettel mit der Aufschrift, alles abzugeben, was man im Lager der Amerikaner in Bahía Margarita mitgenommen hätte.

Ich hatte immer schon gedacht, wann wohl endlich diese kompromittierenden Zettel verschwinden würden? Sie verschwanden nie. Konnte man das begreifen?

Die ›Casa Antártida‹ der Chilenen

Auf der Suche nach einem günstigen Platz für die ›Casa Antárdida‹ wurden verschiedene Inseln angelaufen. Die geeignete Stelle fanden wir dann schließlich auf der Insel Greenwich, eine der Süd-Shetlandinseln.

Kurz nach unserem Eintreffen in der Soberanía-Bucht – so wurde die Discovery-Bucht von dem Leiter der chilenischen Expedition umgetauft – fand ein reger Pendelverkehr zwischen der ›Angamos‹ und der schmalen Halbinsel statt.

Die ›Iquique‹ trafen wir dort wieder an, sie hatte schon allerhand Vorbereitungen getroffen. Das in fertigen Teilen mitgebrachte Hauptgebäude, ein Tonnengewölbe aus Wellblech, war bereits aufgebaut, aber es fehlte noch viel, um diese Station betriebsfähig zu machen. Es sollte ja ein spezielles Team hier zurückgelassen werden, das erst nach einem Jahr wieder abgeholt werden sollte. So blieb unser Schiff mehrere Wochen vor Anker liegen. Die Wissenschaftler konnten die Tierwelt im Wasser und zu Lande erforschen, und die Marine hatte genügend Zeit, um die Umwelt zu erkundschaften. Es wurden außerdem Erkundigungsflüge mit unserem kleinen Wasserflugzeug unternommen, an denen auch ich teilnahm, denn wir wollten für den Film vor allem Luftaufnahmen haben.

Gletscherabsturz auf der Insel Soberanía, wo die erste chilenische Antarktisstation entstand

144

Wir machen das Sikorsky-Wasserflugzeug startklar

Erster antarktischer Stützpunkt der Chilenen auf Soberanía

Schon am frühen Morgen wurde das Flugzeug zu Wasser gelassen. Zunächst ging es mit dem Motorboot zum Flugzeug, das irgendwo in der Bucht unverankert herumschwamm. Dann hieß es ›umsteigen auf das im Wellengang schwankende Flugzeug‹, und das will gelernt sein.

Ja, der Pilot hatte es leicht, seine Spezialausrüstung war schon so gebaut, daß er sich nach allen Seiten bewegen konnte, ohne daß ihm die Hose platzte. Aber in der Spezialpolarausrüstung des Typs ›Angamos‹ herumzuklettern, war schon etwas anderes. Zuerst mußte ich auf den Hauptschwimmer steigen, wobei ich mich am Gestänge festhielt. Hoch über mir schwebte der Rumpf der Maschine.

»Greifen sie hierhin und dorthin, und benutzen Sie die Versteifung als Tritt, dann schaffen Sie es!« rief mir der Pilot vom Führersitz aus zu.

Ich befolgte seinen Rat, aber beim letzten Schritt war es um mich geschehen. Meine sonst so praktischen Segeltuchhosen waren dem nicht gewachsen. Es wäre peinlich gewesen, durch allzu gewaltige Kraftanstrengungen, die Hose zum Nachgeben zu bewegen. Doch das ersparte mir der Pilot, indem er mir die Hand reichte und es mir ermöglichte, in vernünftigen Abständen weiterzuklettern.

Ich saß wie bei dem Feuerlandflug hinter dem Piloten, hatte Kopfhörer auf, und konnte mich mit ihm verständigen und auch mithören, wenn er Funkverbindung mit der ›Angamos‹ hatte. Während des Fluges saß ich bei offener Haube, um besser filmen zu können.

Der Start zwischen den Eisbergen ging ohne Schwierigkeiten vonstatten. Wir flogen in einer Zauberwelt von Licht und Eiskristallen dahin, folgten dem Neumeyer-Kanal bis zur Bélgica-Straße und umflogen die Insel León. Dann kehrten wir nach Lockroy zurück, erreichten die Bismarckstraße und umkreisten das ›Bransfield-House‹ der englischen Station, das auf einer kleinen, felsigen Insel stand. Inzwischen hatte der Pilot mit starken Aufwinden zu kämpfen und gab vor unserer Rückkehr über Funk bekannt: »Ich kann hier nicht wassern, der Aufwind ist zu stark. Nehme an, ein Sturm kommt auf. Ich versuche, in einer anderen Bucht runterzukommen.«

Bald schon setzten wir auf der Wasserfläche auf.

Fischfang in der Antarktis

Sicherlich fanden unsere Wissenschaftler das vielseitigste und bedeutendste Studienmaterial im Bereich der Kleintierwelt der antarktischen Gewässer.

Prof. Mann hatte sich auf der ›Angamos‹ ein Laboratorium eingerichtet. Immer gab es dort etwas Interessantes zu sehen. In Gläsern und Schalen wimmelte es von den merkwürdigsten Gestalten. Er war gerade damit beschäftigt, den Inhalt seines Schleppnetzes zu entleeren und die einzelnen Tierchen zu bestimmen.

»Sehen Sie, sind sie nicht wunderschön, diese Flohkrebse?« rief er voller Begeisterung aus, »und hier die Ascidien und der Borstenwurm.«

Er ging wiederum zu seinen Gefäßen und zeigte mir etwas Seltsames.

»Da sehen Sie die Riesenassel, die ich separat aufbewahre, und dort die Urtierchen, die man sonst nur durch das Mikroskop betrachten kann, werden hier in der Antarktis millimetergroß und sind mit bloßem Auge zu erkennen.«

Ganz eigenartig sind auch die Tunikaten-Schwärme. Wir wurden auf sie aufmerksam, als nach einem Sturm das Meer um unser Schiff herum von sonderbaren, oft meterlangen, weißgelblichen, röhrenförmigen Gestalten wimmelte. Erst hielt man sie für Algen, dann stellte sich heraus, daß es vom Meeresboden losgerissene Salpen oder Manteltiere waren. Die Tunikaten sind deshalb so interessant, weil sie ganz seltene Vorfahren der Wirbeltiere sind, von denen ja auch der Mensch abstammt.

So reich die Ausbeute an kleinen und kleinsten Lebewesen des Meeres war, so wenig Glück hatten unsere Fischer beim Fischfang, wo wir doch gehofft hatten, unsere Speisekarte mit antarktischen Fischgerichten bereichern zu können.

Und was hatten wir nicht alles an Fanggeräten mitgenommen! Die großen Tiefseenetze hatten schon bei der Ausfahrt aus Valparaíso Aufsehen erregt. Die mußten doch zum Erfolg führen. Und daß ein Fang mit einem solchen Netz ein spektakuläres Schauspiel abgeben würde, das glaubte man fest. Und daß die zahlreichen Fische, die es in der Antarktis gab, – wie überall in der Welt – vom Licht angezogen würden, das glaubte man ebenfalls felsenfest.

Am Abend wurde also das große Senknetz mit seinen drei Abteilungen ins Meer gelassen. Spät in der Nacht richtete man das helle Licht eines starken Scheinwerfers auf das Netz und wartete eine ganze Zeitlang. Dann zog man das Netz empor. Das erste Netz mit den großen Maschen tauchte auf – und was befand sich darin? Ein aufgequollenes Brötchen! Sonst nichts! Das zweite Netz kam zum Vorschein – kein Fisch war zu sehen. Das dritte Netz mit den feinsten Maschen tauchte auf – auch das war leer. Eine Erklärung hierfür blieben uns die Experten schuldig. Der Versuch wurde später noch einmal mit demselben Resultat wiederholt.

Nachdem das eine wie das andere Fischerteam bisher nicht einen einzigen Fisch gefangen hatte, wollten beide, als wir in der Bahía de Soberanía lagen, ein Beiboot für ihre Fangversuche haben. Der Kapitän sagte: »Gut, ich gebe euch eins, damit müßt ihr aber gemeinsam fahren.«

»Nein, das machen wir nicht«, sagten sie, denn sie waren sich spinnefeind.

Schließlich verzichtete das eine Team und das andere rüstete sich zu der abenteuerlichen Seefahrt aus. Und was nahmen sie mit? Eine Kiste mit Dynamit, die sollte ihre letzte Rettung sein.

Nun wollte ich mitfahren, denn es war ja schließlich meine Pflicht, alles mit der Kamera festzuhalten. Aber sie winkten ab. »Wir wünschen keine Publicity!« hieß es. Im Grunde genommen war ich ganz froh darüber, denn wer wußte schon, was da alles passieren konnte.

Und dann waren sie mit ihrem Dynamit losgefahren. Weit weg vom Schiff hielten sie an. Wir anderen standen an der Reling und warteten gespannt, wann es losgehen würde und ich wenigstens den hochgehenden Wasserstrahl filmen konnte. Wir warteten und warteten, aber nichts geschah. Die Angst mußte ihnen wohl in den Knochen gesteckt haben, denn keiner von ihnen hatte ja jemals mit Dynamit gefischt. Stillschweigend mit verdrossenen Minen kehrten sie zur ›Angamos‹ zurück, und die Fischfangaktion wurde zunächst einmal eingestellt.

›Kiki‹, der blauäugige Kormoran

Wir hielten uns nun schon zwei Wochen in der Bahía de Soberanía auf, konnten dort an Land gehen und hatten genug Zeit, uns auf Greenwich Island umzusehen.

Auf dieser Insel gab es enorm viele Pinguine, Kormorane, See-Elefanten und Seelöwen, die sehr angriffslustig waren. Alle diese Tiere hatten ja vorher noch nie ein menschliches Wesen gesehen und hatten daher absolut keine Angst vor uns. Wir konnten ganz nahe an die Seelöwen herantreten. Sie ließen sich streicheln, ohne daß sie nach uns schnappten. Einige nahmen sogar die Pinguine auf den Arm und setzten sie wieder auf das Eis. Bei dieser Gelegenheit ging ich oft mit dem französischen Zoologen Robin auf Tierfang und auf zoologische Exkursionen.

Eines Tages beobachteten wir einen Kormoran, der mit einem großen Fisch im Schnabel immer einen Felsen ganz dicht am Strand anflog, sich dort niederließ und den Fisch genüßlich herunterschluckte. Da schlich sich Robin an den Felsen heran, und als der Vogel wieder mit einem großen Fisch ankam, faßte er ihn am Bein und hatte somit nicht nur den Vogel, sondern auch gleich den Fisch eingefangen. Ein Druck am Hals, und der Fisch sprang in großem Bogen wieder heraus, allerdings ohne Kopf, denn der befand sich bereits im Magen des Kormorans. Den Vogel taufte Robin übrigens ›Kiki‹.

Das war zu einer Zeit, in der unsere beiden Fischerteams nicht einen einzigen Fisch gefangen hatten. – Als wir nun mit dem großen Fisch und dem Vogel an Bord kamen, liefen uns sofort die Forscher und Sachverständigen entgegen: »Den Fisch bekommen wir. Der steht uns zu!«

»Nein«, sagte Robin, »den kriegt keiner. Den braten wir uns nämlich heute abend. Wir wollen endlich wieder Fisch essen.«

Und dieser Fisch schmeckte uns auch ganz ausgezeichnet.

Ich sollte aber auch noch zu anderen lukullischen Genüssen der ›antarktischen Speisekarte‹ gelangen, und wieder war es Robin, der mir das ermöglichte.

Auf einer Wanderung am Strand entlang traf ich ihn eines Tages beim Zerlegen einer Weddell-Robbe. Von Robin sah ich im ersten Augenblick nur seine beiden Brillengläser und seine stark entwickelte Nase. Sein Gesicht war blutbeschmiert, denn mein Freund Robin war gerade dabei, Vitamine zu sich zu nehmen. Er aß das rohe Robbenfleisch. Ich probierte ein Stück Speck, der ausgezeichnet schmeckte. Das rohe Fleisch überließ ich Robin. Später, als wir sahen, daß das Fleisch eines erlegten See-Elefanten von Parasiten befallen war, haben wir uns diese Späße nicht mehr erlaubt.

Und was wurde aus Kiki? An Deck des Schiffes bekam Kiki eine große Kiste mit Luftlöchern, die eigentlich zur Aufbewahrung von Rettungsgürteln diente. Nach Robins Ansicht sollte man gefangene Vögel während des Transportes möglichst im Dunkeln halten. Mittags wurde Kiki gefüttert. Das wollte auch gelernt sein. Von alleine fressen diese Vögel in der Gefangenschaft nämlich zunächst nichts. Robin nahm den Vogel unter den Arm, öffnete ihm mit der einen Hand den Schnabel und stopfte ihm mit der anderen behandschuhten Hand möglichst große Stücke Robbenfleisch oder Speck in den Schlund, denn die Vögel brauchen große Bissen zur Verdauung. Robin mußte sich dabei in acht nehmen, damit zum einen der Schnabel des Tieres nicht verletzt wurde, und zum anderen mußte er aufpassen, daß ›Kiki‹ ihm nicht die Augen aushackte, denn der Kormoran ist ein starker Vogel, der sich kräftig wehren kann.

Robin war von der chilenischen Marine zu unserer Antarktis-Expedition eingeladen worden. Der Franzose war Mediziner, Anthropologe und ein großer Naturfreund. Prof. Paul Rivet, der damalige Direktor des ›Musée de l'Homme‹ in Paris hatte ihn schon vorher mit einer Mission zu den Alakaluf beauftragt.

Als ich eines Abends unsere gemeinsame Kabine auf der ›Angamos‹ betrat, dieses ›Massenquartier‹ von neun Mann, empfing mich ein aufgeregter Wortwechsel. Am Boden saß Robin mit Kiki und fütterte ihn mit Speck.

»Das ist ja gar nicht Kiki«, rief Robin, »sondern sein Weibchen, das ich eben gefangen habe.«

»Wieder einfach mit der Hand?«

»Gewiß doch, und zwar an derselben Stelle. Ich hatte Mama Kiki schon vor einigen Tagen beobachtet, wie sie nach ihrem Gemahl Ausschau hielt, aber nie konnte ich sie erwischen. Nun soll sie erst einmal ordentlich etwas zu fressen haben, dann kommt sie in die Kiste zu ihrem Männchen.«

Diese Fütterung wilder Tiere in unserem Schlafraum – es wohnten jetzt schon sechs Pinguine unter meinem Bett – gefiel einigen von uns gar nicht, denn der Geruch der Vögel und der Duft frischen Seehundspecks war nicht jedermanns Sache. Aber schließlich befanden wir uns ja nicht auf einer Vergnügungsreise. Und konnte man sich ein antarktisches Expeditionsschiff vorstellen, auf dem es nicht nach frischem Robbenfleisch, nach Kormoranen oder Pinguinen roch?

Wir bauen einen Leuchtturm

Unsere Antarktis-Expedition näherte sich bereits ihrem Ende. Das Metallhaus mit seinen Nebengebäuden war vollendet. Es gab aber immer noch allerhand zu tun.

Vorsorglich wurde nun auch Proviant und Heizmaterial an Land geschafft, das für zwei Jahre vorgesehen war, denn man konnte ja nicht wissen, ob im nächsten antarktischen Sommer die Zufahrt zur Soberanía-Bucht eisfrei sein würde. So ging es in den letzten Tagen unseres Aufenthalts hoch her. 50 Tonnen Kohle wurden gebracht, 308 Benzinbehälter, Rohöl für den Dieselmotor, Brennholz, 1500 Liter Petroleum, 200 Liter Walfischöl und noch vieles mehr.

Als ich an einem der letzten Tage nochmals die inzwischen ganz wohnlich eingerichtete Station besuchte, war gerade eine Schaluppe angekommen, voll beladen mit großen, runden Käserädern aus Chile.

»Sie sehen, man hat an alles gedacht«, sagte einer der künftigen Bewohner unserer Station, »und dort haben wir unseren Eisschrank«, fuhr er fort, indem er auf eine Aushöhlung im Gletschereis wies, »da haben wir vorläufig unsere Butter und das Penizillin aufbewahrt. Später, wenn es richtig kalt wird, werden wir die Eisbox näher am Hause einrichten.«

Die wichtigsten Probleme zur Überwinterung in der Antarktis waren nun gelöst. Aber es gab noch eine andere Aufgabe zu bewältigen. Die Bucht wurde genau vermessen, Untiefen und Risse festgestellt, die man zur Flutzeit nicht sah. Doch die schwierigste Arbeit hatte man sich bis zum Schluß aufgespart: die Errichtung eines kleinen Leuchtturmes.

Das Material hierfür hatten wir in Einzelteilen, die nur zusammengesetzt werden mußten, mitgeführt. Aber diese Teile waren aus Eisen und deshalb enorm schwer. Dazu kamen die Sauerstofflaschen, die das Leuchtfeuer ein Jahr lang in Betrieb halten sollten. Aber wozu brauchte man in dieser Gegend überhaupt ein Leuchtfeuer? Im Sommer ging die Sonne sowieso nicht unter, und im Winter bekam unsere Station bestimmt keinen Besuch, denn da waren die

Kanäle voller Packeis. Wer hatte denn zu dieser Jahreszeit etwas in der Bahía de Soberanía zu suchen? Aber der Ehrgeiz spielt ja manchmal auch eine große Rolle dabei.

Den Platz für den Leuchtturm hatte der Kommodore auf dem niedrigen Vorgebirge von Roberts Island ausgesucht. Ob es möglich sein würde, dort in der Nähe zu landen, war noch fraglich. Ich sollte als einzige Zivilperson mitfliegen.

Für das Unternehmen wählten wir die *Panga,* ein großes, rechteckiges Motorboot, bei dem nach der Landung die ganze vordere Bordwand herausgeklappt werden konnte.

Die Panga faßte normalerweise 30 Mann, sie war aber mit den Eisenteilen schon so schwer beladen, daß nur 15 Leute mitfahren konnten.

Zweimal mußte die Exkursion wegen schlechten Wetters aufgeschoben werden. Doch am dritten Tag, als die Witterungsverhältnisse immer noch nicht besser wurden, sollte es losgehen.

Wir stiegen also früh morgens in das Boot, der Motor wurde angeworfen, und unsere Panga tuckerte davon. Aber wir waren kaum 30 Meter gefahren, da setzte der Motor aus, und jeder Versuch, ihn wieder in Gang zu setzen, scheiterte. Man war ratlos. Ich hatte jedoch längst gesehen, woran es lag. Die Panga war so schwer beladen, daß sie nur wenige Zentimeter aus dem Wasser ragte. Natürlich befand sich der halbe Motor, ein Außenbordmotor, unter der Wasseroberfläche. Das konnte ja nicht gutgehen! Ein Motorboot schleppte uns zurück zur ›Angamos‹. Für heute war die Exkursion beendet. Der Motor mußte erst wieder hergerichtet werden.

Am nächsten Morgen sollte nun zuerst der eine Teil, danach der Rest der Besatzung befördert werden. Bei Schneetreiben fuhren wir los. Kaum hatten wir die Soberanía-Bucht hinter uns, als eine kräftige Dünung die schwer beladene Panga hin- und herschaukeln ließ. Nach zweistündiger Fahrt erreichten wir den Punkt auf Roberts Island, der für den Bau des Leuchtturmes vorgesehen war. Wir fanden auch eine Bucht, die zum Ankern geeignet schien. Das Material wurde ausgeladen. Danach verließ uns die Panga wieder, um die andere Abteilung zu holen.

Den ganzen Tag hatten wir reichlich damit zu tun, Träger, Eisenplatten und alles, was sonst noch zum Aufbau eines Leuchtturmes gehörte, etwa einen Kilometer weit über das verharschte Schneefeld den Berg hinaufzutragen. Währenddessen schneite es unaufhörlich.

Nachmittags kam die Panga mit dem zweiten Schub der Gruppe zurück, doch es war ausgeschlossen, die Bauarbeiten noch am selben Tag zu beenden. Es war zwar noch lange nicht dunkel, aber das Wetter wurde immer schlechter. Die dreiköpfige Besatzung der Panga stand ständig in Funkverbindung mit der ›Angamos‹.

Plötzlich erhielt sie vom Kapitän des Dampfers den Befehl, alles stehen- und liegenzulassen und sofort zurückzukommen, da ein Sturm herannahe. Das Landekommando hatte es aber nicht sehr eilig. Sie wollten nicht so abrupt mit der Arbeit aufhören. Doch die Besatzung der Panga wußte schon, was da auf sie zukommen sollte.

»Das ist ein Befehl des Kapitäns!« riefen die einen. »Nein, nein, wir machen unsere Arbeit erst fertig«, meinten die anderen, »wir werden doch nicht noch einmal von vorne anfangen. Außerdem hatten wir gerade vor, Kaffee zu kochen.«

Und das taten sie dann auch. Die Panga konnte warten.

Inzwischen wurde es immer später, und der Himmel verdunkelte sich.

Als wir nun Hals über Kopf alle Mann in der Panga saßen, bekamen wir sie nicht vom Ufer los, denn es war mittlerweile Ebbe eingetreten, und das Wasser ging immer mehr zurück. So mußte ein Teil unserer Leute wieder aussteigen. Sie sollten der nun leichter gewordenen Panga einen Stoß geben und danach sofort hineinspringen. Bei diesem Manöver fiel einer der Matrosen in voller Montur, also mit der gesamten Polarausrüstung, ins eiskalte Wasser. Es gelang uns jedoch, ihn direkt wieder herauszuziehen.

Jetzt hieß es, so schnell wie möglich zur ›Angamos‹ zurückzukehren, aber das war gar nicht so einfach. Das Schneetreiben, das immer stärker wurde, nahm uns völlig die Sicht. Doch vorwärts mußten wir, hier konnten wir nicht bleiben. Weder Kompaß noch Radio halfen uns, aus dem Gewirr von Treibeis, Riffen und Eisbergen wieder herauszufinden. Wir mußten Untiefen und Landzungen umfahren, die man am Tage gut sehen konnte, aber nicht im Dunkeln. Zum Glück ließ der Kapitän den großen Scheinwerfer der ›Angamos‹ senkrecht in den Himmel strahlen, so daß wir, als das Schneetreiben für Augenblicke etwas nachließ, einen hellen Schein bemerkten, der uns die Richtung des Schiffes andeutete.

Wir waren schon eine gute Stunde gefahren und völlig damit beschäftigt, die Eisschollen, durch die wir unseren Weg bahnen mußten, mit den Händen von der Bordwand abzuwehren. Einer der Matrosen fragte plötzlich: »Wo ist denn eigentlich unser Kamerad, der ins Wasser gefallen war?« – Nun, er lag zwischen unseren Füßen am Boden, niemand hatte ihn bemerkt. Er war schon nicht mehr bei Bewußtsein. Seine Montur war inzwischen steifgefroren. Da haben wir ihn ordentlich abgerubbelt, und er kam wieder zu sich.

Nun dachte ich, wenn wir jetzt zurückkämen, gäbe es ein furchtbares Theater. Der Kapitän hatte uns befohlen, sofort umzukehren, und wir haben Stunde um Stunde gewartet, bis wir uns schließlich entschlossen, den Leuchtturm zu verlassen. Und was passierte? – Der Kapitän stand oben an der Reling, freute sich und rief uns schon von weitem zu: »Da seid ihr ja! Gut, daß ihr angekommen seid.«

Er tat so, als ob nichts vorgefallen wäre. Es war ja auch nichts geschehen. Nur einer von uns war kurz unfreiwillig ins Eiswasser getaucht.

Abschied von der Eiswelt des Südens

Die Hauptaufgabe unserer Expedition war erfüllt. Die erste chilenische Basis in der Antarktis in Puerto Soberanía auf der Insel Greenwich, 62° 30′ südlicher Breite und 59° 41′ westlicher Länge wurde am 20. März 1948 vollendet und in Betrieb genommen.

Sechs Mann traten an diesem Tag in der ›Casa Antártida Chilena‹ ihren Dienst an. Sie dient in erster Linie als meteorologische Beobachtungsstation, fungiert aber auch als chilenische Poststation, und jeder, dem es einfallen sollte, sich eine Sommerreise in die Antarktis vorzunehmen, kann dort chilenische Sondermarken kaufen und unbesorgt seinen Brief der chilenischen Antarktis-Post anvertrauen; er wird bestimmt befördert werden, nur wann?

Am 21. März verließen wir Soberanía, nachdem wir noch in der Nähe der Station auf einem Hügel ein schlichtes Holzkreuz errichtet und die sechs Mann, die nun ein Jahr hier verbleiben sollten, in einer Feier verabschiedet hatten. So schieden wir dann von dem schaurig-schönen Eiland des Südens, das so viele Gefahren in sich birgt und doch auf jeden, der sich ihm nähert, eine zauberhafte Wirkung ausübt. Unvergeßlich bleibt uns allen diese geisterhafte Welt aus Eis und Schnee, ihre himmelstürmenden Berge, ihre Kanäle und ihre unvorstellbare Farbenpracht.

Doch die Reise hatte noch ein kleines Nachspiel:

Als wir uns nun in der Nähe unseres Heimathafens befanden und die Reise bald beendet sein sollte, da war natürlich große Freude und viel Trubel an Bord, besonders unter den Gästen und den Bewohnern meiner Kabine. In der Nacht vor unserer Ankunft, da haben alle gefeiert und getrunken. Und Coloani, der große ›Magallanus-Schlächter‹, war stark betrunken und mit einem

Mal so sanft, daß er den kleinen Journalisten, dem er ja alle Knochen brechen wollte, umarmte und sagte: »Ich tue dir ja nichts, ich will dir ja gar nichts tun.«

»Ja, wirklich, willst du mir denn gar nichts tun?« fragte freudig der Journalist.

»Nein, nein, nein«, lallte da Coloani, fing an zu weinen und sagte schluchzend: »Ich muß es ja nun endlich einmal gestehen, ich habe schon mal jemanden umgebracht in Feuerland...«

Die Filmleute haben sich übrigens nicht wieder gemeldet. Ob es diesem Film so gehen wird wie meinem ›Humboldt-Vorhaben‹? Da hilft nur Ruhe bewahren und abwarten.

Und Ruhe habe ich eigentlich immer gehabt. Auch in den brenzligsten Situationen habe ich mich nie aufgeregt. Wenn andere sich aufregen, dann bleibe ich ruhig.

Das ist mir besonders zugute gekommen, als ich die Touristenreisen führen mußte. Was habe ich da nicht alles erlebt. Die Leute sind manchmal völlig aus dem Häuschen geraten und jammerten, wie schrecklich und furchtbar doch alles sei. Da konnte ich nur gelassen überlegen, wie es nun weitergehen könnte.

Auch wenn ich mit dem Gewehr bedroht worden bin, wie das in Süd-Arabien der Fall gewesen ist, als einmal dreißig Mann auf mich losgingen, habe ich weder Angst gehabt, noch mir Sorgen gemacht, sondern einfach die Wasserflasche ergriffen, um meinen Durst zu stillen. Das fanden

Meine Finca auf Ibiza

die Angreifer dann dermaßen komisch, daß sie schrecklich anfingen zu lachen, und die Situation dadurch gerettet war.

Aber da fällt mir noch eine andere Geschichte ein. – Wenn ich ins Erzählen gerate, dann bin ich nicht zu bremsen! – Eine Geschichte, die mir hier auf Ibiza passiert ist, wo ich auch nur noch die Ruhe bewahren konnte.

Ich hatte mich gerade notdürftig in meinem Bauernhaus auf Ibiza eingerichtet. Es mußte ja allerhand gemacht werden.

Zuerst hat es noch durch das Dach geregnet. Ich habe manches Mal mit dem Regenschirm im Bett gelegen. Gott sei Dank wurde das Dach bald ausgebessert, so daß ich erst einmal wieder ruhig schlafen konnte.

Eines der Nebengebäude – eigentlich besteht der ganze Komplex aus zwei aneinandergebauten Wohnhäusern – hatte eine große *Sala* mit einer wunderschönen, aus Holz konstruierten Decke. Balken und Täfelung waren aus Sabina-Holz. Doch gerade dieser Raum glich einer wahren Ruine. Erst hatte ich noch mit dem Gedanken gespielt, ihn zum Hauptwohnraum herrichten zu lassen.

Eines Tages kam ich von einer Reise zurück und wurde von Esperanza gleich in Empfang genommen. Sie ist Insulanerin und betreute mich von Anfang an – auch noch heute – auf eine rührende Weise; sie ist einfach ein ›Faktotum‹. ›Esperanza‹ bedeutet ›Hoffnung‹, und die Hoffnung, das alles gutgeht, habe ich auch heute noch.

Nur einmal, als ich wieder nach Hause kam, war etwas Merkwürdiges passiert.

»Nun, ist alles in Ordnung?« fragte ich Esperanza.

»Oh ja, nur manchmal ›pasan cosas raras‹, passieren merkwürdige Dinge.«

Mehr sagte sie nicht, aber als wir dann zu dem beschädigten Raum mit der schönen Deckenkonstruktion gingen, sah ich die Bescherung.

Das Dach war eingefallen! Es hatte so geregnet, daß der Balken durchgebrochen war, und nun alles voller Schutt lag. Das habe ich erst einmal liegengelassen.

Was ich dringender nötig hatte, war ein Musikinstrument! Ich mußte wieder ein Klavier haben. Nein, nicht nur ein Klavier … einen Flügel! Ohne Flügel ging es nicht.

Ich fuhr also eines Tages nach Barcelona und fand einen ganz annehmbaren Flügel, gebraucht natürlich. Ich erzählte meinen Bekannten, daß ich einen mitbringen würde.

Als ich ankam, stand Jutta schon am Pier. Die ›Tochter des Inselfürsten‹ war inzwischen aus Kolumbien eingetroffen und hatte sich ebenfalls in Ibiza häuslich niedergelassen.

»Haben Sie den Flügel mitgebracht?« rief sie ganz aufgeregt, »Wir haben schon jemanden, der darauf spielen wird.« Nun mal langsam«, sagte ich, »in erster Linie werde ich ja wohl darauf spielen, nicht wahr? Die anderen können warten.« »Ja, es ist aber ganz wichtig«, rief sie mir eifrig zu, »Maximilian Schell und Soraya sind da, und Maximilian muß unbedingt ein Klavier haben. Wir haben ja kein anderes auf der Insel. Und er muß spielen!«

»Ja, ja, das werden wir schon alles regeln«, beruhigte ich Jutta.

Als ich nach Hause kam, fragte ich meinen Freund, der inzwischen mein Haus gehütet hatte: »Nun, ist alles in Ordnung? Ist jemand da gewesen?«

»Ja, da war so ein Mann, der sah so aus wie Maximilian Schell, und so ein Mädchen, das sah so aus wie Soraya. Aber ich habe die beiden wieder weggeschickt. Der Besitzer ist nicht da, habe ich gesagt, und da sind sie wieder gegangen.«

Das waren sie also! Jutta hatte recht gehabt.

Am nächsten Tag kamen sie beide zu mir. Sie waren inkognito hier und wohnten bei der Frau von Kramer, einer guten Bekannten von mir, in einer schönen Villa. Und tatsächlich! Maximilian mußte unbedingt ein Klavierkonzert von Mozart üben, das er in allernächster Zeit in New York spielen sollte. Leonard Bernstein ließ alle möglichen Künstler auftreten. Es muß wohl ein Benefizkonzert gewesen sein. Und da sollte auch der Maximilian mitspielen.

Doch wo war der Flügel? – Er stand erst einmal am Hafen. Ich hatte inzwischen schon den Transport organisiert. Ein Lastauto war bestellt, und der Flügel, wohlverpackt in einer großen Kiste, kam schon am nächsten Tag in mein Dorf, aber den steilen Berg hinauf zu meinem Haus konnte das Auto nicht bewältigen. Also packten wir den Flügel aus, nahmen den schweren Deckel ab, und dann haben ihn sechs Mann auf die Schultern genommen und ihn den Berg hinaufgetragen. Das war natürlich ein Gaudium für das ganze Dorf. Jeder erklärte sich bereit zu helfen.

Das hatten wir also geschafft. Nun kam Maximilian eine ganze Woche lang in mein Haus zum Üben. Soraya saß geduldig im Sessel und hörte zu. Der gute, selbstpräparierte Rotwein meines Kaufmanns Xinxó sorgte für die beste Stimmung. Zum Schluß gab es noch ein gemütliches Abschiedsessen bei Frau von Kramer. Wir waren ganz unter uns: Soraya, Frau von Kramer, Maximilian Schell, mein Freund und ich.

Später, als Maximilian unter Gründgens in Hamburg den Hamlet spielte, lud er mich nach der Vorstellung zusammen mit seinen Eltern zum Abendessen ein, doch mußten wir lange suchen, bis wir schließlich spät abends noch ein Lokal fanden, das nicht geschlossen war. Solche Probleme kennen wir auf Ibiza nicht! Da fängt der Tag doch erst richtig spät abends an. Da war es bei Frau von Kramer dann doch gemütlicher.

Zurück nach Chile. Die Antarktis-Expedition war nun zu Ende, aber meine Reiselust war noch lange nicht am Ende. Ich wollte gleich wieder aufbrechen und entschloß mich, endlich einmal eine Urlaubsreise zu unternehmen. Ein interessantes Ziel in Patagonien war bereits gefunden. Die Reise konnte also losgehen, eine Reise, die ihre Abenteuer und Tücken haben sollte.

Das südliche Festland Chiles, Patagonien, ist außerordentlich interessant, aber auch nicht minder schwierig zu bereisen, denn von Puerto Montt bis nach Punta Arenas, auf einer Strecke von rund 500 Kilometern, gab es keine Straße. Die Gegend war kaum bewohnt. Man fand nur einige Küstenorte und vereinzelte *Estancias*. Auch gab es keinen regelmäßigen Schiffsverkehr. Doch was für eine Landschaft! Fjorde und Inseln, Urwälder, Flüsse und eine vergletscherte Bergwelt prägen diese Region.

In diesem Grenzgebiet zwischen Chile und Argentinien liegt das Patagonische Inlandeis, das ich schon einmal auf meinem Flug von Feuerland nach Santiago erblickt hatte. Dieses riesige Eisfeld hat mehrere Gletscherzungen, die ins Meer münden. Eine davon ist der Gletscher San Rafael, der in einer Breite von fünf Kilometern mit 30 Meter hohen Abstürzen in die Laguna San Rafael mündet. Obwohl wir uns hier in einem subantarktischen Gebiet befanden, konnten wir uns an immergrünen Urwäldern mit Baumfarnen, blühenden Ginsterbüschen und rotblühenden Schlingpflanzen erfreuen. Die Landschaft steckt hier voller Naturschönheiten. Das sollte doch ein idealer Platz sein, um damit Touristen anzulocken!

Aber es gab während des Zweiten Weltkrieges und auch in der Nachkriegszeit gar keine Touristen in Chile. Doch die Chilenen, besonders die aus der im Sommer unerträglich heißen Hauptstadt Santiago, reisten dann gerne in südlichere, kühlere Gegenden.

Und da kam ein deutscher Emigrant auf die glorreiche Idee, dort unten ein Hotel zu erbauen, in einer Gegend, in der es extrem viel regnet, nur ab und zu mal die Sonne scheint und in der die Lagune nur zwei Monate im Jahr von Schiffen angelaufen werden konnte. In diesen beiden Monaten arrangierte die Cook-Reiseagentur alle vierzehn Tage eine Touristenreise in die Laguna San Rafael. Das Hotel war fertiggestellt, und der Unternehmer dachte nun daran, mit Cook gemeinsam die Touristenreisen zu organisieren.

Doch was machte Cook? – Er unternahm mit dem Dampfer, auf dem er für 20 Passagiere Platz hatte, Kreuzfahrten. Von Puerto Montt aus fuhr das Schiff durch die wunderschönen Kanäle in die Laguna San Rafael, blieb dort ein paar Stunden vor Anker und fuhr dann mit denselben Passagieren wieder zurück nach Puerto Montt. Und der Hotelunternehmer, der ganz allein mit seiner Frau in dem Hotel wohnte, konnte in den Mond gucken!

Das Hotel war wirklich im Stil eines Luxushotels gebaut, das mußte man jedenfalls annehmen, wenn man die Prospekte las, die überall in Santiago auslagen. Jeglicher Komfort und eine exzellente Küche wurden einem da angeboten. Auch Tennisspielen, Golf und Bootsfahrten standen im Freizeitangebot. Man verwies sogar auf eine ärztliche Betreuung.

Da nahm ich mir vor, eine solche Reise zu buchen, bestand aber darauf, zwei Wochen in dem schönen, neuen Hotel zu bleiben. Bei Cook sagte man mir jedoch, das ginge nicht, denn die nächste Reise wäre dann schon wieder ausgebucht. Ich müßte also auf dem Schiff bleiben und mit derselben Gruppe wieder zurückfahren.

»Dann interessiert mich die Reise überhaupt nicht«, sagte ich, »aber ich mache Ihnen einen Vorschlag: Ich buche bei Ihnen die Reise, bleibe jedoch im Hotel Laguna San Rafael, und wenn das Schiff auf der nächsten Fahrt ausgebucht ist, verzichte ich auf eine Kabine und schlafe auf dem Sofa im Salon. Ein Freund von mir kommt auch noch mit.«

Damit war man dann einverstanden. Wir fuhren mit der Bahn nach Puerto Montt. Dort schifften wir uns auf dem kleinen Dampfer ›Trinidad‹ ein. Mitten in der Nacht fuhren wir hinaus auf das Meer. Es stürmte und regnete ziemlich heftig. Während wir schliefen, stoppte das Schiff plötzlich. Wir wußten, daß die Dampfer in stockfinsterer Nacht vor Anker gingen. Am nächsten Tag und in der darauffolgenden Nacht hatte sich der Sturm noch nicht gelegt, aber wir konnten weiterfahren, denn hochragende Wellenberge hatten wir zwischen dem Festland und den Kanälen nicht zu fürchten. Bei Dunkelheit gingen wir dann erneut vor Anker.

Am nächsten Morgen, als es schon hell wurde, ankerten wir immer noch. Etwas überrascht steckten wir den Kopf zum Bullauge heraus. Uns gegenüber lag ein großer Damper, der auf einen Felsen aufgelaufen war. Unser Erstaunen war groß, als wir am Bug des Schiffes den Namen ›Coyhaique‹ lasen. Dieses Schiff hatte kurz vor uns den Hafen von Puerto Montt verlassen und nicht in der Nacht geankert; da war das Unglück passiert!

Mit diesem Schiff kamen die ersten Touristen zur Laguna San Rafael

Das Schiff von 1000 Tonnen war für den Viehtransport bestimmt, sollte aber dieses Mal ohne Ladung und mit nur wenigen Passagieren nach Aysén fahren, um dort wieder beladen zu werden.

Das war natürlich ein ›gefundenes Fressen‹ für unseren Kapitän. Ein Dampfer auf dem Riff! Das Bergungsgeld lockte vielversprechend!

Wir stoppten, gingen vor Anker, und nun wurde erst einmal mit dem Kapitän palavert. Dann versuchte unser kleines Schiff den ganzen Tag, den großen Dampfer vom Felsenriff herunterzuziehen, wobei unser Schiff selbst noch beinahe Schiffbruch erlitt. Der Kapitän aber glaubte fest an eine Rettung. Inzwischen bekam die ›Coyhaique‹ immer mehr Schlagseite, da wurde die Situation schon brenzlig.

»Es ist besser, Sie holen die Passagiere auf unser Schiff, falls der Dampfer untergeht, damit sie nicht ertrinken müssen«, meinte unser Kapitän.

»Nein«, erwiderte der Kapitän entschlossen, »die ›Coyhaique‹ wird gerettet. Sie geht nicht unter!«

Die Passagiere zogen es doch vor, das Schiff zu verlassen, ließen aber ihre Koffer an Bord. Nur der Manager von der Landwirtschaftsgesellschaft, der das Schiff gehörte, wollte auf Nummer Sicher gehen. Er hatte einen eigenen Salon auf der ›Coyhaique‹. Nicht nur seine Koffer, sondern auch seine Möbel und Klubsessel ließ er auf unser Schiff bringen.

Das war nun ein herrliches Bild. Es kam ein Boot nach dem anderen mit den großen Klubsesseln, mit einem Sofa, mit einem Wandschrank und mit einem Tisch herüber. Alles wurde an Deck aufgebaut, denn wir konnten es ja nicht im Laderaum verstauen. Für unsere Seeleute war das wunderbar. Wenn sie irgendwie Zeit hatten, dann räkelten sie sich in den schönen Sesseln herum

156

Schiffbruch der ›Coyhaique‹

Die Möbel des Reeders der ›Coyhaique‹ werden an Bord unseres
Schiffes gebracht

Untergang der ›Coyhaique‹

Ein Matrose beim Nickerchen
im geretteten Klubsessel

und hatten endlich einmal einen bequemen Klubsessel, in dem sie sitzen konnten. Man möchte doch meinen, daß der Kapitän wenigstens seine kostbaren Instrumente, den Kompaß, und was es da sonst noch gab, zu uns gebracht hätte? Alles blieb auf der ›Coyhaique‹!

Wieder ein Tag verging, und nichts passierte.

Am nächsten Morgen wurden wir um sieben Uhr geweckt, als es gerade hell wurde. Da sagte der Steward: »Kommen Sie schnell an Deck, jetzt kippt die ›Coyhaique‹ um.«

Wir kamen gerade noch zur rechten Zeit und konnten zuschauen, wie sie langsam unterging. Und was haben wir dann noch gesehen? Während sich das Schiff langsam auf die Seite legte, da waren plötzlich Kanus mit Eingeborenen, die auf den Inseln wohnten, gekommen. Sie sind durch die Luken geklettert, haben sich noch schnell das rausgeholt, was sie ergattern konnten und verschwanden damit. Dann kippte die ›Coyhaique‹ immer weiter und weiter, ganz langsam. Der Schornstein sank, es gab einen furchtbaren Strudel, und kieloben lag die ›Coyhaique‹ da. Der arme Kapitän, der war natürlich leichenblaß, er saß bei unserem Kapitän oben auf der Brücke, und wir setzten unsere Fahrt fort.

Zwei Tage hatten wir eingebüßt und unserem Kapitän entging sein Bergungsgeld. Nachdem wir die Schiffbrüchigen im Hafen von Aysén abgesetzt hatten, ging es weiter zur Laguna San Rafael, die wir endlich nach langer Fahrt durch inselreiches Gewässer erreichten. Das Wetter hatte sich gebessert, es schien auch ab und zu die Sonne, und die Passagiere der ›Trinidad‹ genossen die herrliche Szenerie vor dem Gletscher, in dessen Nähe das Luxushotel lag.

Unsere Erwartungen waren auf das Äußerste gespannt. Wir hatten inzwischen erfahren, es gäbe dort auch noch ein Schwimmbassin und einen Billardraum. Bridgepartien fänden auch statt. Nicht weniger gespannt waren wir auf die Preise bei all dem Luxus.

Unsere Ankunft gestaltete sich zu einem Triumphzug. Der Unternehmer, ein deutscher Emigrant, erschien mit seiner Frau und seinem ›Personal‹, das aus einem Boy und einem Küchenjungen bestand, am Landungssteg. Alle Passagiere stiegen mit uns aus, und gleich wurde das Hotel besichtigt. Mit Wonne betrachteten sie die hochherrschaftlichen Gästezimmer, von denen jedes in einer anderen Farbe gehalten war. Sie befühlten sachverständig die blauseidenen, rosafarbigen und schwarzseidenen Bezüge der Betten mit einer solchen Andacht, als sähen sie das siebente Weltwunder, und bedauerten, daß sie nicht darin schlafen konnten. Sie besichtigten in der Küche den riesengroßen elektrischen Eisschrank, der jedem Luxushotel in Buenos Aires genügt hätte – nebenbei bemerkt, gab es dort keinen Strom, also auch kein elektrisches Licht, aber Eis schwamm ja genug vor dem Hotel in der Lagune herum –, und dann verließen sie dieses Prachthotel wieder, ohne auch nur eine Tasse Kaffee bestellt zu haben, denn auf dem Schiff bekamen sie ja reichlich zu essen und zu trinken.

Doch zwei Passagiere blieben ja, und das war ein Trost für den Wirt. Mein Freund Enrique Wagner und ich waren die ersten Gäste dieses Hauses, nachdem der Wirt schon über ein Jahr vergebens auf Logiergäste gewartet hatte.

Der Gletscher von San Rafael

Wir verabschiedeten die Passagiere auf dem Landungssteg, der Dampfer fuhr ab, wir winkten noch eine Weile, und gerade als wir zum Hotel zurückgehen wollten, rutschte Enrique aus, brach oder verstauchte sich den Arm. Er wußte es nicht, hatte aber furchtbare Schmerzen. Ausgerechnet jetzt, wo wir 14 Tage dableiben mußten. Wir mußten den Dampfer abfahren lassen und natürlich sofort ärztliche Hilfe in Anspruch nehmen. Wo war die ärztliche Hilfe? – Wir kamen ins Hotel, und die Wirtin zog sich schnell einen weißen Kittel an – das war die ärztliche Hilfe. Mit Kennerblick und Kennergefühl untersuchte sie nun den armen Enrique, und dann sagte sie: »Ja, ja, der Arm ist nicht gebrochen, er ist nur verstaucht, das ist gar nicht weiter schlimm, wir müssen ihn nur ordentlich massieren.«

Und dann fing sie an zu kneten, Enrique schrie vor Schmerzen, und diese Prozedur wiederholte sich während unseres gesamten Aufenthaltes.

Dann bekamen wir jeder unser Luxuszimmer. Ich wählte das mit den blauseidenen Bettbezügen und Enrique das mit den schwarzen. Es lag sich himmlisch darin, aber dann kam die Nacht und mit ihr die Plagegeister: Wanzen. An Schlaf war kaum zu denken, denn das Hotel war hoffnungslos verwanzt. Und wie konnte es dazu kommen? Auf dem anderen Ufer der Laguna befand sich eine Baustelle mit Arbeitern, die damit beschäftigt waren, einen Kanal zu bauen, der nie fertig geworden ist. Diese Arbeiter hatten über das Wochenende frei. Sie fuhren mit dem Motorboot der Kanalbaugesellschaft am Sonnabend die zehn Kilometer über die Laguna zum Hotel, feierten dort bis tief in die Nacht hinein und legten sich dann in die seidenen Betten. Am Sonntag fuhren sie wieder an ihre Arbeitsstelle, ließen aber die Wanzen im Hotel zurück.

Und was bekamen wir zu essen? Herrliches Essen, aber zwei Wochen lang jeden Tag dasselbe: Wildgänse. Die gab es in rauhen Mengen, die brauchten nur geschossen zu werden. Sie schmeckten wunderbar. Aber jeden Tag dieselbe Mahlzeit, 14 Tage lang . . .?

Jetzt fragten wir nach dem Billardraum. – »Ja, das Billard, das ist in Buenos Aires bestellt, aber noch nicht angekommen«, hieß es.

»Und der Tennisplatz?«

»Der wird gerade angelegt, der Urwald ist schon dafür gerodet.« Aber mit einem verstauchten Arm konnte man sowieso weder Billard noch Tennis spielen.

Nun wollten wir die Landschaft genießen und Ausflüge machen.

»Wo ist das Motorboot?« – »Ja, ein Motorboot haben wir nicht, aber einen wunderschönen seefesten Kahn und einen sehr kräftigen Ruderer.« Wie sich später herausstellte, war es derselbe Mann, der gleichzeitig als Koch und Hotelboy beschäftigt war.

»Mit unserem Bootsmann eine Fahrt auf der Laguna San Rafael zu machen, ist ein Erlebnis,« hieß es laut Prospekt. – Und ein Erlebnis war es dann auch!

»Sie können an der Gletscherwand entlangfahren und zusehen, wie der Gletscher ›kalbt‹, aber halten Sie Abstand, denn wenn da so ein Brocken ins Wasser fällt, gibt es mächtige Wellen.« Wir fuhren also los. Enrique mit dem kaputten Arm. Wir hatten zunächst Glück mit dem Wetter. Die Sonne kam durch und zauberte die schönsten Farben auf das Eis, das überall um uns herumschwamm. Wir waren noch nicht allzuweit vom Hotel entfernt und ganz nahe am Gletscher, als sich unheimlich schnell am Horizont eine dicke, schwarze Wolkenwand bildete. Ebenso schnell verfinsterte sich der Himmel und ein Sturm kam auf.

Da hieß es, so schnell wie möglich zum Hotel zurückfahren. Aber das war nicht möglich, der Wind trieb uns immer näher an den Gletscher heran. Ein Manövrieren war unmöglich, wir waren dem Sturm völlig ausgeliefert. Das einzige, was wir machen konnten, war, die schwimmenden Eisblöcke möglichst von der Schiffswand abzuhalten, Enrique und ich mit den Händen, der Bootsmann mit dem Ruder.

Doch plötzlich wurden wir an einen kleinen Eisberg herangetrieben, es gab einen fürchterlichen Krach, und der halbe Bug war zersplittert. Immer weiter wurden wir an der Gletscherwand entlanggetrieben, genau auf eine enge schlauchartige Bucht zu. Wenn wir da hineingeraten wären, hätte uns keiner bemerkt und retten können.

Das Hotel und die Wirtsleute, die wie ›lahme Enten‹ am Ufer standen, waren längst außer Sichtweite, doch zum Glück haben die Arbeiter vom *Campamento* gesehen, wie unser kleines Boot hilflos zwischen den Eisschollen im aufgewühlten Meer trieb. Sie schickten sofort ihr Motorboot, nahmen uns ins Schlepptau, und so wurden wir gerettet.

Nun waren wir auf der Baustelle untergekommen, konnten aber keine Nachricht an unser Hotel übermitteln. Die hatten nicht einmal ein Funkgerät im Hotel, also konnten wir sie nicht benachrichtigen. Die dachten sicherlich, wir wären längst untergegangen.

Wir mußten zwei Tage in dem Camp abwarten, bis das Wetter so gut war, daß das Motorboot uns wieder zu dem Hotel zurückschleppen konnte. Da waren wir glücklich, endlich wieder in unsere Betten zu kommen.

Nach zwei Wochen kam der Dampfer wieder, und wir fuhren nach Puerto Montt zurück. Geschlafen haben wir auf dem Sofa, das ging ja alles sehr gut. Nun bekam mein Begleiter endlich wirkliche ärztliche Hilfe. Und da stellte man fest, daß der Arm doch gebrochen war.

So endete diese Reise. Wir waren die ersten und die letzten Logiergäste im Hotel San Rafael. Es ist nie wieder jemand gekommen. Die Besitzer haben alles stehen- und liegengelassen und sind verschwunden. Heute steht dort nur noch eine Ruine.

Musik im Exil

Neben all den verschiedenen Tätigkeiten, die ich in Chile ausübte, fand ich dort aber endlich auch wieder die Muße, Musik zu schreiben.

Ich hielt mich 1940 einige Zeit auf einem Gut in der Nähe des Lago de Villarica auf. In dem Gutshaus gab es einen wunderschönen Flügel, und ich konnte wieder einmal Klavier spielen und komponieren. Bei diesem Aufenthalt komponierte ich ein *Concertino für Klavier und kleines Orchester,* das dann aber erst später – 1947 – in Santiago uraufgeführt wurde.

Es war die knappe Form, die ich außerordentlich reizvoll fand, und die den Concertinos von Arthur Honegger und Jean Françaix nahestand.

Anfangs habe ich keine Elemente der chilenischen Volksmusik, der Musik der Mestizen, beim Komponieren verwendet. Aber später, nachdem ich dann so lange in Chile gelebt hatte, haben sich auch in meine Kompositionen manche Wendungen eingeschlichen, die für dieses Land typisch sind, ohne daß es mir selbst zum Bewußtsein gekommen wäre.

Als ich das *Concertino* komponierte, hatte ich noch kaum Kontakte zur Musikwelt Santiagos. Das kam erst allmählich. Damals konnte ich meine eigene Musik noch nirgends unterbringen. Erst als ich Chilene wurde und Verbindung zum *Instituto de Extensión Musical* der staatlichen Universität Santiago bekam, sollte sich das ändern.

Ich hatte außer Filmmusik in den letzten Jahren vor dem Krieg nur ein größeres Auftragswerk geschrieben, nämlich ein abendfüllendes Ballett für einen dänischen Autor, einem Herrn Knudsen. Zu diesem Zweck reiste ich nach Kopenhagen, wo wir gemeinsam an dem Plan gearbeitet haben. Aber dann kam der Krieg, und aus der Aufführung wurde leider nichts. Zusätzlich ging dann auch noch während des Krieges die Partitur verloren.

Am liebsten habe ich eigentlich Musik dann geschrieben, wenn auch Aussicht bestand, sie anzuhören. Wenn ich für Klavier schrieb, dann konnte ich sie natürlich selbst spielen. Aber wenn ich eine Musik für Quartett oder Orchester schrieb, dann wollte ich sie auch aufgeführt wissen. Ich mochte Musik nicht nur für die Schatulle schreiben.

Genauso war es auch mit den Büchern. Wenn ich ein Buch schrieb, dann nur, wenn ich bereits vorher einen Vertrag in der Tasche hatte.

Mit was ich mich auch immer beschäftigte, es wurde von mir mit größter Genauigkeit bearbeitet. Nie habe ich gedacht, jetzt würde ich lieber Musik schreiben, während ich ein Buch schrieb.

Außerdem war es immer ein guter Ausgleich gewesen. Wenn ich zum Beispiel ein Buch beendet hatte, dann war das erst einmal genug. Nun widmete ich mich wieder der Musik und ging frisch an eine schöpferische Arbeit, die mich auf ganz andere Weise voll und ganz in Anspruch nahm.

Ich habe es bereits mehrfach erwähnt, mich hat eigentlich immer alles interessiert. Von Anfang an. Die Naturwissenschaft zum Beispiel, oder das Beobachten von Menschen verschiedener Kulturen.

Immer wieder fand sich Neues, und immer wieder gab es Anreize zu neuen Arbeiten. Ich muß dazu sagen, daß ich kaum Reisen unternommen habe, ohne vorher bereits zu wissen, daß und wie ich sie verwerten werde.

An einem Tag hörte ich so eindrucksvolle Musik wie die der *Aymará* und der *Quechua* im Norden von Chile. Im Süden des Landes sah ich wiederum ganz andere Dinge, da sah ich die letzten Feuerland-Indianer – leider hörte ich da keine Musik, denn die gab es nicht mehr.

Die einfachen Melodien der Aymará und Quechua interessierten mich außerordentlich. Sie sind neben den Indios im Hochland von Ecuador die einzigen indianischen Völker Amerikas, die die Pentatonik benutzen. Diese Tonleitertechnik findet sich vor allem in Ostasien, China, Japan und in Indonesien. Und da man heute der Ansicht ist, daß die Indios in ganz Südamerika und Feuerland einmal aus Asien über die Beringstraße und Nordamerika in den Süden eingewandert sind, ist es wohl möglich, daß sich im Hochland von Bolivien die Pentatonik, die schon die Ur-Ur-Väter ihrer Stämme in Asien einführten, erhalten hat. Das Hochland von Ecuador, Peru und

Zwei Seiten aus der Suite für Klavier über indianische Motive der Musik der Aymará von Hans Helfritz

162

Bolivien war lange Zeit abgeschnitten von der Welt. Während das Tiefland viel schneller von fremden Völkern beeinflußt wurde, haben sich die Eigenarten der Vorväter auf dem Altiplano besser erhalten. Noch heute singen diese Stämme mit ihren auffallend mongolischen Zügen pentatonische Melodien.

In Bolivien, wo ich mich ein dreiviertel Jahr aufgehalten habe und den Ausbruch des Zweiten Weltkrieges erlebte, konnte ich bei den zahlreichen indianischen Festen viele pentatonische Melodien hören und notieren.

Bei diesen Festen tanzten und spielten die Indios gleichzeitig auf ihren Rohr- und Panflöten, den Blick immer zu Boden gerichtet, der Erdgöttin zugewandt. Bei dem großen Fest von Copacabana kamen sie aber auch in die Kirche und musizierten dort genauso wie vorher im Freien, denn sie haben den katholischen Glauben angenommen und waren sich sicher, daß ihre Musik auch der Jungfrau Maria gefallen werde.

Interessant für mich war auch noch, daß die Aymará keine Vokalmusik kannten. Sie sangen nicht. Wo ich auch hinkam, überall hörte ich die dumpfen Trommeltöne, die weittragenden Flageolettöne der Rohrflöten und die melancholischen Weisen der Panflöten. Die unendliche Weite der Landschaft und die traurige Ergebenheit der Indios lag in der Musik der Aymará auf dem Altiplano.

Der Ausdruck der Andenmusik ist sehr schwer zu beschreiben. Die Musik des Altiplano, auf dem die Aymará leben, unterscheidet sich von der der tiefer gelegenen Gebiete, der Yungas, die die Heimat der Quechua sind.

Die Musik einer Dorfgemeinschaft, eines *Ayullus,* ist oft ganz unterschiedlich im Vergleich zu der eines anderen Dorfes. Die Themen sind kurz, doch oft von großer Prägnanz und markanter Rhythmik. Der Charakter der Musik ist auch vom Material und der Bauart der Instrumente abhängig.

Die Quechua, die auch singen, begleiten ihre Lieder mit dem *Charango,* einer Imitation der spanischen Mandoline. Es sind Weggesänge, angepaßt an die Landschaft und die Schluchten der Yungas.

In meinen Kompositionen, in denen ich indianische Melodien verwendet habe, behielt ich die kleinen, rhythmischen und metrischen Eigenarten bei, die nicht immer mit unserem Formgefühl übereinstimmen, und habe sie deshalb auch nicht in unsere westliche Harmonik hineingezwängt – genauso wie Béla Bartók, der ungarische und rumänische Volksmelodien gesammelt und diese

163

dann in seinen Kompositionen verwendet hat. Bartók hat niemals nur die Melodien übernommen, sondern so mit ihnen gearbeitet, daß neue Kompositionen entstanden.

Genau das habe ich bei meinen Klavierstücken versucht, einer Sammlung, die ich *Aru Amunyas* genannt habe; Klavierstücke, die auf Themen indianischer Musik aufgebaut sind.

1945 wurde endlich eine Komposition von mir in Santiago aufgeführt, und zwar mein bereits 1943 entstandenes *Konzert für Saxophon und Orchester*. Gereizt hatte es mich, für eine Besetzung zu schreiben, die wenig benutzt wurde. Es gab zu meiner Zeit bereits Saxophonkonzerte von Glazunow und Jacques Ibert. Aber alle bekannten Saxophonkonzerte waren für Alt-Saxophon geschrieben, meines dagegen für Tenor-Saxophon.

Ein weiterer Anreiz war, daß sich im Orchester ein Klarinettist befand, der ausgezeichnet Saxophon spielte. So hatte ich also die Garantie, einen guten Solisten zu haben. Ich habe mich mit ihm besprochen, und wir sind übereingekommen, daß ein Konzert für Tenor-Saxophon, das ja eine größere Tiefe hat, sehr wirkungsvoll sein kann.

Offensichtlich hatte ich die Möglichkeiten dieses Instrumentes so gut ausgenutzt, daß man mich später oft fragte, wie lange ich denn schon Saxophon spielte? Dabei habe ich dieses Instrument nie selbst gespielt. Wie ich bereits vorhin erwähnte, wurde ich 1948 chilenischer Staatsbürger und konnte erst jetzt an der sogenannten ›Extensión Musical‹ als Komponist an Musikwettbewerben teilnehmen. Monatlich trat ein Gremium zusammen und beurteilte Kompositionen. Wenn eine einen Preis erhielt, dann hatte man die Garantie, daß sie in einem der nächsten Konzerte auch gespielt wurde. Das war natürlich ein großer Anreiz für die Komponisten, immer Neues zu schaffen. Alle zwei Jahre fand in Chile ein Musik-Festival mit chilenischen Komponisten statt. Bei einem solchen Musikfest erhielt mein Saxophonkonzert den ersten Preis.

Chile, das sich damals noch in einem verhältnismäßig stabilen wirtschaftlichen Zustand befand, vergab so ansehnliche Preise, daß ich davon sogar meine erste Reise nach Europa finanzieren konnte. Später wurde dieses Konzert in Zürich im Rundfunk durch Hermann Scherchen aufgeführt und in Darmstadt und Berlin nachgespielt.

Wenn ich bescheiden haushaltete, hätte ich in Chile vom Komponieren leben können. Natürlich hätte ich dann am Ball bleiben und ständig weiterkomponieren müssen, um Preise zu erhalten. Aber das war mir dann doch zu unsicher. Nebenbei konnte ich mir allerdings ab und zu etwas durch Instrumentieren fremder Kompositionen verdienen.

Einmal kam ein ausländisches Ballett nach Santiago und wollte zu Musik von Liszt tanzen, hatte aber nur die Klavierfassung dabei. Sie reisten mit einem kleinen Orchester. Da habe ich ihnen schnell über Nacht den Liszt für diese Besetzung instrumentiert.

Oder ein anderes Mal hatte ich das Glück, die Musik zu einem Spielfilm zu schreiben. Das war ein weiterer Nebenverdienst.

Es waren gerade Filmstudios außerhalb von Santiago gebaut worden. Dieser erste in Chile produzierte Film, zu dem ich nun die Musik machte, war eine Koproduktion von Argentinien und Chile. Der Regisseur war ein Chilene. Ich lernte ihn über einen Bekannten kennen und bekam den Auftrag. Denn ohne Beziehung kann man in südamerikanischen Ländern kaum etwas erreichen. Man muß immer jemanden kennen, und jeder kennt irgend jemanden, der dann wieder irgend jemanden kennt. Auf diese Weise kam man schließlich an den richtigen Mann und ich zu meinem Auftrag.

Der Film wurde nach der Novelle ›Die tote Mühle‹ von Sudermann gedreht, und hieß dann ›La Casa está vacía‹ – das heißt ›Das Haus ist leer‹. Und wir, die wir den Film auf die Beine stellten, nannten ihn ›La Caja está vacía‹ – also ›Die Kasse ist leer‹! Denn die Produktions-Kasse war immer leer. Alle mußten wir um unser Honorar kämpfen.

164

Chilenische Folkloregruppe in Santiago

Irgendwann habe ich dann doch das ausgemachte Honorar erhalten, wovon ich nicht sehr reich werden konnte – dafür aber um einige amüsante Erlebnisse reicher:

Mit dem Regisseur zusammen sah ich die jeweils fertigen Teile des Filmes an, und wir besprachen, an welchen Stellen Musik eingesetzt werden sollte. Als ich die Musik im Konzept fertig hatte, kam ich mit dem Klavierauszug in die Wohnung des Dirigenten. Aber kaum hatte ich begonnen, ihm die Musik vorzuspielen, da ging im Nebenzimmer das Radio mit einer solchen Lautstärke los, daß man nicht einmal mehr sein eigenes Wort verstehen konnte.

»Ja, wie ist denn das mit dem Radio?« fragte ich ihn etwas irritiert.

»Oh, wir stören die überhaupt nicht!« beruhigte mich der Dirigent, der überhaupt nicht verstanden hatte, was ich meinte.

Was sollte ich da machen? Ich spielte dann eben, so laut ich konnte, und das ging dann auch. Andere Länder, andere Sitten, dachte ich.

Dann ging es an die Instrumentation. Ich wußte nicht, wieviele Musiker vom Symphonieorchester engagiert werden konnten. Aber jetzt war es soweit. Die Besetzung wurde festgelegt.

»Und verwenden Sie ja oft die Harfe«, sagte der Dirigent, »wir haben eine so gute Harfenistin bewilligt bekommen, das müssen wir ausnutzen!«

Also schrieb ich einen ausgiebigen Part für die Harfe. Als nun die erste Probe kam, und ich fragte, wo denn die Harfenistin sei, antwortete man mir, die sei so gut, daß sie keine Proben benötige. Sie kam erst zur Generalprobe, aber mittendrin sagte sie, sie müsse jetzt weg und in der Oper spielen. Schließlich konnte sie auch nicht zur Aufnahme kommen, so daß meine Musik ohne Harfe auskommen mußte.

Die Proben fanden nicht in den Studios statt, jedenfalls nicht die Anfangsproben. Das Orchester kam ins Haus des Dirigenten. Er wohnte in einem spanischen Haus, dessen Fenster und Türen auf einen Innenhof gingen, den sogenannten *Patio*. In das größte der Zimmer setzten wir die Musiker, die Fenster und Türen wurden aufgemacht, der Dirigent stand im Patio und dirigierte durch das Fenster. Im Zimmer selbst war kein Platz für ihn.

Im Patio war er jedoch nicht der einzige, denn das war auch ein Gaudium für die Mitbewohner! Die hörten nur zu gerne zu. Und dann hatten einige der Spieler auch noch ihre Frauen und Mütter mitgebracht, die ihnen in der Pause belegte Brötchen und Kuchen durch die Fenster reichten. Doch damit war es noch nicht genug. Plötzlich wurde dem Solobratschisten durch das Fenster ein kleines Wickelkind gereicht, und von diesem Wickelkind wollte sich dieser nicht mehr trennen. Es sollte nun weitergehen, und er hatte immer noch das Kind im Arm, bis der Dirigent sagte: »Aber das Wickelkind, das muß jetzt verschwinden.«

Das Kind wurde durch die Reihen gereicht, dann durch das Fenster und landete schließlich wieder im Arm seiner Mutter.

Die letzten Proben fanden dann im Studio statt, in einem riesigen Saal. Man arbeitete damals schon mit mehreren Mikrophonen, die weit auseinanderhingen. Das Orchester saß also nicht wie bei den Proben so dicht zusammen, daß ein homogener Klangkörper entstand, sondern es mußte weit auseinander plaziert werden. Die Blechbläser in einer Ecke, die Streicher wieder in einer anderen. Wie sollte da der Dirigent seine Leute zusammenhalten, wo sie alle kaum Erfahrung darin hatten?

Recht und schlecht wurde diese Aufnahme dann doch fertiggestellt. In Chile wußte man sich auch in den ungewöhnlichsten Situationen immer irgendwie zu helfen. Der Film wurde ein Erfolg, er lief sogar englisch synchronisiert in den USA.

Die Musikszene während der Kriegsjahre war in Santiago damals durchaus nicht provinziell. Santiago war die zweitgrößte Musikstadt Südamerikas. Buenos Aires hatte allerdings das größte

So spielt man die *Cueca Chilena,* den chilenischen Nationaltanz

Musikangebot. Dort gab es die berühmte *Opera Colón*. Dafür hatte Santiago ein sehr gutes Orchester und veranstaltete regelmäßig Konzerte in einem sehr schönen und nicht zu großen Theater, das sich ausgezeichnet für Konzerte eignete.

Wir hatten für Südamerika bedeutende Dirigenten wie Victor Tewa, der das Orchester jahrelang leitete. Dann kamen, auch während des Krieges, regelmäßig Gastdirigenten. Schon vor dem Krieg waren Erich Kleiber und Fritz Busch ausgewandert und hielten sich in Buenos Aires auf; beide kamen nach Santiago und dirigierten das dortige Orchester. Außerdem hatten wir ein recht gutes Streichquartett, das Freddy Wang-Quartett, für das ich damals auch Musik geschrieben habe.

Dann kamen berühmte Solisten aus dem Ausland: Iturbi, damals noch als Pianist, Arthur Rubinstein gab Konzerte, und später nach dem Kriege war Walter Gieseking einer der ersten, der großen Erfolg in Santiago hatte.

Außerdem spielten die Musiker und Komponisten, die in Chile im Exil waren und mit denen ich auch in enger Verbindung stand, eine nicht unbedeutende Rolle. Darunter waren die Komponistin Leny Alexander, der holländische Pianist und Komponist Frey Focke und seine Frau Ria, die eine berühmte Sängerin war, dann Jean Spaarwater, Pianist und Dirigent, der später in Santiago ein eigenes Konservatorium gründete.

Nach dem Krieg gesellten sich zu diesem Kreis junge chilenische Talente wie der Komponist Juan Allende-Blin. Und aus Europa kamen weitere Musiker nach Chile, zum Beispiel der Organist Gerd Zacher, der an die deutsche Kirche in Santiago berufen wurde und dort drei Jahre lang diese Stellung innehatte, und für den ich später – nachdem er Professor an der Folkwang-Schule geworden war – einige Kompositionen geschrieben habe. Mit von der Partie war vor allem auch der Dirigent Hermann Scherchen, der bei einem Konzert in Santiago mit der Harfenistin Emmy Hürlimann auftrat und mit dem mich eine langjährige Freundschaft verbinden sollte.

Ich bin Erich Kleiber und Fritz Busch in Santiago begegnet. Kleiber war während seines Aufenthaltes in Santiago ständig Gast bei der schon erwähnten Familie Gildemeister. Die Gildemeisters waren ja in Peru und in Chile vertreten und bewohnten in Valparaíso ein wunderbares Haus mit einem großen Park. Frau Gildemeister war sehr an Musik interessiert, so daß dort laufend Hauskonzerte stattfanden.

Claudio Arrau verkehrte bei ihnen, und Kleiber gab bei den Gildemeisters, wenn er in Chile war, eigentlich jedes Mal ein Hauskonzert im Park. Kleiber spielte nun nicht selber ein Instrument, sondern er setzte aus den Musikern des Symphonieorchesters von Santiago ein kleines Kammerorchester zusammen, mit dem er nach Valparaíso kam und dort Konzerte vor den geladenen Gästen gab.

An diesem Ort habe ich ihn dann auch kennengelernt. Überhaupt spielte sich bei den Gildemeisters ein sehr reges privates Musikleben ab. Immerzu gab es irgendwelche Hauskonzerte. Ich konnte auch einmal zusammen mit Federico Heinlein, einem in Chile bekannten Musiker, der dann später der bedeutendste Kritiker in Santiago wurde, während eines solchen Hauskonzertes mein Orgelkonzert aus einem Auszug für zwei Klaviere spielen.

Ich erinnere mich auch an die großen festlichen Veranstaltungen, die regelmäßig zu Silvester stattfanden, zu denen viele Leute eingeladen wurden. Silvester und Neujahr sind in Chile in der heißen Jahreszeit, und da werden die großen Feste natürlich draußen gefeiert. Silvester gab es regelmäßig Fondue. Bei dieser Gelegenheit hatte man im Park zunächst einmal ein riesiges Feuer gemacht und über diesem Feuer einen enorm großen kupfernen Kessel an einem Gestell aufgehängt, worin nun das Käsefondue zubereitet wurde. Die ganze Nacht über brodelte in diesem Kessel dieses köstliche Mahl, und jeder konnte sich nach Lust und Laune selbst bedienen.

Bei einer solchen festlichen Veranstaltung wurde natürlich auch musiziert. Frau Gildemeister spielte sehr gerne Klavier; sie spielte so gerne Klavier, daß sie schon morgens, wenn sie aus dem Bett stieg, ein Klavier bei sich haben mußte. Sie hatte also zwei Flügel im Salon, ein Klavier in ihrer Schlafstube und ein grünes Klavier in einem kleinen Gartenschuppen, das man bei Bedarf in den Garten schieben konnte.

Einer der größten Pianisten, vielleicht der größte, den ich erlebt habe, war Walter Gieseking. Er kam nach einer längeren Tournee auch nach Chile. Dort hatte ich manche große Pianisten von Weltruf erleben können, aber keiner erfreute sich eines so großen Erfolges wie Gieseking. Das Publikum wollte ihn gar nicht mehr abreisen lassen – also blieb er und gab noch zwei Konzerte. Mit Gieseking freundete ich mich schnell an. Er besuchte mich in Santiago, und ich habe ihn in meinem Auto überall herumgefahren.

Gieseking war nicht nur ein großer Pianist, er war auch außerordentlich naturverbunden. So hatten wir genügend Berührungspunkte, die uns einander näherbrachten. Er war vor allem Schmetterlingssammler. Wo er auch hinkam und eine freie Minute hatte, zog er mit seinem Schmetterlingsnetz und der Blechtrommel ins Freie und ging auf Schmetterlingsjagd. Ein Eldorado für ihn waren Indonesien und Brasilien. Es wurde erzählt, daß die Veranstalter seiner Konzerte in Bahia und Recife immer in Todesängsten waren, ob er wohl aus dem Urwald herausfände und rechtzeitig ins Konzert käme. Er kam, aber meist in allerletzter Minute und in seiner Botanikerkluft. Ohne vorher geübt zu haben, setzte er sich an den Flügel – und spielte wie ein Gott. Es machte ihm überhaupt nichts aus, längere Zeit keine Taste angerührt zu haben.

»Technische Übungen mache ich überhaupt nie,« schrieb er in einem Aufsatz mit dem Titel ›Wie Künstler üben‹ (1937). »Ich halte diese überhaupt für fast ganz überflüssig. Wenn der Schüler Tonleitern, Arpeggien und ähnliche Grundelemente der Klaviertechnik einmal gelernt hat, kann er sie doch! Wozu also die Finger anstrengen und langweilen?« (Walter Gieseking: So wurde ich Pianist, Wiesbaden 1963)

Gieseking lernte alle Werke, die er spielte – und was hatte er nicht für ein umfangreiches Repertoire – einfach durch Lesen. Also nicht durch Üben am Klavier. Jedes noch so komplizierte Werk prägte sich bei ihm durch Lesen ein. Doch nach längerer Pause hatte er die Noten gern in der Nähe des Instrumentes. In Chile wurde er einmal gebeten, eine neue Komposition eines chilenischen Komponisten in einem seiner Konzerte in Santiago zu spielen. Er hatte sie sich angesehen und willigte ein. Aber geübt hat er dieses Stück nicht ein einziges Mal. Da fragte man ihn, ob er es denn nun wirklich spielen würde?

»Natürlich werde ich es spielen«, erwiderte Gieseking. »Es genügt aber doch, wenn ich es im Konzert spiele.«

Und er spielte es tatsächlich.

Einer seiner Schüler, Dean Elder, berichtete, daß Gieseking einmal – nachdem er den ganzen Tag seinen Schülern Stunden gegeben hatte – am späten Nachmittag bei einer Rundfunkaufnahme eine stilistisch unübertreffliche virtuose Interpretation der sechs Bach-Partiten gegeben habe, ohne auch nur eine einzige Korrektur vorzunehmen.

Gieseking selbst erzählte mir eine amüsante Begebenheit. Einmal wäre es ihm tatsächlich passiert, daß er bei seinem enormen Gedächtnis und seiner großen Konzentrationsfähigkeit im Konzert steckengeblieben sei. Und das kam so:

In der ersten Reihe, dicht vor ihm, saß ein Zuhörer, der die Beethoven-Sonate, die Gieseking unendliche Male schon gegeben hatte, in den Noten verfolgte. Nur besaß dieser Mann eine andere Ausgabe als die, aus der Gieseking lernte. Gieseking hatte ein visuelles Gedächtnis. Und daß nun dieser Zuhörer immer an einer anderen Stelle umblätterte, als er es von seinem Gedächtnis vorgeschrieben bekam, hatte ihn dermaßen irritiert, daß er nicht mehr weiterspielen konnte und darum bitten mußte, das Notenheft doch wegzulegen.

Wie konnte man sich diesen phantastischen Erfolg Walter Giesekings in Santiago erklären, den ich selbst miterlebt habe? Er brauchte nur auf dem Podium zu erscheinen, und schon war ihm die Sympathie des Publikums sicher. Unbeschwert und voller Heiterkeit setzte er sich an den Flügel und spielte, aber nicht nur zum Vergnügen des Publikums, sondern eben auch zu seinem eigenen. Es machte ihm offensichtlich solchen Spaß zu spielen – egal, ob vor kleinerem oder großem Publikum –, daß sich dies irgendwie übertragen mußte.

Einem anderen Musiker bin ich in Santiago begegnet, mit dem ich mich anfreunden konnte. Es war der große Förderer der zeitgenössischen Musik, der berühmte Dirigent Hermann Scherchen. Bei einer unserer ersten Begegnungen zeigte ich ihm meine Kompositionen, worauf er sofort das *Konzert für Saxophon und Orchester* und das *Konzert für Orgel und Streichorchester* in seinen Musikverlag ›Ars Viva‹ übernahm und versprach, es in Europa aufzuführen.

Hermann Scherchen spielt mit meinem Hund Balu

Hans Helfritz mit Domingo Santacruz und Hermann Scherchen (von links nach rechts) in Santiago

169

Aber Scherchen war nicht nur an moderner Musik, sondern auch an allen möglichen anderen Dingen interessiert. Einmal war er bei mir eingeladen, zusammen mit Santacruz, einer der wichtigsten Persönlichkeiten der Musikwelt Santiagos. Ich hatte damals einen kleinen Drahthaar-Terrier, Balu hieß er, der sehr lustig war und an dem Scherchen besonderen Gefallen fand. Er spielte die ganze Zeit mit meinem Hündchen. Scherchen bin ich noch mehrmals begegnet und habe allerlei interessante und amüsante Geschichten mit ihm erlebt.

Er war ein ganz großer ›Orchestererzieher‹. Ihm entging nichts. Er hatte ein außerordentlich gutes Gedächtnis und dirigierte alles auswendig. Ich konnte es selbst bei einer Probe erleben. Er übte die ›Kunst der Fuge‹ von Bach in einer eigenen Orchesterfassung ein – und zwar auswendig. Mitten in der Probe unterbrach er und sagte: »Im Takt mit der Nummer 354 hat die Bratsche Fis statt F gespielt. Bitte spielen Sie richtig!«

Er verlangte von jedem Orchestermusiker, daß er seine Stimme vorher geübt hatte und daß er sie vollkommen beherrschte. Wenn einer schluderte, dann war nicht mit ihm zu spaßen. Dann schimpfte er, und womöglich entließ er den Musiker, denn das konnte er absolut nicht vertragen. Aber es haben viele, die Scherchen erlebt haben, berichtet, daß sie niemals einem Dirigenten begegnet wären, bei dem sie so viel gelernt hätten und der so exakt mit ihnen gearbeitet hätte wie Scherchen. Scherchen hatte den Ehrgeiz, nicht nur auswendig zu dirigieren, sondern möglichst auch, wenn er Vorträge hielt, diese in der jeweiligen Sprache auswendig zu halten.

Eines Tages war er in Buenos Aires und sollte an einem bestimmten Tag einen Vortrag halten. Es waren noch ein paar Tage Zeit. Da engagierte er einen Lehrer, der ihm den Vortrag auf Spanisch übersetzen sollte, eine Sprache, die er überhaupt nicht beherrschte. Er arbeitete mit dem Lehrer, kam aber nicht zurecht. Am letzten Tag war er immer noch dabei. Es war schon Zeit, zu dem Vortrag hinzufahren, aber er war einfach nicht dazuzubringen. Er hatte den Ehrgeiz, ihn erst einmal zu Ende auf dem Papier zu haben. Die Leute saßen bereits und warteten, aber Scherchen kam nicht. Schließlich kam er doch mit der Übersetzung, die allerdings nicht fertig geworden war. Und was machte er? Er hielt die Hälfte des Vortrages in Spanisch und die andere Hälfte in Französisch.

Nach einem Konzert in Santiago fand ein Empfang in dem Privathaus eines Chilenen statt. Es waren eine ganze Menge Leute dazu eingeladen. An diesem Abend bat die Hausfrau, Scherchen möge sich doch eine kleine chilenische Sängerin anhören und ihre Darbietung beurteilen. Er hat eingewilligt, allerdings nicht sehr begeistert. Sie sang vor, und alle Leute warteten, was wohl Scherchen sagen werde. Scherchen saß da mit ernstem Gesicht und – wie immer bei solchen Gelegenheiten – mit zugekniffenen Lippen. Der Vortrag war beendet, und alle warteten nun auf sein Urteil. Aber Scherchen blieb stumm. Er sagte kein Wort. Dann setzte die Unterhaltung wieder ein, und man ging darüber hinweg. Am nächsten Tag lief das Gerücht durch Santiago, Scherchen hätte gesagt, die kleine Chilenin sänge so, als wenn man einer Katze auf den Schwanz trete. In Wirklichkeit hatte er dieses Mädchen aber so phantastisch gefunden, daß er sie sofort für eine Reihe von Konzerten in Europa engagierte, aber das brauchte ja keiner zu wissen.

Etwas Ähnliches erlebte ich später in Deutschland. Scherchen war in Frankfurt und dirigierte die Oper ›Das Urteil des Lukullus‹ von Paul Dessau, die er bereits in Ost-Berlin anläßlich der Uraufführung dirigiert hatte. Eines Tages war ich in Frankfurt, Scherchen besorgte mir eine Eintrittskarte, und wir verabredeten, daß ich am nächsten Tag mit ihm zu Adorno gehen sollte, bei dem er eingeladen war. Ich sagte, ich könne doch nicht einfach mitkommen, ich sei doch nicht eingeladen. Das mache er schon, meinte Scherchen, das sei in Ordnung.

Da waren wir nun alle bei Adorno. Scherchen hatte auch Luigi Nono und Maderna mitgebracht und seine Frau Pia. Da sie gerade ein Kind bekommen hatten, wurde der Säugling auch noch mitgenommen. Nun aber sang und spielte Adorno einige Lieder von sich, und alle Welt wartete auf das Urteil von Scherchen. Scherchen saß wieder da, mit zugekniffenen Lippen und sagte kein einziges Wort. Natürlich eine peinliche Situation.

Groß begeistert war ich von dieser Musik nicht. Ich hörte auch kein Urteil von Maderna und von Nono, und sicherlich wagten sie genau so wenig wie ich, vor dem großen Meister Scherchen jetzt ihr Urteil abzugeben. Denn wenn das von dem differierte, was Scherchen dachte, dann hätte das eine Katastrophe gegeben.

Ich erinnere mich an eine ähnliche Situation in Buenos Aires. Scherchen hielt sich dort mehrere Monate auf und hielt Kurse im Dirigieren ab. Außerdem dirigierte er auch in der ›Opera Colón‹ Konzerte. Ich war bei den Proben, und eines Tages sagte er: »Ich bin am Sonntag eingeladen bei einem berühmten Professor in Belgrano. Da kommen Sie mit.«

»Ich kann doch nicht einfach mitkommen«, erwiderte ich wiederum.

»Ach, das machen wir schon. Sie kommen mit und holen mich ab, und wir fahren zusammen hin.«

Wir fuhren also nach Belgrano, wo eine illustre und große Gesellschaft zum Mittagessen versammelt war. Nach dem Essen saßen wir alle beim schwarzen Kaffee, und man unterhielt sich über Picasso. Plötzlich äußerte eine kleine Schweizer Journalistin irgendein abwertendes Urteil über Picasso. Von dem Moment an kniff Scherchen seine Lippen zusammen und sagte kein Wort mehr. Nichts. Überhaupt nichts. Alles ging weiter. Scherchen saß da, stumm, als wenn er gar nicht dabei gewesen wäre.

Als der Abschied kam, bat Scherchen die Hausfrau, ihm ein Taxi zu bestellen, mit dem er mit mir zusammen wieder nach Buenos Aires fahren wollte. Das Taxi wurde bestellt, und da fragte die Hausfrau: »Können Sie nicht diese kleine Journalistin mit nach Buenos Aires nehmen? Sie hat denselben Weg.« Stumm willigte er ein.

Wir stiegen also alle in das Auto, fuhren eine ganze Weile, Scherchen blieb stumm. Nach einer Weile – wir mußten mindestens eine halbe Stunde oder noch länger mit dem Auto fahren – wurde Scherchen gesprächig, redete sich in Rage und fiel über diese kleine Journalistin her.

»Sie dummes Ding, was fällt Ihnen überhaupt ein? Sie haben doch vom Tuten und Blasen überhaupt keine Ahnung und erdreisten sich über Picasso zu urteilen!«

Da war dieses arme Mädchen natürlich in Tränen aufgelöst. Am liebsten wäre sie ausgestiegen, aber das ging nicht. Sie mußte sich nun diese Predigt von Scherchen bis zum Ende anhören.

Scherchen nahm nie ein Blatt vor den Mund. Er sagte immer offen und ehrlich, was er meinte, auch wenn das für andere oft unangenehm gewesen sein muß.

Von Scherchen als Schüler angenommen zu werden, war sehr schwer. Ich lernte eines Tages in Santiago einen Musikstudenten kennen, der gern in die Schweiz gehen wollte, um bei Scherchen Unterricht im Dirigieren zu nehmen. Da er wußte, daß ich mit ihm befreundet war, bat er mich, bei Scherchen ein gutes Wort für ihn einzulegen. Ich schrieb also an Scherchen, diesen Chilenen doch als Schüler anzunehmen. Bald schon bekam ich Antwort: Grundsätzlich nähme er keine Schüler mehr an. Und wenn er einen nähme, dann verlange er 100 Schweizer Franken pro Stunde, und daß der Schüler sich die ganze Zeit ständig in seiner Nähe aufhalten solle und mit ihm dort hinreise, wohin er auch gehe. Er sagte also grundsätzlich ab.

Das teilte ich Izquierdo mit. Aber eines Tages, etwa ein Jahr später, war ich in Hamburg und saß in einem Café gegenüber der Oper. Und wer kam da herein? Izquierdo, den Scherchen nicht als Schüler haben wollte. Und genau an demselben Tag gab Scherchen in Hamburg ein Konzert.

»Ja, das ist doch die Gelegenheit«, sagte ich. »Besuchen Sie Scherchen, suchen Sie ihn auf, und bitten Sie ihn persönlich, daß Sie sein Schüler werden dürfen.«

Er hat es getan, Scherchen hat ihn angenommen, und heute ist Izquierdo der bedeutendste Dirigent Chiles. Er war bei allen Reisen Scherchens dabei und bei jeder Gelegenheit zugegen, wenn von Scherchen irgend etwas Interessantes zu erfahren war. Und das erfuhr man dann auch, denn Scherchen war privat ein außerordentlich lebhafter und mitteilsamer Mann und konnte sehr anregend erzählen und auch für andere lehrreiche Gespräche führen.

Genau dasselbe passierte auch seinen Lieblingsschülern Nono und Maderna. Beide haben ihn damals zum ersten Mal in den Ferienkursen in Darmstadt kennengelernt, sind dann seine Schüler geworden und mit ihm gereist. Ich weiß noch, daß Scherchen mir einmal erzählt hat, sie wären auf einer Reise in Italien gewesen. Scherchen hatte sich einen Wohnwagen gekauft – er selbst konnte aber nicht fahren. Da mußten Maderna oder Nono den Wohnwagen chauffieren. Sie fuhren in alle möglichen Orte, wo Scherchen Konzerte gab. Sie fuhren auch ans Meer, und während sie im Meer umherschwammen, da unterrichtete er sie.

Scherchen hatte manchmal etwas sonderbare Eigenschaften. In Buenos Aires ereignete sich zum Beispiel folgende Geschichte, die einem unserer chilenischen Komponisten, Juan Orego, passiert ist, der damals in Buenos Aires Scherchens Orchesterproben besuchen durfte:

Scherchen hatte ihm gesagt, er solle nach der Probe auf ihn warten und mit ihm zusammen zu Mittag essen. Er verließ mit Scherchen das Theater und letzterer sagte: »Ich weiß ein nettes Restaurant, wo wir gut essen können. Es ist gar nicht so weit, ein deutsches Restaurant.« Und sie gingen zehn Minuten, eine Viertelstunde, eine halbe Stunde. Scherchen mit seinen langen Schritten vorneweg, und der arme Orego konnte kaum folgen. Schließlich kamen sie in dem Restaurant an. Sie setzten sich an den Tisch, der Ober brachte die Speisekarte, Scherchen las sie und sagte, das und das möchte er haben. Gab die Speisekarte zurück, zog einen Kriminalroman aus der Tasche und las.

Da sagte Orego, er wolle aber auch etwas essen! Ach so, ja – man solle nochmals die Karte bringen. Dann suchte er aus und bestellte. Scherchen vertiefte sich wieder in sein Buch und las. Jetzt kam das Essen, Scherchen aß, guckte in das Buch und aß – kein Wort wurde gewechselt. Er las und las. Und als sie dann mit dem Essen fertig waren, las er noch immer.

»Ich habe aber jetzt noch etwas anderes zu tun«, meinte Orego, der sich aus dieser Situation befreien wollte, »ich muß jetzt leider gehen.«

»Ach so, Sie wollen jetzt gehen? Ja, dann auf Wiedersehen. Aber Sie kommen morgen bestimmt in meine Probe? Es wird sehr interessant werden. Auf Wiedersehen!«

Orego verließ das Lokal. Am nächsten Tag ging er wieder in die Probe. Scherchen kam strahlend auf ihn zu: »Schön, daß Sie da sind. Wissen Sie, das war doch gestern so nett in dem Restaurant, wir beide zusammen. Und wissen Sie, was in dem Roman passiert ist? Der Freund des Amerikaners wurde umgebracht, woraufhin dessen Freundin den entscheidenden Fehler beging und schließlich als Mörderin gefaßt wurde.«

Ob man Scherchen als exzentrische Persönlichkeit bezeichnen konnte, weiß ich nicht. Jedenfalls hatte er eigenartige und sonderbare Eigenschaften. Er war zeitweise außerordentlich mitteilsam, dann wieder ganz stumm, wenn ihn etwas nicht interessierte. Diejenigen, die mit ihm zusammen waren, hatten es oft nicht leicht, besonders die Frau, mit der er gerade verheiratet war. Er war nämlich mehrmals verheiratet und hatte einen Haufen Kinder.

Eines Tages bekam ich eine Postkarte aus London, auf der er mir schrieb: »Eben habe ich meine beiden reizenden Chinesenkinder aufs Schiff gebracht. Sie fahren nach China zu ihrer Mutter.«

Inzwischen war Scherchen von der Chinesin wieder geschieden, die im übrigen eine bedeutende Musikwissenschaftlerin war.

Einmal hat mir Scherchen seine Wohnung in Zürich zur Verfügung gestellt. Er hatte damals beim Zürcher Rundfunk eine leitende Stellung inne und wohnte ganz in der Nähe. Die Wohnung war fast leer. Es gab kaum Möbel. Er besaß kein Klavier, er brauchte auch keines. Er las seine Partituren eingehend, manchmal eine halbe Stunde nur an einer einzigen Seite und stellte sich genau vor, wie jedes Instrument klingt und wie die Gesamtklänge zu sein hatten. Er lernte auf diese Weise die Partitur auswendig, und wenn er sie ausprobierte, kannte er jede Note auf der jeweiligen Seite.

In seiner Wohnung hatte er Berge von Noten. Und eine Unordnung. Ich weiß noch, als ich dort wohnte und er von einer Reise zurückkam – aber nur für einen Tag –, mußte er am nächsten Tag schon wieder in irgendeiner anderen Stadt sein, um zu dirigieren. Er suchte ein bestimmtes Werk, konnte aber die Noten dazu nicht finden. Ganze Berge wurden durchwühlt, Pia kam und mußte mithelfen. Dann wurde Pia schnell zum Konsulat geschickt, um ein Visum zu holen, kam in Tränen aufgelöst wieder, weil sie es nicht bekommen hatte. Scherchen ließ sich nicht beunruhigen und sagte zu mir: »So, wir machen nun einen Spaziergang.« Dann gingen wir eine Stunde spazieren und führten die interessantesten Gespräche.

In seiner Wohnung in Zürich hatte er sogar eine Notendruckmaschine. Das war ein ganz sonderbares Instrument, irgendeine komische Konstruktion, die jemand entworfen hatte. Furchtbar kompliziert, er selber konnte kaum damit fertig werden, unterrichtete aber den Hausmeister im Bedienen dieser Apparatur. Wenn er auf Reisen war, dann gab er dem Hausmeister irgendwelche Noten, die er für ihn drucken sollte. Das machte einen so fürchterlichen Krach, daß es Schwierigkeiten mit den Nachbarn gab. Sie beklagten sich, daß Scherchen mitten in der Nacht seine Notenmaschine in Gang setzte. Da mußte er sie wieder abschaffen.

Ist das exzentrisch? Jedenfalls war er von einer mitreißenden Leidenschaft für Musik erfüllt.

Nach dem Krieg komponierte ich zwar weiter, fing nun aber auch an, Vortragsreisen nach Europa zu unternehmen. Ich trat in Verbindung mit Verlegern, zwecks Herausgabe meiner Bücher und Kompositionen. Ich fand einen Musikverlag in Zürich für meine *Peruanische Suite,* die ich für Streichorchester, Flöten und Schlagzeug geschrieben habe. Als ich in Chile war, komponierte ich weiter.

In dieser Zeit habe ich eine Violinsonate, ein Divertimento für großes Orchester, Lieder nach altchinesischen Texten aus dem 12. und 13. Jahrhundert (in den Nachdichtungen von Ehrenfeld), Lieder für Singstimme und Harfe nach Texten von Langston Hughes und kleine Stücke für zwei Violinen komponiert. Ich habe Stücke geschrieben für Violine und Cello, aber das sind meistens ›Gelegenheitskompositionen‹ gewesen, die dann mehr im privaten Kreis aufgeführt wurden.

So habe ich zum Beispiel einen Hochzeits-Kanon geschrieben, als die Tochter der Familie Gildemeister heiratete. In Chile hatte ich immer die Möglichkeit, meine Kompositionen auch öffentlich aufzuführen.

Das Komponieren war für mich also genauso wichtig geblieben wie in den Kriegsjahren. Nur habe ich öfters meine Aktivitäten gewechselt. Ich habe wieder Reisen gemacht. In diese Zeit nach dem Krieg fällt ja auch meine längere Reise nach Westafrika, wo ich auch eine ganze Menge Musik aufgenommen habe, zum Beispiel religiöse Musik in Äthiopien, die 1970 bei ›Harmonia Mundi‹ als Schallplatte herauskam. Eine zweite Reise nach Westafrika hatte ich ja im Auftrag von Nikolas Nabokov unternommen.

Je nach dem, ob ich nun wieder eine Reise machen oder wieder ein Buch schreiben mußte, wechselte ich von Musik zu Vorträgen oder schriftstellerischer Tätigkeit, und das habe ich bis heute beibehalten. Mein Interesse war es immer, über fremde Länder, Menschen und Tatsachen zu berichten. Um meinen Gefühlen freien Lauf zu lassen, hatte ich die Musik, und in der Musik konnte ich mich auslassen, das brauchte ich dann nicht in Worten zu tun. Nach zwanzig Jahren Abwesenheit von Deutschland war ich aber als Komponist so gut wie vergessen. Da mußte ich erst sehen, wo überhaupt etwas von mir aufgeführt werden konnte. Wäre ich in Chile geblieben, hätte ich laufend die Möglichkeit dazu gehabt. Wahrscheinlich hätte ich dann auch noch mehr komponiert.

Nach meiner Rückkehr nach Europa hatte ich noch Kontakt mit Heinz Thiessen und Max Butting gehabt, der ja in Ost-Berlin lebte und dort auch geblieben ist und in der letzten Zeit eine ziemlich bedeutende Rolle in der Musik der DDR gespielt hat. Beide sind früh gestorben. Sie waren die letzten, die ich noch aus der Zeit nach meiner Rückkehr wieder begrüßen konnte.

Gern wäre ich noch mit Paul Höffer zusammengekommen, meinem ersten Lehrer, der sofort nach dem Krieg Direktor der Hochschule für Musik in Berlin wurde, aber dann gestorben ist. Er hat dieses Amt nur ganz kurze Zeit ausführen können.

Meine musikalischen Kontakte waren in der Nachkriegszeit immer mehr auf persönlicher Ebene angesiedelt.

Ich lernte den Generalmusikdirektor Drewanz in Ibiza kennen. Er brachte mein Saxophonkonzert in Darmstadt zur Aufführung. Ich hatte auch wieder Kontakt zu Scherchen. Aber ich habe mich nicht großartig bemüht, nun wieder in das Musikgeschehen in Deutschland einzudringen, denn nach so langer Zeit war das ja doch ziemlich aussichtslos.

Auch diejenigen von meinen Studienkameraden, mit denen ich nach dem Krieg wieder in Kontakt kam – wie der Musikwissenschaftler Bukofzer in Amerika, Hans Hickmann in Kairo, der sich ganz der Erforschung der ägyptischen Musik gewidmet hatte, und Fred Hamel, der Gründer der Archivabteilung der ›Deutschen Grammophon‹ –, waren sehr bald schon verstorben.

Meine Aufgabe war es jetzt also, vermehrt Bücher zu schreiben und Vorträge zu halten.

Ich habe es nun schon immer als besonders reizvoll empfunden, daß ich nicht nur auf einem Gebiet tätig geblieben bin. Ich habe also nicht das eine fallenlassen, um dann etwas anderes neu anzufangen, sondern ich habe das eine beiseite gelegt, um es später wieder aufzugreifen. Wenn ich ein Buch abgeschlossen hatte, dann hatte ich erst einmal genug vom ›Bücherschreiben‹. Dann war es für mich stets ein neues Erlebnis, wenn ich jetzt wieder eine Reise oder eine Expedition unternahm. Wenn ich dann zurückkam, war ich immer froh, mich wieder an meinen Schreibtisch setzen zu können, um ein Buch zu schreiben, oder zu komponieren.

Auf diese Weise blieb ich nämlich immer aktiv und neugierig: mit Vielseitigkeit im Leben und bei der Arbeit.

Ich weiß, daß ich auf diese Weise natürlich nun nicht etwa ein Bestseller-Autor werden konnte, oder ein Komponist, der ständig im Repertoire ist. Aber das war mir auch vollständig egal. Ich hatte mein Publikum, und ich war froh, daß ich dem einen auf einem Gebiet und dem anderen auf einem anderen Gebiet etwas mitgeben konnte.

Chile nach dem Krieg

Als der Krieg zu Ende war, bekam ich nach gar nicht langer Zeit tatsächlich Verbindung zu meinen Eltern, meiner Schwester und meinem Schwager.

Während des Krieges hatte ich überhaupt keinen Kontakt zu ihnen; ich wußte gar nicht, was aus ihnen geworden war. Aber irgendwie kamen wir dann wieder zusammen. Chile war ja immer ein deutsch-freundliches Land gewesen und sorgte dafür, daß gleich in der ersten Zeit nach dem Krieg ein chilenischer Dampfer Pakete nach Deutschland kostenlos mitnahm. Ich konnte soviel ich wollte in eine große Kiste packen, Lebensmittel und alle möglichen Dinge, und sie nach Deutschland schicken. Diese Kiste kam auch an.

Nun hatte ich also wieder Verbindung mit meinen Verwandten. Meine Eltern lebten noch in Greifswald, meine Schwester und mein Schwager in Stettin. Als dann die Russen im Anzug waren und Pommern besetzten, da flüchtete meine Schwester mit ihrem Mann zunächst nach Rendsburg. Auf dem Wege nach Rendsburg versuchten sie, die Eltern auch noch mitzunehmen, aber Vater wollte in Greifswald bleiben. Von Rendsburg gingen sie nach Flensburg, und nun bekam ich von meiner Schwester den Brief, in dem stand, sie wüßten gar nicht, was sie anfangen sollten. Damals wollten alle zusehen, daß sie ins Ausland kommen konnten, denn man wußte ja gar nicht, was in Europa weiter passieren würde.

Ich bemühte mich nun für sie, ein Visum nach Chile zu bekommen. Das war damals gar nicht leicht. Es hat ein ganzes Jahr gedauert, bis ich die Erlaubnis bekam, daß sie nach Chile einreisen konnten. Dreimal wurde mein Antrag abgelehnt. Zeitweise mußte ich jede Woche zum Auswärtigen Amt und immer wieder hinterhaken, ob ich nicht doch ein Visum für meine Verwandten bekäme.

Als ich das Visum nun immer noch nicht hatte, waren meine Schwester und mein Schwager inzwischen aus Flensburg nach Zürich gekommen. Mein Schwager war damals sehr krank und er bekam die offizielle Erlaubnis, zur Erholung in die Schweiz zu fahren, aber meine Schwester sollte als ›Pfand‹ in Flensburg bleiben. Der Schwager konnte also ohne weiteres in die Schweiz reisen, aber meine Schwester nicht.

Nun erfuhr sie durch Zufall, daß es an der deutsch-schweizer Grenze in der Nähe von Basel eine unbewachte Stelle auf einer Wiese am Rande des Waldes gab. In der Nacht fand sie die Stelle, und es gelang ihr, die Grenze zu passieren; sie war nun in der Schweiz. Dann telegrafierte sie irgendein Stichwort an meinen Schwager, daß sie da wäre und somit konnte der Schwager auch kommen, und sie waren beide in Zürich. Aber das Visum war immer noch nicht da. Das dauerte monatelang. Immer wieder wurde es abgelehnt.

Dann bekam ich plötzlich ein Telegramm: »Wenn wir jetzt das Visum nicht bekommen, dann gehen wir in den Zürichsee.« In kurzer Zeit bekam ich das Visum, und sie konnten nach Chile reisen.

Sie kamen mit einem italienischen Dampfer nach Valparaíso, und mein Schwager, der damals eine schwere Nierenkrankheit hatte, kam sofort in Behandlung des berühmtesten Nierenspezialisten ganz Südamerikas, der in Chile lebte. Es war derselbe Dr. Abut, von dem ich bereits erzählt habe. Er hat ihn untersucht und festgestellt, er müsse sofort operiert werden. Von Flüchtlingen aus Deutschland nahm er keinen Pfennig Honorar, sondern machte das alles umsonst.

Meine Verwandten kamen auch nur mit dem nötigsten Gepäck. Sie waren ausgebombt worden. Später konnten wir auch meine Mutter nach Chile holen, mein Vater war inzwischen in Greifswald gestorben.

Meine Schwester und mein Schwager waren nun glücklich in Chile angekommen. Ich mußte dafür Sorge tragen, sie einigermaßen vernünftig unterzubringen. Ich selbst wohnte ja damals noch in einem winzig kleinen Gartenhäuschen, da gab es keinen Platz für sie. Aber ich hatte noch einen Schuppen, den konnte ich notdürftig herrichten, so daß sie erst mal unterkamen. Es war ja Sommer. Heizung brauchte man nicht.

Doch gleich in der ersten Nacht wachte meine Schwester auf und schrie – es lief ihr eine Ratte über den Kopf. Ratten gab es damals in Santiago überall dort, wo die Bewässerungskanäle durch die Grundstücke liefen, in denen das Wasser von Gletscherflüssen aus den Kordilleren weitergeleitet wurde. Aber mit dem Wasser kamen eben auch die Wasserratten, und gegen die gab es keine Rettung. Kaum hatte man welche gefangen oder die Häuser ausgeräuchert, da kam auch schon der nächste Schub mit dem Wasser.

Also die Ratte hatte meine Schwester aufgeweckt. Und kaum war sie wieder eingeschlafen, da wurde sie durch einen schrecklichen Lärm wach: die Feuersirene ging los, denn in der Nähe unserer Behausung war eine Feuerwache. Diesmal brannte es in unserer Nachbarschaft.

Ich war daran schon gewöhnt, denn fast jeden Tag gab es irgendwo ein Feuer. Es brannten gewöhnlich immer die alten, baufälligen Häuser ab, und das hatte einen bestimmten Grund. Ihre Besitzer hatten vorher ihre Häuser hoch versichert, und dann brannte es eben mal. Wenn das geschah, wurde der Besitzer des Hauses erst mal eingesperrt, bis geklärt wurde, ob es Brandstiftung oder höhere Gewalt war. Und wenn schon! Hatte der Besitzer sein Haus angesteckt, dann mußte er eben etwas länger sitzen.

Auf diese Weise brannte damals auch ein bei den Künstlern beliebtes Restaurant ab, in dem auch Kleiber, Busch und Scherchen verkehrten. Aber das war dann schon ein ernster Fall. Der Manager des Restaurants kam dabei ums Leben, und der Besitzer wanderte ins Gefängnis. Aber dann hörte man in Santiago nichts mehr über den Fall – bis die Nachricht durchsickerte, der Besitzer befände sich längst in Buenos Aires.

Und zu dieser Geschichte erzählte man sich in Santiago einen köstlichen Witz:

Zwei Leute begegnen sich auf der Straße. Da sagt der eine zum anderen: »Ich habe gehört, bei dir hat es gebrannt, das muß ja schrecklich gewesen sein«. – »Pst«, sagt der andere, »noch nicht, erst übermorgen.«

Um noch einmal auf die Rattenplage zurückzukommen, muß ich noch eben eine Episode dazu erzählen:

Als es nun wieder einen einigermaßen regelmäßigen Dampferverkehr von Valparaíso nach Deutschland gab, konnte man auch wieder ›Liebesgabenpakete‹ in die Heimat schicken. Man sollte sie aber möglichst kurzfristig vor der Abfahrt des Dampfers bei der Post in Santiago aufgeben, denn man wäre nicht sicher, ob der Inhalt auf der Post nicht von den Ratten gefressen würde, falls die Pakete dort länger liegenblieben.

Das Postamt war ein altes Gebäude, und da wimmelte es von Ratten. Später, als sich die Verhältnisse in Deutschland schon etwas gebessert hatten, erhielt ein Deutscher, der sich in Chile aufhielt, eines Tages vom Zollamt der Post in Santiago eine Nachricht, er möchte ein Paket abholen, es kostete soundso viel Zoll. Er ging auf die Post und fragte: »Wo ist mein Paket?«

»Das können wir Ihnen nicht zeigen. Sie müssen erst den Zoll bezahlen«, sagte der Postbeamte.

»Ich will das Paket aber zuerst sehen«, sagte der Deutsche schon etwas ungeduldig.

»Wenn Sie durchaus wollen, dann müssen Sie aber für das Ansehen ein kleines Entgelt entrichten«, war die Antwort.

Er willigte ein, bezahlte und erhielt das ›Paket‹, das in Wirklichkeit ein mit Bindfaden zusammengeschnürtes Packpapier war. Auf einem Zettel war zu lesen: ›el contenido está comido por los ratones‹; das heißt soviel wie ›der Inhalt wurde von Ratten gefressen‹! – Und dafür sollte er nun Zoll bezahlen. Das konnte doch nicht wahr sein. Er verweigerte die Annahme. Damit war für ihn die Sache erledigt, so glaubte er jedenfalls.

Ein paar Monate später bekam er wieder eine Mitteilung vom Zoll. Es wäre ein Paket für ihn angekommen, das er doch bitte abholen möchte.

Er ging also auf die Post, und was sagte man ihm da? Genau dasselbe wie beim letzten Mal! Er sollte erst bezahlen, dann brachte man ihm wiederum ein Bündel . . .

Und wie war es dazu gekommen? – In Deutschland hatte man ebenfalls die Annahme verweigert, deshalb ging das Bündel wieder nach Chile zurück. Seine Mutter hatte es gut gemeint; sie hatte ihm einen Weihnachtsstollen geschickt, und den bekamen die Ratten sicherlich nicht jeden Tag zu fressen!

1950 bin ich wieder nach Deutschland gefahren, um Kontakt mit meinen Verlegern aufzunehmen, um meine Verwandtschaft zu besuchen und um wieder meine Vortragstätigkeit in Deutschland, Italien und in der Schweiz in Gang zu bringen. Ich kam zunächst mit dem Schiff von Buenos Aires nach Genua, und zwar mit einer argentinischen Dampferlinie, die in der ersten Nachkriegszeit einen regelmäßigen Passagierdienst zwischen Buenos Aires und Italien unterhielt.

Diese Schiffe waren nur mit einer Kategorie ausgestattet: Einheitsklasse auf die billigste Art! Da kostete eine Reise von Buenos Aires nach Genua 300 Mark mit Verpflegung. Und man war fast vier Wochen unterwegs. Natürlich war man nicht erstklassig untergebracht. Es gab Schlafkabinen mit vier, sechs oder neun Betten.

Die Hinfahrt war ganz angenehm. Es waren nur wenige Passagiere an Bord, aber die Rückfahrt! Nun, das werde ich später erzählen.

In Genua angekommen fuhr ich mit der Bahn weiter nach Detmold. Dort blühte nach dem Krieg schon wieder musikalisches Leben auf. In dieser Stadt lebte auch mein Vetter, Dr. Kroll, ein Neurologe, der dann später noch nach Chile kam. Bei ihm hatte ich zunächst mein Stammquartier. Vor Ort bekam ich auch bald Kontakt zu der dortigen Musikschule. Nach dem Krieg war sie die erste deutsche Musikhochschule, die wiedereröffnet wurde. Hier machte ich die Bekanntschaft des Komponisten Bialas und des Flötisten Redel. Damals konnte man auch schon wieder kleinere Konzerte besuchen.

Dann kam ich nach Berlin. Die Stadt war ja noch ein ziemlicher Trümmerhaufen. Man fing gerade an, die Gebäude wieder aufzurichten. Ich nahm sofort Kontakt zu der Urania auf, bei der ich vor dem Krieg schon viele Vorträge gehalten hatte. Die Urania hatte damals noch kein eigenes Haus, sie veranstaltete ihre Vorträge in der Technischen Hochschule in Charlottenburg, und ich war einer der ersten, der dort Vorträge halten konnte, und zwar über Südamerika, Mexiko, Guatemala und über andere Länder und Gegenden, die ich bereist hatte.

Allmählich hatten sich in Deutschland die Zustände gebessert. Es begann jetzt das sogenannte ›Wirtschaftswunder‹. Es gab wieder Kaffee und Tee. In Chile waren die Zustände genau umgekehrt. Während des Krieges ging es uns dort gut, aber sobald der Krieg vorbei war, ging es mit Chile bergab. Die Inflation machte sich immer mehr bemerkbar, und manche Lebensmittel wurden knapp, so zum Beispiel auch Tee.

Ich kann mich noch gut daran erinnern, daß man in der damaligen Zeit gerade wegen Tee manchmal um einen ganzen Häuserblock anstehen mußte. Die Chilenen sind große Teetrinker, und es gab einfach keinen Tee mehr zu kaufen. Immer wenn mit einem Dampfer eine größere Teesendung eintraf, blieb das Schiff draußen auf der Reede liegen. Dann wurde der Tee durch irgendwelche Zwischenhändler an ein anderes Land verkauft. Chile ging dabei leer aus. – In Deutschland gab es nicht nur den einfachen Tee, sondern auch Darjeeling Tee und etliche andere Sorten. Das hatte mich zunächst einmal etwas erstaunt.

Die erste Deutschlandreise nach dem Krieg war für mich nur ein Besuch. Ich wollte nicht zurückkehren und mich wieder in Deutschland niederlassen. Daran habe ich damals überhaupt nicht gedacht. Ich hatte ja, da ich so viel in der Welt herumgekommen war, eigentlich nie das Bedürfnis gehabt, in einem bestimmten Land seßhaft zu werden. Durch Zufall war ich nach Chile gekommen und war inzwischen viel zu sehr Weltbürger geworden, als daß ich die Absicht gehabt hätte, nun wieder nach Deutschland zurückzukehren, zumal man ja noch gar nicht wußte, wie es überhaupt dort weitergehen würde.

Ich habe auch nie Heimweh gehabt. Ich habe mich überall wohlgefühlt, ob das nun in Süd-Arabien, in Indien oder in China war. Auch in Südamerika habe ich mich besonders wohlgefühlt. Als ich überhaupt noch keine Reisen unternommen hatte, habe ich immer die Sehnsucht gehabt, in ein fernes Land zu gehen. In Deutschland fühlte ich mich stets eingeengt und ›gefesselt‹. In allen anderen Ländern, die ich bereist hatte, fühlte ich mich hingegen frei und zufrieden, da ich auch überall wieder etwas Neues erlebte.

Vielleicht kam diese Einstellung auch daher, daß ich schon in meiner Jugend in Greifswald zu Hause bleiben mußte und einfach neidisch war, daß meine Eltern und Großeltern so schöne Reisen unternommen hatten, zu denen ich nicht mitkommen durfte. Jetzt konnte ich nach Lust und Laune reisen. Seit dieser Zeit hegte ich den Wunsch in mir, die Welt zu bereisen, und dieser Wunsch ist immer lebendig geblieben.

Die Deutschen, die niemals im Ausland gelebt haben, denken doch ganz anders als diejenigen, die lange Zeit in der Fremde gewesen sind und somit ganz andere Lebensbedingungen kennengelernt haben. Als Deutscher, der viele Jahre in fernen Ländern gelebt hatte und nun zurückgekommen war, fühlte man sich – so ist es mir jedenfalls ergangen – immer etwas eingeengt. In Deutschland ist man nicht so großzügig. Man gibt sich irgendwie engstirniger und kleinlicher. Lappalien, über die man im Ausland einfach hinwegsieht, haben in Deutschland oft eine viel größere Bedeutung.

Man spürte auch immer noch die Schatten dieser schrecklichen Nazizeit, die einen bedrückten. Diese Ära ist zwar nun vorüber, aber ihr Schatten ist immer noch lebendig. Man wußte auch gar nicht, wer auf welcher Seite gestanden hatte. Man war nur froh, daß man nicht mehr daran denken mußte, und daß nun alles vorbei war.

Bald kam der Tag der Rückreise nach Buenos Aires mit dem argentinischen Dampfer. Ich wußte schon, was da auf mich zukam. Die Fahrkarte hatte ich Monate im voraus in Chile gekauft. Jetzt war das Schiff bis auf den letzten Platz ausverkauft. Der Dampfer sollte an einem bestimmten Tag in Genua auslaufen, war aber noch gar nicht da. Man hatte mich nicht benachrichtigt, bezahlte mir ein Hotel, und ich mußte warten, bis der Dampfer kam. Er traf dann auch ein, und es hieß, daß er inzwischen einen Maschinenschaden gehabt habe und noch ein bißchen ausgebessert werden müsse. Das dauere noch ein paar Tage.

Dann endlich kam der Abreisetag. Am Kai warteten 1500 Passagiere, die alle auf das Schiff wollten. Hauptsächlich waren es Aussiedler aus Süditalien, aus Neapel und Sizilien. Und was hatten die alles an Gepäck bei sich! Das Gerammel und der Lärm waren unvorstellbar. Stundenlang mußten wir, jeder mit Koffern und Kisten bepackt, anstehen, bis wir schließlich durch die Paß- und Zollkontrolle an Bord kamen.

Endlich war es soweit. Ich kam in die mir zugewiesene Kabine mit neun Betten. Es war Hochsommer. Eine Klimaanlage gab es auf dem Schiff natürlich noch nicht. Wir hatten zwar eine Luke, die man öffnen konnte, aber sie war fest verschlossen, denn einer von meinen Mitreisenden, ein alter Sizilianer, behauptete, er könne den Luftzug nicht vertragen. Die Hitze war unerträglich – aber scheinbar nicht für ihn, denn er lag mit einem dicken, wollenen Anzug auf dem Bett und hatte seinen Filzhut auf den Bauch gelegt. Und so blieb er liegen. Während der ganzen Reise hat er sich nicht einmal ausgezogen. Wenn wir die Luke aufmachen wollten, dann schrie er: »Mir ist kalt!« Und das ließ er auch später verlauten, als wir bereits in den Tropen waren.

Von den anderen Mitreisenden möchte ich nur noch einen erwähnen. Er war ein Haar-Künstler, ein Friseur, der während der Fahrt seinen Beruf in unserer Kabine ausübte. Da es sonst an Bord keinen Friseur gab, war das für ihn ein lukratives Geschäft. So konnte er sich mehr als das Reisegeld erarbeiten, zum Verdruß des Stewards, der sowieso nur selten die Kabine sauber machte.

Sonst war das Schiff gar nicht so schlecht. Wir konnten uns ja auf sämtlichen Decks tummeln – am schönsten war es, wenn wir ordentlichen Seegang hatten, denn dann lag die Mehrzahl der Passagiere in den Kojen. Wir hatten sogar ein schönes großes Schwimmbassin, aber das blieb während der ganzen Reise leer, denn unter den Passagieren befanden sich 30 katholische Priester und etwa 30 fromme Schwestern. Das erste, was die Priester taten, sie gingen zum Kapitän und verlangten von ihm, daß das Schwimmbassin geschlossen blieb, denn die Zurschaustellung nackter Menschen ›in der Badehose‹ müsse verboten werden. Und es wurde verboten.

Doch jetzt waren wir erst einmal in Genua an Bord. Die Abschiedsfreude der Auswanderer mit Tanz und Musik an Deck nahm kein Ende. Der Dampfer sollte in der Nacht abfahren, aber er fuhr nicht ab. Am nächsten Morgen lagen wir immer noch am Kai. Die Maschine funktionierte immer noch nicht. Techniker kamen an Bord und wechselten igrendwelche Teile aus, den ganzen Tag lang. Doch das Schlimmste war, wir mußten an Bord bleiben, denn wir waren ja polizeilich ausgestempelt; da ging das Getobe der Italiener erst richtig los. Ihr Übermut war nicht zu bändigen, es waren ja hauptsächlich junge Leute. Also blieben wir wieder einen Tag und eine Nacht in Genua, aber dann sollten wir wirklich in See stechen.

Nun kam jedoch noch eine Zwischenlandung in Neapel. Da durften wir an Land. Herrlich, zum Abschied noch einmal den Vesuv und diese interessante Stadt zu sehen! Dann ging es weiter.

Der Dampfer hatte gute Fahrt, aber plötzlich sah ich, daß er einen großen Bogen machte. Nicht weit vor Capri nahm er wieder Kurs auf die Küste, und wir waren wieder zurück in Neapel. Die Techniker hatten geschludert, es war noch nicht alles in Ordnung. Wieder blieben wir einen Tag und eine Nacht im Hafen liegen, konnten jetzt aber nicht an Land, denn man wußte ja nicht, wie lange die Reperaturen dauern würden. Die Spannung an Bord wurde immer größer, die Hitze immer unerträglicher und das Schwimmbassin durften wir noch immer nicht benutzen.

Aber dann war es soweit! Die Fahrt über den großen Teich nach Südamerika konnten wir antreten. Allmählich beruhigten sich die Passagiere auch, es kamen die ersten Kunden zum Friseur in unsere Kabine, und die abgeschnittenen Haare flogen nur so herum.

Wir hatten nur einen Speisesaal; gegessen wurde in drei Schichten. Das Frühstück konnte jeder nehmen, wann er wollte. Aber von meiner Kabine aus dorthin zu gelangen, war schon ein kleines Abenteuer. Wir mußten nämlich am Zugang zur Bordkapelle vorbei, wo jeden Morgen ein Gottesdienst stattfand. Aber die Kapelle war klein. Außer den Priestern und Schwestern wollten ja auch viele Passagiere an der Zeremonie teilnehmen, und so stauten sich die Andächtigen auf dem Gang vor dem Eingang zur Kapelle, und wer vorbei wollte, mußte akrobatische Verrenkungen in Kauf nehmen, um über die knienden Gläubigen hinwegzusteigen.

Mittags war das nicht ganz so schwierig. Aber man mußte sich ranhalten, daß man überhaupt einen Platz erwischte, denn Platzkarten gab es nicht, nur die Zuordnung zu den verschiedenen Schichten mußte eingehalten werden. Schon lange bevor die Türen zum Speisesaal geöffnet wurden, klebte die Menschenmenge an der Tür, und sowie diese dann aufging, stürzte alles wie wild auf die verschiedenen, langen Tische zu, an denen ungefähr 20 Personen sitzen konnten. Teller und Bestecke waren schon da. Dann kamen die Stewards mit großen Terrinen und klacksten jedem einen ordentlichen Schwung Spaghetti auf den Teller. An all das gewöhnte man sich aber sehr bald, und es schmeckte uns auch recht gut.

Wir hatten jetzt die Straße von Gibraltar passiert und freuten uns über das schöne Wetter. Doch da kam die erste Hiobsbotschaft: die Masern wären ausgebrochen und 20 bis 30 Passagiere schon erkrankt. Nun, was sollte man da machen? Abwarten, die Reise war ja noch lang. Schließlich dachten wir gar nicht mehr daran. Die Küste von Südamerika hatten wir inzwischen erreicht, und es waren nur noch zwei bis drei Tage nach Buenos Aires.

Da kam die zweite Hiobsbotschaft: Scharlach wäre ausgebrochen und eine große Anzahl von Passagieren bereits erkrankt. Das konnte ja eine schöne Reise werden! Sicherlich würde das Schiff sofort in Quarantäne kommen, wenn wir Buenos Aires erreichten. Masern und Scharlach an Bord, das war ja schon allerhand! Aber es passierte nichts, wie man das fertiggebracht hatte, blieb mir ein Rätsel.

Das Schiff lief morgens um sieben Uhr im Hafen von Buenos Aires ein und ging zunächst vor Anker. Die Beamten der Paßstelle und des Gesundheitsamtes kamen an Bord, und alle Passagiere mußten jetzt schon abgefertigt werden. Das dauerte von acht Uhr morgens bis acht Uhr abends. Wir mußten endlos Schlange stehen, bekamen unseren Einreisestempel und mußten an Ärzten vorbeistolzieren und die Zunge herausstrecken, das war alles.

Inzwischen hatte der Dampfer auch am Kai festgemacht, und wir konnten aussteigen. Man stelle sich vor: 1500 Passagiere, die meisten Aussiedler mit Kind und Kegel, mit Sack und Pack. Jeder mußte sein Gepäck selbst tragen, denn an Land gab es nur ein halbes Dutzend Gepäckträger. Ich selbst hatte auch nicht gerade wenig Gepäck und mußte erst einmal alles mühsam zum Zollgebäude schleppen und mich durch Menschen und Gepäckstücke bis zu einer großen Barriere hindurchzwängen, hinter der die Zollbeamten standen. Und wenn man schließlich eine Lücke zwischen all den Koffern auf dem Tisch erwischt hatte, dann wurde jeder Koffer geöffnet, und die Zollbeamten durchwühlten ihn bis auf den Boden. Dann wurde alles wieder reingestopft, und der Koffer verschwand hinter der Schranke auf einem riesigen Haufen. Und da konnte sich dann jeder sein Gepäck wieder heraussuchen.

Ich kam aber doch nicht so glimpflich davon, denn ich hatte meine 16-Millimeter-Bolex-Filmkamera dabei, und die durfte ich auf keinen Fall in Argentinien einführen, es war ja in der Regierungszeit von Perón. Ich war aber doch nur Transitpassagier. Am nächsten Tag wollte ich schon nach Santiago fliegen. Es nutzte alles nichts. Die Kamera wurde beschlagnahmt und kam unter Verschluß. Nur unter Zollbewachung durfte ich die Kamera zum Flugplatz bringen. Ich mußte also am nächsten Tag wieder zum Zoll kommen und konnte dann selbst auf dem Lastwagen, der Transitgüter, also auch meinen Apparat, zum Flughafen bringen sollte, mitfahren. Nun war aber auch nicht daran zu denken, am selben Tag schon nach Santiago zu fliegen, es gab täglich Flüge dorthin. So hatte ich Zeit, mich in Buenos Aires etwas umzusehen und gewann neue Erkenntnisse über die Sitten und Gebräuche in Argentinien.

Wie gesagt, Perón war an der Regierung, und da mußte man sich vor Spitzeln sehr in acht nehmen, auch Ausländern konnte es an den Kragen gehen, und man war eigentlich ständig in Angst, obwohl einem überall auf riesigen Plakaten die strahlenden Gesichter von Perón und Evita begegneten. An allen Baustellen der Stadt hatte man zwei riesengroße Bilder der Machthaber aufgehängt, unter denen zu lesen war: ›Perón cumple y Evita dignifica‹. Das bedeutet: ›Perón tut seine Pflicht und Evita würdigt sie‹.

Evita hatte aber auch dafür gesorgt, daß jeder Bürger in jedem Restaurant, auch in den besten, eine *Comida económica* essen konnte, zu einem günstigen Preis. Ein anständiger Bürger ignorierte das jedoch, er bestellte sein Essen nach der Karte. Ich wußte das aber nicht. Ich dachte, das ist ja fein, ging in ein feines Restaurant und bestellte eine Comida económica. Der Kellner sah mich grimmig an, riß das Tischtuch und die Serviette vom Tisch und servierte mir mürrisch und verdrossen die Comida económica, die gar nicht so schlecht war, ich ließ sie mir schmecken. Aber das konnte auch nur ein ›Gringo‹ tun, dachte der Ober.

180

Es kam aber auch vor, daß lobenswerte Erlasse Evitas schwerwiegende Folgen hatten. So ließ Evita, die fast mehr zu bestimmen hatte als Perón, bekanntgeben, daß zu Weihnachten alle großen und kleinen Unternehmen ordentlich in die Kasse greifen mußten. Man schickte Formulare in Umlauf, auf denen jede Firma angeben sollte, wieviel sie zu Weihnachten für die armen Waisenkinder spenden wollte. Da gab es in Buenos Aires eine Schokoladenfabrik, die hatte schon lange vorher gespendet. Als sie jedoch bald darauf wieder eine Aufforderung bekam, ließ sie das Formular in den Papierkorb wandern. Daraufhin kam eine staatliche Abordnung und besichtigte die Fabrik. Plötzlich zog einer von ihnen aus einem großen Schokoladenbottich eine tote Ratte hervor – die er natürlich in seiner Manteltasche mitgebracht hatte. Das gab einen großen Skandal, und die Fabrik wurde geschlossen.

Rückkehr
nach Europa (1959)

Nach Ibiza, der Malerinsel, mit 15 Kisten Gepäck

Als ich merkte, daß es in Chile immer weiter bergab ging, die Inflation weiter fortschritt und es merkwürdigerweise in Deutschland immer besser wurde, da habe ich mich entschlossen, wieder nach Europa zurückzukehren.

Aber in Deutschland selbst wollte ich nicht bleiben. Ich kannte in Chile eine deutsche Dame, mit der ich jahrelang befreundet war und die nach dem Krieg eine Insel suchte, auf der sie sich niederlassen wollte. Sie war in der ganzen Welt herumgereist und hatte nun vor, ihr Leben auf einer Insel zu verbringen. Sie kam nach Hawaii, zu den Fidschi-Inseln, zu den Virgin Islands und nach Ibiza. Letztere wurde ihre Trauminsel, da ist sie geblieben. Sie lud mich ein, sie dort zu besuchen. Das war schon vor 1959, und da fand ich auch Gefallen an dieser damals noch ziemlich unberührten Insel.

Ich erinnere mich noch gut an den spektakulären Empfang, den man mir auf Ibiza bereitete, als ich zum ersten Mal die Insel mit dem Schiff erreichte. Unser Schiff war gerade um die Mole mit dem Leuchtturm herumgefahren, wir hatten das Hafenbecken erreicht. Vor uns lag der Stadthügel mit den mittelalterlichen Bastionen der Burg und dem ockerfarbenen Turm der Kathedrale. Langsam schipperte unser Schiff zu seinem Anlegeplatz. Doch als wir kaum die Hälfte des Hafenbeckens erreicht hatten, näherte sich uns ein Fischerboot mit einer seltsamen Besatzung.

Am Bug saß ein Mann mit baumelnden Beinen und blies mit einer Posaune den Tannhäuser-Marsch. Die anderen waren seltsam kostümiert und kaum zu erkennen. Das Boot fuhr geradewegs auf uns zu, machte eine Wendung und begleitete uns in einiger Entfernung. Jetzt sah ich auch, daß die Insassen maskiert waren. Sie winkten und riefen uns zu, aber verstehen konnte man nichts. Das Tuckern des Außenbordmotors und die mächtigen Posaunentöne verschluckten ihre Stimmen. Doch dann sagte plötzlich einer der Passagiere neben mir: »Das gilt Ihnen. Die bereiten Ihnen einen besonderen Empfang.«

Und das taten sie auch. Und wer war in dem Boot? – Meine Freundin aus Chile, Thekla Garbrecht, die mich eingeladen hatte. Die ›Inselfürstin Tibiza‹ hatte man sie in ihrem Freundeskreis inzwischen getauft. Jetzt hatte ich sie auch erkannt und schon wurde mir an einer langen Bambusstange eine Rolle mit einer roten Schleife heraufgereicht, ein Dokument, eine Urkunde, auf der mir fein säuberlich mitgeteilt wurde, daß ich in den ›Klub der frisch gekämmten Korsaren von Ibiza‹ als Mitglied aufgenommen worden wäre.

Und wer waren die Mitglieder? – Nun, die Maler. Ibiza galt damals noch als die ›Malerinsel‹, denn die Maler hatten sie schon bald nach dem spanischen Bürgerkrieg entdeckt.

Thekla Garbrecht, die
›Inselfürstin Tibiza‹

Es wurden dann auch bald zwei Galerien gegründet, die später weltweiten Ruf erlangten. Die eine gehörte einem Engländer, Alvin Spence, und die andere einem Amerikaner, Karl Vandervort, der zeitweise auch eine Galerie in San Francisco besaß. In Ibiza hatte er sich mit eigenen Händen ein Haus gebaut.

Von den Malern, die hier in der Zeit lebten, als Ibiza noch nicht von Touristen überschwemmt wurde und noch von wirklich kunstverständigem Publikum besucht wurde, möchte ich nur einige Namen nennen: Heinz Kiessling, Hans Laabs, Erwin Broner, der sich besonders als Architekt in Ibiza einen Namen gemacht hatte, Heinz Trökes, Peter Sedlacek, Katja Mairowsky-Kunkel und der Schweizer Hinterreiter.

Und dann war da noch ein deutscher Maler, der sich ›El Punto‹ nannte. Er hatte sich in der Altstadt ein Patrizierhaus, einen kleinen Palacio gekauft, mit herrlichen Räumen. Einen dieser Räume im Dachgeschoß hatte er sich als Atelier hergerichtet. Er war nicht nur ein interessanter Maler. Es befanden sich unter seinen Arbeiten auch sehr kunstvolle Lackarbeiten, die er nach japanischer Art in komplizierter und zeitraubender Technik herstellte. Es waren repräsentative Arbeiten, die er verschiedentlich in Deutschland an öffentliche Institutionen verkaufen konnte.

Eigentlich hieß er Schäfer. Doch wenn er seinen, für die Spanier schwer verständlichen Namen buchstabieren sollte – und das kam nicht selten vor –, dann sagte er immmer ›a‹ con el *punto*, also ›a‹ mit dem Punkt. Daraufhin nannten ihn die Spanier nur noch ›El Punto‹. Diesen Namen hatte Schäfer dann offiziell angenommen. Sogar sein deutscher Paß war auf den Namen ›El Punto‹ ausgestellt.

Seine Frau, allgemein ›Apfelblüte‹ genannt, war eine sehr geschickte Puppenspielerin. Sie veranstaltete nach dem Tode ihres Mannes regelmäßig Vorstellungen im eigenen Puppentheater in ihrem *Palacio*.

Nachdem man mir in Ibiza einen so herzlichen Empfang bereitet hatte und ich die weiße Insel mit ihren sympatischen Bauerhäusern im typisch arabisch beeinflußten Baustil kennengelernt hatte, war ich entschlossen, Chile den Rücken zu kehren und nach Ibiza überzusiedeln.

Inzwischen hatten mein Schwager und meine Schwester Chile wieder verlassen und waren nach Deutschland zurückgekehrt. Mit meinen Buchpublikationen in Deutschland und in der Schweiz und durch meine Vorträge hatte ich in Europa bessere Existenzmöglichkeiten als in Chile, zumal es so aussah, als ob es gar nicht mehr so leicht sein würde, als Chilene das Land zu verlassen.

Ein Umzug von Südamerika nach Europa war ja nun keine Kleinigkeit, vor allen Dingen dann nicht, wenn man allerhand mitnehmen wollte. Inzwischen hatte ich eine ziemlich große Bibliothek mit allen möglichen Sammlungen, die ich nicht in Chile zurücklassen wollte. Es wurde schließlich so viel Gepäck, daß ich meine Sachen in fünfzehn Kisten unterbringen mußte. Der Transport von solchen Kisten war eine teure Angelegenheit.

Da kam ich auf die Idee, der italienischen Schiffsgesellschaft ›Italmar‹ ein Angebot zu machen. Ich erzählte dem Direktor, daß ich ein Buch über die Kanarischen Inseln veröffentlicht hätte. Diese Inselgruppe werde ja von seiner Schiffsgesellschaft angelaufen, und es sei doch eine gute Reklame, wenn ich jetzt ein Buch über die Kanarischen Inseln auf dem Schiff verkaufe, was auch seiner Werbung zugute käme. Ich hatte nämlich gehört, daß man in einem solchen Fall ein Billet der Touristenklasse lösen würde, dann aber mit der ersten Klasse fahren könnte. Er stimmte mir zu, entgegnete aber, daß dies eine Weile dauern werde. Er müsse in dieser Angelegenheit einen Brief nach Rom schreiben, und das dauere eben ein oder zwei Monate.

»Nun, so lange kann ich nicht warten«, sagte ich, »können wir nicht vielleicht eine andere Lösung finden. Ich habe ein bißchen mehr an Gepäck dabei als die anderen. Kann ich das nicht umsonst mitnehmen?«

»Ja, das kann ich selbst entscheiden. Das ist gar kein Problem. Wieviel ist es denn?« entgegnete der freundliche Mann, der zur Besatzung gehörte.

»Na, es sind etwa so ein bis zwei Kubikmeter«, erwiderte ich.

»Was!« rief er erstaunt, »zwei Kubikmeter, Ihr Gepäck könnte ja hier die ganze Stube ausfüllen. Ja also, das ist ein bißchen zu viel.«

Ich hatte keine Ahnung, wieviel zwei Kubikmeter waren, so viel war es bestimmt nicht!

»Na gut, bis zu zwei Kubikmeter können Sie mitnehmen«, sagte der Mann.

Ich konnte also meine Kisten umsonst als Begleitgepäck auf dem Dampfer mitnehmen. Nun mußte ich ja diese Kisten auch wieder in Spanien einführen, und das war wiederum eine umständliche Angelegenheit. Da habe ich folgendes gemacht:

Ich hatte gehört, daß man eine Liste von dem Inhalt aller Kisten machen könne und diese Bestandsliste dann vom spanischen Konsulat in Valparaíso prüfen und bestätigen lassen solle; dann könne man wahrscheinlich sogar das Gepäck unverzollt in Spanien mit an Land nehmen. – Das habe ich versucht, und das klappte auch.

So kam ich nach Ibiza. Dort reizte mich besonders die Architektur der Bauernhäuser, die von Nordafrika beeinflußt worden ist. Und da ich für die arabische Welt immer etwas übrig hatte, gefielen mir diese Bauernhäuser, und ich kaufte mir eines davon, in dem ich heute noch wohne.

Als ich auf der Insel eintraf, gab es nur eine einzige Straße, die asphaltiert war. Sie führte von Ibiza nach San Antonio. Zu den anderen Ortschaften, zum Beispiel nach Santa Eulalia und San Carlos, gelangte man nur über Sandwege. Als ich Mitte der 50er Jahre auf Ibiza war, war alles noch viel primitiver. Da gab es in Ibiza gerade drei Automobile. Man konnte aber schon ein sehr schönes altes Hotel vorfinden, das auch heute noch als eines der ältesten Hotels der Insel gilt. Es ist das ›Monte Sol‹ in Ibiza-Stadt. Außerdem gab es noch ein Hotel in San Antonio, und damit hatte es sich auch schon.

Heute haben wir auf Ibiza den Massentourismus. Die Insel platzt fast vor Neubauten und Hotels. Ich glaube, wenn ich in der heutigen Zeit aus Chile auswandern sollte, würde ich mir eine andere Insel aussuchen. Aber ich bin immer noch zufrieden und glücklich hier, denn ich wohne in einem kleinen Dorf, und in meinem Bauernhaus ist alles noch beim alten geblieben. Außer mir hatte es auch andere Emigranten aus Südamerika wieder nach Europa und auf die Insel Ibiza gezogen. Daher rissen auch hier die amüsanten Erlebnisse nicht ab, so zum Beispiel die Geschichte von Ernesto, der ›Inseltype‹.

Anfang der 60er Jahre galt Ibiza immer noch als ›Malerinsel‹. Es kamen immer mehr Maler, die sich hier niederließen. Die Besucherzahl auf der Insel nahm ständig zu. Man interessierte sich für die Moderne Kunst und kaufte die Bilder mit Inselmotiven. Es entstanden nun auch neue Galerien, aber die bedeutendsten waren immer noch die von Spence und Vandervort.

Bilder wurden auch privat gehandelt, und einer von denen, die dabei gut ins Geschäft kamen, war Ernesto Ehrenfeld, genannt die ›Inseltype‹, eine Erscheinung, die aus der damaligen Inselgemeinschaft einfach nicht wegzudenken war. Ernesto war Emigrant. In Österreich geboren, besaß er einen französischen Paß und lebte in Spanien. Man konnte ihn jeden Morgen auf der Terrasse des ›Monte Sol‹ mit seinem großen, kolumbianischen Hut frühstücken sehen, den ihm die Inselfürstin geschenkt hatte. Man sah ihn auch jedes Mal, wenn zweimal wöchentlich sehr früh morgens der Dampfer aus Barcelona eintraf, denn unter den Passagieren fand sich immer jemand, der ihn kannte – oder auch noch nicht kannte und bei dem es sich dann lohnte, ihn in sein winziges *Apartamento* über dem Restaurant ›Delfin Verde‹ mitzunehmen, um ihm seine Bilder zu zeigen. Die hatte er bestimmten Malern billig abgekauft und bot sie nun zu ansehnlichen Preisen zum Verkauf an.

Ernesto war jedoch nicht nur an der Kundschaft seiner Bilder interessiert. Nicht weniger hatte er ein Auge auf nette, junge Mädchen geworfen, an denen es unter den neu eintreffenden Passagieren nie mangelte. So sah man ihn bisweilen Arm in Arm mit einem hübschen Mädchen morgens vom Hafen in Richtung des ›Monte Sol‹ spazierengehen, wo sie dann erst einmal gemeinsam frühstückten.

Ernesto war immer der Hahn im Korbe. Immer fand er die richtigen Leute, bei denen es sich lohnte, sich anzubiedern und Freundschaft zu schließen. Und wenn dann die netten Leute die Insel wieder verließen, hieß es immer: »Also, wenn Sie mal nach Deutschland, in die Schweiz, oder wer weiß wohin kommen, dann besuchen Sie mich doch mal.« – Und es wurden schnell noch die Adressen ausgetauscht.

Ernesto merkte sich das wohlweislich, denn er machte ja auch hin und wieder eine Reise zum Festland, und dann konnte es demjenigen, der ihn so großzügig eingeladen hatte, passieren, daß es eines Tages bei ihm klingelte und Ernesto mit Sack und Pack vor der Tür stand und sagte: »So, da bin ich nun. Sie haben mich doch so freundlich eingeladen. Ich habe jetzt gerade in Berlin zu tun und könnte für acht Tage bei Ihnen bleiben.«

Das passierte einem Rechtsanwalt in einer deutschen Kleinstadt kurz vor den Weihnachtstagen.

Natürlich wurde Ernesto freundlichst aufgenommen und bewirtet und fühlte sich dort auch recht wohl. Aber dann wurde er krank. Ein Arzt wurde geholt, und man brachte Ernesto ins Krankenhaus. Dort stellte man einen Gehirntumor fest, der lebensgefährlich war. Sein Gastgeber, der Rechtsanwalt, besuchte ihn im Krankenhaus und fragte Ernesto, ob er denn ein Testament gemacht hätte. Nein, daran hatte er nie gedacht. Und da stellte sich dann heraus, daß Ernesto gar nicht so arm gewesen war, wie er immer behauptete, denn er besaß ein beträchtliches Vermögen. Und was sollte damit geschehen?

Bald darauf starb Ernesto. Er sollte in Deutschland begraben werden. Nachdem sein Freund, der Rechtsanwalt, alle Formalitäten erledigt hatte, wurde der Tag der Beerdigungsfeierlichkeiten festgelegt. Sein ehemaliger Gastgeber kam nun zur Friedhofskapelle, die voller Trauergäste war. Er wartete ein Weilchen, dann fragte er den Friedhofswächter, ob da wohl noch eine andere Trauergesellschaft in der Kapelle wäre? Nein, das wären alles Trauernde um Ernesto Ehrenfeld.

So schnell hatte sich das herumgesprochen. Selbst aus Ibiza und Paris waren Freundinnen eingetroffen. Eine von ihnen hatte sogar Erde von Ibiza mitgebracht, die sie ihm mit ins Grab geben wollte.

Und wie war das mit dem Testament? – Das war gar nicht so einfach. Die Angelegenheit hat sich bis in unsere Tage hingezogen. Es ergab sich nämlich folgendes Problem: Von Geburt aus war Ernesto Österreicher, er besaß aber einen französischen Paß, hatte in Spanien gelebt und war in Deutschland gestorben. Ein unehelicher Sohn war auch noch vorhanden, aber das Vermögen sollten die armen Waisenkinder von Ibiza erhalten. – Das ergab allerdings einige Schwierigkeiten. Denn wo sollte man auf Ibiza arme Waisenkinder finden? – Nach ihnen wird immer noch gesucht.

Zu den interessanten und amüsanten Menschen in meiner Umgebung gesellte sich bald nach meiner Ankunft auf Ibiza ein gewisser Herr Askanasi, der ebenso wie Ernesto ein ehemaliger Emigrant aus Österreich war. Er hatte während des Krieges in Brasilien gelebt und war zeitweise als Sekretär von Stefan Zweig in Teresopolis tätig, wo Zweig zuletzt im Exil gelebt hatte.

Askanasi bewohnte auf Ibiza ein schönes, älteres Haus im spanischen Stil mit großem Garten und einem Gästehaus, das er vermietete. Freund Askanasi hatte eine ›Sommerfrau‹ und eine ›Winterfrau‹. Letztere hatte ihm das Haus zur Verfügung gestellt, denn sie lebte in Berlin. Die ›Sommerfrau‹, mit der er in Brasilien befreundet war, lebte in Rio de Janeiro und besuchte ihn regelmäßig auf Ibiza.

Gleich neben seinem Grundstück lebte die alte Frau Magnus mit ihrer Tochter. Frau Magnus war damals schon über 90 Jahre alt und wohnte mit ihrer Schildkröte, die sie ›Odysseus‹ nannte, in dem kleineren Haus, dessen Schlafzimmer sich im oberen Stock befanden. Die alte Frau Magnus kletterte immer noch rüstig die steile Treppe zu ihrem Schlafzimmer hinauf, von wo aus sie die schönste Aussicht über die Insel hatte. Da sagte eines Tages ihre Tochter, die inzwischen auch schon ein betagtes Alter erreicht hatte: »Mutter, ich richte dir im Erdgeschoß ein Schlafzimmer ein. Das Treppensteigen wird dir doch allmählich zu viel werden.«

Ernesto Ehrenfeld, die ›Inseltype‹ ▷

»Ach«, sagte da die Mutter, »das kannst du mal machen, wenn ich alt bin.« –

Doch zurück zu Askanasi. Askanasi wurde nach dem Krieg sogar in Europa berühmt, denn er war der Begründer und Leiter der *Brasileira* oder *Brasiliana*, des Brasilianischen Folklore-Balletts, das auch in Deutschland große Erfolge zu verzeichnen hatte.

Nach dem Tod von Stefan Zweig arbeitete Askanasi in der Deutschen Buchhandlung in Rio de Janeiro, die sich besonders durch ihr umfassendes Antiquariat in- und ausländischer Bücher auch außerhalb Brasiliens einen Namen gemachte hatte. Unter den Angestellten befanden sich auch einige junge brasilianische Schwarze, die abends nach Geschäftsschluß gern musizierten und auch tanzten, aber keine geeignete Räumlichkeit zur Verfügung hatten, wo sie zusammenkommen konnten.

Nun war die Buchhandlung in großen Räumen untergebracht, und da baten sie eines Tages Herrn Askanasi, ob sie ihre *entrevistas*, ihre Zusammenkünfte, nicht abends nach Dienstschluß in der Buchhandlung abhalten dürften. Sie bekamen die Erlaubnis, und da stellte sich heraus, daß es sich hier um sehr begabte junge Leute handelte, die auch Phantasie besaßen. Askanasi fand an diesen Veranstaltungen so großen Gefallen, daß er sie zu immer neuen muskalischen und tänzerischen Vorstellungen animierte.

»Ihr habt doch sicher noch Freunde und Freundinnen, die gerne mitmachen möchten«, sagte Askanasi, »bringt sie doch einfach mit, und wir gründen alle zusammen ein brasilianisches Ballett.«

Und so entstand die Brasiliana. –

Aber dann ging Askanasi auch selbst auf die Suche nach Leuten, die er für sein Ballett gebrauchen konnte. Er fand auf dem Markt eine dicke Negermammi, eine einfache Frau, die sehr charmant aufgeputzt war. Einen riesigen Korb voller Gemüse bot sie zum Verkauf feil.

»Komme doch heute abend in die Buchhandlung. Wir machen dort Musik, und das wird bestimmt ganz lustig«, sagte er.

Und sie kam. Zu tanzen brauchte sie nicht. Sie sollte nur als Staffage dabei sein, denn er brauchte Statisten.

Dann ließ sich Askanasi eines Tages irgendwo von einem Jungen die Stiefel putzen. Stiefelputzer gab es damals noch an allen Ecken. Während des Putzens trommelte der Junge immer zwischendurch mit seiner Bürste auf dem Schuhkasten herum. Es waren so interessante Rhythmen, daß Askanasi ihn ebenfalls aufforderte, abends zur Buchhandlung zu kommen und mitzumachen. Auf diese Weise hatte er bald ein ansehnliches Ensemble zusammen, und es dauerte nicht lange, bis er mit seiner Brasiliana und einem vielseitigen, interessanten Programm auftreten konnte. Da die Aufführungen einzig und allein aus dem Empfinden des Volkes entstanden waren, hatten sie beim brasilianischen Publikum nicht nur in Rio, sondern auch in den anderen Städten Brasiliens, großen Erfolg.

Als der Krieg zu Ende war, dachte man nun auch daran, eine Auslandstournee zu unternehmen. Doch bevor ich hiervon berichte, möchte ich noch eine kleine Episode erwähnen:

Die Brasiliana hatte nun durch ihre Auftritte auch finanziellen Erfolg zu verbuchen, und Askanasi ging es nicht schlecht. Er bewohnte eine kleine Wohnung in einem Neubau in Rio.

Eines Sonntagmorgens, er war gerade aufgestanden, klopfte es draußen an der Tür. Als er sie öffnete, stand ein Mann im Türrahmen – in der einen Hand ein Messer und im Arm ein Bündel – und sagte: »Ich bringe Ihnen etwas. Entweder Sie nehmen das Bündel an, oder Sie haben das Messer im Bauch.«

Nun, was sollte man in diesem Fall schon anderes machen? Askanasi nahm das Bündel, und der Mann verschwand.

Und was war in dem Bündel! – Ein reizendes, kleines Mulattenkindchen! Er gewann das Kind so lieb, daß er eine Amme bestellte und dafür sorgte, daß es auch nach brasilianischer Sitte getauft wurde. Die Taufe wurde zu einem rauschenden Fest mit Musik und Tanz. Der kleine Junge wurde von Askanasi adoptiert. Und als er dann heranwuchs, kümmerte sich sein Adoptivvater rührend um seine Erziehung und Ausbildung.

Doch jetzt hieß es, die Tournee auf die Beine zu stellen. Sie sollte nach Europa führen, und dazu brauchte jeder Teilnehmer einen Reisepaß. Aber wie konnten sie ihn bekommen, wo doch die meisten von ihnen überhaupt keine Papiere besaßen und nicht einmal wußten, wo und wann sie geboren wurden? Da half dann auch wieder Askanasi!

Zunächst einmal mußten die richtigen Mittelsmänner gefunden werden, und die bekam man natürlich nicht umsonst. Dann ging Askanasi mit jedem einzelnen zur Paßstelle und beantwortete die Fragen des Beamten für seine Schützlinge. Da hieß es also: »Wann geboren?« – »Am 23. Februar 1928.« – »Wo?« – »In Itamyahen.« – »Gut.« – Und hiermit war der Fall erledigt. Geburtsdatum und -ort wurden einfach erfunden. So konnte die Brasiliana nach Europa auf Tournee gehen. Über das alles zu berichten, was auf diese Gruppe noch zukam, würde ein ganzes Buch füllen, und das überlasse ich meinem Freund Askanasi.

Ein kleines Nachspiel gab es aber doch noch zu dieser Geschichte. Als Askanasi nach Ibiza kam, erfuhr er, daß dort Ernesto Ehrenfeld gelandet wäre.

»Das ist ja ein alter Freund von mir. Den besuche ich«, sagte er sich. Und als er ihn endlich fand, begrüßte er ihn herzlich.

»Ernesto, alter Freund, wie geht es dir?« rief er ihm schon von weitem zu. Doch Ernesto tat ganz erstaunt, so, als ob er Askanasi noch nie im Leben gesehen hätte.

»Aber Ernesto, du weißt doch, wir haben damals zusammen im Gefängnis gesessen!«

»Ach, ich war so oft im Knast«, sagte Ernesto, »ich kann mich nicht mehr an dich erinnern.«

Ernesto war selbst einmal ein armer Emigrant gewesen und dachte nun, der Askanasi käme als Emigrant aus Brasilien und wollte ihn jetzt anbetteln. Das paßte ihm gar nicht in den Kram, und so verleugnete er seine frühere Bekanntschaft mit Askanasi. – In Wirklichkeit kannten sie sich von der Nazizeit her, als sie beide in Wien lebten und einem literarischen, antinazistischen Klub angehörten, denn Ernesto dichtete ja – auch später auf Ibiza noch.

Eine weitere markante Erscheinung auf der Insel in der damaligen Zeit war Elmir, den man kaum sah und den niemand wirklich kannte.

Er hatte ein schönes Haus oben auf dem Mühlenberg, das ihm Erwin Broner gebaut hatte. Man wußte auch, daß er Maler sein sollte, aber niemand hatte je ein Bild von ihm gesehen, und niemand durfte sein Atelier, das einen geheimen Eingang hatte, betreten. Man sah ihn beim Einkauf in der Stadt und hin und wieder bei einer Vernissage bei Spence und Vandervort, doch ansonsten lebte er ganz zurückgezogen und war auch manchmal auf längere Zeit verschwunden. Bis dann schließlich die Bombe platzte – auf einen Schlag wurde er weltberühmt als einer der größten Bilderfälscher aller Zeiten.

Elmir lieferte die Ware, er malte im Stil von Picasso, von Modigliani und vielen anderen berühmten Malern, und die Hehler verkauften seine Bilder. Und wer hätte nicht gerne zu annehmbaren Preisen einen echten Picasso gehabt! Selbst hochangesehene Experten fielen immer wieder auf den Schwindel herein. Sogar Museen nahmen seine Bilder an! Als die Sache auflog, saßen die Hehler, zwei Franzosen, erst einmal in der Tinte. Elmir selbst konnte man nichts anhaben. Er lebte zu dem Zeitpunkt in Spanien und behauptete, er hätte die Bilder nicht signiert, sondern seine Hehler.

Eines Tages kam er dann doch ins Gefängnis, aber nicht wegen der Bilderfälscherei, sondern wegen Bigamie. Und das kam so:

Elmir war gebürtiger Ungar, besaß aber einen kanadischen Paß, den ihm die Hehler verschafft hatten. Der Paß war natürlich gefälscht. Er lautete auf den Namen eines Kanadiers, der wegen Bigamie gesucht wurde. Elmir war jedoch weder mit einer Frau noch mit mehreren Frauen verheiratet gewesen. Er saß aber nun im Gefängnis, und seine Hehler, die damals noch auf freiem Fuß lebten, zogen in sein Haus ein, denn sie behaupteten, es gehöre ihnen – von ihrem Geld wurde er ja schließlich auch bezahlt – und feierten rauschende Feste.

Doch als Elmir dann überraschend frühzeitig aus dem Gefängnis entlassen wurde und sah, daß es in seinem Haus drunter und drüber ging, bekam er eine solche Wut, daß er den Wagen seiner Hehler einen Abhang hinunterstieß. Das Auto landete geradewegs im Hof der Militärstation, die sich unterhalb seines Hauses befand. Daraufhin landete Elmir dann gleich wieder im Gefängnis.

Da nun einmal der Schwindel mit den Bilderfälschungen in Umlauf gebracht wurde, gab es immer wieder neuen Stoff für die Journalisten. So wurde behauptet, man hätte Picasso, der damals noch lebte, eine von seinen gefälschten Zeichnungen vorgelegt und ihn gefragt, ob er dieses Bild gezeichnet hätte.

»Ach, wissen Sie«, soll Picasso gesagt haben, »ich habe so viel gezeichnet, daß ich wirklich nicht mehr sagen kann, ob dieses Bild von mir stammt.«

Dann erschien sogar ein Buch über den Bilderfälscher, zunächst in Englisch unter dem Titel ›Fake‹, ›Betrug‹, dann auch in Deutsch. Es stammte aus der Feder eines Amerikaners namens Irving, der zeitweise auch auf Ibiza lebte, und der dann später für eine noch größere Sensation sorgte, weil er nämlich selbst zum Betrüger wurde. Auf ihn fielen selbst angesehene amerikanische Zeitschriften herein. Sie bezahlten ihm enorme Summen Vorschuß für eine Biographie des geheimnisvollen Mr. Hughes, einem der reichsten Männer der Welt. Diese Biographie hatte er noch gar nicht geschrieben. Als dann diese Affäre platzte, wurde in der New York Times auf der ersten Seite laufend darüber berichtet. Ja, die Leute warteten ständig auf die Zeitungsberichte. Selbst in Guatemala, wo ich mich damals gerade befand, fragte man sich, was es denn Neues in der Affäre Hughes gäbe, und ob man die Zeitung denn nicht schon aufgeschlagen hätte.

Das Buch ›Fake‹ von Irving wurde sogar verfilmt, allerdings schon vor dem Skandal um die Biographie des Mr. Hughes. Der Film hieß ebenfalls ›Fake‹, und kein geringerer als Orson Wells war der Regisseur und zugleich auch einer der Hauptdarsteller. Selbst Elmir und Irving spielten ihre eigenen Rollen. Auch Picasso bekam in diesem Film eine Rolle, obwohl er zur Zeit der Dreharbeiten schon verstorben war. – So erkannte man in einer Szene das Gesicht Picassos mit weit geöffneten Augen als Großaufnahme. Er beobachtete durch eine Fensterscheibe ein Mädchen am Strand. Das wurde immer in wechselnden Einstellungen gezeigt. In Wirklichkeit hatte man hinter das Fenster ein großes Photo von Picasso gestellt. Einer der großartigsten Einfälle des Regisseurs!

Dann wurde es ruhiger um Elmir. Man sah ihn nur noch selten und wußte, daß er nicht mehr in seinem Haus auf dem Mühlenberg lebte, sondern irgendwo im Inneren der Insel in einem alten Bauernhaus. Er wurde immer mehr von seinen Hehlern, denen man jetzt in Frankreich einen Prozeß machte, in die Zange genommen. Sie wollten alle Schuld auf ihn abwälzen. Aber in Spanien sah man keinen Grund, Elmir nach Frankreich auszuliefern. – Elmir besaß auch einen kleinen Hund.

Eines Tages, als er nach Hause kam, fand er seinen Hund aufgehängt an der Tür mit einem Zettel am Hals, auf dem geschrieben stand: »Der nächste bist du!«

Bald darauf nahm sich Elmir das Leben.

Und sonst nichts?

Ich wollte meine Autobiographie nicht selbst zu Papier bringen. In meiner eigenen Vergangenheit herumzukramen, kam mir wenig reizvoll vor. Mein Leben kenne ich auch zur Genüge, und ich bin ja immer – wie bereits erwähnt – mehr an Neuem interessiert.

Nun waren wir beide – mein Mitarbeiter und ich – an einer Stelle angelangt, an der ich einige amüsante Anekdoten, die ich zum Teil selbst erlebt, zum Teil erzählt bekommen habe, auf Tonband zum besten geben wollte.

Das ist etwas, was ich in den letzten Jahren immer wieder gerne getan habe. Jemand fragte mich, ob ich sonst nichts erlebt hätte, und dann erzählte ich alles mögliche, hauptsächlich von Chile und von meinen zahlreichen anderen Reisen. Dazu brauchte ich aber immer Zuhörer. Gewohnt durch meine Vorträge vor größerem und kleinerem Publikum zu sprechen, machte mir das natürlich immer noch Spaß. Übrigens benutzte ich damals wie heute keinerlei Notizen. Die ganzen Vorträge hielt ich frei.

Wir waren uns also einig, daß das Tonbandgerät als Publikumsersatz nicht ausreichen würde. Aber woher nun so plötzlich ein Publikum herbekommen?

Hans Helfritz in seinem Element

191

Auf Ibiza leben das ganze Jahr über viele Deutsche. Wo ich wohne, gibt es sogar eine deutsche Schule, die durch dessen Gründer Nemo aus den Ruinen eines Bauernhauses eigenhändig aufgebaut worden ist. Und dann gibt es einige ältere Damen in den besten Jahren, die sich zum sogenannten ›Damenklub‹ zusammengeschlossen haben und sich regelmäßig zum Musikhören bei mir oder bei Marie-Luise treffen, um sich bei Sekt dem Anblick des Sonnenuntergangs hinzugeben. Und das jeden Mittwoch!

Ich rief also Marie-Luise an und fragte, ob der Damenklub kommen würde. Marie-Luise rief Susanne an, Susanne Ruth, Ruth sofort Karin..., um es kurz zu machen: in kürzester Zeit war der ganze Klub aktiviert. Zur musikalischen Entspannung kam auch noch der Arzt Emirkanian mit seiner Geige, und am nächsten Abend bereits konnte dieses so schnell improvisierte Treffen stattfinden.

Nachdem alle Gäste ihre Plätze eingenommen hatten, stellte jemand die inzwischen zum geflügelten Wort gewordene Frage: »Und sonst nichts?«

»Doch! Und zwar eine ganze Menge«, sagte ich, worauf ich sofort die Geschichte vom Fräulein Geist, dem guten Geist von Chiloé, zu erzählen begann...

Bald hinter Puerto Montt, dort wo die südchilenische Inselkette beginnt, die sich bis zur Magellanstraße erstreckt, liegt die 22 255 Quadratkilometer große Insel Chiloé.

Die Insel war zu unserer Zeit nur schwach besiedelt. Hier lebten die *Chiloten*, die Nachkommen der *Cuncos*, die einst von den Araukanern nach Süden vertrieben wurden. Sie waren im Gegensatz zu den Araukanern ein friedfertiges, arbeitsames Völkchen. Die Chiloten hatten es nicht nötig, weite Gebiete ihrer bewaldeten Gebiete urbar zu machen. Sie bebauten gerade so viel Land, wie sie für ihren Lebensbedarf brauchten. Sie lebten nur an den Küsten; das Meer war ja so freigiebig, es schenkte ihnen genießbare Meerespflanzen, Muscheln und Fische, so daß sie nie Hunger leiden mußten.

Erst Ende des 19. Jahrhunderts entschloß sich die chilenische Regierung, die große Insel in ähnlicher Weise mit ausländischen Emigranten zu besiedeln, wie sie rund 50 Jahre vorher deutschen Siedlern weite Strecken des Landes in der Provinz Llanquihue bereitgestellt hatte.

Doch diesmal waren es nicht allein deutsche Familien, die hier siedelten und unter den schwierigsten Verhältnissen Urwald roden mußten, sondern es kamen auch Engländer, Holländer, Jugoslawen, Schweizer und Franzosen hierher. Das Unternehmen stellte sich als Fehlplanung heraus. Es gab viele Probleme. Oft konnten sich die nächsten Nachbarn nicht miteinander verständigen. Und solange es keine Straßen gab, war es für die Siedler schwierig, ihre mühsam erarbeiteten Produkte abzusetzen, denn die wenigen Häfen waren weit entfernt. Obwohl ihre Lage nicht einfach war, unterhielten die deutschen Familien doch eine kleine, deutsche Schule.

Auf Chiloé wurde sie von einer deutschen Lehrerin geleitet. Als der Krieg ausbrach, hörten bald die Spenden aus Deutschland auf, und die Schule sollte geschlossen werden. Die wenigen Deutschen auf der Insel konnten das Schulgeld nicht aufbringen. Doch die Lehrerin sagte: »Die deutsche Schule wird nicht geschlossen, ich bleibe auch ohne Honorar, ich werde doch unsere Kinder nicht verlassen. Das bringe ich nicht fertig!« So konnte also die Schule den ganzen Krieg über weiterbestehen.

Die Lehrerin hieß Fräulein Geist. Fräulein Geist war ein Original. Sie hatte um 1910 in Deutschland eine Wette abgeschlossen, daß sie innerhalb von zwei Jahren mit einem Eselkarren von New York nach San Francisco reisen würde. Die Wette hatte sie gewonnen. Daraufhin blieb sie eine Weile in Kalifornien und unterrichtete deutsche Kinder. Dann aber ging sie wieder auf Wanderschaft und kam an die mexikanische Grenze zu einer Zeit, als in Mexiko der Bürgerkrieg im Gange war. Und was hat sie da gemacht? Sie verdiente sich als Marketenderin ihr Brot und zog im Troß von Pancho Villa durch ganz Mexiko.

Fräulein Geist war ein ›unruhiger Geist‹. Die Jahre vergingen, aber ihre Abenteuerlust blieb. So zog sie durch ganz Mittelamerika, immer zu Fuß und ohne ein bestimmtes Ziel. Sie kam dann schließlich nach Ecuador, Peru, Bolivien und zuletzt nach Chile.

Als ich 1928 in Bolivien war, erzählte man sich im Urwald, im Beni, in den entlegensten Ortschaften von diesem deutschen Mädchen, das mit dem Rucksack und einem Hund zu Fuß durch den Urwald gegangen sei. Die muß ein bißchen verrückt gewesen sein, denn nur Verrückte machen so etwas, sagten sich die Indianer. Aus diesem Grunde passierte ihr auch nichts, denn Verrückte läßt man am besten in Ruhe.

Ich lernte Fräulein Geist während des Krieges kennen, als ich meine Vortragsreise in den Süden machte. Sie lud mich ein und ich habe bei ihr gewohnt, etwas außerhalb von Ancud, der ›Hauptstadt‹ der Insel. Es war eine kleine Ortschaft mit einer Kirche und der deutschen Schule. Von hier aus haben wir herrliche Ritte in den Urwald unternommen. Fräulein Geist konnte leicht an Maultiere kommen, denn die deutschen Siedler waren alle ihre Freunde. Bei ihnen wurden wir wie Götter aufgenommen.

Als wir einmal einen Ritt in den Urwald machen wollten, der mehrere Tage dauern sollte, kam am Abend vorher ein Fischer und brachte einen Sack mit Austern. Das kam uns natürlich gelegen. Die Austern waren noch quicklebendig. Da konnten wir uns bei einem wunderschönen Austernessen daran ergötzen. Aber es waren ja so viele, wir konnten sie nicht alle aufessen.

Was machte Fräulein Geist? Sie gab sie in eine Schüssel und stellte diese auf den Schrank. Als wir dann nach drei Tagen zurückkamen, sagte sie: »Ach, wir haben ja noch Austern, heute abend können wir nochmal Austern essen.«

»Was?« rief ich entsetzt. »Drei Tage alte Austern, die riechen ja schon ganz komisch, das geht doch nicht.«

»Ach, die Austern sind doch noch gut, die schmecken auch heute noch.«

Ich habe keine gegessen, aber sie hat den Rest noch gegessen, und es hat ihr nichts ausgemacht.

Ja, Fräulein Geist muß von einer unbeschreiblich robusten Natur gewesen sein. Sie rauchte auch, und das nicht zu knapp. Als ich eines Morgens in ihr Wohnzimmer kam, stand da auf dem Tisch ein Aschenbecher voll gehäuft mit Zigarettenstummeln.

»Nun ja, ich habe die ganze Nacht über geraucht und gelesen,« sagte sie, »bin dann heute morgen erst zu Bett gegangen und jetzt schon wieder ganz munter, wir können gleich einen Ausritt machen.«

Von Chiloé fuhr ich dann mit einem kleinen Dampfer wieder zurück nach Puerto Montt und wohnte bei zwei alten Damen, zwei Schwestern, die eine war Lehrerin, die andere Malerin. Über die Gastfreundschaft der Deutschen im Süden Chiles konnte man sich wirklich nicht beklagen. Bei den Schwestern Martin hatte auch Günther Plüschow gewohnt, der im Ersten Weltkrieg als ›Flieger von Tsingtau‹ berühmt wurde und später der erste Flieger über Feuerland war; und natürlich wurde bei den Schwestern Martin auch Fräulein Geist immer gastlich aufgenommen. Sie hatte mal wieder eine Wette gemacht und war an einem Tag von Puerto Montt bis nach Puerto Varas zu Fuß gelaufen. Daher war sie mal wieder bei Kasse. Sie wohnte ebenfalls bei den Schwestern Martin.

Am nächsten Morgen wollte sie mit der Bahn nach Santiago fahren. Sie hatte schon ihre Fahrkarte. Der Zug fuhr um neun Uhr los. Sie ließ sich wecken, stand aber nicht auf. Es hat eine ganze Weile gedauert, bis wir sie schließlich wachbekamen, aber da war der Zug natürlich inzwischen abgefahren.

Was machte Fräulein Geist? – Sie zog sich schnell an, nahm ein Taxi und fuhr hinter dem Zug her – und sie hatte Glück. Der Zug tuckerte gerade ganz langsam einen steilen Berg hinauf. Mit dem Taxi kam sie früher als der Zug auf der Höhe an und konnte so ihren Zug noch erreichen.

Ja, Fräulein Geist war die Ruhe und Gelassenheit in Person. Denn wer konnte schließlich faulende Austern verspeisen, und wer gab sein gesamtes Vermögen zur Instandhaltung einer Schule her?

In Chile bin ich einem anderen Deutschen begegnet, der ein eigenwilliges, vom Schicksal geprägtes Leben geführt hat.

Thomas Rössner, mit dem ich mich schnell anfreundete, war ein bekannter Kunstmaler, der kurz vor dem Krieg mit seiner Familie nach Santiago kam.

Als der Krieg ausbrach, fuhren die Eltern nach Deutschland zurück. Der Sohn blieb in Chile und mußte nun sehen, wie er allein fertig wurde. Er wurde Maler und hatte abenteuerliche Pläne. Er ging nach Peru in den Urwald. In Iquitos, einer größeren Ortschaft am Amazonas, lernte er einen einflußreichen indianischen Medizinmann kennen und freundete sich mit ihm an.

Der Glaube an Macht und Einfluß der Medizinmänner in Peru war groß. Das war mir damals schon bekannt. So erzählte man mir, daß viele wirtschaftliche Unternehmungen nicht getätigt wurden, bevor man nicht einen Medizinmann zu Rate gezogen hatte.

Damals wurde vor allem über einen Fall gesprochen. Auf einer großen *Finca*, einer Farm, hatte der Verwalter für seine Kinder einen Hauslehrer engagiert, der eines Tages mit der Kasse durchbrannte und spurlos verschwunden war. Alle Nachforschungen waren vergebens, und selbst die Polizei konnte ihn nicht ausfindig machen. Da riet man dem Betroffenen, doch einen indianischen Medizinmann zu holen, der ihm vielleicht helfen könne. Dieser kam dann auch und trug nichts weiter bei sich als eine große Muschel und einen Beutel mit allen möglichen Kräutern.

Aus den Kräutern braute er sich einen Absud und trank ihn. Allmählich wirkte das Getränk – der Medizinmann wurde hellsichtig. Angestrengt sah er in die große Muschel hinein, und dann sagte er schließlich: »Jetzt sehe ich ihn. Der Lehrer befindet sich in einer Schlucht, hoch oben in den Anden.«

Die Polizei wurde benachrichtigt, und in der besagten Schlucht lief der Täter ihr in die Arme.

Doch zurück zu Thomas Rössner. Der Medizinmann von Iquitos gewann Vertrauen zu ihm und weihte ihn allmählich in die Geheimnisse des Urwaldes ein. So wurde er auch eines Tages in das Geheimnis des Hellsehens eingeweiht.

Hans Helfritz mit Thomas Rössner (Bildmitte) und Freudinnen

Er bekam einen Aufguß aus den Blättern der Urwaldpflanze *Aya-Huasca* eingeflößt – und wurde für einen Augenblick hellsichtig. Er erlebte eine Szene, die sich vor seinen Augen in Chile abspielte. Aya-Huasca ist übrigens die Pflanze, die Alexander von Humboldt schon beschrieben und erprobt hatte.

Inzwischen waren Monate vergangen, Peru hatte ebenso wie alle anderen südamerikanischen Länder – außer Chile – Deutschland den Krieg erklärt, und alle Deutschen sollten interniert werden. Thomas Rössner kam gerade aus dem Urwald nach Iquitos zurück, als ihn schon kurz darauf eine Vorladung erreichte. Der Gouverneur wollte ihn verhaften lassen.

»Was soll ich nur machen?« fragte Rössner verzweifelt seinen Freund, den Medizinmann, »jetzt werden sie mich einsperren und den Nordamerikanern ausliefern.«

Der Medizinmann dachte ein Weilchen nach, dann gab er Thomas eine *Pusanga*, eine ›Zauber-Essenz‹. Damit sollte er sich die Augenhöhlen und die Handinnenflächen einreiben. Dann sollte er zum Gouverneur gehen, ihm fest die Hand drücken und ihm scharf in die Augen sehen, dann würde auch nichts passieren!

Thomas Rössner ging also zu dem Gouverneur und tat, was ihm der Medizinmann geheißen hatte. Dann setzte er sich dem Gouverneur gegenüber, legte einen Brief auf den Tisch und sagte: »Nun soll ich also den Nordamerikanern ausgeliefert werden.«

Der Gouverneur starrte verklärt in den Raum, zerriß den Brief und sagte: »Das kommt überhaupt nicht in Frage! Sie bleiben hier!« – Und damit war die Sache erledigt.

Nach Ablauf eines Monats hatte sich die Geschichte aber herumgesprochen, daß in Iquitos immer noch ein Deutscher lebte, der längst hätte ausgeliefert werden müssen. So wurde der Maler dennoch verhaftet, nach Lima geschickt und mit Räubern und Mördern zusammen hinter Gitter gesteckt. Es gelang ihm jedoch, alle seine Bilder und Sammlungen ins Gefängnis mitzunehmen. Sein Paß wurde ihm allerdings abgenommen. Inzwischen hatte sich die Lage so verschärft, daß gar keine Hoffnung bestand, jemals das Visum für eine Rückreise zu bekommen. Aber er hatte ja noch seinen Freund, den Medizinmann, und durch ihn konnte er nicht nur das Gefängnis nach kurzer Zeit wieder verlassen, sondern bekam sogar ein Visum für Chile ausgehändigt.

Eines Tages war er auch wieder in Santiago. Mit seinen Urwaldbildern organisierte er Ausstellungen und war mittlerweile ein so guter Portraitmaler geworden, daß sich nicht nur die wohlhabenden Damen der deutschen Gesellschaft, sondern auch die Damen der *alta sociedad* von ihm portraitieren ließen. Er bekam Aufträge vom Theater, entwarf für das Ballett Uthoff sogar Bühnenbilder. Er fertigte auch komplizierte Maketten für Aufführungen an und war überhaupt handwerklich so geschickt, daß er sich mit eigenen Händen ein Blockhaus am Lago Todos los Santos im Süden Chiles baute und später ein eigenwilliges Haus in Arrayán, einem Vorort Santiagos, wo ich auch wohnte, errichtete. Nach dem Krieg wurde man auch in Nordamerika auf ihn aufmerksam, er bekam von der UNESCO den Auftrag, das Indianische Theater vor Ort zu studieren. Vom Goethe-Institut in Deutschland erhielt er eine ähnliche Aufgabe.

A propos Pusanga. Ich hatte bereits von dem Zaubertrank erzählt, den der Medizinmann Rössner gegeben hatte, um den Gouverneur zu ›benebeln‹. Diese Essenz war noch verhältnismäßig harmlos, denn sie hatte ja keine Dauerwirkung. In den Urwaldgebieten Perus mußte man damals als Fremder besonders vorsichtig sein, wenn einem in einer mit erwachsenen, unverheirateten Töchtern gesegneten Familie ein Willkommenstrunk angeboten wurde. Es war nämlich möglich, daß man heimlich eine Pusanga in den Wein geschüttet bekam. Wenn man davon trank, dann war man sein Leben lang derjenigen Tochter hörig, von der man das Glas erhalten hatte. Man wurde sie nicht mehr los. Man mußte sie heiraten oder lief wie ein Hündchen hinter ihr her. Deshalb war es in Iquitos damals auch üblich – und das nahm einem keiner übel –, daß jeder junge Mann, der zu einer Abendgesellschaft eingeladen wurde, nur das trank, was er selbst mitgebracht hatte.

An diese Sitte hatte ich mich, als ich im peruanischen und bolivianischen Urwald war, strikt gehalten, so daß ich mich den ›weiblichen Fühlern‹, die sich nach mir ausgestreckt hatten, noch glimpflich entziehen konnte.

Bis weit nach dem Ersten Weltkrieg spielte das Deutschtum, besonders die deutsche Geisteshaltung eine große Rolle in Chile. Das Militär war nach deutschem Muster erzogen worden. Über die Geschichte der deutschen Einwanderung in Chile habe ich bereits eingehend in meinem Buch über Chile berichtet.

Es kamen auch Gelehrte und Naturwissenschaftler wie Eduard Poeppig, der für heimatliche Museen sammelte, und Graf Kaiserling, der in der ersten Hälfte unseres Jahrhunderts viel von sich reden machte. Letzterer gelangte auf seiner Reise durch Südamerika auch nach Chile, hielt Vorträge in spanischer Sprache – Spanisch hatte er erst auf der Schiffsreise nach Buenos Aires gelernt – und schrieb ein Buch über Südamerika.

Er gewann jedoch mit seinen sarkastischen Bemerkungen über Chile keine Sympathie bei den Chilenen. In Concepción gab man ihm ein großes Galadiner und fragte ihn, ob er lieber weißen oder roten Wein eingeschenkt haben wollte.

»Ich trinke nur Sekt«, lautete die Antwort.

Sekt hatte man nun ausgerechnet nicht im Hause. – Dann sprach man ihn an, was er denn von der chilenischen Kultur halten würde. Darauf antwortete er: »Kultur haben die Chilenen nie besessen, und mit der Zivilisation sind sie hundert Jahre zurück.«

Während des Zweiten Weltkrieges lebte ich ja in Santiago und bekam einen Einblick in das gesellschaftliche Leben der dortigen deutschen Kolonie. Ich erinnere mich an ein amüsantes Ereignis.

In Santiago traf eines Tages ein Perser ein. Herr Nasari behauptete, er wäre zur Zeit des persischen Kaiserreiches der persönliche Berater der Kaiserin Soraya gewesen. Er sprach fließend Deutsch und war eine äußerst charmante Erscheinung. Natürlich reiste er mit Diplomatenpaß.

Als Überraschung brachte er eine Kollektion herrlicher Perserteppiche mit. Damit reiste er – kurz nach Kriegsausbruch – im Auftrag seiner Regierung und veranstaltete auch Ausstellungen. In Kriegszeiten setzte er sich in Südamerika ab und kam mit den Teppichen nach Chile. So nach und nach verkaufte er seine Sammlung, die ihm ja eigentlich gar nicht gehörte und konnte gut davon leben. Als er dann alle Teppiche verkauft hatte, reiste er auch hin und wieder nach Rio de Janeiro, kaufte Edelsteine und konnte sie dann in Santiago mit Gewinn wiederverkaufen.

Der gute Nasari konnte sich bald gar nicht mehr vor Einladungen in der deutschen Gesellschaft retten, denn er hatte noch einen Pluspunkt vor allen Neuankömmlingen in Chile: er kochte einfach göttlich! Das chilenische Abendessen begann immer erst gegen neun Uhr. Um die Mahlzeit vorzubereiten, benötigte Nasari Stunden. Er erschien dann gewöhnlich um drei Uhr nachmittags und zauberte die köstlichsten Gerichte hervor. Da er so charmant war und so köstlich kochen konnte, rissen sich die Damen der Gesellschaft förmlich um ihn. Es war sogar vorgekommen, daß sie sich gegenseitig Sektgläser ins Gesicht warfen – nur wegen ihm!

Da fällt mir noch eine andere Geschichte zu einer schillernden Persönlichkeit ein, der ich in Chile und Peru öfters begegnen mußte: Bob Gesinus Fisher.

Nach dem Krieg konnte ich mit dem chilenischen Paß wieder reisen und war nun viel unterwegs. Ich kam nach Peru und Bolivien und habe in Brasilien einige Vorträge gehalten.

Eines Tages war ich wieder bei meinen Freunden Gildemeister, den ›Zuckerkönigen‹ Perus, eingeladen. Bei einem ihrer Verwandten, der die Plantagen im Norden Perus verwaltete, in Lima wohnte und sich dort gerade ein neues Haus gebaut hatte, war ich untergebracht und zum Mittagessen eingeladen.

Es war noch ein Gast gekommen. Bob Gesinus Fisher, von Geburt Holländer, war damals Maler, der aber auch überall, wo es etwas zu verdienen gab, seine Hände im Spiel hatte. Bob Gesinus Fisher hatte dieser Familie kostbare Bilder, wirklich echte, alte Meister und dazu passend, wunderschöne Gobelins und Vorhänge beschafft. Da sagte der Gastgeber: »Diese Stoffe sind ja herrlich! Aber wissen Sie, die waren auch ein bißchen teuer, und da hoffe ich doch, daß sie auch nicht gleich kaputtgehen und noch eine Weile halten werden.«

»Ach, wissen Sie, Herr Lamotte«, sagte da Bob Gesinus Fisher, »Sie werden sich doch in ein paar Jahren sowieso ein paar neue Gobelins leisten können. Dann spielt die Qualität doch gar keine Rolle.« – Und dies hatte auch seine Richtigkeit!

Wir saßen also beim Mittagessen. Bob redete und redete. Ich kam überhaupt nicht mehr zu Wort. Schließlich sagte er in einem Deutsch mit holländischem Einschlag: »Ich bin das Fett auf der Suppe und schwimme immer oben!« – Und das tat er auch.

Ein paar Tage später fuhr ich wiederum in den Norden Perus, dort war ich von den Gildemeisters in ›Casa Grande‹, der Zuckerfarm, eingeladen. Herr Lamotte war auch wieder da, und ich dachte, mich nun endlich mal allein mit ihm unterhalten zu können. Aber wer kam mir da entgegengelaufen? – Bob Gesinus Fisher. Und hier redete er nicht nur, er malte auch. Schließlich war er ja auch ein Schüler von Kokoschka gewesen.

Nun, auf der Zuckerfarm oben im Norden führte er sich auf wie ein Prahlhans. Jeden Tag begab er sich auf den Markt in die kleine Ortschaft mit einem ganzen Troß. Ein Diener mußte die Staffelei, ein anderer das Köfferchen mit den Farben, ein dritter einen riesigen Sonnenschirm und auch noch das Stühlchen tragen, auf dem er dann Platz nahm. So setzte er sich mit großem Theater mitten auf den Markt unter all die Leute und ließ sich bewundern. Natürlich gab es einen Menschenauflauf um ihn herum, alle wollten sehen, was er da machte. Und tatsächlich, in kurzer Zeit hat er ein wunderschönes Bild gemalt. Das konnte er.

Bob Gesinus Fisher hatte eine interessante Vergangenheit. Als er in Europa, das war vor dem Kriege, als Maler noch nicht bekannt war, mußte er zusehen, wo er unterkam und wo er ein bißchen schnorren konnte. Da kam er eines Tages nach Palermo zu einem guten Bekannten, der auch ein Schüler von Kokoschka war und dort ganz bescheiden lebte und arbeitete. Was machte Bob Gesinus Fisher? Er ging in das erstklassigste Hotel von Palermo, bezog ein schönes Zimmer, speiste und trank in dem Hotel und ließ alles anschreiben. Nach einer Woche bekam er die Rechnung. Da ging er zu dem Manager und sagte: »Ich bin ein armer Mann, ich kann diese Rechnung nicht bezahlen, aber ich mache ihnen einen Vorschlag. Ich werde Ihnen in Ihrem Hotel ein Fest veranstalten, daß Sie mir sagen werden, ich solle diese lumpige Rechnung in den Papierkorb werfen. Was Sie da durch mein Fest verdienen, das geht weit über das hinaus, was ich bei Ihnen verzehrt habe.«

Der Manager war darauf eingegangen. Das Fest wurde ein großer Erfolg. Daraufhin meinte der Manager: »Ach, bleiben Sie doch noch ein bißchen und arrangieren Sie weitere Feste. Sie bekommen von mir, was Sie wollen.«

Dann kam der Krieg. Bob Gesinus Fisher kam nach Chile und heiratete eine Deutsche, die im Süden einen großen Landsitz besaß, also nicht gerade zu den armen Leuten gehörte. Und was machte er? In kurzer Zeit hatte der frischgebackene Ehemann alles verwirtschaftet und das Geld verbraucht. Er lebte ja auf großem Fuß, und bald war nichts mehr übriggeblieben.

Dann ging er nach Bolivien, ohne seine Frau, und lebte dort eine Zeitlang als holländischer Vizekonsul. Eines Tages wollte ihn seine Frau, die er ja nicht mehr oft gesehen hatte und die auch keine große Rolle mehr in seinem Leben spielte, besuchen. Sie nahm ein Schiff, einen chilenischen Dampfer, der von Valparaíso nach Peru fuhr. Sie nahm alles mit, was sie noch besaß, ihren Schmuck, ihr Geld und den Paß. Auf der Höhe von Iquique geriet der Dampfer in Brand. Er hatte Salpeter geladen, der sich bekanntlich leicht entzündet. Es gab also ein furchtbares Desaster. Mitten in der Nacht brach das Feuer aus. Als die Boote schon alle im Wasser waren, kam sie auf das Deck und der Kapitän rief ihr zu: »Springen Sie, springen Sie! Das ist Ihre einzige Rettung.«

Und sie sprang und verlor alles, was sie dabei hatte. Da schwamm sie nun ganz hilflos im Wasser. Alle Boote waren schon voll besetzt. Auf einmal kam da eine Holztür angeschwemmt, auf der ein Mann saß. Sie rief ihm zu: »Ach, lieber Mann, nehmen Sie mich doch mit. Retten Sie mich!«

»Ja«, sagte er, »kommen Sie, liebe Frau. Das ist schon mein dritter Schiffbruch, ich habe den Dreh raus, wie man sich rettet.«

Und da setzte sie sich zu ihm auf die Tür und schrieb dann später einen seitenlangen Brief aus Peru an meinen Freund Max Gildemeister. Diesen Brief hat er mir vorgelesen, und da stand dann drin, daß das eine herrliche Nacht gewesen wäre, das brennende Schiff und die Rettung durch diesen Mann. Es mache ja nichts, sie habe alles verloren. Der Schmuck war weg, der Paß war weg, alles, aber sie war gerettet. Was aus ihr nachher geworden ist, weiß ich nicht. Was aus Bob Gesinus Fisher geworden ist, das weiß ich, denn das habe ich selber miterlebt.

Bob Gesinus Fisher kam später wieder nach Chile. Und was machte er? Er veranstaltete Gemäldevernissagen, und zwar von besonders kostbaren Werken irgendwelcher alter Meister, die er immer irgendwo auftrieb. Aus Europa oder aus Amerika, keiner wußte genau, woher er sie hatte. Und die verkaufte er. Bevor er nach Chile kam, hatte er immer Gönner gefunden, die er anpumpte. In Lima hatte er zum Beispiel einen gefunden.

Er mietete ein kleines Schloß für die Ausstellung an. Das wurde dann extra hergerichtet. Die Bilder alle wunderschön aufgehängt und vor den Bildern goldene Pfosten auf Ständern mit roten Samtgurten aufgestellt, damit man nicht zu nahe an die Bilder herantreten konnte. Dann machte er Führungen durch die Ausstellung – er konnte ja so gut reden. Er hatte immer einen Sekretär hinter sich, der gleich notierte, was gekauft wurde. Und so führte er die oberen Zehntausend von Lima durch seine Ausstellung. Hier und da wurde dann ein Bild verkauft. Das ging sehr gut. Aber die Unkosten kamen nicht herein. Dann verschwand er und der Arme, der ihm das Geld zur Verfügung gestellt hatte, der konnte in den Mond gucken, niemals bekam er das zurück, was er in die Sache gesteckt hatte. Aber da Bob so charmant war, verschmerzte man die Unkosten eben.

Nun kam er nach Santiago, versuchte es auf dieselbe Tour und dachte, das würde auch gutgehen. Er mietete besonders schöne Räume und stellte eine wunderbare Ausstellung zusammen. Er führte die Leute auch wieder mit einem Sekretär durch die Ausstellung, hatte aber diesmal kein Glück.

Das Leben hat eben seine Höhen und Tiefen. Ein anderes Beispiel dafür ist das Schicksal des ›Star-Rechtsanwalts‹ Dr. Frey, der in den 20ern und Anfang der 30er Jahre in Deutschland eine Berühmtheit war.

Bekannt wurde er durch einen Prozeß, den Prozeß des Massenmörders Hamann, den er freigesprochen bekam. Bald darauf galt er in der Verbrecherwelt als der beliebteste Anwalt. Er hatte stets Erfolg.

Als Lebemann legte er großen Wert darauf, immer wieder in der Tagespresse zu erscheinen und mit Monokel, Frack und Zylinder in den Illustrierten abgebildet zu werden. Als Jude war er gezwungen, während der Nazizeit zu emigrieren. Es gelang ihm aber nicht, sein Vermögen ins Ausland zu retten.

So kam er eines Tages arm in Chile an und besuchte mich gleich. Er war eine markante Erscheinung mit strohgelbem Haar und interessanten Gesichtszügen. Irgendwie hatte er erfahren, daß ich Filme machte. Er kam mit dem Vorschlag für ein fabelhaftes Filmprojekt, das er mit mir zusammen realisieren wollte. Ich sollte nun die nötigen Mittel dafür beschaffen.

Aber er hatte noch eine andere Überraschung. Er öffnete einen Pappkarton, den er unter dem Arm trug, und was kam da zum Vorschein? – Ein Dreispitz und ein seidenes Taschentuch mit eingesticktem Monogramm, beides ›authentische Reliquien‹ von Napoleon, so behauptete Frey jedenfalls. Er wollte mir diese verkaufen, natürlich zu einem angemessenen Preis. Aber da ich weder das Geld noch die nötigen Mittel für das Filmprojekt hatte, das er mir übrigens noch nicht einmal verraten hatte, mußte ich ihm leider eine Absage erteilen.

Am nächsten Tag bekam ich einen vertraulichen Anruf von einer mir bekannten Amerikanerin, die bei der US-Botschaft beschäftigt war.

»Gestern war doch der Rechtsanwalt Dr. Frey bei Ihnen. Lassen Sie ihn um Gottes willen nie wieder in ihre Wohnung! Der Mann spioniert herum und dichtet irgendwelche Dinge zusammen. Glauben Sie ihm also nichts!« warnte die Beamtin.

Der Film kam nicht zustande, und ob er schließlich doch noch einen Käufer für seinen Dreispitz und das Taschentuch Napoleons gefunden hatte, habe ich nie erfahren. Ich habe lange nichts mehr von ihm gehört.

Als der Krieg vorüber war, gab es im Radio bald wieder eine ›Deutsche Stunde‹. Und wen hatte man dafür beauftragt? Den Dr. Frey, der während des Krieges bei den Deutschen spioniert hatte. Und jetzt erinnerte man sich in Deutschland an diesen ›Star-Rechtsanwalt‹, über den vor dem Krieg fast jeden Tag etwas in den Berliner Zeitschriften gestanden hatte.

Man fand heraus, daß er noch in Santiago lebte und forderte ihn auf, nach Deutschland zu kommen und sich für eine Serie in einer der größten deutschen Illustrierten interviewen zu lassen. Dafür wollte man ihm ein hohes Honorar und die Reisekosten bezahlen.

Inzwischen war Dr. Frey auch zu Geld gekommen, er bekam eine schöne Abfindung und besaß in Santiago ein kleines Haus, doch von seinen glanzvollen Auftritten der früheren Jahre war nichts mehr zu spüren. Er gab nichts mehr auf seine Kleidung und in seinem Haus lebte er mit seiner Frau, die sich um nichts kümmerte, mit zwanzig Katzen und ich weiß nicht mit wievielen Hunden zusammen, für die er selbst das Essen zubereitete. Er selbst nahm nur Bananen und Kaffee zu sich.

Nun kam die Einladung nach Deutschland. Er hatte alles bereit, seine Flugkarte, die Koffer waren gepackt, und dann rutschte er am Abflugtag aus und brach sich das Bein – im Hundedreck, denn nur selten wurde in seinem Haus sauber gemacht. Nun war es also erst einmal vorbei mit der Reise nach Deutschland. Dr. Frey kam ins Krankenhaus. Der Arzt, der ihn behandelte und den ich kannte, erzählte mir später, sie hätten eine Stunde gebraucht, um ihn zu säubern, bevor sie ihn verarzten konnten.

Der Verlag in Deutschland wurde sofort benachrichtigt, daß Herr Dr. Frey nun erst einmal nicht kommen könne. Daher kam ein paar Tage später ein Reporter der Zeitschrift angeflogen, brachte alles, was er an alten Zeitungsberichten über ihn auftreiben konnte, mit, zeigte Dr. Frey das Material und ließ sich im Krankenhaus von ihm weitere Details über seine Vergangenheit berichten. Ein paar Tage darauf flog der Reporter wieder ab und nach kurzer Zeit erschien die Zeitschrift und rollte in großer Aufmachung noch einmal das sensationelle Leben des Dr. Frey auf. Über den Vorfall in Santiago wurde jedoch wohlweislich geschwiegen. Die Berichte des Reporters, für die – nebenbei bemerkt – Dr. Frey das ausgemachte Honorar kassierte, hatten so großen Erfolg, daß ihn der Verlag einlud, zusammen mit dem Reporter eine zweite Serie herauszubringen.

Ich möchte jetzt auf einen weiteren Mann zu sprechen kommen, der ein ausgesprochen eigenwilliges Leben in Chile geführt hat und mit dem ich damals befreundet war. Es handelt sich um Hermann Riegel, der in Valparaíso lebte, wo ich ihn oft auf dem *Pajonal* besucht habe.

An der Peripherie Valparaísos, hoch über der Stadt, mit einem weiten Blick über das Meer, besaß er einen herrlichen Landsitz, den Pajonal. Dort hatte er nach dem Ersten Weltkrieg begonnen, das 130 Hektar große Land, das aus steilen Schluchten bestand, aufzuforsten. Später kaufte er noch 180 Hektar, den sogenannten *Hinocho,* dazu. Und wie kam er zu dem Geld, um so viel Land erwerben zu können? – Sein Vater, der aus dem Württembergischen Land stammte, besaß vor dem Ersten Weltkrieg in Valparaíso eine Apotheke. Zusammen mit seinen beiden Brüdern gründete er die Firma ›Riegel & Co.‹, die dann später Hermann Riegel und sein Bruder Leo in eigener Regie übernahmen, sie ausbauten und dann schließlich eine große Feinseifenfabrik begründeten, mit der sie einen guten Gewinn machen konnten in der Zeit zwischen den beiden Weltkriegen. Diese Einnahmen erlaubten Hermann Riegel, seinen Interessen auf biologischem

Hermann Riegel auf dem Pajonal in Valparaíso

Gebiet nachzugehen und nach Herzenslust zu experimentieren. Und das tat er jetzt auch auf dem Pajonal.

Er pflanzte also zunächst einmal Eukalyptusbäume, die sehr schnell wachsen und gutes Brennholz abgeben. Das wußten aber auch die Nachbarn, die ringsherum in den sogenannten *Poblaciones Callampas* wohnten, den Armenvierteln. Sie nahmen davon nach Herzenslust, so daß Hermann Riegel immer wieder große Verluste hatte.

Er zäumte also seinen Besitz mit einem hohen Drahtzaun ein. Aus Deutschland bezog er vom Tierhändler Hagenbeck Dammwild zur Aufzucht, und bald hatte er 130 Tiere zusammen. Doch in den Armenvierteln lebten neben den Ärmsten der Armen auch eine Unzahl verwilderte Hunde. Diese Köter, die sich von den Müllhalden ernährten, fanden sich zu Rudeln zusammen, buddelten sich unter dem Drahtzaun durch und jagten und fraßen die Hirsche, so daß von dem Dammwild schließlich nur noch 25 Tiere übrigblieben. Daher mußte Riegel ständig auf der Jagd nach den Hunden sein. Er erlegte im Monat bestimmt 20 bis 30 Tiere.

Von der Isla Robinsón Crusoe, die zum Juan Fernández-Archipel gehört, hatte er eines Tages auch etwa 30 Ziegen geholt, die alle von den Hunden vernichtet wurden. Dann machte er Versuche mit dem afrikanischen Mähnenschaf, mit afrikanischen Straußenvögeln und mit grauen Riesenkänguruhs. Aber diese Tiere brachten ihm auch kein Glück.

Er hatte sich ebenso zwei Riesenschildkröten von den Galápagosinseln mitgenommen. Sie waren in einem Verschlag untergebracht, neben dem Hühnerstall. Die Hühner liefen um sie herum und hüpften auch manchmal auf die Schildkröten, die sich nicht weiter daran störten. Sie ließen sich auch gerne spazierentragen. Wenn Kinder zu Besuch waren, dann war es für sie das Schönste, einmal auf den großen Schildkrötenpanzern zu reiten. Nun hatten diese Riesenviecher aber die Angewohnheit, wenn sie in Ruhe die Sonne genießen wollten, ihre Beine auszustrecken, so daß sie wie auf Stelzen standen.

Eines Tages hatte eine Henne kleine Küken. Die Sonne war den Hühnchen zu stark, so daß sie unter die mächtigen Panzer der Riesenschildkröten krochen, um im Schatten zu sein. Aber plötzlich ließ sich die eine Kröte auf dem Boden nieder, und ›bums‹ wurden alle Küken platt gedrückt. So etwas konnte eben auch vorkommen.

Neben seinem Wohnhaus hatte Hermann Riegel ein riesiges tropisches Gewächshaus mit einem Teich und einem Urwaldsumpf angelegt. Dort züchtete er verschiedene tropische Pflanzen, darunter eine Anzahl Orchideen. Bevölkert war dieses Tropenhaus von Schlangen, Eidechsen, ja sogar Krokodilen. Da Riegel bekanntgegeben hatte, daß er an jeglichem Getier, das unfreiwillig mit den Dampfern in Valparaíso landete, interessiert sei, bekam sein Sammelsurium ständig Zuwachs. Früher transportierten die Bananendampfer die Früchte in ganzen Stauden. Daher boten die Laderäume auch vielen Tieren Unterschlupf. Bei Riegel landeten außer Spinnen, Schaben und Eidechsen auch Beutelratten und fünfzehn verschiedene Schlangenarten. Im Winter mußte das Gewächshaus natürlich geheizt werden.

Nun hatte er auch zwei Affen in seinem Urwaldhaus. Die waren zwar für gewöhnlich eingesperrt, aber eines Tages machten sie sich eben doch frei, sprangen überall herum, und nichts blieb heil, was sie in die Hände bekamen. Besonders interessant fanden sie die elektrischen Schalter. Sie knipsten sie an und aus und wieder an . . ., und als Hermann Riegel kurze Zeit später einen Kontrollgang durch sein Tropenhaus machte, stellte er mit großem Erschrecken fest, daß es dort eiskalt war und alle Krokodile erfroren waren!

Unersättlich war der Wissensdrang dieses Mannes, ob es sich nun um große oder um mikroskopisch kleine Tiere handelte. Alle Tiere interessierten ihn, vor allem Bienen hatten es ihm angetan. Um sie ständig beobachten zu können, hatte er vor seinem Arbeitszimmer einen Bienenkorb mit einem Bienenschwarm angebracht, und auf seinem Schreibtisch hatte er einen Glaskasten stehen, in dem die Bienenkönigin wohnte. Das Haus der Bienenkönigin war mit dem Bienenstock durch ein Röhrchen verbunden, so daß man vom Schreibtisch aus immer das Füttern der Königin beobachten konnte.

Auf seinem Areal gab es noch eine große Schlucht, durch die ein kleiner Fluß lief. Er legte ein Staubecken mit einer Fischzucht an. So etwas gab es in Chile damals überhaupt noch nicht. Hier ließ er allmählich 200000 Forelleneier ausbrüten und zog sie bis zu fingerlangen Fischchen heran. Das gleiche machte er mit 50000 Eiern der Pejerreyes, einer argentinischen Lachsart. Die bis zu zehn Zentimeter langen Fischchen setzte er dann im Süden Chiles in den Flüssen aus, so daß heute sogar aus den USA Sportangler kommen, um dort Lachs zu angeln. Diese Fischbrut mußte natürlich gefüttert werden. Dazu verwendete er Granulate aus Fleisch und Fischmehl. Für die größeren Fische genügte das aber nicht. Und da hatte Hermann Riegel eine tolle Idee: Er erfand eine ›Madenfabrik‹.

Die Hundeplage hatte ja noch nicht nachgelassen. Die verwilderten Hunde buddelten sich immer wieder unter den Drahtzäunen hindurch und wurden dann erschossen. Was konnte man mit den Kadavern nicht alles anfangen! Und was machte Riegel also? – Er konstruierte ein Gestell, das vom Ufer über den Teich ragte. Und auf dieses Gestell setzte er einen Kasten, der keinen Boden hatte, sondern ein Drahtgeflecht. Die Kiste hatte einen Deckel, den er von oben daraufsetzen konnte. In diese Kiste legte er dann den gerade erlegten Hund. Bei dem subtropischen Klima dauerte es nicht lange, bis der Hund verweste, und Fliegen und Maden sich über das Aas hermachten. Bald war das Fleisch so weich, daß die Maden durch das Gitter in den Teich fielen, und das bildete nun die natürliche Nahrung für die Fische.

Auch beim Füttern des Damwildes gab es Probleme, die gelöst werden mußten. Da der Pajonal fast vollständig mit Eukalyptus aufgeforstet war, gab es im Wald nur wenig Futter für die Hirsche. Sie mußten zusätzlich gefüttert werden. So wurden an entlegenen Stellen große Futterkisten aufgestellt, deren Inhalt allerdings regelmäßig gestohlen wurde. Nun mußte man sich nicht nur gegen die Hunde, sondern auch gegen die Diebe der Nachbarschaft wehren. Da unternahm Hermann Riegel folgendes: Er legte an die Futterstelle eine Kiste mit einer halben Dynamitpatrone. Beim Aufheben der Kiste mußte diese Patrone explodieren. Riegel beschrieb dies in seinen handschriftlichen Aufzeichnungen:

»Morgens um sieben Uhr hörten wir den Knall aus einer Entfernung von etwa einem Kilometer. Ich fuhr sofort zu dieser Stelle und fand außer den Splittern der Kiste eine große Blutlache und Schweißspuren, die bis zum Zaun führten. Dort verfolgte ich sie nicht weiter, erfuhr aber einige Tage später, daß der Heudieb ein Eseltreiber war, der seine Verletzungen damit erklärt habe, daß er im Suff in einen Steinbruch gefallen sei. Er gehörte zu einer Bande, die schon über 40 Stück Großvieh abgeschleppt und geschlachtet hatte. Außerdem war sie auch an mehreren Überfällen auf Fundo-Häuser beteiligt. Der Chef der Bande wurde bald darauf von Detektiven erschossen, als er eine Stromlinie abbaute. Er hatte selbst an den Heudiebstählen teilgenommen und damals den Verletzten abgeschleppt.«

So befand sich Hermann Riegel ständig im Kriegszustand mit den Bewohnern der ›Callampas‹, und da er, wenn er zur Stadt fuhr, stets durch eine wilde Gegend mit steilen Straßenabhängen fahren mußte, waren er und seine Frau immer bewaffnet. Wenn wir zum Pajonal hinauffuhren, um ihn zu besuchen, haben wir das auch nur am Tage getan.

Einmal, als Hermann Riegel in der Nacht aus der Stadt zu seinem Haus fuhr, hatte man einen Baumstamm über den Weg gelegt, so daß er nicht weiterfahren konnte. Als er aus dem Auto sprang, wurde er von einem Banditen überfallen. Sie kamen dabei beide ins Handgemenge und kullerten den steilen Abhang hinunter. Den Banditen bekam Riegel zu fassen, nahm ihm das Gewehr ab und zwang ihn, den Baumstamm beiseite zu schaffen.

Ein andermal kam es auf dem Pajonal zu einer regelrechten Schießerei, und ein Bandit kam dabei ums Leben. Riegel benachrichtigte sofort die Polizei und sagte: »Bei mir oben liegt ein toter Mann«.

»Jawohl, wir kommen gleich«, hieß es. Aber es kam keiner.

Dann meldete er den Vorfall noch einmal. Wieder sagte man ihm, sie kämen gleich – aber sie kamen nie. Na, und da haben sie ihn eben verscharrt. Die Polizei hatte damals so viel zu tun mit all den Dieben und Verbrechern der übelsten Sorte, daß sie froh war, es nun mit einem Gauner weniger zu tun zu haben.

Eines Tages kam Riegel auf die Idee, auf den Juan Fernández-Inseln, die etwa 600 Kilometer von Chile entfernt im Pazifischen Ozean liegen, Nasenbären auszusetzen. Nasenbären findet man in den Anden, in Chile und in Bolivien. Er dachte, da täte er ein gutes Werk, denn auf der Insel gäbe es erstens keine Nasenbären, und zweitens würden sie allerlei Ungeziefer fressen. Dies war zwar eine gute Absicht, stellte sich dennoch als absoluter Fehlgriff heraus. Die Nasenbären vermehrten sich wie die Fliegen und ernährten sich hauptsächlich von Vogeleiern und von kleinen Tieren, die auf diesen Inseln lebten. Sie kletterten zu den Vogelnestern und fraßen die Eier, so daß der Vogelbestand mächtig zurückging.

Die Isla Róbinson Crusoe wurde schon im 16. Jahrhundert entdeckt, blieb aber unbewohnt bis im Jahre 1704 der englische Matrose Alexander Selkirk entweder als Schiffbrüchiger dort an Land ging oder wegen Meuterei von einem Kaperschiff ausgesetzt wurde und als erster für fünf Jahre auf der unbewohnten Insel blieb. Er wurde das Vorbild zu dem berühmten Roman von Daniel Defoe. Diese Insel gilt als Hauptinsel des Juan Fernández-Archipels und nennt sich auch ›Más a tierra‹. Die zweite Insel, ›Más afuera‹, heißt seit 1966 Alejandro Selkirk-Insel und eine dritte, ein kleines Felseneiland, wird Santa Clara genannt. Die größte von ihnen hat eine Größe von 185 Quadratkilometern. Erst 1817 gelangten die Inseln in chilenischen Besitz. Vorher besaßen die Spanier hier schon eine Strafkolonie. Während des Zweiten Weltkriegs ging die Insel noch einmal in die Geschichte ein, als sich der deutsche Kreuzer ›Dresden‹ in der Cumberland-Bucht versenkte. Das Wrack kann man heute noch in dem klaren Wasser sehen.

Zu meiner Zeit lebten auf ›Más a tierra‹ etwa 100 bis 150 Leute – heute sollen es an die 900 sein. Die ganze Einwohnerschaft ernährte sich damals vom Langustenfang. Es gab nirgends so schmackhafte Langusten wie in den Gewässern um die Juan Fernández-Inseln. Die Inselgruppe wurde alle paar Monate von einem Motorsegelkutter angelaufen, der die Langusten abholte. Allerdings wußte man nie, wann das Schiff eintraf. Daher mußte der Langustenvorrat immer aufgestockt werden. Die Krebse wurden gefangen und in Krale gesetzt. Das waren ›Einzäunungen im Meer‹, in denen die Langusten leben konnten. Auf diese Weise hatte man immer einen gewissen Vorrat.

Es war gewöhnlich immer derselbe Segel- und Motorbootkutter, der von Valparaíso zur Insel fuhr. Aber einen genauen Fahrplan gab es nicht. Man wußte auch nie, wie lange die Reise dauern würde. Gewöhnlich wurde gesegelt, um Benzin zu sparen. Es konnte schon einmal vorkommen, daß eine Fahrt zwei Wochen dauerte. Der Motor war ausgefallen, und es herrschte absolute Windstille. Ein solches Schiff war eben solange in Betrieb, bis es unterging. Man konnte hier schon von einer abenteuerlichen Schiffsreise sprechen.

Ich wollte so gerne einmal auf die Juan Fernández-Inseln fahren, hatte aber wenig Gefallen daran, mit einem solchen Motorsegelkutter unterwegs zu sein, zumal sich kurz vorher auf einem anderen Schiff folgendes ereignet hatte:

Die Lichter von Valparaíso waren schon in Sicht; es war kurz vor Mitternacht, und man feierte bereits kräftig. Der Kapitän, der Offizier und die gesamte Mannschaft hatten viel getrunken und dabei gar nicht bemerkt, daß sie schon so dicht an der Küste waren. ›Rums‹ fuhren sie auf ein Riff auf, bekamen Schlagseite, kenterten und mußten alle ertrinken. Nur die Langusten konnten sich ihrer wiedererlangten Freiheit erfreuen. – Das war für mich also nicht das Richtige, mit einem solchen Kahn zu fahren!

Da bot sich kurzfristig eine andere Gelegenheit, auf die Insel zu gelangen. Mich rief wieder einmal der Kommandant von der *Aviación* an: »Wir müssen morgen nach Juan Fernández fliegen und Werbematerial für die nächste Wahl dorthinschaffen, denn die Bewohner der Inseln sollen auch mitwählen. Wollen Sie nicht mitkommen? Wir haben ein kleines Wasserflugzeug, fliegen ganz frühmorgens zur Insel und kehren gegen Abend wieder zurück. Kommen Sie doch heute abend nach Quintero zum Hafen der Luftwaffe, dann könnten wir morgen beizeiten nach Juan Fernández fliegen.«

Das ließ ich mir nicht entgehen, und der Flug wurde zu einem unvergeßlichen Erlebnis. Wir bewältigten die Strecke mit dem kleinen Propeller in etwa zwei Stunden. Es gab keinen Fluplatz auf der Insel; den konnte man auch nicht anlegen, denn überall ragten schroffe Berge empor. In den Buchten ließ es sich nur wassern, vorausgesetzt die See war ruhig. Der Flug bedeutete schon ein Risiko, da sich innerhalb von zwei Stunden das Wetter schnell ändern konnte.

Nach unserer Ankunft flogen wir zunächst um die ganze Insel herum, so daß ich nach Herzenslust photographieren konnte. Als wir dann an Land waren, wurde das Wahlpropagandamaterial verteilt. Der Kapitän unseres Flugzeugs hielt vor versammelter Bürgerschaft eine Ansprache, und dann war es schon bald wieder so weit, daß wir zurückfliegen mußten, denn wir wollten noch vor Sonnenuntergang in Quintero ankommen. Natürlich haben wir uns vorher noch ausgiebig an Langusten gütlich getan. In Santiago bekam man sie ja kaum zu essen. Sobald der Kutter mit den Langusten in Valparaíso ankam, ging die ganze Ladung mit der Bahn nach Buenos Aires und landete dort in den Luxushotels.

Zum Abschied bekam jetzt jeder von uns eine wunderschöne Languste. Meinem Vetter Kroll in Santiago sollte ich auf alle Fälle eine Languste mitbringen. So bekam ich ein Prachtexemplar, lebendig, versteht sich. Mit Müh und Not wurde es in Zeitungspapier eingewickelt und mit Bindfaden zugebunden, was gar nicht so leicht war, denn das Tier sträubte sich mit seinen kräftigen Scheren. So nahm ich die Languste dann in den Arm und stieg ins Flugzeug.

Wir kamen spät in Quintero an, und ich war froh, daß ich mit meiner Languste nun endlich wieder festen Boden unter den Füßen hatte. Ich bekam noch einen Omnibus, der aber erst nach Mitternacht von Quintero abfuhr. Der Omnibus war bis auf den letzten Platz besetzt. Eingequetscht zwischen den Leuten saß ich da mit meiner Languste auf dem Schoß. Das Papier hatte sie längst zerfetzt, nun hielt aber auch der Bindfaden nicht mehr, das liebe Tier machte sich zur Freude aller Mitreisenden selbständig. Um drei Uhr nachts kamen wir in Santiago an. Meinem Vetter konnte ich das Tier um die Zeit nicht mehr vorbeibringen, ich mußte es also mitnehmen. Aber wohin damit? Sie sollte ja noch lebend in die Hände meines Vetters gelangen!

Zuhause eingetroffen, habe ich die Languste dann in die Badewanne gesetzt, aber ohne Wasser, denn im Süßwasser wäre sie gewiß vorzeitig ›ertrunken‹. Am nächsten Tag brachte ich sie dann zu meinem Vetter. Es war die größte und schönste Languste, die ich je in meinem Leben gesehen und gegessen habe. Sie hat uns allen auch ganz köstlich geschmeckt.

Wenn ich manchmal skurrile Geschichten aus Südamerika erzähle, dann geschieht dies nicht der Skurrilität wegen, sondern es haben sich für mich in diesen Anekdoten die Eigenarten und

Aymará-Frauen bei einer indianischen Fiesta im Hochland von Bolivien

die Fremdheit der Kulturen, denen ich begegnet bin, immer am deutlichsten gezeigt. Dies war auch der Fall in der folgenden Geschichte, die mir in Chile zu Ohren gekommen war: von der *Chicha* und dem *Angelino*.

Hoch im Norden Chiles, in den einsamen Andendörfern leben genauso wie jenseits der bolivianischen Grenze die Aymará, jene Indios, die schon vor der spanischen Eroberung von Peru über Bolivien bis weit nach Chile hinein das Hochland bevölkerten. Abgesehen davon, daß sie den katholischen Glauben angenommen haben, oder vielmehr von den spanischen Priestern dazu gezwungen wurden, hat sich in ihrem Alltagsleben kaum etwas geändert.

Diese Indios leben vornehmlich von Mais, Bohnen und Kartoffeln. Die Hauptnahrung ist der Mais. Daraus machen sie auch ein alkoholisches Getränk, nämlich die Chicha.

Sie herzustellen, ist ganz einfach. Die Frauen setzen sich mit einem großen Bottich, in dem sie vorher schon den Mais eingeweicht haben, vor ihre Tür. Dann greifen sie in den Bottich, stecken den Mais in den Mund und kauen ihn ordentlich durch. Den Saft, der sich mit dem Speichel vermischt hat, spucken sie dann in einen großen Tonkrug. Den ganzen Nachmittag sind die Frauen damit beschäftigt. Sie kauen und spucken, spucken und kauen, bis der Krug voll ist. Dann wird noch etwas Wasser hinzugegossen, und man stellt den Krug beiseite. Der Inhalt gärt, und so entsteht das herrliche Getränk der Andenvölker, die Chicha.

In den Dörfern wird man kaum ein Haus finden, in dem es keine Chicha gibt, wohin man auch kommt. Zum Empfang wird jedem Gast zunächst einmal eine Chicha angeboten. Das habe ich selbst mehrmals erlebt in Peru, Bolivien und im Norden Chiles. Dieses Zeichen der Gastfreundschaft muß man achten und das Getränk zusammen mit den Gastgebern zu sich nehmen. Sie schmeckt einfach ganz vorzüglich!

Chicha wird auf dem Altiplano in großen Mengen getrunken. Auf Festen sind dann alle beschwipst. Ich habe in Bolivien Feierlichkeiten erlebt, bei denen die Indios den ganzen Tag getrunken haben, so daß Männlein und Weiblein auf der Straße und auf Plätzen bis zum späten Abend und manchmal die ganze Nacht liegenblieben. Da bot sich einem ein trauriges Bild, wenn man sah, wie die Kinder, die ja auch immer dabei waren, versuchten, ihre Eltern wach zu bekommen, und sie dann alle zusammen torkelnd von dannen zogen.

Auch bei den alten indianischen Totengebräuchen, die sich endlos hinziehen, fehlt die Chicha nicht. Da es unmöglich ist, den Toten schon am Todestag zu begraben, muß der Leichnam erst eine Nacht im Haus eines Verwandten aufgebahrt werden. Um ihn herum werden Wachskerzen aufgestellt, und die ganze Nacht lang kommen Freunde, Verwandte und Bekannte, um bei dem Toten Wache halten zu können. Hierbei wird vor allem reichlich getrunken, denn das ist *el último gasto,* ›der letzte Trunk, den der Tote seinen Angehörigen ausgibt‹ für das, was sie ihm Gutes im Leben getan haben. Am nächsten Morgen ziehen dann die *Veladores,* so nennt man diejenigen, die an der Totenwache teilgenommen haben, zum Friedhof, und nach dem Begräbnis finden die Trauerfeierlichkeiten ihren Abschluß. Männer und Frauen lassen sich in getrennten Gruppen dort nieder und begießen zum Schluß noch einmal das traurige Ereignis reichlich mit Chicha, so daß wohl kaum jemand nüchtern bleibt.

Von Trauer ist dagegen bei einem anderen Ereignis keinesfalls die Rede. Wenn nämlich ein kleines Kind gestorben ist, ist das gar kein Unglück, denn es wird sogleich zu einem *Angelino,* einem ›Engelchen‹, das in den Himmel kommt. Das ist wiederum ein Grund zum Feiern! Das habe ich in Chile miterlebt. Was war das für eine Feier! Ein regelrechtes Freudenfest!

Das tote Kindchen wurde schön herausgeputzt, bekam ein hübsches Kleidchen angezogen und saß dann nett frisiert auf der Kommode. Ringsherum waren Kerzen angezündet, und alle möglichen Geschenke wurden angebracht, hauptsächlich aber Speisen als Wegzehrung für die lange Reise in den Himmel. Was übrigblieb, aßen die Gäste auf. Es wurde gesungen, getanzt und natürlich viel getrunken. An Chicha mangelte es nicht.

Eines Tages gab es wieder ein solches Fest. Das Engelchen hatte ein besonders schönes Kleidchen an und war auf der Kommode inmitten der Blumen und Kerzen neben einem großen tönernen Gefäß plaziert, in das die Chicha eingefüllt worden war. Aber plötzlich fragte jemand: »Wo ist denn der Angelino? Das Engelchen ist nicht mehr da!«

»Ach«, meinten die anderen, »das ist doch längst in den Himmel geflogen. Laßt uns doch weitertanzen!«

Also gut, sie tanzten weiter. Da kam wieder einer und sagte: »Aber der Angelino ist nicht mehr da.«

»Der ist doch im Himmel«, hieß es erneut.

Man beruhigte sich wieder. Sie tranken und tranken immer weiter aus dem Bottich. Plötzlich war die Chicha leer, und was lag unten im Gefäß? – Der Angelino! – Er war in den Krug gefallen, aus dem alle kräftig Chicha geschlürft hatten.

Die Indios behielten ihre alten Bräuche bei, trotz der Christianisierung durch die Spanier. Sogar in der Kirche kam es vor, daß sich ihre Kultur mit der des Katholizismus vermischte. Zum Beispiel spielten die Indios im Hochland von Peru auf einem Platz vor der Kirche ihre pentatonische Musik auf traditionellen Instrumenten und tanzten dazu. Daraufhin betraten sie die Kirche und durften dort damit fortfahren.

Etwas ganz Ähnliches habe ich dann auch hier auf Ibiza erlebt. Als ich mich in meinem Dorf eingewöhnt hatte, da kam ich auch in Kontakt mit dem Pfarrer der katholischen Kirche. Es war damals noch ein jüngerer Pfarrer, der sehr gemütlich war und mit dem ich freundschaftlichen Umgang hatte. Er half auch den Bauern bei ihrer Arbeit. Wenn bei meiner Esperanza Schweineschlachten war, da kam der Pfarrer und half, die Würste zu stopfen. Dabei wurde erzählt, und es wurden auch mal Lieder gesungen.

Eines Tages sagte er, auf Bitten unserer Gemeinde hätte er jetzt ein Harmonium gekauft. Aber es sei niemand da, der darauf spielen könne. Ob ich vielleicht bei den Festen das Harmonium spielen würde? – Ich sagte, liebend gern, machen wir. Ich bekam einige Melodien in Noten, die ich dann harmonisieren sollte. Es waren spanische Weihnachtslieder. Es gab damals auch einen kleinen Chor.

Eines Tages spielte ich wieder in der Kirche Harmonium, es war an einem der großen Festtage, und plötzlich öffnete sich die Kirchentür und einige Bauern traten mit Flöten, Trommeln und Kastagnetten in die Kirche und spielten ihre Ibizenko-Musik. Sie kamen zum Altar und machten ihre Tanzschritte dort, als wenn die dazugehörten. Da kam der Pfarrer von hinten, klopfte mir auf die Schulter und sagte: »Spielen Sie ruhig weiter, das stört überhaupt nicht.«

Und tatsächlich, es war wunderbar. Die Bauern spielten auf ihren Flöten und Trommeln ihre Tanzweisen, ich spielte meine Choräle, und das paßte alles ausgezeichnet zusammen. Wir machten bitonale Musik, eben wie Darius Milhaud. Genau denselben Eindruck hatte man jetzt in der Kirche: Die Flöten spielten in einer ganz anderen Tonart als das Harmonium. Wenn man konstant verschiedene Tonarten zusammenspielt, dann können sie durchaus auch übereinstimmen. Hier ergibt sich sogar ein besonderer Reiz.

Doch nun zurück nach Chile zu einem Erlebnis mit der Eisenbahn:

In Chile kann man nicht das ganze Land mit der Eisenbahn durchfahren, aber es gibt von der Hauptstadt aus Eisenbahnstrecken zu den wichtigsten Städten, so auch nach Valparaíso, nach Puerto Montt und nach Antofagasta. Es gibt auch Linien, die Chile mit der ›Außenwelt‹ verbinden. Die sogenannte ›Andenbahn‹ führt von Santiago über Los Andes nach Mendoza in Argentinien. Von Antofagasta aus gibt es eine Verkehrsverbindung nach Salta, das ebenfalls zu Argentinien gehört, und von Arica verläuft eine Strecke nach La Paz in Bolivien. Eine kleine, spielzeugähnliche Bahn verbindet Arica mit der peruanischen Grenzstadt Tacna, sie wird aber kaum mehr benutzt. Der Verkehr zwischen Chile und Peru spielt sich heute hauptsächlich auf der Panamericana mit Autobussen und Taxis ab.

Das größte Verkehrsproblem ist bei all den verschiedenen Bahnen, zu denen auch noch einige Querverbindungen zur Küste hinzukommen, die Spurweite. Die Bahn von Santiago nach Valparaíso und Puerto Montt ist eine Breitspurbahn. Die Bahn nach Antofagasta und die Andenbahn sind dagegen Schmalspurbahnen.

Eine solche Bahn existierte im Norden Chiles als Abzweigung von der Hauptstrecke nach Taltal, einem bescheidenen Städtchen, daß insofern interessant ist, als daß dort die Küste ungefähr 6000 Meter ins Meer abfällt. Vom Meeresboden aus ergibt das einen Höhenunterschied von etwa 12 000 Metern. Das ist schon enorm! Nun fließt ja dort nicht nur der Humboldt-Strom vorbei, sondern es gibt auch ständig Strömungen, die aus der Tiefe kommen, so daß an der Küste immer Wellengang ist, auch wenn es ganz windstill bleibt.

Ich war nun noch nicht lange in Chile und wollte auch einmal mit dieser Bahn fahren. Am Schalter der kleinen Station wollte ich mir ein Billet kaufen. Natürlich verlangte ich eines der zweiten Klasse.

»Überlegen Sie sich das, nehmen Sie lieber die erste Klasse«, riet der Schaffner.

»Warum denn?« fragte ich.

»Das werden Sie schon noch sehen«, hieß es.

Ich reservierte also die erste Klasse und kam in den Zug. Außer der Lokomotive gab es nur einen Personenwagen und einen Frachtwagen. Aber wo war denn nun die erste Klasse? An dem Personenwagen war nichts angeschrieben, und innen gab es auch keine Abtrennungen. In dem einzigen Waggon standen nur ein paar Holzbänke herum. Das war alles! Und dann ging es los. Nur langsam kam die kleine Lokomotive in Fahrt. ›Puff, puff‹ ging es eine Anhöhe hinauf. Der Berg wurde immer steiler, und plötzlich blieb der Zug stehen. Die Lokomotive schaffte es nicht mehr. Ein Güterwagen wurde abgehängt, aber die Dampflok schaffte es noch immer nicht und verharrte schnaufend auf halber Höhe.

Da kam der Schaffner und hielt eine Ansprache: »Wir kommen momentan nicht weiter, es sei denn, alle Fahrgäste der zweiten Klasse würden aussteigen und schieben helfen. Die Gäste der ersten Klasse können dann auf ihrem Platz bleiben.«

Wie recht hatte doch der Beamte mit seinem Ratschlag, die erste Klasse zu wählen! – Nach unserer Ankunft holte die Lokomotive den abgehängten Güterwagen ab.

Die wichtigste und am meisten befahrene Strecke war die von Santiago nach Valparaíso. Leider machte die Bahn einen ziemlich großen Umweg, so daß die Fahrt mehrere Stunden dauerte. Die Strecke hätte viel kürzer sein können.

Bevor man sich für die Strecke, die sie nehmen sollte, entschlossen hatte, gab es ein Hin und Her, denn zwischen Santiago und Valparaíso waren mehrere große Landgüter, deren Besitzer nichts lieber gehabt hätten, als daß die Bahn durch ihr Land hindurch oder wenigstens nahe daran vorbeigefahren wäre. Wie leicht hätten sie es dann gehabt, ihre Güter abzusetzen! Es ging wie immer so aus, daß derjenige, der die größte *Ceuma* zahlte, berücksichtigt wurde. Und so kam es dann eben zu diesen kilometerweiten Umwegen.

Die Bahn war also eine Breitspurbahn mit großen Pullmann-Waggons nach nordamerikanischem Vorbild. Aber schließlich waren diese nach jahrelangem Gebrauch schon ziemlich veraltet. Und so bestellte man kurz vor dem Krieg ganz neue, moderne Waggons, und zwar in Deutschland. Sie wurden aber erst fertig, als der Krieg schon ausgebrochen war.

Trotzdem verlud man sie, und man hatte Glück, der Dampfer gelangte unversehrt durch die Blockade bis nach Valparaíso. Die Waggons wurden ausgeladen, und alle Welt freute sich schon darauf, in diesen Luxuswagen bequem von Santiago nach Valparaíso reisen zu können. Als man dann aber die Wagen auf die Gleise setzte, und der Zug in Richtung Santiago fuhr, verlief die Fahrt zunächst auch noch ganz gut, aber als dann der erste Tunnel kam, der auf der Hälfte der Strecke eine Krümmung machte, passierte das Dilemma! Die Wagen waren zu lang und blieben im Tunnel stecken. Das war vorerst das Ende der Reise im Luxuszug von Valparaíso nach Santiago. Nun mußte man eben wieder in die alten Waggons umsteigen, da die neuen nur für den Nahverkehr zwischen Valparaíso und Quilpué zu gebrauchen waren.

Ein besonderes Erlebnis war eine Reise von Santiago nach Buenos Aires. Ich habe sie einmal kurz nach dem Krieg gemacht, als ich im Besitz meines chilenischen Passes war. Der Zug fuhr nur ein- oder zweimal in der Woche, und ein bis zwei Monate vorher waren alle Plätze bereits ausverkauft. Der *Transandino* – so nannte man den stolzen Zug, der die Anden überquerte – begann aber seine Reise nicht in Santiago, sondern in dem kleinen Städtchen Los Andes, denn er lief nur auf Schmalspurgleisen. Deshalb fuhr der Zug auch nur bis Mendoza, das wiederum nur über Breitspurgleise mit Buenos Aires verbunden ist. Man mußte also mehrmals umsteigen.

Diese Andenbahn war schon ein gigantisches Unternehmen. Ihr Bau begann 1889 und dauerte bis zu seiner endgültigen Vollendung vierzig Jahre. Auf 3200 Meter Höhe baute man einen 3 Kilometer langen Tunnel, so daß die Strecke auch im Winter befahrbar war, doch kam es immer wieder vor, daß der Transandino infolge von Schneeverwehungen tagelang, oft wochenlang, seinen Verkehr einstellen mußte. Es kam aber auch vor, daß der Zug im Schnee steckenblieb, was auch Tage dauern konnte. Der Zug hatte weder Heizung noch einen Speisewagen. Es war also ratsam, sich Decken und Proviant mitzunehmen. Gewöhnlich sollte die Reise bis nach Buenos Aires zwei Tage und eine Nacht dauern.

Ich hatte nun also meine Fahrkarte, eine Platzkarte für den Transandino und eine Platzkarte für den Zug von Mendoza nach Buenos Aires. Es konnte mir also nichts passieren, dachte ich. In Los Andes kam ich pünktlich an, aber der Transandino rangierte noch, er bestand nicht nur aus mehreren Personenwagen, sondern auch aus einer ganzen Reihe Güterwagen.

So fuhren wir also mit drei Stunden Verspätung ab. Immer höher ging es hinauf in die beeindruckende Bergwelt. Das geschah natürlich sehr langsam, die beiden Lokomotiven schafften es, und die Passagiere brauchten diesmal nicht zu schieben. Aber kalt wurde es, mächtig kalt, obwohl es ja Sommer war. Endlich, mitten in der Nacht um drei Uhr morgens kamen wir in Mendoza an. Und nun hieß es umsteigen.

Der argentinische Zug stand auch schon da, doch wimmelte es von Menschen. Mit Mühe und Not arbeitete ich mich durch das Gedränge hindurch und kam zu meinem Abteil – aber mein Platz war schon besetzt. Man hatte den Platz zweimal verkauft. Ein dicker Argentinier saß auf meinem Platz und keine zehn Pferde hätten ihn davon vertreiben können. Draußen vor dem Bahnhof drängten sich noch Hunderte von Menschen, die alle mit dem Zug nach Buenos Aires wollten. Den Bahnsteig hatte man inzwischen sogar abgesperrt. So blieb mir also nichts anderes übrig, als im Gang stehend nach Buenos Aires zu fahren, wo wir am späten Nachmittag ankamen.

Heute wird die Andenbahn fast ausschließlich zur Beförderung von Frachten benutzt, da es inzwischen ja einen geregelten und viel bequemeren Flugverkehr gibt.

Kennen Sie Balu? Balu heißt der Bär aus dem Dschungelbuch von Kipling. Und so hatte ich meinen kleinen Drahthaar-Terrier genannt, den ich damals in Santiago hatte und mit dem Herman Scherchen immer so gerne gespielt hatte.

Ich bewohnte zu der Zeit ein kleines Häuschen in Las Condes, etwas außerhalb von Santiago. Auf dem großen Grundstück, zu dem ein Weingarten gehörte, stand auch das Haus des Besitzers und das kleine Haus des sogenannten *Inquilino*, der dort mit seiner Familie, einem Schwein und einer Anzahl Hühner lebte und den Garten zu versorgen hatte.

Eines Morgens sah ich nun, wie Balu immerzu am Gitter innerhalb des Grundstückes hin und her rannte. Auf der anderen Seite des Drahtzaunes lief ebenfalls ein Hund auf und ab, beide keiften sich unaufhörlich an. Dieser Hund hatte Schaum vor der Schnauze. Wenn der mal nicht die Tollwut hat, dachte ich. Die Tollwut gab es in der Umgegend von Santiago, wo viele verwilderte Hunde lebten, sehr häufig. Der fremde Hund verschwand wieder, und ich nahm meinen völlig erschöpften Balu unter den Arm und ging mit ihm sicherheitshalber zum Tierarzt, um ihn impfen zu lassen.

In der nächsten Nacht kam der fremde Hund wieder und drang in das Haus des Inquilino ein, tobte dort wild herum, so daß am Ende Geschirr und Gläser zerbrochen am Boden lagen. Am nächsten Morgen gelang es dem Inquilino, den Hund zu erschießen. Da lag er nun am Zaun. Wir rührten ihn nicht an. Ich rief das Gesundheitsamt an und meldete, wir hätten einen toten Hund vor der Tür und warteten, daß jemand von der *Sanidad* käme. Sie sollte ja den Hund untersuchen, ob er wirklich die Tollwut hatte. Niemand ließ sich blicken. Am dritten Tag kamen dann schließlich zwei Leute und fragten: »Wer ist denn nun gebissen worden?«

»Das Schwein wurde gebissen«, sagte der Inquilino.

»Und keiner von Ihnen?« – »Nein«.

»Dann sind wir nicht zuständig, wir sind nur zuständig, wenn Menschen gebissen wurden. Wir schicken Ihnen gleich die für Tiere zuständigen Beamten.«

Aber die ließen sich auch wieder Zeit und kamen erst am nächsten Tag.

Inzwischen machte sich der Inquilino Sorge um sein schönes Schwein. Ehe sie mir das wegnehmen, dachte er, verspeisen wir es lieber. Schnell lud er alle seine Freunde für den Abend zu einem großen Schweineschmaus ein. Es wurde ein rauschendes Fest, an dem eine *copa de vino* – ein Gläschen Wein – nach der anderen getrunken wurde. Am nächsten Tag kamen dann die für die Tiere zuständigen Beamten.

»Wo ist das Schwein, das gebissen wurde?« hieß es.

»Das haben wir verspeist«, antwortete der Inquilino.

»Ist denn nichts davon übriggeblieben?«

»Nein – ach ja, der Kopf ist noch da.«

Also nahmen sie den Kopf mit, der Kopf wurde untersucht und man stellte fest, das Schwein hatte Anzeichen der Tollwut. Und das war eine Katastrophe, denn nun mußten alle, die von dem Schwein gegessen hatten, geimpft werden, und das war kein Vergnügen, die Impfungen zogen sich mehrere Wochen hin. Da schaltete sich dann auch die Polizei ein und sorgte dafür, daß auch wirklich alle zum Impfen gingen, und wer nicht wollte, der wurde dazu gezwungen, wenn nötig, sogar mit Gewalt.

Da fällt mir noch eine andere Tiergeschichte ein, die sich im Süden von Chile abgespielt hat, dort, wo es in den 40er Jahren noch wilde urwüchsige Landschaften von unvorstellbarer Ausdehnung gab und wo es so viel regnete, daß wirkliche Sonnentage eine Ausnahme waren.

Versuchen Sie jetzt, mich in Gedanken in den südchilenischen Urwald zu begleiten, in sein geheimnisvolles Dunkel mit den Waldriesen, den umgestürzten Bäumen, mit den modernden, von Moos und Flechtwerk bedeckten Stämmen und dem Gewirr von Schlingpflanzen. Es handelt sich nicht um den tropischen Urwald, auch wenn verschiedene Bambusarten an die Tropen erinnern.

Dieser südchilenische Urwald ist ein echter Regenwald, er besitzt fast keine Baumarten, die in Europa heimisch sind. 20 Meter hohe Bäume sind keine Seltenheit, und die meisten Bäume und Sträucher tragen farbenprächtige Blüten. Nur ein Gewächs wird man dort kaum blühend erleben, das ist die *Quila*, eine Bambusart, die nur etwa alle fünfzehn Jahre blüht. Die Quila ist nicht hohl wie der tropische Bambus. Sie bildet ein undurchdringliches Gewirr feiner Verästelungen und klettert oft zehn bis zwölf Meter hoch in die Bäume. Wenn die Quila geblüht hat, bedecken die Samen meterhoch den Boden. Sie sind das gefundene Fressen für Mäuse. Das hat dann eine ungeheure Mäuseplage zur Folge.

Ein Jahr bevor ich nach Chile kam, wurde das Land gerade von einer solchen Mäuseplage heimgesucht. Als ich dann später auf einer Farm in der Nähe des Lago Todos los Santos zu Besuch war, waren die Leute noch erfüllt von den Eindrücken dieses Phänomens. Dort erzählte man mir folgende Episode:

»Wir waren gerade mit der Ernte beschäftigt, als plötzlich hier und da Mäuse auftauchten. Wir stellten einige Fallen auf, fingen auch einige, aber es kamen immer mehr. Sie kamen über die Wiesen aus dem Wald und drangen in das Wohnhaus und in die Vorratskammern ein. Tausende und Abertausende fielen über uns her, so daß wir uns kaum noch zu helfen wußten. Wir schlossen Fenster und Türen, sie kamen durch die Ritzen und Löcher. Ähnlich wie die Lemminge in Sibirien zu gewissen Zeiten das Land befielen, kamen die Mäuse, gegen die auch die Hunde und Katzen machtlos waren.

Sie kamen über das Dach auf den Boden, und machten wir die Tür zu einer Kammer auf, so schossen uns die Mäuse entgegen. Öffneten wir einen Schrank, so war er voller Mäuse. Nahmen wir einen Hut vom Nagel, so sprangen Mäuse heraus. Wollten wir einen Rock anziehen, so stießen wir mit den Armen die Mäuse aus den Ärmeln. Und faßten wir in die Taschen, so hatten wir die Hand voller Mäuse. Die Mäuse fraßen alles, was ihnen in den Weg kam. Sie fraßen uns die Vorräte auf, sie fraßen die ganze Wolle, zerstörten vollständig die Kette unseres Webstuhls und hinterließen tiefe Nagespuren in seinem Gehölz.

Wir konstruierten riesige Fallen, indem wir große Scheunentüren mit einer Längskante auf den Boden legten und die andere mit Seilen schräg nach oben zogen, um dann die Tür plötzlich fallen zu lassen, aber auch das war gegen den unaufhörlichen Strom der Mäuse fast zwecklos, wenn auch auf diese Weise Hunderte erschlagen wurden. Man konnte sich einfach nicht vor ihnen retten.

Jetzt waren es schon so viele geworden, daß sie sich gegenseitig bedrängten. Sie kletterten auf jeden Strauch, auf jede Pflanze, und diejenigen, die das Ufer des Sees erreichten, wurden ins Wasser abgeschoben. Bald war der See voller Mäuse. Sie schwammen im See herum, klammerten sich am Schilf fest, wurden von den Wellen hinausgetragen und ertranken. Völlig machtlos standen wir diesem Naturereignis gegenüber.

Und dann nach ein paar Tagen, so plötzlich wie sie gekommen waren, verschwanden sie auch wieder. Die Natur hilft sich in solchen Fällen immer selbst. Eine Mäusepest raffte diesen Überschuß der Tierwelt dahin. Die vielen Mäuse waren natürlich ein willkommenes Fressen für die Raubvögel, die Eulen und die Wildkatzen, die sich ihrerseits dann wieder so vermehrten, daß sie im darauffolgenden Jahr zu einer empfindlichen Plage wurden.«

Ich habe nicht gehört, daß es in den späteren Jahren noch einmal eine solche Mäuseplage gegeben hatte. Es wurde in den Wäldern aber auch immer mehr gerodet, und jedes Jahr wurden durch beabsichtigte und unbeabsichtigte Brände riesige Waldbestände vernichtet. Dabei ging natürlich auch die Quila zugrunde. Als es dann keine Quila mehr gab, war auch kein massenhaftes Mäusefutter mehr vorhanden, und somit wurde die Mäuseplage von alleine ausgemerzt.

›Eine etwas schauerliche Geschichte‹, wird nun der eine oder andere denken.

Da will ich jetzt zum Abschluß noch etwas Appetitliches erzählen, und zwar etwas über die fremdartigen Köstlichkeiten der chilenischen Küche.

An der chilenischen Küste, die ja eine Länge von 4000 Kilometern hat, gibt es unwahrscheinlich viele Fische und Schalentiere. Das Meer ist so freigiebig und unerschöpflich. Es schenkt den Küstenbewohnern genießbare Seepflanzen, Muscheln und Fische von oft seltsamer Gestalt, die aber köstlich schmecken. Besonders in den zahlreichen Kanälen im Süden und in der chilenischen Inselwelt der *Chiloten* haben die Menschen keine Ernährungsprobleme. Sie brauchen nur zuzulangen und die Nahrung aus dem Wasser zu holen, was natürlich mit Arbeit verbunden ist.

Das Fischen und Sammeln der Seetiere erfordert oft sehr große Mühen und vor allem Geschicklichkeit. Besondere Schwierigkeiten bereitet das Sammeln von Muscheln, die an Felsen festgewachsen sind, wie die *Picos*. Mit langen Stangen, an denen sich an einem Ende eine Gabel befindet, werden sie ebenso wie die *Cholgas* vom Boot aus aufgespießt und heraufgezogen. Die Picos sind sonderbare Tiere; sie gehören der Familie der Krebse an, die in ihrer Jugend frei umherschwärmen, später aber röhrenförmige Kalkgehäuse haben, an denen sie festgewachsen sind. Sechs bis zehn dieser Röhren bilden gewöhnlich eine zusammengewachsene Kolonie. Jedes Tier hat einen Mund, der wie ein Vogelschnabel aussieht. Die schönsten und schmackhaftesten Picos bekommt man in dem kleinen Segelschiffhafen Angelmó bei Puerto Montt. Wie oft bin ich am frühen Morgen von Puerto Montt nach Angelmó gepilgert und habe mich an den Picos erfreut, die die Chiloten zusammen mit vielen anderen *Mariscos* oder Seetieren mit ihren Segelbooten schon gekocht in den Hafen bringen. Man kauft sich dann gewöhnlich gleich eine zusammengewachsene ›Kette‹ von diesen Tieren, zieht aus jeder Röhre das zarte fleischige Tier aus seinem ›Schnabel‹ heraus und verzehrt es.

Man kann aber auch in eine der kleinen Hütten gehen, die auf langen Laufstegen pfahlbautenartig aneinandergereiht sind und wo man auf einfachen Holzbänken sitzend an Tischen die schönsten *Piures, Tacas, Choros, Cholgas* oder *Locos* serviert bekommt. Besonders empfehle ich die Locos. Locos sind große Klappmuscheln, in denen das fleischige Tier sitzt, das vor dem Kochen mit einem Holzklöppel ordentlich geschlagen wird. – In den feinen Restaurants bekommt man die Locos kalt mit Mayonnaise als Vorspeise serviert. Sie schmecken wie viele der Mariscos etwas nach Jod.

Diese kleinen Gaststätten in den Pfahlbauten existieren heute noch.

Zur Zeit Pinochets kam ich anläßlich einer Rundreise mit der ›Europa‹, auf der ich Vorträge hielt, auch wieder dorthin. Ich bekam also mein Loco-Gericht serviert und bestellte mir Wein dazu.

»Den haben wir nicht,« erwiderte der Wirt.

»Aber Mariscos kann man doch nicht ohne ein Glas Wein zu sich nehmen. Den hatte es doch früher immer dazu gegeben, ich bin ja schon vor dreißig Jahren hier gewesen«, sagte ich.

»Wein dürfen wir nicht ausschenken«, hieß es ganz trocken.

»Dann schmeckt mir das Essen auch nicht, ich gehe . . .«

»Warten sie.«

Und jetzt stellte der Wirt eine Kaffeetasse hin, und dann passierte erst mal wieder gar nichts. Doch ehe ich mich versah, war die Tasse mit Wein gefüllt, den er aus irgendeinem Versteck geholt hatte.

Ich ließ mir also die Klappmuscheln schmecken und trank ab und zu einen Schluck Wein – plötzlich war die Tasse weg. Ich hatte gar nichts gemerkt. Ich aß ruhig weiter, sagte auch nichts, plötzlich stand die Tasse wieder da. Was war geschehen? Der Wirt hatte eine Polizeistreife kommen sehen und schnell die Tasse unter dem Tisch verschwinden lassen.

Jeder Abschnitt der unendlich langen Küstengewässer hat seine eigene Meeresfauna. So kommt in den feuerländischen Kanälen und in der Magellanstraße eine Krebsart vor, die sogenannte *Centoya,* die Seespinne. Ihr saftiges Fleisch schmeckt nach Languste. Von Punta Arenas fahren größere Fangschiffe hinaus, und ihre Beute ist so lohnend, daß sogar eine Konservenfabrik Centoyas in Büchsen ins Ausland exportiert. Früher, als es diese Fabrik noch nicht gab, war es gar kein Problem, sich im Restaurant Centoyas zu bestellen. Das wollte ich nun wiederholen, als ich mit der ›Europa‹ in Punta Arenas war. Ich bestellte mir also Centoyas.

»Die haben wir nicht,« hieß es.

»Aber ich habe doch eben im Hafen ein Schiff gesehen, das mit Centoyas voll beladen war.«

»Die gibt es bei uns nicht«, wurde mir nachdrücklich versichert.

Dann machte ich einen Rundgang durch das Museum. Vorher hatte ich meine Garderobe abgegeben, in Punta Arenas ist es immer kalt, da muß man sich warm anziehen. Als ich sie wieder abholte, langte die Garderobenfrau unter den Tisch und bot mir eine Dose Centoyas an.

»Wollen Sie sie kaufen?« fragte sie, »aber verraten Sie mich nicht, die sind eigentlich nur für den Export da.«

Also Schmuggelware!

Aber es mußten ja auch nicht gerade Centoyas sein, der *Erizo,* der Seeigel, ist eine wirkliche Delikatesse, und die besten gibt es im Norden Chiles zwischen Illapel und Coquimbo.

Seeigel haben eine Schonzeit. Sie dürfen nur zu bestimmten Zeiten gefischt werden, dann werden sie jedoch in großen Mengen in Säcken nach Santiago transportiert, und man kann sie überall in den Restaurants bekommen. Die Seeigel werden roh gegessen. Die Schale wird aufgeschlagen, und die gelben Zungen – das eigentliche Tier – werden vor dem Essen eine Weile in Süßwasser gelegt, damit sie fest werden. Ein einziger Seeigel aus dem Norden Chiles kann fast so groß werden wie ein Kohlkopf. Das ist dann schon eine schöne Portion, aber gewöhnlich bekommt man einen Teller mit dem Fleisch von drei oder vier Seeigeln serviert.

Mit klein gehackten Zwiebeln, Petersilie und Olivenöl garniert schmecken sie herrlich. Damit man nun auch sicher ist, daß einem das Fleisch von mehreren Seeigeln serviert wird, hat der Kellner an den Rand des Tellers drei oder vier kleine schwarze Krebse gesetzt, die keinen Panzer haben, denn den brauchen sie nicht, sie leben nämlich in Symbiose mit dem Seeigel, das heißt, sie bleiben im Schutz seines stachligen Panzers in der Nähe der Mundöffnung und halten Wache. Mit ihren kleinen scharfen Krallen verteidigen sie den Seeigel gegen irgendwelche Feinde und zum Dank bekommen sie immer etwas von seiner Nahrung ab.

Der Seeigel, so wie er auf dem Teller serviert wird, ist wohl roh, aber schon tot. Die kleinen Krebse dagegen sind quietschfidel und krabbeln munter auf dem Rand des Tellers herum. Und diese kleinen Krabbeltiere sind die größte Delikatesse, das meinen jedenfalls die Chilenen. Sie schmecken etwas süßlich wie eine Nuß. Der Erizo dagegen hat einen ausgezeichneten Jodgeschmack.

Man beginnt das Mahl also mit dem kleinen Krebs, hält ihn vorsichtig mit zwei Fingern und setzt ihn auf die Zunge. Der Krebs krabbelt einem dann ganz von selbst in den Mund. Das haben die Chilenen besonders gern. Dann zerbeißt man ihn und schluckt ihn runter. Erst danach folgt dann das köstliche Fleisch des Seeigels.

Weit verbreitet in den chilenischen Küstengewässern ist ein röhrenförmiges Seegewächs, das allgemein unter dem Namen *Cochayuyo* bekannt ist. Cochayuyo ist eine oft meterlange eßbare Alge, die man schon fast als Volksnahrung bezeichnen kann. Dieser Tang sitzt am Felsen fest, oft in riesigen Kolonien, die in den felsigen Buchten durch die Strömungen des Meeres stets in Bewegung bleiben. Cochayuyo wird als Suppe gegessen, man muß sie nur ziemlich lange kochen.

Ein besonders wohlschmeckendes Gericht aus Cochayuyo möchte ich jedoch hier noch verraten: Man schneidet die langen Röhren in kleinere Stücke, kocht sie zunächst etwas weich, füllt sie dann mit Käse und schiebt sie in den Backofen.

Aus Cochayuyo kann man sogar Brot backen. Das hat jener Deutsche herausbekommen, der ja immer so erfinderisch war, Hermann Riegel. In Valparaíso fand er einen Bäcker, der aus Cochayuyo-Mehl, das Riegel herstellte, Brot gebacken hatte.

Es war phantastisch, ich habe es gegessen. Man konnte kaum unterscheiden, ob das ein Kornbrot oder ein Seetangbrot war. Das wäre natürlich eine große Erleichterung für die Ernährung in der Welt. Denn Cochayuyo gibt es in großen Mengen. Aber die Meere werden immer mehr verseucht. Es ist heute schon so, daß in dem Pazifischen Ozean die Giftstoffe vom Atommüll mit den Strömungen bis in die Antarktis getrieben werden.

Algen werden heute weltweit als Nahrungsmittel verwendet. Die Japaner taten das schon seit Jahrhunderten. Dieses Nahrungsmittel, in konzentrierter Form hergestellt, heißt *Agar-Agar.* Aus

Algen werden heute auch gewisse Medikamente hergestellt. Sie sind ja sehr vitamin- und protein-haltig. Chile besaß drei Fabriken, die sich mit der Herstellung von Agar-Agar befaßten. Japan importiert Algen von Chile und verwendet sie nicht nur in der biochemischen Industrie, sondern auch in der Herstellung von Plastikware.

Ein wirklich typisch chilenisches Gericht, das heute noch bei allen südlichen Fischervölkern üblich ist, mögen das die Feuerländer oder die Chiloten sein, ist der von mir schon erwähnte *Curanto,* das steinzeitliche Gericht gesottener Speisen auf vorher erhitzten Steinen, das uns ja schon von der Osterinsel bekannt ist.

Wer einmal dieses urzeitliche Gericht genossen hat, wird sich sein Leben lang daran erinnern. Ich habe Curanto nicht nur einmal genossen. Auch bei den Chiloten auf der Insel Tengló bei Puerto Montt gegenüber von Angelmó kann man heute noch in kleinen Gartenrestaurants am Strand täglich Curanto essen.

Curanto muß am Strand zubereitet werden, und zwar dort, wo es auch große, vom Meer glatt gewaschene Steine gibt, denn die braucht man zum Curanto. Zunächst wird ein Loch gegraben, in dem man ein ordentliches Holzfeuer mit Reisig und getrocknetem Seetang entfacht. In dieses Feuer wirft man die vorher gesammelten Steine. Wenn das Feuer ganz heruntergebrannt ist, packt man auf die glühend heißen Steine alles, was man gerne ißt: Kartoffeln, Fleisch, Gemüse, Fische, Muscheln und alle Mariscos, die die Fischer gerade gebracht haben. Dann deckt man alles mit den großen Pangiblättern zu. Die *Pangi* wachsen im chilenischen Urwald. Auch ausgesto-chene Rasenstücke kommen noch darauf, und wenn man keine Pangiblätter hat, kann man auch Sackleinwand nehmen, der Curanto muß aber vollkommen eingepackt werden und wird dann mit Erde zugeschüttet. So werden alle Speisen unter der Erde gesotten. Nach einer Stunde deckt man ihn wieder auf, und jeder holt sich dann das aus der Grube, was er gerne essen mag.

»Tja, dann wollen wir mal gehen«, sagte die Ruth, und sprach allen anderen Gästen wahrschein-lich aus dem Herzen. Der Abend war inzwischen weit fortgeschritten. Die Uhr zeigte bereits auf zwei Uhr morgens. Der Damenklub hatte heute tapfer ausgehalten.

Nachdem ich meine Gäste bis zur Gartentür begleitet hatte, und die letzten in die Nacht davongefahren waren, kam ich ins Wohnzimmer zurück, wo mein Mitarbeiter ganz müde auf einem Sessel eingenickt war. Aber er schreckte sogleich auf und sah mich etwas verwundert an.

»Wie machen Sie das bloß, daß Sie immer soviel Energie haben?« fragte er mich. »Wie fühlt man sich nun eigentlich als 88jähriger?«

So eine Frage kann wirklich nur ein junger Mensch stellen.

»Ich empfinde eigentlich überhaupt keinen Unterschied zu dem, wie ich mich als 50jähriger gefühlt habe oder wie ich mich heute fühle«, antwortete ich ihm. »Das ist immer gleich geblieben. Nur, daß ich natürlich nicht mehr so springen und laufen kann wie früher, aber sonst...?«

Ich ahnte, daß jetzt noch mehr Fragen dieser Art kommen würden und fügte deshalb schnell hinzu: »Und wenn Sie mich vielleicht jetzt noch fragen wollen, ob ich Angst vor dem Tod habe, dann sage ich lieber gleich: Nein! Der kommt, und dann ist es eben aus. Aber jetzt wollen wir für heute Schluß machen.«

Und damit endete dieser gesellige Abend. – Aber noch lange nicht die Aufzeichnung meines Lebens. Denn nun möchte ich noch von meinen Reisen in das geheimnisvolle Afrika berichten. Meine Reiselust konnte einfach nicht gestillt werden.

Neugier
ohne Ende

Zu den Westküstenländern Afrikas

Nachdem ich nun in Deutschland und in der Schweiz wieder Verbindung mit meinen Verlegern aufgenommen hatte und ich mein Buch über Chile bei Fretz & Wasmuth in Zürich herausbringen konnte – mein Buch über Bolivien war bereits erschienen –, da war es nicht schwer, den Safari-Verlag in Berlin und die Deutsche Buchgemeinschaft in Darmstadt für neue Buchpläne zu gewinnen.

Ich hatte ja einen chilenischen Paß und konnte reisen, wohin ich wollte, und das zu einer Zeit, als das Reisen für die Deutschen noch nicht wieder möglich war. – Ich bekam also vom Safari-Verlag den Auftrag, ein Buch über alle Länder Zentralamerikas und Mexiko zu schreiben. So pendelte ich eigentlich immer hin und her zwischen den Kontinenten, zwischen Südamerika, Europa, Mittelamerika und Afrika.

Als dann mein Buch über Zentralamerika fertiggestellt war, bekam ich den Auftrag, für denselben Verlag ein Buch über die Westküstenländer Afrikas zu schreiben. Die Reise dorthin unternahm ich wieder von Deutschland aus.

Für diese Reise suchte ich nach Möglichkeit einen Wagen, in dem man auch übernachten konnte. Einen Begleiter hatte ich schon, einen Schweizer Ingenieurstudenten, der sich mit allem auskannte. Da konnte kaputtgehen, was wollte, ob es sich nun um eine Schraube im Photoapparat, am Auto oder sonstwo handelte – er war mir eine große Hilfe!

Er war Anfang Zwanzig, kannte Südamerika und hatte sich in Kalifornien ein Auto gekauft, einen großen, alten Packard. Mit diesem Auto war er in den 50er Jahren, ohne die richtigen Papiere zu besitzen, von Kalifornien, Mexiko, durch alle Länder Zentralamerikas, nach Kolumbien und von dort aus nach Ecuador, Peru, Chile und nach Buenos Aires gefahren. Nur in Argentinien hatte er Pech gehabt. Dort ließen sie ihn nicht ausreisen. Das Auto wurde beschlagnahmt. Aber er hatte es dennoch irgendwie fertiggebracht, daß er es doch noch herausbekam und in die Schweiz mitnehmen konnte. Dort blieb der Wagen erst einmal stehen, denn der Zoll, den er bezahlen sollte, war so hoch, daß es sich nicht lohnte, den Wagen auszulösen.

»So«, sagte er zur mir, »ich habe das Auto, wir müssen jetzt nur noch den Zoll bezahlen. Dann kann es losgehen.«

»Um Gottes willen . . . ein Packard, was der an Benzin verbraucht. Und wer weiß, ob der Wagen überhaupt noch fahrtüchtig ist!« rief ich entsetzt.

Ich ließ mich auch nicht darauf ein, mit diesem Wagen zu reisen.

Dann hörte ich, es gäbe eine Karosseriefabrik in Minden, die ›Mikafa‹. Dort könnte ich vielleicht ein passendes Fahrzeug finden, denn ein richtiges Wohnmobil wäre natürlich für die Afrika-Reise das Allerbeste. Ich fuhr also nach Minden.

Mein Volkswagen, mit dem ich ein halbes Jahr durch Westafrika gereist bin

Man führte mich in eine riesige Halle und wollte mir ein Auto anbieten, das Graf Luckner gerade als Wohnwagen für 40 000 Mark gekauft hatte. Ich ließ mich nicht darauf ein und wollte schon gehen, als man mir zurief: »Warten Sie mal! Dieser hier kostet 30 000 Mark. Sehen Sie sich doch wenigstens mal unsere Ausstellung an.«

Wir gingen also durch die Ausstellung, und ich entdeckte in einer Ecke ein wunderschönes Vehikel. Ein aufgebockter, kleiner Wohnwagen stand da, und ich fragte: »Ja, was kostet denn der da? Der wäre genau der Richtige für mich!«

»Nein, den verkaufen wir nicht. Das ist nämlich unser Wohnmobil-Modell«, hieß es, »wir wollten das Wohnmobil auf dem Chassis eines gewöhnliches Volkswagens mit VW weiterentwikkeln. Den geben wir nicht her.«

»VW interessiert sich aber nicht mehr für das Projekt. Was nützt Ihnen dann noch das Modell? Lassen Sie es mir doch!« versuchte ich ihn zu überreden.

»Also gut, für 1000 Mark können Sie das Modell haben«, sagte der Autohändler schließlich bereitwillig.

Das Hauptproblem war nun also gelöst. Den Wagen hatten wir. Der Motor taugte nichts mehr. Das Modell war ja aus allen möglichen alten Teilen zusammengesetzt. Ich mußte also noch einen Austauschmotor kaufen. Die Reifen waren auch nicht mehr zu gebrauchen.

Da ging ich zur Continental-Reifenfabrik nach Hannover und sagte: »Ich plane eine Reise nach Westafrika mit einem Wohnwagen. Über die Reise soll ich ein Buch schreiben; den Vertrag habe ich bereits in der Tasche. Wenn Sie mir eine neue Bereifung für mein Fahrzeug schenken, werde ich in meinem Buch darüber berichten, was für fabelhafte Dienste mir Ihre Reifen geleistet hätten. Das wäre doch eine gute Reklame, oder etwa nicht?«

Und so bekam ich dann funkelnagelneue Reifen für mein einmaliges Fahrzeug. – Jetzt mußte ich nur noch zusehen, wie ich finanziell über die Runden kommen sollte. Vom Verlag bekam ich zwar einen kleinen Vorschuß für das Buch, aber der reichte nicht aus. Um die Finanzierung meiner Reisen habe ich mich immer selbst kümmern müssen.

Nach Westafrika mußte ich ja erst einmal mit dem Schiff fahren, denn für die weite Anreise durch die Sahara-Wüste war mein kleiner Wagen doch nicht geeignet, und ich wollte ja auch die Westküstenländer bereisen und nicht eine Sahara-Durchquerung vornehmen.

Nun kannte ich in Hamburg den Großkaufmann Joseph Hansen, der zur Firma ›Joseph Hansen & Söhne‹ gehörte und mit dem ich seit meiner Jemen-Reise befreundet war, denn Hansen war damals der einzige deutsche Kaufmann, der mit Imâm, dem König von Jemen, Geschäfte tätigte und dem ich es zu verdanken hatte, daß ich aus dem Gefängnis in San'a herauskam.

Seine Kinder waren verschwägert mit einem Hamburger Reeder namens Gehrckens. Seine Schiffe waren damals noch im Westafrika-Dienst eingesetzt. So hatte ich da auch wieder eine Verbindung.

»Natürlich können wir Sie mitnehmen«, sagte er, als ich ihn besuchte, »wieviel Personen sind Sie?«

»Wir sind zu zweit, und ein Fahrzeug möchten wir auch noch gerne mitnehmen«, antwortete ich erfreut.

»Abgemacht, ich benachrichtige Sie, wenn der Dampfer Hamburg verläßt. Das genaue Datum steht noch nicht fest. Sie werden mit dem Dampfer ›Stubbenhuk‹ fahren, ein Fracht- und Passagierschiff. Von Hamburg geht es dann erst nach Rotterdam; da wird noch verladen. Und dann laufen wir noch Bordeaux an«, sagte Hansen.

Das ging also alles ganz glatt. Der Dampfer kam nach Bordeaux, wo ich mit meinem Begleiter schon ein paar Tage vorher eingetroffen war und Zeit hatte, mich in der schönen Stadt umzusehen. Und was fand ich da noch? – In einem Musikgeschäft lagen noch alle erhältlichen Werke von Darius Milhaud, einem Komponisten, den ich besonders verehrte, aus. Es waren Klavierwerke und -auszüge seiner Opern. Nach Herzenslust kaufte ich nun erst einmal alles an Noten, was mich interessierte und nahm sie – so absurd das auch klingen mag – mit nach Afrika.

Die letzten Weinfässer waren zusammen mit meinem VW-Kombi im Laderaum der ›Stubbenhuk‹ verstaut, zugedeckt und vertäut zum Schutz gegen die rauhe See in der Biscaya. Das war der Beginn meines afrikanischen Abenteuers.

Bei Dunkelheit fuhren wir los, doch schon nach einer Stunde wurde geankert. Wir waren noch immer auf der Rhône. Von Land aus kamen Barkassen ans Schiff herangefahren, die Kisten mit Munition und Dynamit anbrachten, die wir noch aufnehmen sollten.

Meine Landreise wollte ich in Monrovia, der Hauptstadt von Liberia, beginnen. Doch vorher liefen wir noch andere Häfen an, unter anderem auch Dakar. Solange die Ladung gelöscht wurde, konnte ich mit meinem Wagen an Land und schöne Touren unternehmen. Schließlich gelangten wir aber nach Monrovia.

Ich muß hier noch erwähnen, daß ich für diese Reise noch längst nicht alle Visa besaß. Einige Papiere bekam ich erst, wenn man mir in einem Nachbarland ein Visum ausgestellt hatte. Die Formalitäten gingen dann verhältnismäßig reibungslos vonstatten.

Für das Auto mußte ich aber auch Papiere haben. Mein internationaler Führerschein galt in allen Ländern, die noch französische und englische Kolonien waren. Ghana war schon selbständig, aber Nigeria gehörte noch zum British Commonwealth, und Dahomey wurde noch als französische Kolonie bezeichnet.

Liberia und seine schwarzen Herren

Liberia war für uns das schwierigste Land Afrikas, das wir bereisten. Überall wurde der Fremde vor Komplikationen gestellt. Hier waren die Schwarzen die Herren, nicht die Weißen!

Liberia war ja das erste afrikanische Land, das schon nach Beendigung der Sklavenzeit sofort selbständig geworden war. Und da kamen dann die ehemaligen Sklaven aus Nordamerika, vor allem aber aus Brasilien nach Monrovia und erreichten sogar wichtige Regierungsämter. Sie hatten ja gelernt, wie man mit Sklaven umgeht, und begannen, in Liberia selbst Sklaven zu halten.

Ich hatte es nun wieder geschafft, über meinen Freund Hansen in Hamburg, der in Monrovia eine Niederlassung hatte, sofort von einem Vertreter von Hansen empfangen zu werden.

Doch mußte mein Auto zunächst durch den Zoll gebracht werden, denn ohne Zoll, der immens hoch war, kam hier kein Auto ins Land. Und die Benutzung der einzigen Autostraße durch das Land kostete 42 Dollar. Das konnte ich nicht umgehen. Der internationale Führerschein wurde in Nigeria nicht anerkannt. Ich sollte dort einen neuen Führerschein machen. Da sagte der Hansen-Vertreter: »Nun kommen Sie erst einmal zu mir. Das regelt sich sicher alles von alleine. Machen Sie sich da mal keine Gedanken.«

Und es hat sich alles geregelt, denn der Chef des Zollamtes spekulierte auf die Wohnung des Vertreters. So verhandelte man nun, ob Hansen ihm die Wohnung überlassen wollte oder nicht. Das war natürlich eine günstige Gelegenheit. Jetzt konnte der Zollbeamte dem Hansen-Vertreter eine Gefälligkeit erweisen. Er dachte, er werde vielleicht die Wohnung bekommen.

Am nächsten Tag bekam ich dann mein Auto, ohne Zoll zu bezahlen. Und die Angelegenheit mit dem Führerschein klärte sich auch. Die Prüfung mußte ich nicht noch einmal ablegen. Ich hatte nur noch ein paar Dollar zu zahlen und bekam dann für Liberia eine Fahrerlaubnis ausgestellt. Man gab mir den guten Rat, nicht alleine mit dem Auto durch Monrovia zu fahren. Ich solle mir einen Einheimischen als Chauffeur nehmen. – Wir wollten uns aber nicht darauf einlassen und fuhren selbst mit dem Auto in die Stadt.

Hier gab es nur eine einzige Einbahnstraße. Die war aber nicht irgendwie gekennzeichnet, die mußte man kennen. Die kannten wir auch.

Aber eines Tages fuhren wir, auf dem Weg zur englischen Botschaft – wegen des Visums für Nigeria – genau in der verkehrten Richtung in diese Straße und stießen haarscharf mit dem einzigen Verkehrspolizisten Monrovias zusammen.

Entsetzt sprang er von seiner Kanzel herab, und nun begann erst einmal ein endloses Palaver. Wir müßten sofort mit auf die Wache kommen. 80 Dollar Strafe wären uns sicher. Völlig ruhig bedauerten wir, daß wir einen großen Fehler gemacht hätten, natürlich kämen wir auch gern mit auf das Polizeirevier, aber wir wären gerade auf dem Wege zur englischen Botschaft gewesen, wo wir einen wichtigen Termin hätten, und den könnten wir nicht aufschieben. Wenn der Herr uns begleiten würde, könnten wir gleich danach zur Polizei fahren.

Zu einer kleinen Autofahrt nach Mamba-Point, weit draußen vor der Stadt, war der Polizist gerne bereit. Er stieg ein, wir boten ihm noch eine Zigarette an, und dann fuhren wir los. Im Park der Botschaft angelangt, gingen wir hinein.

Als wir nach einer Weile wieder herauskamen, entschuldigten wir uns höflich bei dem Gesetzeshüter, daß es so lange gedauert habe und daß wir ihm seine kostbare Zeit geraubt hätten und fragten ihn, ob wir ihn wohl wieder zu seinem Platz an der Kreuzung bringen dürften.

Von unserer Höflichkeit überwältigt, willigte er ein. Wir brachten ihn zurück zu seinem Podest, und damit war die Sache für uns alle erledigt. Man muß eben nur höflich sein.

Eine andere heikle Angelegenheit war folgende:

Liberianer bestaunen meinen VW-Kombi

Der Präsident von Liberia hatte seinen Palast mitten in der Stadt auf einer Anhöhe, und da ging eine verkehrsreiche Fahrstraße vorbei. Aber der Präsident hatte befohlen, daß auf dieser Straße keine Lieferwagen vorbeifahren durften, das würde den Schönheitssinn des Präsidenten stören, wenn er zufällig aus dem Fenster sähe. Gegenüber lagen allerdings Wellblechhütten, ein völlig verstaubtes Autowrack und eine Müllhalde. Das alles störte den Präsidenten nicht. Aber ein Lieferwagen – nein, das ginge nicht.

Nun meinten die Liberianer, bei meinem komischen Vehikel könnte man doch nicht unterscheiden, ob es ein Personenwagen oder ein Lieferwagen sei. Wir sollten also lieber nicht am Palast vorbeifahren.

Wir taten es aber doch, und es ist uns auch nichts passiert. Vielleicht hat der Präsident gerade nicht aus dem Fenster geguckt.

Unhöflich sind die Liberianer nicht, aber sie wollen respektvoll behandelt werden, und das lassen sie sich gern, besonders Fremden gegenüber, anmerken. Auf der Post zum Beispiel wurden morgens um neun Uhr die Schalter geöffnet. Ich stand mit Afrikanern in einer Reihe und wartete geduldig auf den Beginn der Amtstätigkeit der schwarzen Lady. Einstweilen saß sie noch auf dem Tisch, baumelte mit den Beinen, frühstückte und unterhielt sich angeregt mit ihren Kolleginnen. Es war längst nach neun Uhr, der Schalter war geöffnet, aber die Lady nahm keine Notiz von den Wartenden.

Ich erlaubte mir die bescheidene Anfrage, ob ich hier wohl ein paar Briefmarken bekommen könne.

»You have to wait«, war die Antwort.

Inzwischen war es halb zehn geworden! Ich wagte einen zweiten Vorstoß.

»You have to wait!«, hieß es erneut, aber dieses Mal entschieden energischer. Als ich um elf Uhr wiederkam, standen immer noch dieselben Leute vor dem Schalter, doch ich erschien gerade zur rechten Zeit, denn jetzt waren die Damen bereit, sich den Kunden zu widmen.

Die Stelzentänze der Toma

Es gab zu meiner Zeit in Afrika Geheimbünde, zu denen Außenstehende so gut wie keinen Zutritt hatten, und es gibt sie sicherlich heute auch noch.

Der größte war der ›Geheimbund der Schlangen‹, der hauptsächlich in Ostafrika eine enorme Anhängerschaft hatte. Nur einmal gelang es einem amerikanischen Wissenschaftler, in den 20er Jahren in diesen Geheimbund aufgenommen zu werden.

Er hieß F. G. Carnochan, und er schrieb ein höchst interessantes Buch über seine Erlebnisse. So mußte sich jeder, der in den Bund aufgenommen werden wollte, mit Schlangengiften tätowieren lassen. Er bekam an die 200 Einschnitte, eine schlimme Prozedur, aber dadurch wurde er immun gegen die stärksten Schlangengifte, selbst gegen das Gift der Schwarzen Mamba, der gefährlichsten Schlange Afrikas, wie Mr. Carnochan selbst feststellen konnte.

Als Therapeut war es seine Absicht, herauszubekommen, welche Gegenmaßnahmen die ›Geheimbündler‹ gegen das Gift der Schlangen anwandten. So wollte er natürlich so viele Schlangen wie möglich fangen, doch er begegnete in der ersten Zeit keiner einzigen. Erst als ihm der König des Schlangenbundes einen Gewährmann mitgab, fing er jede Art von Schlangen.

Mir gelang es nicht, in irgendeinen Geheimbund in Afrika aufgenommen zu werden; ich bekam auch während meiner halbjährigen Safari in Westafrika nicht eine einzige Schlange zu Gesicht.

Dagegen brauchte ich in Mexiko oder Guatemala nur eine Woche zu warten, schon begegnete ich einer Schlange. Allerdings hatte ich wiederholt Gelegenheit, einer Initiation des *Poro*-Bundes des *Deh*-Stammes beizuwohnen. Zu diesem Fest, das wie alle Feste mit Musik und Tänzen verbunden ist, waren an die 3000 Menschen mitten in den Urwald gekommen. Hier interessierten mich am meisten die dumpfen Rhythmen der Trommeln und die gedehnten Melodiebögen der Männer- und Frauenchöre.

Am eindrucksvollsten war jedoch ein Fest der *Toma* in Französisch-Guinea in der Nähe von N'Zerekoré. Hier gab es Maskentänze auf Stelzen, ein eindrucksvolleres Schauspiel konnte ich mir für meine Film- und Photoaufnahmen gar nicht wünschen.

Da erschienen ganz merkwürdige Wesen, völlig vermummt mit schwarzen Gesichtsmasken, langen gestreiften Kitteln und Hosen, die so lang waren, daß sie über die Füße der Tänzer hinweg die drei Meter langen Stelzen fast bis zum Boden bedeckten. Selbst ihre Hände waren verhüllt, da es sich bei den Stelzentänzen ursprünglich um Beschwörungstänze handelte und von den Tänzern nicht das geringste Stückchen Haut sichtbar sein durfte.

Niemand darf wissen, wer hinter der Maske steckt. Die Verkleidung und Entkleidung der Tänzer findet im *Heiligen Hain* statt, völlig geheim. Tritt die ›Maske‹ dann plötzlich aus dem Wald

◁ Fischverkäufer auf einem Markt am Niger-Fluß

hervor, genügt schon ihr bloßes Erscheinen, um die Bewohner des Dorfes völlig in ihren Bann zu ziehen. Der Tänzer fühlt sich durch die Vermummung verwandelt, er läßt sein menschliches Dasein für eine gewisse Zeit hinter sich und ist jetzt wirklich das Wesen, das er darzustellen hat.

Bei den Toma ist die Stelzenmaske das Symbol eines Schutzgeistes. Dieser Geist soll bei Anbruch der Dunkelheit riesengroß werden und bis in die Wolken wachsen. Aus dem Bedürfnis heraus, diesen Geist so wahrheitsgetreu wie möglich darzustellen, hat man die Maske auf Stelzen gesetzt.

Das Stelzenlaufen hat sich zu einer Aufführung mit akrobatischen Sprüngen und Figuren entwickelt. Mit ausgebreiteten Armen fliegen sie buchstäblich durch das Dorf. Sie springen von einer Stelze auf die andere, drehen sich plötzlich auf einem Bein im Kreise herum, um sich bald darauf auf dem Strohdach einer Hütte auszuruhen.

Auf einsamem Posten im Urwald von Guinea oder der weiße ›Dju-Dju‹-Mann

In demselben Gebiet Guineas, dort, wo der Urwald allmählich in die Steppe übergeht, wo die Tierwelt beider Zonen aufeinandertrifft, lebte schon seit einigen Jahren ein dänischer Zoologe auf einsamem Posten in einem Lehmhaus, das den Eingeborenenhütten ähnlich war.

Nur schwerlich fanden wir den schmalen Weg durch den Urwald zu seinem Haus. In einiger Entfernung stand eine Tafel mit der Aufschrift ›S. H. Olsen, Station Zoologique‹, und davor saß ihr Wächter, eine große Meerkatze, die ihre großen Zähne zeigte und grimmig an zu schreien fing. Erst als ihr Herrchen, ein blonder Mann in mittleren Jahren, uns herzlich willkommen hieß, wurde der Affe still. Er lud uns ein, ein paar Tage bei ihm zu Gast zu sein.

Sein Haus, das er selbst gebaut hatte, besaß nur zwei Räume. In einem Raum stand sein Bett, im anderen ein großer Tisch, auf dem sich Gläser mit Reptilien, in Spiritus getrocknete und gespannte Insekten sowie präparierte Vogelbälge befanden. Die Küche war in einer kleinen Hütte abseits des Hauses untergebracht.

»Hier, in meinem Arbeitsraum können Sie Ihre Feldbetten aufstellen, Sie werden sich dort in guter Gesellschaft befinden. Meine lieben Äffchen, die ich für die Nacht hier auf den Balken setze, werden Sie nicht stören. Und das Schuppentier dort in der Kiste – nun, es wird vielleicht in der Nacht etwas kratzen, schläft jetzt aber. Und die 35 Skorpione da drüben in den Blechbüchsen ... ich habe ein paar nette Burschen darunter, wollen Sie die mal sehen?«

Hierauf öffnete er vorsichtig eines der Kästchen und ließ einen etwa 25 Zentimeter großen Skorpion auf dem Boden herumlaufen.

»Wir haben hier in Westafrika die größten Skorpione«, sagte er, »ich präpariere solche Tiere und verkaufe sie an Sammler und Museen in Europa.«

Hier machten wir es uns also gemütlich. Als ich mein Moskitonetz aufspannte, sah ich über mir im Gebälk eine riesige Vogelspinne mit einem faustdicken Leib. Das gute Tier war nicht eingesperrt. Auch die Fledermäuse flogen in der Nacht nach Herzenslust ein und aus und ließen allerlei fallen. Nur gut, daß ich unter dem Moskitonetz schlief!

Aber morgens, da hieß es gut aufpassen, ich mußte nachsehen, ob nicht irgendein Tier in einen meiner Schuhe gekrochen war. An der Haustür bemerkte ich einen Anschlag, auf dem Herr

◁ Stelzentänze der Toma bei einem Fest in der ehemaligen Kolonie Französisch-Guinea

Der dänische Forscher Olsen im Urwald mit seinem Wächter, einer Meerkatze

In dieser Kiste befinden sich zusammen mit einigen Giftschlangen die alkoholischen Getränke von Olsen

Olsen gewissermaßen sein zoologisches Tagebuch führte. Hier war zu lesen, welche Tiere ihn und welche Tiere er im Laufe des letzten Monats überrascht hatte. Da hieß es zum Beispiel: am 2. Februar eine Minutenschlange vor der Haustür, am 3. 2. Skorpion neben dem Tisch, am 5. 2. schwarze Viper neben dem Tisch; am 7. 2. Riesenskorpion im Schlafzimmer, am 9. 2. Viper Cansur zwischen Küche und Schlafzimmer, am 10. 2. Schlange im Dach, am 12. 2. zwei Schlangen neben dem Haus... und so ging es weiter.

Und da gab es noch ein Problem: das gewisse Örtchen, ein einfacher Bretterverschlag, befand sich abseits vom Haus im Busch. Kein guter Gedanke, diesen Ort im Dunkeln aufzusuchen.

Bevor wir schlafen gingen, sagte Herr Olsen: »Wir wollen erst noch einen kleinen Drink nehmen, und da sollen Sie gleich mal meinen Tresor sehen.«

Hierauf näherte er sich einer alten Kiste neben der Haustür, die ich noch gar nicht bemerkt hatte, öffnete vorsichtig das Drahtgitter und langte in die Kiste hinein. Als er den Arm wieder herauszog, hielt er eine Whiskyflasche in der Hand, um die sich eine grasgrüne Schlange gewikkelt hatte, die uns züngelnd beäugte.

»Das hier ist eine äußerst giftige grüne Mamba«, erklärte uns Herr Olsen, als er behutsam die Schlange von der Flasche entfernte und wieder in die Kiste setzte. »Mich kennt sie, und mir tut sie nichts wie alle Schlangen, die ich besitze. Der Schlangenkäfig ist der einzige sichere Platz für meine kostbaren Getränke. Kein Boy wird es wagen, meinem Tresor zu nahe zu kommen.«

»Sind Sie niemals von einer Schlange gebissen worden?« fragte ich.

»Eigentlich nicht. Ach ja, einmal von einer recht giftigen. Ich überlebte den Biß, doch die Schlange starb in meinen Armen. Seitdem betrachten mich die Schwarzen als den weißen Zauberer. Ich bin für sie ein ›Dju-Dju‹-Mann, dem niemand etwas zuleide tun würde.«

225

Der König mit der Nasenklappe

Später in Dahomey hatte ich wieder Begegnungen mit Schlangen. Obwohl die Bevölkerung dieses Landes heute weitgehend christianisiert ist, huldigt das ganze Küstengebiet Dahomeys einer Schlange, der Python. Und Ouidah ist die Hauptstadt der Python. Der Schlange wird niemand zu nahe treten können. Ein schwarzer Chauffeur würde lieber seinen Wagen in den Graben lenken, als eine Python zu überfahren.

»Agoo, agooo!« schreit er ihr dann zu, was soviel bedeutet wie »Verzeih mir, daß ich dich erschreckt habe!«

Die Python greift niemals einen Menschen an. In Gefangenschaft wird sie sehr bald zahm. In Dahomey wird sie als Haustier gehalten. Als ich eines Tages in Ouidah bei einer Negerfamilie eingeladen war und wir alle gemütlich zusammensaßen, kam plötzlich eine Python hinter der Kommode hervorgekrochen und setzte sich auf den Schoß des Gastgebers.

Ouidah war bis zum Ende des 19. Jahrhunderts der bedeutendste Hafen des Königreiches Abomey. Von hier aus wurden die meisten Sklaven nach Brasilien verschifft, und aus den Nachkommen der später zurückgekehrten Sklaven sowie deren ehemaligen Sklavenhändlern setzte sich die Mehrzahl der Einwohner dieser Stadt zusammen.

In Ouidah gibt es Dutzende von Schlangentempeln. Unter dem Schutz der Priester und Priesterinnen steht die zur Schutzgöttin erhobene Python. In gewissen Abständen finden alljährlich

die großen Feste der *Dangbé*, so heißt die Python in der Sprache der *Fon*, statt. Dann werden die Schlangen, begleitet von Tänzern und Tänzerinnen, durch die Stadt getragen.

Die Macht und Stärke der kleinen Königreiche Süd-Dahomeys stieg und fiel damals mit dem Kult der Dangbé. So wurde mir erzählt, daß ein König, der während eines Krieges seine Dangbé verlor, sich von diesem Augenblick an ›machtlos‹ fühlte. Nur durch ein kompliziertes Schlangenritual konnte er seine Kraft wiedergewinnen.

Auf unserer Reise durch Dahomey kamen wir auch nach Abomey, der alten Königsstadt.

Abomey hatte in der Kolonialzeit einmal eine große Rolle gespielt. Die erste Kolonialmacht war ja Portugal. Portugiesische Seefahrer haben zum ersten Mal an der soge-

Priester mit einer heiligen Pythonschlange in Dahomey

Die Bronzefiguren zeigen den König von Abomey mit seinen beiden Lieblingsfrauen, die Spucknapf und Sonnenschirm bereithalten

nannten Goldküste, dem späteren Land Ghana, Forts errichtet. Mitte des 16. Jahrhunderts kamen die Engländer und legten Befestigungen an, und 1682 entsandte sogar der Große Kurfürst eine brandenburgische Flotte zur Guinea-Küste und errichtete ein Fort, daß man ›Großfriedrichsburg‹ nannte. Doch die Besatzung konnte sich nur kurze Zeit halten. Die Holländer hatten einen benachbarten Negerstamm zu Dienstleistungen verpflichtet, der die brandenburgische Festung stürmen sollte. Ein paar Kanonenschüsse bereiteten dem Krieg ein Ende. Die Besatzung des Forts, die nur aus fünf Mann bestand, starb am Fieber. Als dann der Soldatenkönig Friedrich Wilhelm I. an die Herrschaft kam, hatte man für den Kolonialbesitz kein Interesse mehr. 1717 verkaufte er alle afrikanischen Besitzungen an Holland.

An der Küste von Dahomey gewannen die Portugiesen immer größeren Einfluß. Ihre Stationen waren zunächst nur Handelsplätze. Sie ließen die einzelnen Häuptlinge kommen und schlossen mit ihnen Handelsverträge ab. Die ›Stammesväter‹ brachten irgendwelche Waren aus dem Landesinneren, unter anderem auch Elfenbein und Gold. Dafür mußten sie bezahlt werden. Und womit zahlte man sie aus? – Mit Waffen natürlich, so daß nicht nur Gewehre eintrafen, sondern auch Kanonen. Einer der größten Abnehmer, mit dem Portugal Geschäfte tätigte, war der König von Abomey. Die Kanonen, die er bekam, stehen heute noch rund um den Palast herum.

Auch die alten Götter Dahomeys lebten noch, und wenn auch die Dynastie des Königtums, die in einer Spanne von 250 Jahren elf Könige getragen hat, vorüber ist, so besteht hier heute noch das höfische Zeremoniell, das mit dem Ahnenkult eng verbunden ist. Die verstorbenen Könige wurden vom Volk vergöttlicht, doch der Name des letzten Königs Béhanzin, der Dahomey an Frankreich verkaufte, ist aus dem Geschichtsbuch seines Volkes getilgt worden.

Als ich nach Dahomey kam, war das Land noch eine französische Kolonie, und die Franzosen sorgten dafür, daß der riesige Palastbezirk erhalten blieb und restauriert wurde. Sie duldeten einen Schattenkönig, obwohl dieser lange nicht die Stellung einnahm wie jene großen Herrscher vor der französischen Kolonialzeit. Dennoch lebte er in glücklicher Verbundenheit mit seinem Volke, das ihn verehrte und für ihn sorgte. Er nannte sich Seine Majestät König Togni Ahossou. In seinem Palast gewährte er uns eine Audienz.

Eine halbe Stunde lang ließ er uns in einem nüchternen Raum warten, der mit ein paar häßlichen, europäischen Möbeln ausgestattet war. Dann wurden wir über den Hof in den königli-

◁ Der König mit der Nasenklappe, ein Schattenkönig in der französischen Kolonialzeit chen Empfangsraum geführt; dort saß der König etwas erhöht in der Mitte des Raumes, und um ihn herum hatte er alle beweglichen Schätze, die er besaß, aufbauen lassen.

Ihm zur Seite standen zwei seiner Frauen, die an Korpulenz dem hohen Herrn nicht sonderlich nachstanden – der König mag an die drei Zentner schwer gewesen sein – und ständig um sein leibliches Wohl besorgt waren. Sie reichten ihm Zigaretten, die er aus einer langen, mit silbernen Kettchen verzierten Zigarettenspitze rauchte, sie wedelten ihm mit einem Fächer kühlende Luft zu und trockneten ihm von Zeit zu Zeit mit einem Tuch die Schweißtropfen von der Stirn.

Der König war in eine prachtvolle Toga aus bunt gewirkter Seide gekleidet, die eine Schulter entblößte; an den Füßen trug er arabische Sandalen und sein Kopf war mit einer flachen, bestickten Kappe bedeckt. Eine besondere Note verlieh dieser imposanten Erscheinung jedoch eine silberne Nasenklappe, die seine breiten Nasenlöcher völlig bedeckte und die an zwei silbernen Ketten über den Ohren befestigt war. Diese Einrichtung hatte sowohl einen ästhetischen als auch einen praktischen Wert. Die Nasenklappe sollte verhindern, daß der ›gottähnliche Herrscher‹ den Staub gewöhnlicher Sterblicher einatmete, sie sollte aber auch verhindern, daß böse Geister an einer so exponierten Stelle wie den Nasenlöchern in ihn eindrangen. Ein König hatte auch Widersacher, die einen Zauberer beauftragen konnten, Seiner Majestät irgend etwas Böses anzutun. Deshalb war doppelte Vorsicht angesagt. So bemühte sich eine der Königinnen darum, die Asche von des Königs Zigarette fein säuberlich in ein Kästchen zu klopfen und sorgsam aufzubewahren, während die andere ihm den silbernen Spucknapf reichte, denn auch mit der königlichen Spucke könnte ein Zauberer Unfug treiben. Der Inhalt des Spucknapfes wurde dann später heimlich an verborgener Stätte vergraben.

Die Kinderschar des Königs von Abomey

Würdevoll begrüßte uns der König, indem er uns mit lässiger Bewegung den ›Löwenstab‹, das axtförmige Zepter entgegenhielt. Seinen Söhnen gab der König einen Wink, worauf sie Getränke herbeischafften. Und was stellten sie da auf den Tisch? Zwei Flaschen ›Becks‹-Bier!

Während wir lauwarmes Bier tranken – der König aß und trank nicht in der Öffentlichkeit –, kam über den Dolmetscher langsam eine Unterhaltung zustande. Die Hoheit interessierte sich natürlich dafür, weshalb wir gerade sein Land besuchten. Auch das Wohnmobil erregte seine Aufmerksamkeit. Wir mußten es ihm vorführen, sowas hatte er noch nie gesehen. Am liebsten hätte er es uns abgekauft, aber er war nicht der einzige, der dafür lebhaftes Interesse zeigte. Zu einem guten Preis wären wir es leicht los geworden. Aber was sollten wir ohne unseren ›Wüstenkreuzer‹ anfangen, der uns so treue Dienste geleistet hatte.

Ein Stammeskönig mit seinen Vertrauten zur Zeit der deutschen Kolonie Togo (historische Aufnahme)

230

Ein Erlebnis mit dem ›Wüstenkreuzer‹

Der ›Wüstenkreuzer‹ – so nannten wir unser wahrlich sehenswertes Wohnmobil –, so alt er auch war und aus welchen gebrauchten Fahrzeugteilen er auch zusammengebaut war, er hatte die Reise durch die Länder Westafrikas fabelhaft überstanden. Aber manchmal gab es Situationen, da fragten wir uns, wie er das bloß geschafft hatte!

In den meisten westafrikanischen Ländern gab es damals schon einige recht gute Straßen, aber viele waren auch noch voller Spurrillen und sehr ausgefahren. Wenn die Schotterstraßen – das sind ja besonders die Überlandstraßen – zu schnell befahren wurden, vor allem von Lastwagen, dann entstanden eben diese Spurrillen.

Auf einer solchen Straße fuhren wir in Ghana durch die Steppe. Nur ein einziger Baum stand irgendwo an der Straße. Wir fuhren schon eine ganze Ewigkeit lang, und plötzlich – ich saß am Steuer – verlor ich die Kontrolle über den Wagen. Das Lenkrad war eingeklemmt. Wir fuhren einen Kreisel nach dem anderen, und mit einem Mal nahm der Wagen Kurs auf den einzigen Baum in der ganzen Gegend. Es schien so, als ob der Baum eine Anziehungskraft auf das Fahrzeug ausgeübt hätte. Doch zum Glück streifte nur der Seitenspiegel das Gehölz, so daß wir noch ganz glimpflich davonkamen. Nun ließ sich unser Auto aber nicht mehr lenken. Was sollten wir bloß machen? –

Es war gerade glühende Mittagshitze; 40 Grad im Schatten, aber Schatten gab es ja nicht! Mein Schweizer Ingenieuranwärter kroch unter den Wagen und stellte einen doppelten Achschenkelbruch fest. Das war eine schöne Bescherung! Daß uns das mitten in der Steppe passieren mußte! Kein Haus weit und breit zu sehen, geschweige denn ein Mensch!

Jetzt mußten wir zunächst einmal das Auto aufbocken. Um wirklich hantieren zu können, mußten wir das ganze Vorderteil hochhieven. Mein Begleiter wußte sich aber sofort zu helfen. Es wurden Steine herangeschafft und aufgebaut. Schließlich hatten wir den Wagen soweit hochgestemmt, daß man an die Achsen herankommen konnte. Erst mußten die Räder abmontiert werden, dann mußten die gebrochenen Achsen ausgebaut werden.

Ich hätte das nie gekonnt. Wo fängt man da an, und wo hört man da auf? – Aber er konnte es. Doch wie sollte es nun weitergehen? – Die nächste Ortschaft war etwa 30 Kilometer entfernt und die nächste Straße nur selten befahren. Wir warteten und warteten. Endlich kam ein Lastauto vorbeigefahren, das wir angehalten haben. Der Schweizer stieg mit den Achsschenkeln unter dem Arm ein und fuhr in die nächste Stadt. Ich blieb beim Auto und wartete. Ich wußte nicht, wann er wiederkommen würde und ob er überhaupt wiederkommen würde. Sollte ich hier verdursten, oder was sollte aus mir werden . . .?

Er kam abends um sieben Uhr wieder und hatte die fertiggeschweißten Achsschenkel unter dem Arm. Wie hatte er das bloß fertiggebracht? Es war Sonnabend. Er kam in die Stadt und fand auch eine Autowerkstatt, die aber sonnabends geschlossen war. Es gelang ihm, diesen Besitzer ausfindig zu machen.

»Ich brauche keinen Mechaniker, ich möchte nur, daß Sie mich in Ihre Werkstatt hineinlassen, und daß ich Ihre Instrumente benutzen darf. Alles übrige mache ich selbst«, sagte der Schweizer.

Er bekam die Erlaubnis, und es gelang ihm auch, die gebrochenen Achsschenkel wieder kunstgerecht zusammenzuschweißen. Dann stellte er sich an die Landstraße und wartete, bis ihn wieder ein Fahrzeug mitnahm, das in meine Richtung fuhr. In einer Stunde hatte er die Teile eingebaut, so daß wir gegen acht Uhr weiterfahren konnten.

Wir haben die gesamte Reise, also fast ein halbes Jahr, mit den geschweißten Achsschenkeln überstanden, und es ist nichts weiter passiert.

Als ich dann später das Auto, auf das ich so stolz war, wieder in Deutschland hatte, konnte ich noch die Kanarischen Inseln und die Balearen mit ihm bereisen. Aber dann kam der Moment, an dem es zum TÜV mußte, denn das Fahrzeug hatte ja ein deutsches Kennzeichen. Der TÜV staunte zwar, was wir da fertiggebracht hatten, aber mit der Fahrtüchtigkeit dieses Wagens war es nun endlich vorbei. Schweren Herzens mußte ich mich von dem guten Stück trennen.

Wieder in Westafrika auf der Suche nach Musik

Meine zweite Reise nach Westafrika unternahm ich im Jahre 1961 von Ibiza aus.

In Brasilien hatte ich auf meinen Vortragsreisen den Komponisten und Dirigenten Kollreuter kennengelernt, der damals die musikalische Leitung der Ferienkurse von Teresopolis übernommen hatte, die von dem deutschstämmigen Mäzen Heuberger veranstaltet wurden. Kollreuter ging dann später nach Bahia und hatte dort das Symphonieorchester ins Leben gerufen, und ein paar Jahre später wurde er sogar Leiter des Goethe-Instituts in Tokio.

Herr Kollreuter war es also, der mich seinem Freund Nikolas Nabokov empfahl, der damals in Paris lebte und gerade im Auftrag des ›Congrès pour la liberté de la culture‹, einer Organisation der UNESCO, ein sogenanntes ›Schwarzes Treffen‹ in Bahia vorbereitete. Dort wollte man nämlich Künstler der schwarzen Bevölkerung aus allen Teilen der Welt zusammenbringen, aus Afrika, aus der Karibik, aus Süd- und Nordamerika. Es sollten also hauptsächlich musikalische und tänzerische Vorführungen stattfinden, und auch die Bildende Kunst sollte zu Wort kommen.

Meine Aufgabe war es nun, da ich ja Westafrika schon bereist hatte und mich besonders für die afrikanische Musik interessierte, Tänzer und Musikanten auszusuchen, die man zu dem Fest nach Bahia schicken wollte.

Ich flog also zuerst nach Paris zu Nikolas Nabokov, der mir eine Empfehlung an Ulli Beier mitgab, den er schon von meinem Kommen benachrichtigt hatte. Danach ging es nach Lagos. Beier sollte mich vom Flugplatz abholen.

Ich kam an und fragte nach Beier. Er war nicht da. Ich wußte, in welches Hotel ich mußte und begab mich schon einmal dorthin. An der Rezeption sagte man mir, er hätte die Nachricht hinterlassen, mir mitzuteilen, daß er kommen würde. Ich wartete schon eine ganze Weile und schaute ständig auf die Tür. Es müßte doch endlich einmal ein Europäer hereinkommen. Ab und zu kam auch mal einer, aber von Beier war keine Spur zu sehen.

Nach ein paar Stunden kam plötzlich einer von den gut gekleideten Herren auf mich zu, ein Weißer in afrikanischer Tracht. Er war barfüßig und sagte: »Ich bin Ulli Beier. Ich habe mich etwas verspätet, mein Auto hatte eine Panne.«

Er kam mit einer kleinen Citroën-Ente aus Oshogbo, einem Örtchen in der Nähe von Ibadan, der größten Stadt Nigerias. In Ibadan befand sich die Universität, ein Gebäudekomplex, der der Universität von Mexiko ähnelt. In Oshogbo gab es das ›Extra-Murial-Department‹, eine Kunstschule, die Ulli Beier leitete. Er lebte dort schon seit sieben Jahren und hatte inzwischen eine Menge Schüler. Zu seinen Aufgaben zählte es hauptsächlich, begabte Leute ausfindig zu machen – begabt waren ja die meisten – und sie zu eigenem Schaffen, zum Malen und Bildhauern anzuregen, ohne sie zur Nachahmung europäischer Kunst zu bewegen.

Nigeria war ja das afrikanische Land, in dem sich schon in frühen Zeiten eine besonders eindrucksvolle afrikanische Kunst entwickelt hatte. Man denke nur an die großartigen Bronzegüsse aus Benin und Ife. Und diese Kunst versuchte man jetzt unabhängig von fremdländischem Kunstempfinden weiterzubilden.

Beier empfing mich also in Lagos. Zum Weiterfahren war es jetzt natürlich zu spät geworden. Da sagte er: »Ach, morgen ist eine interessante Theateraufführung von einer afrikanischen Truppe, da gehen wir hin. Außerdem habe ich eine Einladungskarte für uns beide von der Deutschen Botschaft. Der Empfang ist am übernächsten Tag, und da gehen wir dann auch hin.«

Wir sahen uns also die Theatervorstellung an. Ulli Beier erschien wiederum barfuß in afrikanischer Tracht. Wir hatten phantastische Plätze, und neben uns saß der Botschafter nebst Anhang in voller Montur. Mein Begleiter tat so, als ob er einfach zur Botschaft gehöre. Für die Diplomaten war er ja auch eine wichtige Informationsquelle.

Am nächsten Tag fuhren wir mit seinem Wagen zum Lunch in die Botschaft. Ich fragte mich, ob Ulli dorthin in demselben Aufzug kommen würde. Er kam tatsächlich in derselben Toga, und kein Mensch störte sich daran.

Dann ging es am Nachmittag mit seinem ›Töff-Töff‹, das schon etliche Jahre auf dem Buckel hatte und oft nicht ganz so wollte wie sein Besitzer, nach Oshogbo, wo er und seine Frau, Susanne Wanger, die einzigen Weißen waren.

Das Haus war im brasilianischen Stil gebaut. Als nämlich die ehemaligen Sklaven aus Brasilien, vor allem aus Bahia, wo ja die meisten Häuser im portugiesischen Barockstil gebaut waren, nach Afrika zurückkamen, errichteten sie in ihrer Heimat ihre Häuser auch im brasilianischen Stil.

Das Auto hielt also vor diesem Gebäude und wurde sofort von einer großen Kinderschar umringt. Später erfuhr ich, daß Susanne Wanger allein zehn Negerkinder adoptiert hatte. Sie war auch Priesterin einer Yoruba-Sekte geworden. Die *Yoruba*, der größte Stamm Nigerias, akzeptierten sie, denn sie war – wie diese – völlig verankert in dem Glauben an die *Orishas*, die zahlreichen Gottheiten, die hier verehrt wurden. Doch damit nicht genug. Sie war auch eine große Künstlerin.

In Österreich, wo sie herkam, hatte sie bereits Malunterricht bekommen, doch in Afrika wurde sie zu einer einzigartigen Bildhauerin. Sie verwendete die eigenartigsten verwachsenen Hölzer des Urwaldes. Sie rettete auch zahlreiche Tempel der Yoruba, denen der Verfall drohte. Da sie sich völlig in das geistige Leben dieses interessanten Volkes integriert hatte, gestaltete sie die Tempel und ihre Skulpturen ganz aus dem Empfinden der Yoruba heraus, und ihre Schöpfungen wurden von den Yoruba verstanden und akzeptiert. Geld hatte sie nicht, und von den Yoruba verlangte sie auch nichts, aber die Yoruba fer-

Moderne Zementplastik der Yoruba in Nigeria (Werk aus der Schule von Ulli Beier)

Ein Haus im ›brasilianischen Stil‹ in Oshogbo, dem Wohnort von Ulli Beier

tigten seit alters her wunderschöne Batiken an. Sie erlernten die Batik-Technik und verkauften ihre Arbeiten an Sammler und Museen. Ebenso wie Susanne Wanger sorgte Beier dafür, daß die Kunstwerke, die seine Schüler und die wirklichen Künstler schufen, nicht als Massenprodukt auf den Markt kamen.

Doch jetzt war ich in Oshogbo angelangt. Eine riesenhafte, in ein Leopardenfell gekleidete Erscheinung trat aus dem Haus, um uns in Empfang zu nehmen. Es war Susanne Wanger. Ulli Beier führte mich in den zweiten Stock hinauf, wo er in mehreren Zimmern wohnte, die voller phantastischer Kunstschätze waren. Masken, Skulpturen und allerlei Bronzearbeiten gab es hier zu bestaunen. Dort durfte ich mich also für eine Woche als Gast von ihm verwöhnen lassen. Einen besseren Gewährsmann konnte ich nicht haben, denn er war mit allen wichtigen Persönlichkeiten aus den Bereichen der Bildenden Künste, der Musik und des Theaters befreundet.

Durch ihn lernte ich die *Yoruba-Oper* kennen. Diese Truppe bestand aus 16 Mitgliedern. Darunter waren Tänzer, Schauspieler, Sänger und Trommler. Der Stoff dieser Oper setzte sich aus Geschichten aus dem Alten Testament zusammen. Es waren also christlich-religiöse Inhalte, die von den Missionen her bekannt waren. Auch bei den Yoruba gab es Missionen.

Bei solchen Aufführungen war dann der *Oba* zugegen, der kleine König der Dorfgemeinschaft. Er saß in der ersten Reihe, und jeder glaubte, daß das Stück eigentlich nur für ihn gespielt wurde.

Der Theaterdirektor, der selbst die Hauptrolle spielte, hielt erst einmal eine lobende Ansprache an den Oba. Er begrüßte ihn ehrfürchtig und betonte immer wieder, daß die Aufführungen einzig und allein zu Ehren des Oba stattfänden. Das Publikum jubelte, und nun begann die eigentliche Handlung, die auch immer wieder Bezug auf die Gegenwart des Oba nahm. Das Publikum ging so intensiv mit, daß es sich schließlich in die Handlung einbezogen fühlte. Das Bühnengeschehen verschmolz mit den Zuschauern zu einer einzigartigen Einheit.

Diese Yoruba-Truppe konnte ich also für das ›Schwarze Treffen‹ in Bahia gewinnen. Und als ich dann Nikolas Nabokov von meinem Erlebnis erzählte, meinte er, daß sei ja großartig. In Bahia stammte die Mehrheit der schwarzen Bevölkerung von den Nachkommen der Sklaven ab, und diese Sklaven waren Yoruba. Das ging sogar soweit, daß heute noch viele Nachkommen die Sprache der Yoruba verstehen. Also wäre es doch ein großes Erlebnis, wenn die Yoruba-Oper in Bahia eine ähnliche Wirkung erzielen könnte wie in Nigeria.

Nigerianischer Stammesfürst (Oba) während einer Audienz inmitten seiner wertvollen Kultfiguren

Leider war es nicht dazu gekommen, denn das ›Schwarze Treffen‹ konnte nicht stattfinden, weil Brasilien die noch fehlenden Gelder nicht aufbringen konnte.

Inzwischen war jedoch Nabokov vom Berliner Senat beauftragt worden, drei Jahre lang die Berliner Festspiele zu organisieren, die thematisch einmal auf Japan, auf das Barockzeitalter und auch auf Afrika ausgerichtet waren. So gelang es uns dann, die Yoruba-Truppe nach Berlin einzuladen, wo sie großen Erfolg hatte.

Und nun möchte ich noch von einem Erlebnis berichten, das mir in Afrika widerfuhr.

Als ich zum ersten Mal in Westafrika war, kam ich in ein kleines Yoruba-Dorf. Ein Eingeborener bot mir zwei sehr ausdrucksvolle, holzgeschnitzte *Ekekos,* das sind ›Zwillingsfiguren‹, zum Verkauf an.

Ich ging in seine Hütte, und da hatte er in einer alten Kiste noch eine ganze Menge von diesen Figuren. Nur Schnitzereien, die für den Kult bestimmt waren, besaßen eine solche Ausstrahlung! Sie waren sozusagen ›beseelt‹, denn das Schnitzen der Figuren war ja allein schon eine Kulthandlung.

Nun, diese Ekekos wurden dann angefertigt, wenn Zwillinge geboren wurden. Solange diese lebten, wurden die Figuren gehegt und gepflegt, als wären es lebendige Wesen. Sie bekamen Kettchen mit Glasperlen umgehängt, wurden mit Rotholz bestrichen, und man stellte ihnen sogar regelmäßig Nahrung hin. Nach dem Tod der Zwillinge wurden die Ekekos wertlos. Man packte sie entweder in eine Kiste oder warf sie einfach fort.

Zwei dieser Figuren konnte ich also erstehen. – Als ich dann Jahre später wieder nach Nigeria kam, fragte ich mich, ob ich wohl dieses Dorf wiederfinden würde. Dort gab es sicherlich auch noch viele herrliche Schnitzereien.

Das Dorf konnte ich tatsächlich wieder ausfindig machen. Ja, ich habe sogar das Haus wiedergefunden. Es hatte seinen Besitzer noch nicht gewechselt. Wir hatten ein freudiges Wiedersehen. Die alte Kiste stand auch noch an ihrem Platz. Der Hausherr hatte noch zwei Ekekos, die ich ihm freudig abkaufte.

Nigeria war inzwischen selbständig geworden, und man besann sich darauf, daß das Land sehr reiche Kunstgegenstände besessen hatte, die alle außer Landes gebracht worden waren. Daher bestanden auch strenge Vorschriften. Man durfte keine Kunstgegenstände ohne besondere Erlaubnis ausführen. Die Kontrollen waren sehr streng. Eine Erlaubnis konnte nur der Direktor

Zwei Yoruba-Figuren in der Bibliothek des Autors ▷

Hans Helfritz mit einer afrikanischen Yoruba-Figur

des schon von den Engländern eingerichteten, sehr gut geführten Museums in Lagos erteilen. Ich ging also mit meinen Ekekos zum Direktor und bekam die Erlaubnis, denn das Museum besaß eine Vielzahl derartiger Figuren. Doch vorher wurden sie registriert und photographiert.

Inzwischen hatte ich fast schon die Hoffnung aufgegeben, daß sich die Berliner noch einmal wegen des Filmes melden werden. Aber heute war es endlich soweit.

»Wir haben die Dreherlaubnis, einen Koproduktionsvertrag mit dem jordanischen Fernsehen und dem WDR, das nötige Geld und einen hervorragenden Regisseur, Herrn Montes-Baquier«, sagte die Stimme am Telefon, »wann können wir bei Ihnen anfangen zu drehen?«

Das Konzept des Regisseurs sah vor, daß ich hier in Ibiza von meinen drei Reisen in den Jemen Anfang der 30er Jahre erzählen sollte. In Rückblenden sollten dann immer wieder Episoden, die im Jemen gedreht wurden, zu sehen sein. Mit der Filmmusik sollte ich beauftragt werden. Eine Art Dokumentarfilm also.

»Ich arbeite gerade an dem letzten Kapitel meiner Autobiographie«, sagte ich dem Produzenten. »Wie wäre es in drei Wochen?«

Das paßte ihm. Nun fragte er mich, ob ich denn nicht zu den Dreharbeiten in den Jemen mitfahren möchte. Man würde auch dort noch einige Sequenzen mit mir drehen wollen. Das klang natürlich verlockend. Zum letzten Mal war ich 1974 dort.

Die Ärzte machten meiner Reiselust ein Ende. Der Höhenunterschied und die Strapazen seien doch zuviel für mein Alter, meinten sie.

Und dabei möchte ich jetzt erst richtig anfangen. Soviel gäbe es noch zu tun und zu entdecken. Diese Abenteuerlust muß ich nun beschränken auf meine Streifzüge durch die Notengeschäfte von Köln und Berlin. Dort finde ich immer wieder etwas Neues und Interessantes. Obwohl ich schon so viel habe.

»Du hast doch nun schon alles, mußt du denn immer wieder etwas Neues kaufen?« werde ich manchmal gefragt.

Ja, muß ich.

Kommen wir also zum letzten Kapitel meines Lebensberichtes, zu meiner Tätigkeit als Reiseleiter, wo sich auch wieder die merkwürdigsten Dinge ereignet haben.

Vorträge, und wie man umsonst reisen kann

Als ich kurz nach dem Krieg mit meinem chilenischen Paß wieder reisen konnte wohin ich wollte, hatte ich auch wieder Verbindung zu Vortragsorganisationen und Vereinen, die in Deutschland, in der Schweiz, in Österreich und in Südtirol Vorträge arrangierten. Es gab ja damals noch kein Fernsehen. Das trat erst allmählich in unseren Alltag.

Meine ersten Vorträge hielt ich in der Berliner Urania, bei der ich vor dem Krieg schon regelmäßig vorgetragen habe. Der Direktor der Urania war immer noch Dr. Henning. Es wurde ein frohes Wiedersehen, und wir fanden uns gleich zu einer ersprießlichen Teamarbeit zusammen.

Dann gab es auch in Hamburg eine Urania. Es war ein Kino, das nur Vorträge mit Filmvorführungen veranstaltete. Dort war ich einmal vor dem Krieg, nach meinen Süd-Arabien-Reisen, für eine ganze Woche zu Vorträgen verpflichtet. Ich mußte jeden Nachmittag drei Vorträge halten, immer zu demselben Thema: am Nachmittag um drei Uhr, dann um fünf Uhr und noch einmal abends um acht Uhr.

Auch in Wien gab es eine Urania, bei der ich regelmäßig zu Gast war. Nicht nur in Wien, sondern auch in anderen Städten Österreichs wurden Vorträge gehalten, so daß man mir dort immer eine ganze Tournee zusammenstellen konnte.

In Südtirol hatte die Urania ihren Sitz in Meran, und der Veranstalter hieß Herr Pokorny. Dort wurde ein Vortrag für den Vortragenden manchmal zu einer echten Strapaze.

Ich erinnere mich noch, daß ich im Winter in tief eingeschneite Dörfer reisen mußte. Ich wurde zwar an der nächst gelegenen Bahnstation abgeholt, aber der Weg zum Dorf war noch weit und die Straßen so verschneit, daß sie für Fuhrwerke unpassierbar waren. Wir mußten dann zu Fuß eine Stunde oder noch länger zum nächsten Dorf gehen. Der Vortrag fand im ungeheizten Gemeindesaal statt, wo meine Zuhörer, in Mäntel eingehüllt, meinem Vortrag lauschten. Untergebracht war ich in der Küche eines Bauern, in der es wenigstens schön warm war. Hier hatte man mir ein Bett aufgestellt. Da wurde nun gekocht, das Baby wurde gebadet, und natürlich hielt die ganze Sippe ihre Mahlzeiten dort ab.

Den Vortrag zu halten, machte mir keine Mühe, aber die Begleitumstände waren doch etwas außergewöhnlich. Am angenehmsten und einträglichsten waren die Vorträge, die ich in der Schweiz zu halten hatte. Aber da gab es auch Probleme. Ich wurde anfangs von einer privaten Vortragsorganisation betreut. Aber der Veranstalter machte dann pleite und blieb mir eine ganze Reihe von Honoraren schuldig.

Ausgezeichnet funktionierten dann aber die Veranstaltungen, die ich über die ›Migros‹ bekam. Diesen großen Supermarktkonzern gibt es überall in der Schweiz. Die ›Migros‹ besaß eine sogenannte ›Klub-Schule‹, die ebenfalls viele Zweigstellen hatte. Hier mußte ich dann Vorträge zu speziellen Themenbereichen halten und gewissermaßen ein Repertoire anbieten können. Die ›Migros‹, die wiederum mit ›Hotel-Plan‹ liiert war, hatte auch ein Hotel im Engadin, Schloß Zuoz. Dort konnten Hotelgäste auch am Skiunterricht teilnehmen, und zur Abendunterhaltung bot man ihnen Vorträge an.

Ich wurde also auch zweimal zu solchen Veranstaltungen, die zwei Wochen dauerten, verpflichtet. Auf diese Weise kam ich mit der Reiseorganisation ›Hotel-Plan‹ in Verbindung. Eines Tages sagte der Manager zu mir: »Wir wollten nächstens eine Reise nach Südamerika anbieten, und zwar mit dem Schwerpunkt auf die Hauptstädte Südamerikas. Sie leben doch in Chile. Wollen Sie nicht die Gruppe, die wir zusammenstellen, führen?«

Als man mir dieses Angebot machte, dachte ich mir, eine solche Gelegenheit kannst du dir nicht entgehen lassen, denn in diese Länder zu reisen, war ja damals und ist auch heute noch nicht so billig. Früher hätte ich mir das schon gleich gar nicht leisten können. Ich nahm dieses Angebot also gerne an. So sollte ich auch wieder einmal in die von mir so geliebten Nachbarländer Chiles kommen.

Wir setzten also in groben Zügen ein Programm auf. Was in den größten Städten der anderen Welt sehenswürdig war, das wußten wir schon, aber Argentinien stand damals unter der Herrschaft von Perón, und da gab es eben unzählige Restriktionen. Deshalb reiste ich schon mal nach Buenos Aires vor, um alles zu organisieren.

Und was hatte man mir wohl als besonderen Clou auf das Programm gesetzt? Die Schlachthäuser! Gewiß, die Schlachthäuser in Buenos Aires waren berühmt, denn Argentinien galt damals noch als die ›Fleischkammer‹ Südamerikas. Aber mußten den Touristen ausgerechnet die Schlachthäuser gezeigt werden? Sie standen jedenfalls schon als Besichtigungspunkt in dem gedruckten Programmheft.

VORTRAGSREIHE DER HESSISCHEN NACHRICHTEN

VOM ENDE DER WELT ZU STEINERNEN AHNEN

HANS HELFRITZ

der bekannte Weltreisende spricht am Sonntag, dem 21. März 1954 um 11.15 Uhr in den GLORIA-LICHTSPIELEN, Friedrich-Ebert-Straße, Ständeplatz, zu Farbfilm und Schallplatten über das Thema „Vom Ende der Welt zu steinernen Ahnen"

Antarktis - Osterinsel - Mayaland

Eintrittskarten im Vorverkauf zu DM 1.20, 150, 1.80 und 2.00
in der Hauptgeschäftsstelle der Hessischen Nachrichten, Obere Königsstraße 3, Ruf 9431 und an der Kasse der Gloria-Lichtspiele, Ruf 8521

VORTRAGSREIHE DER HESSISCHEN NACHRICHTEN
HANS HELFRITZ
der bekannte Weltreisende
spricht am Montag, dem 8. Februar 1954, 20 Uhr, im Landesmuseum Kassel
zu Farbfilm und Schallplatten über
Uralte Kulturen in Südamerika
Ergebnisse seiner Expedition im Jahre 1953
Eintrittskarten zum Preise von DM 1.00 (Schüler und Erwerbslose DM 0.50) in der Hauptgeschäftsstelle der Hessischen Nachrichten, Kassel, Obere Königsstraße 3
HESSISCHE DRUCK- UND VERLAGSANSTALT GMBH KASSEL

Ich kam also nach Buenos Aires, konnte eine Stadtrundfahrt und einen Ausflug nach Belgrano organisieren und besuchte die zuständige Stelle für die Schlachthäuser.

»Wir möchten gerne die Schlachthäuser besichtigen. Es handelt sich um eine Touristengruppe aus der Schweiz, die ich führen werde.«

»Schlachthäuser? Kommt nicht in Frage! Die werden nicht gezeigt, die wollen wir nicht an die Öffentlichkeit bringen.«

»Aber wir haben sie doch im Programm! Die Touristen wollen die Schlachthäuser sehen!«

»Das geht nicht«, sagte man mir. Aber ich dachte, irgendwie würde es schon machbar sein.

Jetzt kam der Ankunftstag meiner Schweizer Reisegruppe. Es waren nur acht Personen. Sie hatten einen langen Flug hinter sich, der sehr teuer war, denn es gab damals bei den ersten Transatlantikflügen natürlich nur Propellermaschinen. Sie kamen direkt aus Zürich mit zahlreichen Zwischenlandungen mitten in der Nacht in Buenos Aires an. Die Touristen stiegen aus, und noch völlig verstört war ihre erste Frage: »Wann werden wir die Schlachthäuser besichtigen?«

»Die werden Sie gar nicht besichtigen«, antwortete ich ungeschickterweise, »wir dürfen sie nicht zu sehen bekommen.«

»Wir wollten aber unbedingt die Schlachthäuser ansehen. Die stehen doch in unserem Programm. Sie müssen dafür sorgen, daß wir auch dorthin kommen!«

Naja! Die einen wollen Blut sehen, und die anderen fallen in Ohnmacht, wenn sie Blut sehen. Ich sagte also, es ginge nicht, und da kam schon die erste Mißstimmung auf. Ein Fahrgast wandte sich völlig verschlafen an mich: »Also, ich habe hier meine Postkarten. Ich habe bereits 30 Postkarten geschrieben, die ich schon in der Schweiz kaufen konnte. Ich muß jetzt sofort zur Post, Briefmarken kaufen und sie in den Kasten stecken.«

»Mitten in der Nacht ist doch kein Postamt auf«, versuchte ich ihm klar zu machen.

»Ich muß aber meine Postkarten unbedingt heute noch abschicken. Wer weiß, ob ich morgen dazu Gelegenheit haben werde.«

Da sagte die Stewardeß von der Swiss Air: »Geben Sie mir die Postkarten und das Geld. Wir bleiben noch den ganzen Tag hier. Ich erledige das für Sie.«

Also gut, er gab ihr die Postkarten. Und was machte dieses kleine Mädchen? Sie nahm die Postkarten mit nach Zürich, klebte Schweizer Briefmarken darauf und schickte sie ab. Das erfuhr der Mann erst unterwegs. Der war ganz schön verärgert!

Dieser Mann war vielleicht ein ›Herzchen‹! Er reiste mit seiner angetrauten Ehefrau. Er war Bankbeamter in den allerbesten Jahren, kerngesund und quietschfidel, aber sehr bequem. Seine Frau hatte immer zwei kleine Päckchen in der Hand, und was war wohl darin? Zwei Kissen! Die legte sie ihm im Flugzeug und im Bus schön hinter den Rücken, damit er recht bequem sitzen konnte.

Kaum saßen wir im Flugzeug oder in der Eisenbahn, machte er die Beine lang, und seine Frau zog ihm die mitgeführten Filzpantoffeln an! Nur so konnte er angenehm reisen. Und meine Aufgabe bestand darin, jedesmal zehn Minuten vor der Ankunft zu melden: »Jetzt ist es soweit, Schuhe anziehen!« Einmal habe ich das verpaßt. War das ein Theater! Da mußte er im letzten Moment – wir waren schon gelandet – seine Schuhe anziehen.

Ein anderer Tourist in meiner Gruppe war ein kleiner Angestellter einer Baseler Bank, nett und bescheiden. Das teure Reisegeld – die Reise kostete damals 8000 Schweizer Franken – hatte er sich mühsam zusammengespart. Zu Hause lebte er ganz bescheiden, wie er sagte. Selten leistete er sich ein warmes Mittagessen, und nun machte er diese Traumreise!

Er hatte nur ein ganz kleines Köfferchen und eine alte Aktentasche dabei, die er niemals aus der Hand ließ. Und was befand sich in dem Köfferchen? Ein völlig veralteter Photoapparat mit einem Balgen, den man ausziehen konnte, und ein klappriges Stativ. Überall, wo es etwas zu photographieren gab, baute er sein Stativ mit dem Apparat auf, setzte den Selbstauslöser in Betrieb, huschte in den Bildausschnitt, und das Photo war fertig. Auf der ganzen Reise hat er nicht ein Photo gemacht, auf dem er nicht selbst zu sehen war.

Wir flogen nun von Buenos Aires über die Anden nach Santiago. Das war auch wieder so ein Drama, denn es hieß, das Flugzeug flöge um die Mittagszeit ab. Der Flughafen war sehr weit außerhalb der Stadt und zwei Stunden mit dem Autobus entfernt. Wir sollten eine Stunde vor Abflug da sein. Also, der Vormittag war verloren. Wir fuhren schon nach dem Frühstück zum Flugplatz.

Dort angekommen, wurden wir eingecheckt und in einen Raum geführt. Die Leute wollten nun etwas essen. Aber hier gäbe es nichts, wurde uns mitgeteilt. Wir waren ja schon ausgestempelt und durften diesen Raum nun nicht mehr verlassen. Erst im Flugzeug sollte es dann etwas zu essen geben. Wir mußten lange warten, denn der Abflug verspätete sich.

Zwei Linien verkehrten damals zwischen Buenos Aires und Santiago, die PAN AM und die chilenische LAN. Wir flogen mit der PAN AM.

Mißgelaunt, mit hängendem Magen, stiegen die Leute nun in das Flugzeug, aber wenn wir nun in der Hoffnung waren, es gäbe jetzt endlich etwas zu essen, dann irrten wir gewaltig. Auf dem ganzen langen Flug mit der Propellermaschine gab es nichts für das leibliche Wohlbefinden!

Ich sagte zur Stewardeß: »Ganz egal, was es kostet, machen Sie irgendwas für meine Gruppe zu essen, die verhungern ja schon fast!«

Sie meinte nur, sie hätten nichts an Bord, und daher könne sie mir auch nichts Eßbares zubereiten. Da mußte die Reisegruppe mit leerem Magen nach Santiago fliegen!

Die Stimmung erreichte nach all diesen unliebsamen Zwischenfällen ihren Tiefpunkt. Kein Schlachthaus, keine Briefmarken! Man stelle sich das vor! Und dann noch nicht einmal etwas zwischen den Zähnen! Es war furchtbar!

In Santiago haben wir wenigstens das besichtigt, was geplant war. Aber ich bin dann noch fast hochgenommen worden.

Wir machten einen Ausflug auf den San Cristóbal. Das ist ein kleiner Berg, erreichbar mit einer Zahnradbahn, von dem aus man wunderbar auf Santiago und die Anden blicken kann. Auf dem Gipfel befindet sich ein Gasthaus. Und da hatte ich nun für meine Leute das Mittagessen geplant.

Jeder konnte sich von der Speisekarte das aussuchen, was er wollte. Danach wollte ich bezahlen. Der Ober kam mit der Rechnung, und ich fragte: »Ja, was ist denn das? Das ist ja das Doppelte von dem, was auf der Speisekarte steht. Geben Sie mir doch bitte noch einmal die Speisekarte.«

Der Kellner brachte die Karte, und tatsächlich, da standen doch mit einem Mal die doppelten Preise. Ich drehte die Karte um, und auf der anderen Seite waren die einfachen Preise verzeichnet. Für die einheimische Bevölkerung galt der einfache Preis und für Touristen eben die erhöhten Preise.

Daraufhin wandte ich mich natürlich an den Geschäftsführer, der das auch zugegeben hat. Letztendlich bezahlte ich dann auch nur die Hälfte. ¡Qué zorro! – Wie gerissen die Menschen doch manchmal sind!

Nun ging es weiter. Jetzt mußten wir nach Bolivien. In einer Höhe von 4000 Metern liegt La Paz. Die Bahnstrecke führt noch höher hinauf. Wir hätten natürlich mit dem Flugzeug direkt nach La Paz fliegen können, aber ich dachte mir, wir hatten ja eigentlich noch keine Erfahrungen mit Touristen in diesen Höhenlagen. Aufgrund des starken Höhenunterschieds glaubte ich, daß es besser wäre, wenn man allmählich mit der Eisenbahn hochfahren würde, damit sich die Europäer besser an die Höhe gewöhnen. Genau das Gegenteil war nun der Fall!

In jeder Höhenlage bestehen andere atmosphärische Verhältnisse, die durch die Schluchten und Täler der Anden bestimmt werden. In der einen gibt es weniger, in der anderen mehr Sauerstoff. Die Bahn schlängelt sich nur langsam durch die verschiedenen Zonen. Hinzu kommen noch die verschiedenen Ausstrahlungen der stark mineralhaltigen Berge. Auf all das reagiert der menschliche Organismus unterschiedlich. Dies wird durch das Fliegen vermieden. Gewiß muß man sich auch dann, nach der Ankunft, an die enorme Höhe gewöhnen.

Wir flogen also bloß bis Arica, der nördlichsten Hafenstadt Chiles, dann ging es mit der Eisenbahn nach La Paz. Nur ein Ehepaar, das noch in Santiago bleiben wollte, flog direkt nach La Paz und kam dort auch quietschfidel an. Doch meinen Leuten, die mit mir in der Eisenbahn fuhren, ging es hundsmiserabel. Sie bekamen es alle mit der Höhenkrankheit zu tun. Diese Erfahrung hatten wir ja vorher noch nicht gemacht.

Die Bahn fuhr am Abend von Arica ab, schlängelte sich die ganze Nacht über hinauf in die Bergwelt und kam am nächsten Mittag in La Paz an. Wir hatten Schlafwagen gebucht.

Am Morgen erreichten wir die Grenze, wo der Zug endlos lange liegenblieb. Die Zollbeamten stiegen ein, nahmen im Speisewagen Platz und frühstückten erst einmal. Der Zug fuhr weiter, und der Zoll muckste sich nicht.

Plötzlich hielt der Zug mitten auf der Strecke an. Und was passierte nun? – Die Schaffner kamen, holten unter den Betten Pakete und Köfferchen hervor und reichten das Gepäck durch die Fenster der Abteile nach draußen. Die Indios, die schon an der Strecke warteten, nahmen die Schmuggelware in Empfang, denn es befand sich ja schließlich nichts anderes in den Paketen. Die Zollbeamten sahen ›nichts‹. Sie saßen immer noch im Speisewagen und tranken ihr Bier.

Die Schmuggelware wurde also im Einverständnis mit den Zollbeamten beiseite geschafft! Dann fuhr der Zug weiter.

Inzwischen litten meine Leute unter der Höhenkrankheit, lagen stöhnend in ihren Betten und wußten sich nicht mehr zu helfen. Wir hofften schon, die Zöllner würden nicht mehr kommen, aber dann kontrollierten sie dennoch unser Gepäck und die Pässe.

Der Mann mit den Kissen und den Pantoffeln hatte es besonders gut gemeint und trug eine riesige Flasche mit kostbarstem Parfüm aus der Schweiz mit sich herum. Er dachte wohl, wenn er jetzt den Zollbeamten ein bißchen beträufele, könne er der Kontrolle entgehen. Er schüttete also etwas von diesem edlen Duft auf die Hand des Beamten und sagte: »Riechen Sie mal, wie schön das duftet.«

Der Zollbeamte schaute die Flasche an, nahm sie in die Hand und steckte sie in seine Tasche. Da war der gute Mann zu allem Unglück auch noch sein teures Parüm los.

Das waren die Begleiterscheinungen der ersten Touristenreise in Südamerika, die ich führte.

Zu Beginn meiner Zeit als Reiseführer hatte ich noch nicht daran gedacht, später auch von Deutschland aus Touristenführungen zu übernehmen. Inzwischen hatte ich für die naturwissenschaftliche Zeitung ›Kosmos‹ in Stuttgart laufend Beiträge geliefert. Ich war schon in den ersten Nachkriegsjahren ständig in Europa und habe für den Safari-Verlag Bücher geschrieben, damals über Mittelamerika und Mexiko. Ich habe meine Reise nach Westafrika gemacht, und zwischendurch, wenn ich in Europa weilte, fuhr ich nach Stuttgart zu Herrn Dr. Reinig, dem Leiter des ›Kosmos‹, der stets gerne einen Beitrag von mir annahm.

Eines Tages sagte er: »Ja, nun haben Sie so viele interessante Artikel über ferne Länder geschrieben, da könnten Sie doch eigentlich auch mal Reisegruppen führen. Wir arbeiten mit einer Reiseagentur in München zusammen und würden Sie gerne weiterempfehlen. Sprechen Sie doch mal mit der Agentur. Vielleicht können Sie dann einmal eine Führung übernehmen.«

Ich habe mich darauf eingelassen und konnte so meine erste Reiseführung nach Mexiko machen. Das war für mich ein doppelter Gewinn. Erstens kam ich wieder in die Länder, die ich ja früher schon bereist hatte, ich konnte aber auch von mir aus Einfluß auf das Programm nehmen und Stätten besuchen, die ich selber noch nicht kannte. Das wiederum kam meinen Büchern zugute. Auf diese Weise konnte ich auch Aufnahmen machen, die mir noch fehlten und Informationen über Gegenden bekommen, die ich noch nicht kannte. So entstanden allmählich – neben den Führungen in ferne Länder – meine Reiseberichte bei DuMont in der Reihe ›Kunst-Reiseführer‹, die ich mit meinem Buch *Die Götterburgen Mexikos* eingeleitet habe.

Mein Weg führte mich vor allem auch nach Indonesien und Äthiopien. Zur ersten Äthiopien-Reise kam ich auf folgende Weise:

Ich hielt eines Tages einen Vortrag über Süd-Arabien an der Hamburger Universität. Bei diesem Vortrag hatte ich unter den Zuhörern auch den Chefredakteur von Merian, Dr. Willi Keller, der nach dem Vortrag auf mich zukam und sagte, daß er als Schüler schon meine Bücher über Süd-Arabien gelesen hätte. Ich wäre ihm ein Begriff, und es sei für ihn besonders interessant gewesen, jetzt meinen Vortrag zu hören. Er plane, in der nächsten Zeit ein Heft über Äthiopien herauszubringen. Dazu wolle er eine Informationsreise nach Äthiopien unternehmen, die ungefähr einen Monat dauern sollte. Er fragte mich nun, ob ich nicht Interesse hätte mitzukommen.

Natürlich war ich interessiert. Auf diese Weise lernte ich wieder ein neues Land kennen und sollte einen ersten Eindruck von Äthiopien bekommen. Es war ja noch zur Zeit von Haile Selassie. Wir verabredeten also, daß ich Keller begleiten, Photos machen und Beiträge schreiben sollte. So sind im Merian-Heft über Äthiopien neben einem Artikel ungefähr 30 Aufnahmen aus meinem Archiv enthalten.

Die Arbeiten für Merian kamen nun wieder meinen Führungen nach Äthiopien zugute, denn für die Reiseorganisation war es damals noch nicht so leicht, einen Reiseführer zu bekommen. Es handelte sich um eine wissenschaftliche Reiseorganisation, für die ich arbeitete. Also mußte man das Land sehr gut kennen und über dessen Geschichte Bescheid wissen. Diese Kenntnisse sowie viele interessante Photographien über Äthiopien habe ich wiederum in einem Kunst-Reiseführer für DuMont verwendet.

Als Reiseleiter war ich darum bemüht, es möglichst allen recht zu machen, was aber manchmal ziemlich schwierig war, vor allem dann, wenn sich der eine oder andere Tourist in den Kopf gesetzt hatte, unbedingt zu einem Platz zu kommen, der nicht auf dem Programm stand.

Eine Teilnehmerin wollte also durchaus nach Tula. Dieser Ausflug war laut Programm nicht vorgesehen. Tula, das alte Tollán, ist eine sehr sehenswerte Kultstätte, deren Besuch eigentlich nie im Program einer Mexiko-Reise fehlt. Der Ort liegt 80 Kilometer von Mexiko-City entfernt.

Ich war nun mit einer Reisegruppe unterwegs, die ich aushilfsweise von einer anderen Reise-agentur übernommen hatte, und bekam jetzt immer wieder zu hören, wann wir denn nun endlich nach Tula fahren würden. Ich sagte, daß ginge nicht, da das Programm so knapp bemessen sei. Daraufhin versuchte die besagte Touristin, auf eigene Faust dorthin zu reisen. Aber sie hatte ihr Ziel nicht erreichen können. Die ganze Reise war somit für sie eine große Enttäuschung, weil sie Tula nicht zu sehen bekam. – Manchmal kann man eben nicht allen Wünschen der Touristen nachkommen.

Diese Reise war nicht nur schlecht organisiert, sie stand auch unter einem ungünstigen Stern.

Wir waren also in Mexiko-City angelangt. Am nächsten Tag sollte es wieder über Taxco mit dem Autobus nach Acapulco gehen.

Mitten in der Nacht – es war wohl so gegen fünf Uhr morgens – klingelte das Telefon, und ich wurde aus München verlangt. Die Agentur teilte mir mit, daß das Hotel in Acapulco alle Reservierungen storniert hätte. Ich müsse sofort dafür sorgen, daß meine Gruppe neue Quartiere bekäme. Und das bei einer Gesellschaft von 25 Personen und an Ostern! Zu dem Zeitpunkt war doch in Mexiko und gerade in Acapulco alles ausgebucht!

Ich rief also am anderen Morgen ein Hotel nach dem anderen an, und jedesmal sagte man mir, es sei alles belegt. Telefonisch wären sowieso keine Reservierungen möglich. Also blieb mir nichts anderes übrig, als auf gut Glück nach Acapulco zu fahren, wo wir fünf Tage Aufenthalt hatten. Noch blieben mir zwei Tage Zeit, da wir vorher noch in Taxco Station machen sollten. Aber die Situation war hoffnungslos.

Nun kamen wir also mittags im Linienbus zusamen mit Krethi und Plethi in Acapulco an. Die Agentur hatte nicht einmal einen Spezialbus gechartert, und auf dem Busbahnhof in Acapulco gab es auch keine Gepäckaufbewahrung! – Da saß ich nun mit meiner Gruppe und dem gesamten Gepäck auf der Straße und wußte nicht, wie es weitergehen sollte. – Mein Plan war nun, alle meine Schäflein in ein Restaurant zu setzen, ich wollte dann mit dem Taxi ein Hotel nach dem anderen abfahren und mein Heil versuchen, Unterkünfte zu finden, kostete es, was es wolle! Aber was sollte mit all dem Gepäck geschehen?

Ich fand dann schließlich einen Mann mit einem kleinen Handkarren, der sich bereit erklärte, das Gepäck zum Restaurant zu fahren. Alles wurde auf einen Riesenberg aufgeladen, und es ging los. Wir mußten natürlich alle schieben und hielten ängstlich die Koffer auf dem Wägelchen fest, damit sie nicht herunterfielen. Aber dann passierte es doch! Mitten im tollsten Mittagsverkehr kippte die Karre um, und alle Koffer lagen auf der Straße. Mit vereinten Kräften haben wir dann alles wieder zusammengesucht, aufgeladen und erreichten dann auch endlich das Restaurant.

Nun fuhr ich mit dem Taxi los. Hier und da bekam ich dann auch in dem einen oder anderen Hotel ein Zimmer, manchmal auch nur ein Notquartier, natürlich immer nur gegen ein angemessenes Trinkgeld. Nun waren sie alle untergebracht, doch die Stimmung war gleich Null!

Jetzt erlebte ich die nächste Überraschung. Die deutsche Agentur hatte mir einen schönen Batzen Geld mitgegeben, was sonst auch nicht üblich war, da die Hotelrechnungen sonst immer über Banken und Agenturen verrechnet wurden. Ich hatte das Geld in Travellerschecks bei mir und legte diese in Mexiko-City in den Hotelsafe. Es gab keine eigenen Safefächer für Hotelgäste. Meine Schecks kamen in einen Umschlag, den der Portier versiegelte. Da ich in der Hauptstadt noch keine Schecks benötigte, denn wir waren ja noch ganz am Anfang unserer Reise, nahm ich das versiegelte Kuvert bei unserer Abreise in Empfang. Erst in Acapulco öffnete ich den Umschlag und erkannte, als ich in den Heften herumblätterte, daß hier und da ein paar Schecks fehlten. Es wurden also Schecks im Wert von 250 Dollar herausgerissen. Zum Glück hatte American Express in Acapulco eine Agentur, so daß man mir die fehlenden Schecks ersetzte.

Dann ging es weiter nach Yucatán mit den üblichen Besichtigungen. Aber jetzt hatte sich die deutsche Agentur noch etwas Besonderes ausgedacht und Miami und die Bermudas in das Schlußprogramm gesetzt. Wahrscheinlich dachte man sich, je mehr interessante oder weltbekannte Plätze im Programm seien, desto besser wäre es. So brauchte man nicht noch einmal dieselbe Strecke über Mexiko-City nach Europa zurückzufliegen. Das war nun völlig absurd!

Wir flogen am Vormittag von Merida ab und landeten erst gegen Abend in Miami, denn das Flugzeug machte an allen möglichen Plätzen Zwischenlandungen. In Miami gab es eine umständliche Zollrevision. Kostbare Zeit wurde verschwendet. Erst bei Dunkelheit trafen wir im Hotel ein.

Am nächsten Morgen mußten wir aber schon wieder um neun Uhr auf dem Flugplatz sein, um weiter zu den Bermudas zu fliegen. Auch dort mußten wir eine Zollkontrolle über uns ergehen lassen, da wir mit einer englischen Gesellschaft weiterfliegen sollten. Gelandet waren wir nämlich mit einer mexikanischen. Und nun kam das Schönste! Unser Aufenthalt auf den Bermudas sollte nur drei Stunden dauern!

Da lief meinen Teilnehmern nun die Galle über! Drei Stunden nur? Da lohne es sich ja gar nicht, in die Stadt zu fahren. Sie wollten am Flughafen bleiben.

Nur eine Teilnehmerin hatte den Mut, doch noch in die Stadt zu fahren, und das war ›Tula‹! So hatten wir nämlich die Touristin genannt, die immer wieder vergebens gedrängt hatte, nach Tula zu fahren.

Ich fuhr also mit Tula in einer Pferdedroschke in die Stadt. Für sie war das ein doppeltes Vergnügen, denn sie hatte es auf mich abgesehen. Sie ließ mir unterwegs in Mexiko schon keine ruhige Minute, immer hatte sie besondere Fragen und Wünsche – und himmelte mich förmlich an. Jetzt hatte sie mich nun neben sich in der Droschke, und das war dann doch noch eine kleine Entschädigung dafür, daß sie die Stadt Tula nicht gesehen hatte.

Unterwegs erzählte sie mir dann noch ein Geheimnis. – Wir kamen darauf zu sprechen, daß auf dieser Reise wohl so manches schief gegangen sei, wir aber doch insofern Glück gehabt hatten, da uns nichts gestohlen worden sei, abgesehen von meinen Dollarschecks natürlich. Es kam ja auch des öfteren vor, daß Touristen, die sich selbständig machten, überfallen und ausgeraubt wurden.

»Oh, das kann mir nicht passieren«, sagte da Tula. »Ich habe mein Geld in meinem Geheimfach untergebracht. Ihnen kann ich es ja sagen. Ich habe nämlich eine künstliche Brust, die ich auf- und zuklappen kann. Darin habe ich mein Geld versteckt.«

Vor Taschendieben brauchte Tula also keine Angst zu haben. Taschendiebe gibt es überall, besonders in den Großstädten Mexikos und in Südamerika. Santiago stand schon früher, als es noch keine Touristen gab, in dem Ruf, die ›Stadt der Taschendiebe‹ zu sein.

Als ich einmal in Buenos Aires mit einem Ladenbesitzer ins Gespräch kam und sagte, daß ich aus Chile käme, erwiderte er: »Ach, aus Chile kommen sie. Dort gibt es die raffiniertesten Taschendiebe!« Ich wußte das vorher schon, aber trotzdem bin ich ihnen dreimal zum Opfer gefallen.

Einmal hatten die Taschendiebe in Santiago einen besonders guten Tag. Es befand sich nämlich gerade eine Artistengruppe vom Zirkus vor Ort. Man hatte sich eine besondere Attraktion auf dem Hochseil ausgedacht. Ein Seil wurde von einem Hochhaus zum anderen über die Plaza de Armas gespannt und seiltänzerische Kunststücke vorgeführt. Die Plaza war voller Menschen. Alle sahen in die Luft und verrenkten sich fast die Hälse. Das war natürlich ein gefundenes Fressen für die Taschendiebe!

Aber die Übeltäter hatten immerhin Charakter. Sie interessierten sich nur für das Geld, die Brieftaschen mit den Ausweispapieren warfen sie in den Briefkasten der Hauptpost. Falls man zu den Bestohlenen zählte, brauchte man sich am nächsten Tag nur zur Post zu begeben, wo einem dann, wenn man Glück hatte, die Brieftasche mit den Papieren wieder ausgehändigt werden konnte. Einmal hatte ich dieses Glück nicht!

Ein paar Tage später kam ich nämlich aus dem Haus in den Vorgarten. Da stand doch ein altes Hutzelweibchen vor dem Eingang und hielt ein kleines, rotes Büchlein in der Hand. Sie kam auf mich zu und sagte: »Ich das vielleicht Ihr Carnet? Ich habe Sie auf dem Bild erkannt.«

Und tatsächlich, ich bekam meinen Personalausweis wieder. In der Brieftasche, die man mir gestohlen hatte, war so wenig Geld, daß man noch ein bißchen mehr herausschlagen wollte. So schickte man das alte Weibchen mit dem Carnet zu mir, denn nun mußte ich ihr doch einen anständigen Finderlohn bezahlen. Ein neuer Ausweis wäre viel teurer geworden.

Ein anderes Mal hatte ich auch wieder Glück. Fast hätte man mir meine gesamte Photoausrüstung gestohlen. Das war nämlich in Mexiko. Ich war einige Tage in der Hauptstadt geblieben und ging eines Vormittags durch den Chapultepec-Park zum Archäologischen Museum.

Plötzlich hörte ich hinter mir Schritte, die immer näher kamen und mich schließlich einholten. Da stand ein Mann neben mir in feinem Anzug. Er zeigte mir ein Plakette, mit der er sich als Detektiv ausweisen wollte.

»Was machen Sie hier in Mexiko, Sie waren doch gestern im Regierungsgebäude«, fragte der Unbekannte.

»Nein, dort war ich gestern nicht«, erwiderte ich schroff.

»Ja, wir wissen alles. Sie waren gestern dort«, sagte er bestimmt. »Was machen Sie hier überhaupt?«

Ich war so dumm und sagte ihm, daß ich mit Touristen Führungen unternehmen würde.

»Ah, Sie verdienen Ihr Geld in Mexiko. Das ist natürlich strengstens verboten. Ausländer dürfen in Mexiko kein Geld verdienen, wenn sie nicht eine besondere Erlaubnis vorweisen können. Haben Sie denn so eine Erlaubnis?« wollte dieser Detektiv nun wissen.

»Nein«, sagte ich, »ich habe in Mexiko keinen Verdienst, ich verdiene mein Geld in Deutschland.«

Das ist ganz egal. Sie dürfen in Mexiko keine Führungen machen, wenn Sie dafür Geld bekommen. Also müssen Sie jetzt sofort mitkommen«, forderte der Mann.

»Na, erlauben Sie mal!« empörte ich mich. Dann verlangte ich erst einmal, daß wir gemeinsam zu meiner Agentur in Mexiko gehen sollten, mit der wir unsere Reisen veranstalteten.

»Das kommt gar nicht in Frage«, hieß es.

»Gut, dann komme ich auch nicht mit, ›hasta luego‹ und auf Wiedersehen!« sagte ich.

Daraufhin zog der ›Detektiv‹ – wohl gemerkt am hellichten Tag – einen Revolver aus der Manteltasche und sagte: »Soll ich Gewalt anwenden?«

Was hätte ich nun machen sollen. Wir gingen weiter durch den Park. Menschen begegneten uns kaum. Plötzlich sagte der Mann: »So, jetzt werden wir erst einmal den Konsul anrufen. Sie haben ja einen chilenischen Paß.«

Wir kamen zu einer Telefonzelle, er blätterte im Telefonbuch herum, fand die Nummer vom chilenischen Konsulat und rief den Konsul an. Er redete und quatschte alles mögliche, gab mir schließlich den Hörer und fragte: »Hier, wollen Sie mit ihm reden?« Aber sogleich riß er mir den Hörer aus der Hand und sagte: »Sie sehen, der Konsul kann Ihnen auch nicht helfen.«

Wir gingen also weiter. Den Revolver hatter er immer noch gezückt. Plötzlich blieb er stehen und sagte: »Ach, heute ist ja Sonnabend, da ist das Regierungsgebäude geschlossen. Dann müssen wir eben am Montag dorthin gehen.«

»Das geht schlecht«, sagte ich, »denn am Montag fliegen wir schon nach Guatemala.«

Nach einer Weile blieb er wieder stehen, hielt die Hand auf und sagte: »Wieviel?«

Da wußte ich Bescheid. Zum Glück hatte ich etliche Pesos bei mir. Ich habe sie ihm natürlich nicht alle gegeben, denn ich war mir sicher, er würde mehr verlangen. Das tat er auch. Da gab ich ihm den Rest, und er war zufrieden. Das Spiel war vorbei. Es hätte schlimmer werden können, denn die Leica, das Teleobjektiv und das Weitwinkel waren weit mehr wert als die Pesos, die ich ihm ausgehändigt hatte.

Danach ging ich zum chilenischen Konsulat. Tatsächlich wurde der Konsul vor einer Weile angerufen. Doch er beruhigte mich. So etwas wäre schon öfters vorgekommen. Wir wußten nur nicht, ob es sich jetzt wirklich um einen Detektiv handelte, oder ob es nur ein kleiner Gauner war, der einen schnellen Nebenverdienst brauchte.

Mexiko war das meistbesuchte Ziel der Reisen, die ich in jener Zeit führte. Normalerweise verlief alles sehr gut. Allerdings mußte ich mir mit meinem chilenischen Paß vor jeder Reise bei der mexikanischen Botschaft ein Visum besorgen. Das bekam ich auch stets anstandslos. Dort kannte man mich eben schon.

Doch eines Tages kam ich wieder wegen dieser Angelegenheit zur Botschaft, und man sagte mir nun: »Das Visum können wir Ihnen jetzt nicht ausstellen. Es gibt nämlich neue Bestimmungen. Wir müssen erst die Genehmigung von der Regierung von Mexiko-City einholen, und das dauert ein bis zwei Wochen.«

»Aber ich habe doch sonst mein Visum immer ohne Schwierigkeiten bekommen. In drei Tagen soll ich eine Reisegruppe nach Mexiko begleiten. Können wir nicht telegrafieren?« äußerte ich mich dazu.

»Auch dann haben wir vor einer Woche keine Antwort«, sagte der Beamte.

Was war geschehen? – Allende war gestürzt worden und Pinochet an die Regierung gekommen. Da sind die Mexikaner böse geworden und stellten die Visa nur noch für gebürtige Chilenen aus.

Mit Chile ging es immer weiter bergab, und die Inflation nahm täglich größere Ausmaße an. Nun kam die Phase der Diktatur.

Da ein chilenischer Paß immer nur für ein Jahr gültig war, wußte man nie, was danach geschehen würde. Es hätte gut soweit kommen können – in anderen Ländern hatte man schon Ähnliches erlebt –, daß ich nach Chile zurückbeordert worden wäre und keine Ausreisegenehmigung mehr bekommen hätte.

Man hatte sich früher schon gewundert, warum ich immer so viel gereist bin. Als ›guter Chilene‹ bliebe man doch im Lande.

Mit dem chilenischen Paß hatte ich als Deutscher auch viele Vorteile gehabt. Aber auf längere Sicht war es doch vernünftiger, wieder die deutsche Staatsbürgerschaft anzunehmen.

Im Grunde genommen bin ich ja immer Deutscher geblieben. Aber ich mußte natürlich damit rechnen, daß jetzt alle möglichen Nachforschungen angestellt werden würden. Dieser ganze Vorgang war gewissermaßen eine bürokratische Angelegenheit. Man mußte prüfen, ob ich nicht irgendwo, in irgendeinem Land, zum Beispiel in Chile, etwas verbrochen hätte, und das dauerte eben alles seine Zeit. Aber das Wichtigste war wahrscheinlich für diese Stellen – und das erklärte ihr Zögern, mir wieder die deutsche Staatsbürgerschaft anzuerkennen –, wie und auf welche Weise ich meinen Lebensunterhalt in Deutschland bestreiten würde. Das ist doch immer das Wesentliche für die Obrigkeit. Der Betreffende soll schließlich nicht später dem Staat zur Last fallen.

Das war bei mir nun nicht der Fall, und so bin ich 1977 nach geduldigem Abwarten dieses langwierigen Prozesses wieder ›Deutscher‹ geworden und konnte somit auch wieder ohne Visum nach Mexiko einreisen. Ich machte weiterhin für internationale Reiseunternehmen Führungen nach Südamerika, Mexiko und Indonesien.

Dann bot sich mir plötzlich noch eine andere Möglichkeit, die Welt zu bereisen. Es war eine Tätigkeit, die mir nicht nur zu meinem Vergnügen, sondern auch zu meinem weiteren Lebensunterhalt verhalf. Ich wurde von der Hapag-Lloyd verpflichtet, auf der ›Europa‹ während der Kreuzfahrten Vorträge zu halten. – So machte ich mehrere Reisen in die Karibik und eine Amerika-Rundreise, auf der ich 18 verschiedene Vorträge hielt, alle mit Farbdiapositiven. Diese Vorbereitungen waren wahrlich keine Kleinigkeit!

Auf der Südamerika-Reise gelangte ich auch nach Ecuador. Ich kam wieder nach Peru und hatte das Glück und die Möglichkeit, mit einigen wenigen Passagieren in kleinen, einmotorigen

Flugzeugen von Lima aus nach Nazca zu fliegen, um dort in der Wüste die berühmten Scharrbilder aus der Luft zu sehen und zu photographieren. Als Krönung dieser Exkursion trafen wir auch mit Maria Reiche zusammen. Sie war die eigentliche Entdeckerin und Betreuerin dieser Bilder und lebte schon seit 40 Jahren in dieser Gegend. Mit ihr konnten wir uns angeregt unterhalten.

Dann kamen wir nach Arica, dem ersten chilenischen Hafen, den wir anliefen. – Nach fast 20 Jahren sollte ich also wieder zurück nach Chile kommen. Morgens um sieben Uhr trafen wir ein und sollten bis Mitternacht vor Anker liegen. Ich hatte daher Zeit genug, an Land zu gehen. Ich schloß mich keiner der Omnibusfahrten an, die für die Touristen arrangiert waren, denn ich kannte Arica nur zu gut von meinen früheren Reisen. Ich genoß lieber die herrliche Landschaft und wanderte allein am Meer entlang. Gegen Mittag kam ich zu einem kleinen, einsamen Fischrestaurant und ließ mir die unvergleichlichen Muschel- und Fischgerichte schmecken. Beim Abschied sagte die freundliche Wirtin: »Nicht wahr, Sie sind doch Komponist und haben früher in Santiago gelebt?«

Ganz erstaunt antwortete ich: »Gewiß, aber woher wissen Sie das denn? Ich bin vor 20 Jahren das letzte Mal in Arica gewesen.«

»Ja, der Carabinero hat es mir eben erzählt«, erwiderte sie.

Und wo war der Schutzmann? – Ich habe ihn nicht mehr erblickt. Man hatte mir also heimlich einen Spitzel hinterhergeschickt, der alle meine Daten notiert hatte. Aber wie hatte er mich bloß unter den 600 Passagieren, die am Morgen von Bord gingen, ausfindig gemacht? Das sollte mir immer ein Rätsel bleiben. So ging es eben zu Zeiten Pinochets zu.

Ich bin jedenfalls froh, daß ich Chile damals rechtzeitig verlassen habe, obwohl ich dort eine sehr schöne Zeit verbracht und dem Land viel zu verdanken habe.

Ich konnte das ganze Land vom Norden bis zum Süden bereisen, ich begegnete den letzten Feuerland-Indianern, ich kam auf die einsamste Insel der Welt, die Osterinsel, als sie noch ›einsam‹ war, und ich gelangte in die Wunderwelt der Antarktis. Als ich 1939 nach Südamerika kam, stand Chile nicht auf meinem Programm. Ich wollte Bolivien, Peru, Ecuador und Kolumbien bereisen.

Dann kam der Krieg, und ich änderte rein gefühlsmäßig meine Reiseroute. Auch wenn es damals noch möglich war, jene Länder zu bereisen, änderte ich meine Route ab, ohne zu wissen, was mich dort erwartete. In Chile konnte ich unbehelligt leben, während ich in den anderen Ländern interniert worden wäre. Und so weiß man doch nie im voraus, wozu das Scheitern eines Plans gut gewesen ist.

Auch Alexander von Humboldt erging es so. Er hatte eine Reise nach Ägypten geplant und vorbereitet, doch veranlaßten ihn die damaligen politischen Verhältnisse dazu, seinen Plan zu ändern. Er ging nach Südamerika, und was war das Ergebnis dieser Reise? – Seine wissenschaftlichen Errungenschaften sind ein Baustein in der Erforschung unseres Kosmos.

Die Zeit meiner großen Reisen ist nun vorüber, aber in der Erinnerung sind die vielen Eindrücke, die ich auf all den Reisen hatte, geblieben. Ich bin glücklich, sie noch hin und wieder durch meine Vorträge anderen vermitteln zu können und einiges davon in diesem Buch festgehalten zu haben.

Alexander von Humboldt hat einmal gesagt: »Ich halte es für besser, etwas zu leisten, als nichts zu versuchen, weil man nicht alles leisten kann.« –

Demselben Vorsatz bleibe ich auch heute noch treu.

Anhang: Werke von Hans Helfritz

Kompositionen

Orchesterwerke

Konzert für Orgel und Streichorchester; Ars Viva-Verlag (Schott)

Concertino für Klavier und Orchester

Concertino für Cembalo und Orchester (es gibt auch eine Fassung mit Streichorchester)

Konzert für Saxophon (Tenor) und großes Orchester; Ars Viva-Verlag (Schott)

Divertimento für großes Orchester

Divertimento Balear für Kammerorchester

Tanzsuite über inkaische Motive aus Peru und Bolivien für zwei Flöten, Streicher und Schlagzeug; Pelikan-Verlag, Zürich

Gesangswerke

Canciones Religiosas de Bolivia, dreistimmige Frauenchöre über bolivianische Themen; Süddeutscher Musikverlag, Willy Müller, Heidelberg

China klagt, sechs Lieder nach altchinesischen Dichtungen aus dem Schi-King und von Pe-lo-Thien (deutsche Nachdichtung von Alfred Ehrenstein, für eine Singstimme und Klavier)

Der Neger spricht von Strömen, Lieder nach Texten von Langston Hughes, für eine Singstimme und Harfe (oder Klavier)

Neun mexikanische Volkslieder, für zwei Singstimmen (chorisch), drei Blockflöten und Schlagwerk; B. Schott-Verlag (Bausteine)

Traumvögel, drei Lieder nach Gedichten von Irmgard Bremer, für eine Singstimme und Klavier

Instrumentale Kammermusik

Musik für den tänzerischen Unterricht, für Klavier; Edition Benno Balan, Berlin

Sonate für Violine und Klavier

Streichquartett

Suite für Flöte und Klavier

Choralvorspiele für die Orgel

Vier Klavierstücke

Aru Amunyas, Música folklórica de Bolivia, für Klavier; Selbstverlag, Santiago

Aru Amunyas, Música folklórica de Bolivia, für Klavier und Xylophon; Selbstverlag, Santiago

Divertimento Balear, für Kammerorchester mit Cembalo

Katzen unter sich, vier Bagatellen für Xylophon-Solo mit einem Postludium für Klavier

Drei Stücke für Violoncello und Klavier

Cinema-Marsch für zwei Klaviere zu vier Händen

Cinco Movimientos para Violín y Violoncello

Quintett für Blechbläser, für zwei Trompeten, ein Horn, eine Posaune und eine Tuba

Fünf Spielstücke für die Orgel (1965)

Fünf Stücke für die Orgel (1977)

Impressiones de las Baleares (1979), Ibiza – Formentera – Menorca – Mallorca, für Xylophon und Klavier (Grammophon-Platte RBM 3080)

Impressionen vom Hochland Perus, fünf Stücke nach inkaischen Motiven, für Violine, Violoncello und Klavier (1979)

Barkarole und Novembermelodie, für Violine und Klavier (1987)

Vier Stücke für Flöte – oder Violine – und Viola (1988)

Inkaische Suite nach Motiven der indianischen Musik vom Hochland Perus und Boliviens, für Flöte, Violine und Viola (1989)

Vier Stücke für drei Schlagzeuger (1990)

Bücher

Unter der Sonne des Orients; Die Buchgemeinde, Berlin 1931

Chicago der Wüste; Reimar Hobbing Verlag, Berlin 1932

Land ohne Schatten; Paul List Verlag, Leipzig 1934

Geheimnis um Schobua; Deutsche Verlagsgesellschaft, Berlin 1935

Vergessenes Südarabien; Büchergilde Gutenberg, Berlin 1936

Im Urwald von Malaya; Deutsche Verlagsgesellschaft, Berlin 1936

Ewigkeit und Wandel im Fernen Osten; Deutsche Verlagsgesellschaft, Berlin 1936

Mexiko früher und heute; Deutsche Verlagsgesellschaft, Berlin 1939

Im Quellgebiet des Amazonas; Safari-Verlag, Berlin 1942; dasselbe Buch ist auch unter folgendem Titel erschienen: Im Land der weißen Cordillere; Deutsche Buchgemeinschaft, Darmstadt 1952

Zum weißen Kontinent; Editorial El Buen Libro, Buenos Aires 1947

Chile, gesegnetes Andenland; Fretz & Wasmuth Verlag AG, Zürich 1951

Im Lande der Königin von Saba; Eberhard Brockhaus, Wiesbaden 1953

Die Osterinsel; Fretz & Wasmuth Verlag AG, Zürich 1953

Mexiko und Mittelamerika; Safari-Verlag, Berlin 1954; später sind Mexiko und Mittelamerika unter separaten Titeln erschienen

Zwischen Atlantik und Pazifik; Büchergilde Gutenberg, Zürich 1956

Glückliches Arabien; Fretz & Wasmuth Verlag AG, Zürich 1956

Mittelamerika; (Lizenzausgabe), Deutsche Buchgemeinschaft, Darmstadt 1957

Durchs Reich der Sonnengötter; Benziger Jugend Taschenbücher, Bd. 4, Einsiedeln 1957

Schwarze Ritter zwischen Niger und Tschad; Safari-Verlag, Berlin 1958

Balearen, Mallorca, Ibiza, Menorca, Formentera; Fretz & Wasmuth Verlag AG, Zürich 1959

Mexiko; Safari-Verlag, Berlin 1960

Mexiko; (Lizenzausgabe), Deutsche Buchgemeinschaft, Darmstadt 1960

Kanarische Inseln; Fretz & Wasmuth Verlag AG, Zürich 1961

Chile; Fretz & Wasmuth Verlag AG, Zürich 1963

Zentralamerika, die Länderbrücke im karibischen Raum; Safari-Verlag, Berlin 1963

Amerika, Land der Inka, Maya und Azteken; Verlag Carl Ueberreuter, Wien 1965

Mexiko, Land der drei Kulturen; Safari-Verlag, Berlin 1968

Äthiopien – Kunst im Verborgenen; DuMont Buchverlag, Köln 1972

Entdeckungsreisen in Süd-Arabien. Auf unbekannten Wegen durch Hadramaut und Jemen (1933 und 1935); erweiterte Neuausgabe von ›Glückliches Arabien‹; DuMont Buchverlag, Köln 1977

Guatemala. Honduras – Belize. Ein Reisebegleiter ins Land der Maya; DuMont Buchverlag, Köln [4]1988

Die Götterburgen Mexikos. Ein Reisebegleiter zur Kunst Altmexikos; DuMont Buchverlag, Köln [5]1988

Indonesien. Ein Reisebegleiter nach Java, Sumatra, Bali, Sulawesi (Celebes); DuMont Buchverlag, Köln [6]1988

Marokko – Berberburgen und Königsstädte des Islam; DuMont Buchverlag, Köln [9]1988

Südamerika, Präkolumbische Hochkulturen. Ein Reisebegleiter zu den indianischen Kunststätten in Peru, Bolivien und Kolumbien; DuMont Buchverlag, Köln [9]1988

Mexiko. Ein Reisebegleiter zu den Götterburgen und Kolonialbauten; DuMont Buchverlag, Köln [6]1989

Übersetzungen seiner Bücher

Englisch

Land without Shade; Hurst & Blackett Ltd., London 1935

Land without Shade; Robert M. McBride, New York 1936

The Yemen, A Secret Journey; Ruskin House, George Allen & Unwin Ltd., London 1958

Mexican Cities of the Gods; Praeger Publishers, New York – Washington – London 1970

Französisch

Au Royaume de Saba; Editions Bernard Grasset, Paris 1936

L'Arabie Heureuse; Editions Albin Michel, Paris 1961

Holländisch

In het Land van de Koningen van Sjeba; N. V. Uitgeverij ›De Kern‹, Amsterdam 1953

Chili – In de Schaduw van det Andes-Gebergte; Uitgeversmaatschappij Holland, Amsterdam

Mexico, Oudmexicaanse Kulturen; Uitgeverij Cantecleer bv, de Bilt 1977

Marokko, Berberburchten en Koningsteden van de Islam; Uitgeverij Cantecleer bv, de Bilt 1977

Indonesie, Kunst en Kultuur van Java, Sumatra, Bali en Sulawesi; Uitgeverij Cantecleer bv, de Bilt 1979

Italienisch

Antica America, Aztechi, Maya, Incas; La Scuola Editrice, Brescia 1968

Messico; Touring Club Italiano, Milano 1988

Indonesia; Touring Club Italiano, Milano 1989

Spanisch

Llama la Antártida; Editorial El Buen Libro, Buenos Aires 1948

La Isla de Pascua; Ediciones Fretz & Wasmuth Verlag AG, Zürich 1953

Baleares; Ediciones Fretz & Wasmuth Verlag AG, Zürich 1959

Chile; Ediciones Fretz & Wasmuth Verlag AG, Zürich 1963

Islas Canarias; Ediciones Fretz & Wasmuth Verlag AG, Zürich 1963

Arabisch

Glückliches Arabien, Jemen und Hadramaut; in Arabisch, in Ägypten gedruckt

Register

Personen, Stämme, Völker

Abert, Musikwissenschaftler   33
Abut, Dr., Nierenspezialist   **109 f.,** 175
Adorno, Theodor   170, 171
Alakaluf, Stamm   **121,** 149
Alexander, Leny   167
Allende-Blin, Juan   167
Allende Gossens, Salvador   249
Alvarado, Pedro del   76
Araber   48
Araukaner, Stamm   **112,** 192 *(Abb. S. 113)*
Arrau, Claudio   **80,** 167
Askanasi   186, **188 f.**
Atacameños, Stamm   114, **115**
Aymará, Sprachfamilie   **162 f.,** 205
   (Abb. S. 205)

Barthel, Prof. Thomas S.   133 f.
Bartók, Béla   163, 164
Beduinen   14, 40, 44
Béhanzin, letzter Kg. von Dahomey   228
Beier, Ulli   **232 ff.**
Bernstein, Leonhard   154
Bertini, Dr.   117
Bialas, Komponist   177
Bibra, von   64
Bridges, Thomas   118
Broner, Erwin   183, 189
Buck, Pearl S.   51
Bukofzer, Manfred   174
Busch, Fritz   167, 176
Butting, Max   33, 34, 174
Byrd, Admiral, Begründer der amerikani-
   schen Antarktisstation   **142**

Cañas, Montalva, Ramón   118
Carnochan, F. G.   221
Chama, Stamm   *(Abb. S. 87)*
Chamisso, Adalbert von   **128**
Chilenen   126, 134, 143, 177
Chiloten, Volk auf Chiloé   192, 212, 214

Chimu, Stamm   132
Chinesen   9, **47 f., 54,** 56
Coloani, Buchautor   137, 138, 151, 152
   (Abb. S. 139)
Conrad, Joseph   7
Crane   65
Cuncos, Stamm   192

Damianovic, Dr. Juan   119
Dana, Henry, Buchautor   140
Darwin, Charles   118
Dauthenday, Max   51
Defoe, Daniel   203
Deh, Stamm   221
Dessau, Paul   170
Drewanz, Generalmusikdirektor   174

Eckner   64
Ehrenfeld, Ernesto   **185 f.,** 189 *(Abb. S. 187)*
Elder, Dean   168
El Hannisch, Polizeihauptmann   38
Engländer   22, 48, 122, 126, 143
Englert, Pater auf der Osterinsel   133
   (Abb. S. 133)
Esperanza   **153** (Abb. S. 153)

Felbermeyer, Tabakunternehmer   131
Feuerland-Indianer   14, 118, 120, 123, 162,
   214, 250
Fisher, Bob Gesinus   196, **197 f.**
Focke, Frey   167
Focke, Ria   167
Fon, Stamm   226
Françaix, Jean   161
Frey, Dr., Rechtsanwalt   198, **199 f.**
Friedrich Wilhelm I., Gr. Krfst.   228

Gablenz, von   81
Gal, Hans   10
Garbrecht, Thekla   182 *(Abb. S. 183)*

Geist, Fräulein **192 ff.**
Gieseking, Walter   167, **168,** 169
Gildemeister, Familie   167, 173, 197
  – Max   198
Glaser, Eduard   16
Glazunov, Saxophonkomponist   164
Goebbels, Joseph   61
Gronestay, Filmmusikkomponist   **37**
Gründgens, Gustav   154
Gusinde, Martin   14, 120, 122

Haile Selassie I., Ks. von Äthiopien   245
Hamel, Fred   174
Hansen, Joseph   217, 218
Harbou, Thea von   96 *(Abb. S. 95)*
Hedin, Sven   64
Heinlein, Frederico   167
Helfritz, Magdalene   174 ff., 184 *(Abb. S. 29,
  30)*
Henning, Dr.   238
Heuberger, Mäzen   232
Heyerdahl, Thor   **131 ff.,** 134
Hickmann, Hans   174
Hindemith, Paul   33
Hinterreiter, Maler   183
Hitler, Adolf   60, 79, 80
Höffer, Paul   33, 174
Homumi, Stammesgemeinschaft   *(Abb. S. 19)*
Honegger, Arthur   161
Hornbostel, Prof. Erich von   11, 15, 23, 33
Hughes, Langston   173
Humboldt, von   73 *(Abb. S. 73)*
Humboldt, Freiherr Alexander von   95, 96,
  195, 250
Hürlimann, Emmy   167

Ibert, Jacques   164
Ibn Sau'd, Kg. Abdul Aziz Ibn Abdul
  Rachachman   44
Imâm Jahija, Kg. von Jemen   15, 18, 22, 23,
  38, 217
Irving, Washington   190
Iturbi, Dirigent   **67,** 167
Izquierdo, Dirigent   171

Jakuten, Stamm   51

Japaner   **52,** 54
Jemeniten   25

Kahler, Walter   87, 89 f.
Kaiserling, Graf   196
Kaufmann, Dr. Nikolas   61, 95 *(Abb. S. 95)*
Keller, Dr. Willi   245
Kemp, Barbara   35
Kiessling, Heinz   183
Kipling, Rydyard   209
Kleberg, Verwandter des Autors   68
Kleiber, Erich   35, 167, 176
Knudsen, Jakob   161
Kokoschka, Oskar   197
Kollreuter, Dirigent   232
Krenek, Ernst   33
Kroll, Dr., Vetter des Autors   177
Kroll, Onkel des Autors   31
Kühm, Bergsteiger   87, 90 *(Abb. S. 91)*

Laabs, Hans   183
Lachmann, Dr. Robert   23
Lang, Fritz   96
Leco-Indios, Stamm   87
Lévi-Strauss, Claude   9
Liberianer   *(Abb. S. 219)*
Lipschütz, Prof. Alejandro   118, 123
Liszt, Franz   164
Lloyd   45
Loewe, Walter   **110 f.**
Luckner, Graf   64

Maderna, Bruno   170, 171, 172
Magdal, Plantagenbesitzer in Chile   105, 106
Mairowsky-Kunkel, Katja   183
Malaien   47, 48
Mann, Prof., Biologe   136, 146 *(Abb. S. 139)*
Mapuche, Stamm   s. Araukaner
Martin, Rudolf   51
Maya, indian. Kulturvolk   72, 75
Menz, Julia   34
Métraux, Alfred   126, **130**
Milhaud, Darius   207, 217
Mittwoch, Prof. Eugen   16
Mochica, Stamm   132
Modigliani, Amedeo   189

Mohammed, der Prophet   40
Montes-Baquier, Regisseur   238
Mostny, Dr. Grete   **114 ff.,** 119

Nabokov, Nikolas   173, 232, 236
Neruda, Pablo   119
Niebuhr, Carsten   72
Noe, Prof.   **117**
Nono, Luigi   170, 171, 172

Oba, Kg. der Dorfgemeinschaft der Yoruba
   (Nigeria)   234 *(Abb. S. 235)*
Olsen, S. H., Zoologe   **224 f.** *(Abb. S. 225)*
Ona (Selk-nam), Stamm   120, **121,** 122, 123,
   124 *(Abb. S. 121)*
Oppenheim, Baron von   17
Orego, Juan   **172**
Orishas, afrikanische Gottheiten   233
Osterinsulaner   126, **129 ff.**
Otomi, Stamm   72, 74

Pachamama, Erdgöttin   87
Pancho Villa   193
Perón, Eva Duarte (Evita)   180 f.
Perón, Juan Domingo   239, 180 f.
Petri, Egon   33
Pfeil, Pastor in Temuco   112
Pferdekamp, Wilhelm   73 *(Abb. S. 73)*
Philby, Harry St. John Bridger   44
Picasso, Pablo   171, 189, 190
Pinochet Ugarte, Augusto   212, 250
Plinius   16
Plüschow, Günther   120, 193
Poeppig, Eduard   196
Pokorny   239
Polynesier   126, 132
Ptolemäus   16

Quechua, Stamm und Sprachfamilie   162,
   163
Quiché, Stamm   75

Rathjen, Dr.   15, 22
Raucheisen, Michael   35
Redel, Flötist   177
Reiche, Maria   250

Reinhardt, Max   67
Reinig, Dr.   244
Rickards   51
Riegel, Hermann   **200 ff.,** 213 *(Abb. S. 200)*
Riegel, Leo   200
Rivet, Prof. Paul   149
Robin, Dr. Louis   119, 138, **147 ff.** *(Abb.
   S. 137, 139)*
Rössner, Thomas   **194 f.,** *(Abb. S. 194)*
Rossbach, Pastor in Chichicastenango   75
Rubinstein, Arthur   167

Sachs, Vorfahre des Autors   67
Sakai, Stamm   **50 f.** *(Abb. S. 50)*
Salesianer (-Orden)   **122,** 123
Salim, Führer des Autors nach Shabwa   40 f.
   (Abb. S. 40)
Santacruz, Domingo   170 *(Abb. S. 169)*
Santiana, Dr. Antonio   119
Sayed   40, **47**
– Sayed al Atass   47
– Sayed al Kaf   40, 47
– Sayed Saqqaf   47
Schäfer, ›El Punto‹   183 f.
Schell, Maximilian   **154**
Scherchen, Hermann   164, 167, **169 ff.,** 172,
   176, 209 *(Abb. S. 169)*
Schilling, Max von   35
Schnabel, Arthur   35
Schreker, Franz   33
Schroth, Gründer der Lloyd-Aereo-Boliviano
   82 f. *(Abb. S. 84)*
Sebastian, Pater auf der Osterinsel   130
Sedlacek, Peter   183
Selkirk, Alexander   203
Semang, Stamm   51
Siehlfeld, Walter   85, 89
Siehn, Sarah   51
Skoronel, Vera   35
Soraya, ehemalige Kaiserin   **154,** 196
Spaarwater, Jean   106, 108, 167
Spaarwater, Lilo   106, 108
Spence, Alvin   183, 185, 189
Stark, Freya   45
Stokowski, Leopold   **67**
Strastil, Manfred, Filmproduzent   95

Strauß, Richard   35
Stuart, letzter Indianerjäger auf Feuerland
   123 *(Abb. S. 123)*
Stüssi   61
Sudermann, Hermann   164
Sultan von Makalla   **15 f.,** 18, 39
Sultan von Pahang   47

Tewa, Victor   167
Thiessen, Heinz   33, 34, 174
Toala, Stamm   51
Togni Ahossou, Kg. von Dahomey   228
Toma, Stamm   **221,** 224   *(Abb. S. 222/223)*
Tonatillo, Sonnenmann   76
Trökes, Heinz   183
Trümpy, Berthe   35

Valdivia, Pedro de   112

Vandervoort, Karl   183, 185, 189
Villa-Lobos, Heitor   80

Wagner, Enrique   159 f.
Wang, Freddy   167
Wanger, Susanne   **233 f.**
Wedda, Stamm   51
Weill, Kurt   67
Wellesz, Egon   10
Wells, Orson   190
Werfel, Franz   67
Wolf, Musikwissenschaftler   33

Yamana (Yahgan)   118, **120 ff.,** 123, 124
   (Abb. S. 121, 122)
Yoruba, Stamm   233 f.

Zweig, Stefan   186, 188

DuMont
Reiseberichte und Dokumente

Hans Helfritz

*Auf unbekannten Wegen
durch Hadramaut und Jemen
(1933 und 1935)*

Entdeckungs-
reisen in
Süd-Arabien

Hans Helfritz

Entdeckungsreisen in Südarabien

Auf unbekannten Wegen durch Hadramaud und Yemen (1933 und 1935)
268 Seiten mit 20 farbigen und 89 einfarbigen Abbildungen, 18 Zeichnungen und
Karten (DuMont Reiseberichte)

»Als Verfasser zahlreicher solider Kunst-Reiseführer ist der Autor weithin bekannt.
Wer aber weiß, daß er als Wissenschaftler auf der Suche nach außereuropäischen
Musiktraditionen zum Globetrotter geworden ist? 1933 und 1935 zog er mit verwege-
nem Mut auf lebensgefährlichen Routen in die fremden unzugänglichen Wüsten- und
Gebirgsregionen Südarabiens, die bis zum frühen Mittelalter Drehscheibe indisch-
afrikanisch-mittelmeerischen Handels waren, dann aber durch die Kreuzzüge und
durch Randlage im Osmanenreich aus unserem Gesichtskreis verschwanden. Die
inzwischen zur klassischen Entdeckungsliteratur gewordenen Berichte haben nichts
von ihrer Faszination verloren.« *Westfälische Nachrichten*

Hans Helfritz

Marokko

Berberburgen und Königsstädte des Islam
Von der Küste über den Atlas zum Rand der Sahara
268 Seiten mit 47 farbigen und 86 einfarbigen Abbildungen, 58 Zeichnungen, Karten
und Plänen, 51 Seiten praktischen Reisehinweisen, Register
(DuMont Kunst-Reiseführer)

»Hans Helfritz, ein genauer Kenner der arabischen Länder, hat einen Kunst-Reiseführer durch Marokko verfaßt, der ebensosehr ein gründlich informierendes und mittels Information anregendes Buch wie ein Führer durch die Landschaften des Königreichs ist.
Marokko entsteht so für den Reisenden wie für den Kunstfreund aus Geschichte und Gegenwart zu einem Land, das aus vielfältigen Gründen zu einem Besuch verlockt.«
Frankfurter Allgemeine Zeitung

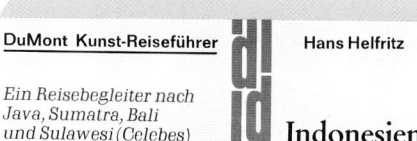

Hans Helfritz

Indonesien

Ein Reisebegleiter nach Java, Sumatra, Bali und Sulawesi (Celebes)
328 Seiten mit 35 farbigen und 100 einfarbigen Abbildungen, 48 Zeichnungen und Plänen, 35 Seiten praktischen Reisehinweisen, Literaturhinweisen, Zeittafel, Personenregister, Ortsregister (DuMont Kunst-Reiseführer)

»Man kann sich keine bessere Einführung wünschen in die auch heute noch faszinierende Welt des malayischen Inselreiches, wo sich die Alte Ordnung nur noch mit Mühe gegen den Einbruch der technischen Zivilisation behauptet. Aber abseits der breiten Straßen des Tourismus läßt sie sich auch heute noch in voller Kraft und Schönheit erleben.   *Süddeutscher Rundfunk*

»Der Band von Helfritz über Indonesien ist besonders gut gelungen. Er stellt das Inselreich in seinem Lebensraum und historischen Umriß dar.«
Deutsche Apotheker Zeitung

Hans Helfritz

Mexiko

Ein Reisebericht zu den Götterburgen und Kolonialbauten Mexikos
283 Seiten mit 37 farbigen und 106 einfarbigen Abbildungen, 79 Zeichnungen und
Karten, 60 Seiten praktischen Reisehinweisen, Personen- und Ortsregister
(DuMont Kunst-Reiseführer)

»Hans Helfritz gibt eine sachkundige Übersicht in drei Hauptkapiteln nach den Fund-
stätten: den Kultstätten des Hochlandes, der Golfküste und des mexikanischen Südens.
Der Führer enthält eine Anleitung, wie man schon bei einem kurzen Aufenthalt von
nur vierzehn Tagen Besichtigungsfahrten sinnvoll planen und einen Überblick erhalten kann. Die ›Ratschläge für Reisen in Mexiko‹ am Schluß des Buches sind strikt auf
das Thema ausgerichtet.« *Die Zeit*

»Hans Helfritz erweist sich in diesem Buch als ein profunder Kenner Mexikos.«
Österreichischer Rundfunk

DuMont Kunst-Reiseführer   Hans Helfritz

*Ein Reisebegleiter
zu den Kunststätten
in Kolumbien, Ekuador,
Peru und Bolivien*

Südamerika

Präkolumbianische
Hochkulturen
Kunst der
Kolonialzeit

Südamerika:
präkolumbianische Hochkulturen

Kunst der Kolonialzeit
Ein Reisebegleiter zu den Kunststätten in
Kolumbien, Ekuador, Peru und Bolivien
344 Seiten mit 45 farbigen und 197 einfarbigen Abbildungen, 77 Zeichnungen und Karten, Zeittafel, 16 Seiten praktischen Reisehinweisen, Bibliographie, Register (DuMont
Kunst-Reiseführer)

»Hans Helfritz bietet, indem er eine Kulturge-
schichte der interessantesten südamerikanischen Länder schreibt, mit dem wertvollen
Bildteil eine gute Vorbereitung zum Besuch
der präkolumbischen Kulturen.«

Rheinische Post

Guatemala
Honduras · Belize

Die versunkene Welt der Maya
196 Seiten mit 17 farbigen und 82 einfarbigen
Abbildungen, 47 Zeichnungen und Plänen, 12
Seiten praktischen Reisehinweisen, Register
(DuMont Kunst-Reiseführer)

»Der Kunst-Reiseführer vermittelt in glücklicher Verbindung einen ausführlichen Einblick
in die Maya-Kultur von heute und von vor
2000 Jahren. Dazu gibt es einen sehr nützli-
chen Anhang mit Ratschlägen für Reisende,
der durchaus den Gegebenheiten entspricht.«

Die Welt

DuMont Kunst-Reiseführer   Hans Helfritz

*Die versunkene Welt
der Maya und
die Kunst der Eroberer*

Guatemala
Honduras · Belize